U0908764

Jiankang Chengshi Jianshe Yu Zhili

健康城市建设与治理

周国明　王仁元 / 主编

图书在版编目(CIP)数据

健康城市建设与治理/周国明,王仁元主编. —杭州:浙江大学出版社,2019.10
(宁波学术文库)
ISBN 978-7-308-19282-8

Ⅰ.①健… Ⅱ.①周… ②王… Ⅲ.①城市建设—研究—宁波 ②城市管理—研究—宁波 Ⅳ.①F299.275.53

中国版本图书馆 CIP 数据核字(2019)第 129650 号

健康城市建设与治理
主　编　周国明　王仁元

责任编辑　杨利军
文字编辑　王建英
责任校对　陈翩　陈逸行
封面设计　春天书装
出版发行　浙江大学出版社
(杭州市天目山路 148 号　邮政编码 310007)
(网址:http://www.zjupress.com)
排　　版　浙江时代出版服务有限公司
印　　刷　杭州良诸印刷有限公司
开　　本　710mm×1000mm　1/16
印　　张　22.5
字　　数　387 千
版 印 次　2019 年 10 月第 1 版　2019 年 10 月第 1 次印刷
书　　号　ISBN 978-7-308-19282-8
定　　价　88.00 元

浙江大学出版社市场运营中心联系方式　(0571)88925591;http://zjdxcbs.tmall.com

编辑委员会

主　编:周国明　王仁元

副主编:沈　萍　孙　峰

编　委(按姓氏笔画排序):

马少华　王仁元　王幸波　祁义霞　阮焕立

孙　峰　孙统达　李来酉　沈　萍　张秀娟

陈月芳　陈聪诚　周国明　赵凌波　秦志伟

贾让成　董晓欣　童亚琴

前　言

“民生为本，健康为先”，健康是人的生存权利，是经济社会发展的基础，是民族昌盛和国家富强的重要标志，是广大人民群众的共同追求。习近平总书记在2016年全国卫生与健康大会上强调，没有全民健康，就没有全面小康。他指出，要把人民健康放在优先发展的战略地位。随着我国经济社会的发展和人民群众生活水平的提高，人们的健康需求不断提升，对健康的追求也更为迫切。然而近年来，急速的城市化进程，在为社会、经济发展提供更为广阔的发展空间的同时，也给人类健康带来了前所未有的严峻挑战。环境污染、交通拥挤、住房压力、社会保障问题、食品安全问题、慢病高发、新型传染病出现等“城市病”问题不断涌现，严重威胁着人类的身心健康，阻碍了群众美好生活愿景的实现。

城市化是当今全球人类社会发展的总趋势，是社会生产力发展的客观要求和必然结果。如何改善城市环境状况已成为人类健康面临的重大挑战之一。为应对这一挑战，世界卫生组织于20世纪80年代提出了健康城市的理念，其目的在于通过消除“城市病”，提高居民生活质量，来实现城市的健康目标。健康城市是衡量一个城市综合管理水平和城市文明的重要标志之一，是对传统城市发展模式的重大变革，是根治人口膨胀、环境污染、资源短缺等“城市病”蔓延的有效途径，也是一个城市可持续科学发展的最佳切入点，是新型城市化进程中合乎民意的一种战略选择。因此，城市健康问题日益得到各个国家和地区的普遍关注。目前，这种全新的健康城市发展理念已经深入人心，全球已有4000多个城市加入了建设健康城市的行列。2014年12月，国务院《关于进一步加强新时期爱国卫生工作的意见》（国发

〔2014〕66 号）明确提出要“结合推进新型城镇化建设，鼓励和支持开展健康城市建设，努力打造卫生城镇升级版，促进城市建设与人的健康协调发展”。在我国，“健康城市”是卫生城市的升级版，是通过一系列的公共健康治理措施，使城市成为健康人群、健康环境和健康社会有机统一的整体。2015 年，“健康中国”上升为国家战略。2016 年，全国卫生与健康大会的召开和《“健康中国 2030”规划纲要》印发，确立了健康中国建设的战略主题、目标和重点。党的十九大报告进一步明确提出“实施健康中国战略”。当前，全国各地正在抓紧制定健康中国实施意见，陆续推进各项政策措施落地生根。健康城市作为健康中国建设的有效载体，对城市可持续发展的重要意义愈加明显。

纵观我国学术界关于健康城市建设方面的理论研究和实践状况，可以发现其主要集中于医药卫生、生态环境科学等专业科学或政策管理制度方面，从治理的视角来开展的有关组织行为学、文化学、社会学等学科与制度方面的研究则较少。现代意义上的治理已超越了传统意义上政府统治、政府监管的范畴，社会治理的主体涉及政府公共部门、私人部门、第三部门与社会公众等多元主体，管理上依靠行政、经济、法律、行为激励等多种手段，权力运行方向呈现出自上而下、自下而上、平行互动等多种过程，不能忽略人，包括决策者、民众对于健康城市的主观认识，要让参与健康城市建设的各要素互动联通、互相制衡、共同承接。因此，构建健康城市建设治理的平台与机制，可以弥补市场机制的不足，促进各种卫生和健康资源与要素的有效整合，推动跨行业、跨区域健康城市合作联盟的发展，实现新时代城市发展的新突破。

宁波作为我国东部沿海较发达城市，人民生活已实现从基本温饱向总体小康的历史性跨越，并正向更高标准、更高水平的全面小康迈进。宁波市早已将健康城市建设项目作为一项长期工作，在卫生服务、慢病防控、健康促进、养生保健、生态文明、社会保障等工作中融入健康城市理念，积极推动“美丽宁波”“健康细胞”等建设工程。经过多年努力，宁波在健康领域的改革发展也取得显著成效：在健康人群、健康社会、健康环境、健康产业等领域逐步形成具有宁波特色的模式和做法；城市人居环境、功能品质等全面提升，实现国家卫生城市创建“四连冠”；体现全民总体健康水平的指标全国领先。2017 年，宁波市居民人均期望寿命达 81.50 岁，比全省平均水平（78.22 岁）高 3.28 岁，比 2010 年（79.43 岁）提高了 2.07 岁；常住人口孕产妇死亡率为 0，婴儿死亡率为 2.31‰，5 岁以下儿童死亡率为 3.02‰，均保持在历史较低水平，远低于全国以及浙江省的平均水平，人群主要健康指标已达到中高收入国家水平。

近年来，宁波市积极探索新型健康服务模式，"体医融合"模式取得较好成效，智慧健康体系建设全国领先。但在高标准经济社会建设的同时，宁波也面临着健康与经济社会发展不平衡、不充分的问题，影响健康事业发展的体制性、机制性、结构性矛盾和要素仍然突出。当前，宁波市正处于率先全面建成高水平小康社会的决胜关键时期，也是按照中央和省委部署打造"省医学中心"和"全国大城市第一方队"城市建设的重要战略机遇期。新时代经济社会发展也对公共健康保障体系提出了更多、更高的要求，健康体系面临着深化改革、创新转型的新问题。健康宁波建设是事关宁波更高水平全面建成小康社会、建设名城名都的重大战略任务，其有效载体是建设健康城市。因此，如何使健康领域的发展与名城名都建设新目标、新定位相匹配，已成为宁波市必须关注的重要议题。

2016 年，宁波被列为全国首批健康城市试点城市。为全面梳理健康城市建设理念和目标、充分把握健康城市发展趋势，提出新时代健康城市建设与治理机制，宁波卫生职业技术学院与宁波市卫生和计划生育委员会以宁波市健康城市研究基地为平台，成立了由周国明、王仁元领衔的研究团队，立足"十三五"，以健康城市治理为主线，对健康城市治理和发展目标进行了系统研究。

本研究对推动宁波城市建设目标由国家卫生城市向健康城市的转型升级，实现从传统城市管理模式向现代城市治理模式的转型升级，建立以健康为中心的经济社会发展模式具有重要参考价值和实践指导意义。此外，本研究可为将宁波打造成为健康城市试点示范市，进一步提升市民的幸福感和获得感，加快建设国际港口名城，努力打造东方文明之都提供坚实支撑。

目　录

第一章　绪论

本书系2015年度宁波市社会科学研究基地课题立项项目(项目编号:JD15JK)成果。课题组自2015年12月至2017年12月,历时两年,立足“十三五”规划,以健康城市治理为主线,对健康城市治理和发展目标进行了系统研究。本书系统梳理了健康城市建设理念和目标、健康城市治理和评价的相关理论,从健康环境、健康社会、健康服务、健康人群和健康产业等五大层面,对比分析国内外健康城市建设经验,回顾总结了宁波市近年来所取得的成绩和存在的问题,分析了宁波市“十三五”期间健康城市建设面临的发展形势和机遇,并紧密结合宁波市经济社会发展前景和健康城市发展态势,系统提出了宁波市健康城市治理策略和重点工作任务,以及智慧健康云保障机制的构建。本书内容丰富且全面,数据来源真实可靠,可为“城市管理”向“城市治理”的转型升级、建立以健康为中心的经济社会发展模式提供重要参考。

第一节　研究背景与意义

“民生为本,健康为先”,健康是人全面发展的基础,更是国家富强和人民幸福的重要标志。习近平总书记深刻指出,没有全民健康,就没有全面小康，要把人民健康放在优先发展的战略地位。[①] 随着我国经济社会的发展和人民群众生活水平的提高，人们的健康需求不断提升，对健康的追求也更为迫切。然而近年来，急速的城镇化进程，在促进经济社会更快更好发展的同时，也给人类健康带来了严峻挑战。影响人类健康的因素日趋复杂，范围也日益扩大，例如环境污染、交通拥挤、住房压力、社会保障问题、食品安全问题、慢病高发、新型传染病等问题，严重威胁着人类的身心健康，阻碍了群众美好生活的实现。"健康城市"正是基于对这一系列"城市病"的深刻反思提出的崭新命题，是新型城市化进程中合乎民意的一种战略选择。

一、健康城市建设是推动市民美好生活愿景实现的重要举措

目前，健康城市已成为21世纪城市化发展的一项新目标。第一，健康城市建设是全面建成更高水平小康社会的重要保障。人民群众健康是全面建成小康社会的重要内涵，健康城市建设以保障和促进人的健康为宗旨，重点关注居民的健康及健康的影响因素，为全面建设小康社会提供保障。第二，健康城市建设是可持续性城市发展的重要方面。可持续性城市关注当代人的经济、环境以及社会、文化和健康需求，其中保证人民健康和可持续性的生活方式，即乐活生活(lifestyle of healthy and sustainability，LOHAS)是可持续性城市发展的主要目标。可见，健康城市是可持续性城市发展与管理的重要内容。第三，健康城市建设符合我国生态文明建设的要求。生态文明更加注重人与自然、人与人、人与社会和谐共生、良性循环、全面发展、持续繁荣。健康城市建设的目标是实现健康环境、健康社会和健康人群的和谐统一，可以说建设健康城市是贯彻生态文明建设的具体体现。

二、"健康中国"国家战略的提出，为健康城市建设注入强劲动力

2014年12月，国务院《关于进一步加强新时期爱国卫生工作的意见》(国发〔2014〕66号)明确提出，结合推进新型城镇化建设，鼓励和支持开展健康城市建设，努力打造卫生城镇升级版，促进城市建设与人的健康协调发展。2015年，"健康中国"上升为国家战略，更进一步确立了健康城市建设的重要意义。2016年7月，全国爱国卫生运动委员会(以下简称"爱卫会")发布《关于开展健康城市健康村镇建设的指导意见》，其中指出"建设健康城市和健康村镇是新时期爱国卫生运动的重要载体，也是建设健康中国的重要

---

① 新华社. 习近平在全国卫生与健康大会上强调：把人民健康放在优先发展战略地位 努力全方位全周期保障人民健康[N]. 人民日报，2016-08-21(1).

抓手”；要“把健康中国的目标转化为健康城市健康村镇的指标，以爱国卫生工作的新成效加快健康中国的建设进程”①。2016 年，全国卫生与健康大会的召开和《“健康中国 2030”规划纲要》的印发，确立了“健康中国”建设的战略主题、目标和重点，提出要“贯彻落实新发展理念，坚持正确的卫生与健康工作方针”，并以“普及健康生活、优化健康服务、完善健康保障、建设健康环境、发展健康产业”为建设重点。党的十九大报告进一步明确提出“实施健康中国战略”，为健康城市建设提供行动指南，注入强劲动力。

三、以“治理”为发展理念推进健康城市建设的必要性

随着社会经济的发展，人们愈来愈认识到“以人为本”发展理念的重要性。“城市治理”是坚持城市顾客导向的城市管理创新模式，有利于完善城市治理主体、加大各种城市顾客的参与力度，并对城市顾客做出及时、负责的回应。目前，影响人类健康的因素涉及城市建设的方方面面，健康城市建设作为一个系统工程，其关注点不仅在卫生领域，也涉及政治领域、经济领域、社会领域、生态环境等多个领域，需要将健康融入所有政策，加强经济、政治、文化、生态等领域的综合治理，以满足人们日益增长的健康需求，实现人与城市的和谐健康发展。

宁波作为我国东部沿海较发达城市，人民生活已实现从基本温饱向总体小康和全面小康的历史性跨越，并正向更高标准、更高水平的全面小康迈进。宁波市委、市政府始终将人民健康放在城市发展的重要位置，并将健康城市建设项目作为一项长期工作，在卫生服务质量改善、公共卫生、环境保护、社会保障、养老保健、体育健身等工作中融入健康城市理念，在区域生态环境、慢病防控、市民的健康素养水平等方面均取得良好成效，人群健康水平稳步提高，全市居民人均期望寿命稳步增长，平均期望寿命从 2010 年的 79.43 岁提高到 2017 年的 81.50 岁，高于《健康浙江 2030 行动纲要》中的 2020 年发展目标(78.50 岁)。这说明宁波居民健康水平已达到我国同类先进地区的先进水平，为下一步建设健康城市奠定了较好的现实基础。但同时需要注意的是，宁波市仍存在一些制约健康事业快速、良好发展的因素，“城市病”问题仍然突出，健康事业和产业的发展仍然滞后于经济社会的发展。

---

① 全国爱国卫生运动委员会.全国爱卫会关于印发《关于开展健康城市健康村镇建设的指导意见》的通知：全爱卫发〔2016〕5 号[EB/OL].(2016-07-18)[2017-12-16]. http://www.nhfpc.gov.cn/jkj/s5898/201608/3a61d95e1f8d49ffbb12202eb4833647.shtml.

2016 年 11 月，全国爱国卫生运动委员会办公室（以下简称“爱卫办”）全面启动健康城市建设试点工作，确立了包括宁波在内的 38 个国家卫生城市（区）作为全国健康城市建设首批试点城市。① 因此，全面梳理健康城市和健康城市治理、评价相关理论，紧密结合“健康中国”建设要求，围绕健康城市发展态势，客观分析宁波市经济社会发展趋势和“十三五”期间建设健康城市面临的发展形势和机遇，提出健康城市治理策略，具有重大的现实意义。本书研究课题立足“十三五”规划，以健康城市治理为主线，全面梳理了健康城市理念和目标、健康城市治理和评价相关理论，从健康环境、健康社会、健康服务、健康人群、健康产业、智慧健康云六大方面系统总结健康城市相关项目的建设现况和趋势，结合国内外建设经验，提出下一阶段宁波健康城市建设的目标、重点工作任务及其保障措施，为“城市管理”向“城市治理”的转型升级和“卫生城市”向“健康城市”的转型升级提供重要的理论参考，为建立以健康为中心的经济社会发展模式提供实践指导。

第二节　研究思路与方法

一、研究思路

本研究系统梳理健康城市建设、健康城市治理和评价的相关理论，并总结国内外健康城市建设的先进经验，为健康城市治理提供理论和实践参考；坚持“健康＋”的建设理念，以城市治理为主线，以健康城市建设指标为发展目标，实施“五个发展策略”（营造健康环境、构建健康社会、优化健康服务、培育健康人群、发展健康产业），通过“一个保障机制”（智慧健康云构建）的手段来推动健康城市建设。

二、研究方法

（一）文献研究法

查阅国内外关于健康城市实践的文献，同时收集国家、各省区市关于健康城市建设的政策、规划、行动计划等相关文件，宁波市社会经济、人口、卫

① 全国爱卫办．关于开展健康城市试点工作的通知：全爱卫办发〔2016〕4 号[EB/OL]．(2016-11-07)[2017-12-16]．http://www.nhfpc.gov.cn/jkj/s5898/201611/f1cb9ed675274c0fab49a87410ce9e20.shtml.

生城市创建、健康城市建设背景等资料，以及环保部门、人力资源和社会保障部门、卫生计生部门、民政部门等相关部门的统计数据，以了解和分析宁波健康城市建设的背景信息、基础条件、可操作模式等。

（二）理论研究法

系统回顾健康城市、健康城市治理、健康城市评价、健康环境、健康社会、健康服务、健康人群、健康产业等的核心概念、基本特征，总结定性和定量研究资料的整理和分析方法，以及 SWOT 分析法等相关理论和方法学的适用性，为研究和分析提供理论依据。

（三）专题研讨会

召开由研究团队人员、相关领域专家和政府部门参加的研讨会，针对健康城市治理的理论和实践、宁波健康城市建设的目标、主要任务和措施等进行深入探讨。

（四）现场调研法

调研健康城市建设较为先进的城市，系统总结健康城市建设的基本情况和实践经验，选取有代表性的社区、机构进行实地调研，深入探究存在的问题和障碍，分析市民的实际需求，并提出相关的解决策略，为健康城市治理提供参考。

（五）资料分析方法

定性分析法：运用专家咨询法确定宁波建设健康城市的评价指标体系；全面分析宁波市开展健康城市建设的内部优势和劣势，外部机遇和挑战。

定量分析法：运用描述性统计分析方法对宁波健康环境、健康社会、健康服务、健康人群、健康产业等现况和发展趋势进行分析。

第三节 研究内容

本书主要根据健康城市、健康城市治理和评价的相关理论，结合国内外健康城市治理的先进经验与启示，围绕宁波市健康城市建设基础、存在的问题和挑战，以城市治理为主线，提出了基于“一个建设理念（健康+）、五个发展策略（营造健康环境、构建健康社会、优化健康服务、培育健康人群、发展健康产业）、一个保障机制（智慧健康云构建）”的宁波健康城市建设路径。

本书共包括“绪论”“健康城市建设理念与目标”“健康城市治理与评价”“健康城市治理策略——营造健康环境”“健康城市治理策略——构建健康社会”“健康城市治理策略——优化健康服务”“健康城市治理策略——培育健康人群”“健康城市治理策略——发展健康产业”“智慧健康云构建策略”等九章。

第一章“绪论”主要介绍本研究的背景与意义、研究思路和方法、研究内容、创新点与推广应用价值。

第二章“健康城市建设理念与目标”系统回顾健康城市建设背景，梳理健康城市建设理念与原则，提出健康城市建设目标，提出宁波健康城市建设发展指标体系及其目标值，为构建健康城市治理策略提供理论与实践依据。

第三章“健康城市治理与评价”总结健康城市治理和评价的内涵，系统梳理国内外健康城市治理与评价的实践与启示，在此基础上，深入分析我国健康城市治理与评价的现状，剖析存在的关键问题，并提出健康城市治理与评估的策略措施。

第四章“健康城市治理策略——营造健康环境”从大气污染、水污染、噪声污染、工业固废物和生活垃圾污染等方面系统研究宁波城市健康环境的发展现状和存在的问题，并根据低碳健康城市建设的经济学机理、健康环境的内涵、评价指标等，提出营造宁波健康环境的治理路径。

第五章“健康城市治理策略——构建健康社会”通过分析健康社会内涵和基本特征，提出健康社会目标考量要素；深入调研宁波健康社会的建设基础和面临的问题，系统研究上海、苏州、杭州等城市，以及英国、加拿大等先进地区的实践经验，阐释健康社会的发展趋势，提出宁波市建设健康社会的目标及实现对策。

第六章“健康城市治理策略——优化健康服务”对健康服务的定义、内涵及外延进行归纳与界定，根据所界定的健康服务应涵盖的范围开展现场调查，评价宁波市健康服务的发展现状，并深度剖析影响宁波市健康服务发展的各类因素；从更新理念、建立工作机制、调动全社会积极性、完善支撑体系等角度提出宁波市优化健康服务的目标、应对措施及主要任务，逐步建立健全宁波市健康服务体系并丰富健康服务产品，从而为“健康宁波”的实现打下坚实基础。

第七章“健康城市治理策略——培育健康人群”梳理健康城市相关理论知识，厘清健康人群的内涵和基本特征，为研究提供理论依据；定量分析宁波市健康人群的现况、分析并梳理存在的问题；在上述研究基础上，结合宁波现实情况，围绕宁波健康城市发展总体目标，借鉴国内外健康人群培育建设经验，研究提出宁波市培育健康人群的目标及工作举措。

第八章“健康城市治理策略——发展健康产业”系统梳理健康产业的内涵界定，从产业性质、产业链结构、健康消费需求等三个视角，总结健康产业的分类；围绕健康产业的内涵和分类，介绍国内外健康产业相关领域的发展经验；从健康产业与健康事业协同发展的视角，全面总结宁波健康产业的发展基础和机遇、面临的困难和挑战，提出宁波健康产业发展的总体思路、目标、主要任务和对策措施等。

第九章“智慧健康云构建策略”系统总结智慧健康云的内涵，通过深入调研宁波在智慧医疗、智慧社区、智慧养老等智慧健康建设方面的现状及面临的问题，结合对北京、上海等城市，以及美国、日本、英国等国在智慧建设程度较高的城市的实践及未来规划的系统分析，阐述宁波智慧健康建设的发展趋势，并进行需求分析，在此基础上，提出宁波智慧健康云新体系构架和实现路径。

第四节 研究主要创新点

一、研究成果的理论创新性

国务院《关于进一步加强新时期爱国卫生工作的意见》（国发〔2014〕66号）明确提出要“结合推进新型城镇化建设，鼓励和支持开展健康城市建设”①。2016年7月，全国爱卫会《关于开展健康城市健康村镇建设的指导意见》（全爱卫发〔2016〕5号）提出，“到2020年，建成一批健康城市、健康村镇建设的示范市和示范村镇”②。2016年11月，全国爱卫办全面启动健康城市建设试点工作，确立了包括宁波在内的38个国家卫生城市（区）作为全

① 国务院.关于进一步加强新时期爱国卫生工作的意见：国发〔2014〕66号[EB/OL].(2015-01-13)[2017-12-16]. http://www.gov.cn/zhengce/content/2015-01/13/content_9388.htm.

② 全国爱国卫生运动委员会.关于印发《关于开展健康城市健康村镇建设的指导意见》的通知：全爱卫发〔2016〕5号[EB/OL].(2016-07-18)[2017-12-16]. http://www.nhfpc.gov.cn/jkj/s5898/201608/3a61d95e1f8d49ffbb12202eb4833647.shtml.

国健康城市建设首批试点城市。[①] 健康城市建设已成为21世纪城市发展的新目标。但国际上其他一些发达国家的体制机制并不适合我国国情发展状况。因此,我国需根据城市发展实际情况和存在的问题,开展符合本地特色的健康城市建设。本研究首次从"城市治理"的视角对健康城市进行全面深入系统的研究,以健康城市治理为主线,制定一套符合宁波实际的健康城市发展指标体系,提出基于"一个建设理念(健康+)、五个治理策略(营造健康环境、构建健康社会、优化健康服务、培育健康人群、发展健康产业)、一个保障机制(智慧健康云构建)"的健康城市治理路径。本研究内容丰富而全面,研究成果具有较好的理论创新性。

二、研究成果的可推广性

本研究根据宁波实际构建具有宁波特色的健康城市发展指标体系,并根据存在的现实问题提出营造健康环境、构建健康社会、优化健康服务、培育健康人群和发展健康产业的治理路径、措施和主要任务,为决策部门提供参考,并可结合实践试点推广应用,为类似地区或城市开展健康城市的建设提供借鉴和参考。因此,该研究成果具有深远的学术影响与实际应用价值。

(周国明,王仁元)

① 全国爱卫办.关于开展健康城市试点工作的通知:全爱卫办发〔2016〕4号[EB/OL].(2016-11-07)[2017-12-16]. http://www.nhfpc.gov.cn/jkj/s5898/201611/f1cb9ed675274c0fab49a87410ce9e20.shtml.

第二章　健康城市建设理念与目标

面对城市化问题给人类健康带来的挑战，世界卫生组织（World Health Organization，WHO）于1984年在初级卫生保健大会上第一次提出了“健康城市”的概念，并以此作为一项全球性行动战略。其目的在于呼吁城市在自身发展过程中，通过政府、社会和市民的共同努力，持续改进和消除威胁市民健康的各种社会决定因素，全面提高市民的健康素养和生活质量，让城市成为健康人群、健康环境和健康社会有机统一的发展整体。建设健康城市是积极应对城市化健康问题、推动经济社会健康可持续发展的有效措施，已成为21世纪城市发展的新目标。本章对健康城市建设的相关理论进行梳理，对国内外健康城市建设情况进行深入分析和比较，进而全面总结国内外健康城市建设的实践经验，提出宁波健康城市建设的目标。

第一节　健康城市建设背景

城市化是社会发展的历史过程，也是社会经济发展的必然过程。快速的城市化进程在给城市发展带来巨大收益的同时也带来巨大压力。人类的生产方式不断变化，周围环境也发生重要改变，城市化进程带来了各种健康风险因素。

一、健康的内涵

（一）健康的含义

1978 年，世界卫生组织在国际初级卫生保健大会上发表的《阿拉木图宣言》中关于“健康”这样表述：健康不仅仅是没有疾病或虚弱，而且是身体的、心理的健康和社会适应的良好状态。1989 年，世界卫生组织进一步拓展了健康的内涵，指出健康应包括四个方面，即生理健康（physical health）、心理健康（psychological health）、社会适应良好（good social adaptation）和道德健康（ethical health）。这种四维健康观克服了人们对健康内涵认识的片面性，已被广泛接受和采用。

（二）影响健康的决定因素

要分析城市化对健康的影响，我们必须先明确健康的决定因素。目前，业内人士普遍比较推崇的是拉隆达（Lalonde）和德威尔（Dever）提出的“综合健康医学模式”。该模式认为，影响健康的因素主要分为四大方面：生物遗传、环境因素、卫生服务和行为生活方式。世界卫生组织经研究指出，这四大方面对健康和寿命的贡献率分别为 15%、17%、8%和 60%，可见行为生活方式已成为影响人类健康的首要因素。

1. 生物遗传因素

生物遗传因素对健康和寿命的贡献率为 15%，主要包括遗传因素和心理因素。现代医学发现，人类遗传病多达 3000 余种，发病率高达 20%。但在整个生命过程中，遗传因素是不容易被改变和干预的。另外，心理因素对健康也有重要影响。医学实践表明，悲伤、焦虑、恐惧、愤怒等消极情绪可导致人体机能失调，出现血压升高、食欲减退、失眠多梦等症状，而积极情绪则会促进健康。

2. 环境因素

环境因素对健康和寿命的贡献率占 17%，主要包括自然环境与社会环境。自然界是人类赖以生存的环境，但该环境同时也存在和传播着各种有害物质，气候变化、环境污染、资源紧张等已成为当今世界面临的严重威胁。在社会环境中，政治制度、经济水平、文化教育等也与人类健康密切相关，例如：经济在发展的同时带来了废水、废气、废渣、噪声等污染，对人类健康危害极大。此外，不良的风俗习惯、有害的意识形态，也有碍人类健康。

3. 卫生服务因素

卫生服务因素对健康和寿命的贡献率占 8%，主要包括医疗卫生服务和公共卫生服务两大方面。卫生服务是维护和修复健康的基础保障，各地区卫生服务的范围、内容和质量等直接影响该地区居民的生命质量。长期以来，卫生资源总体不足和分布不均、卫生费用上涨过快、医疗保障覆盖面不广等问题都是在我国持续受关注的热点话题。

4.行为生活方式因素

行为生活方式因素对健康和寿命的贡献率占60%。我们所认为的行为生活方式是指在一定的社会、经济、文化背景下，人们所形成的较为固定的行为和生活习惯。良好的行为和生活方式可有效促进健康；反之，不良的行为和生活方式则会危害健康。随着社会的进步，人们愈来愈认识到行为生活方式是影响人类健康的最主要因素。在我国，恶性肿瘤、脑血管病和心脏病已成为导致城市居民死亡的前三种疾病，而这些疾病主要由不良的行为和生活方式引起。

二、城市化进程

（一）城市化进程的含义

从狭义上来讲，城市化是指农村人口不断向城市集聚的过程。从广义上来讲，城市化是指随着一个国家或地区社会生产力的发展、科技的进步和产业结构的调整，其社会由以农业为主的传统乡村型社会转变为以工业和服务业为主的非农产业的现代城市型社会的过程。从根本上来讲，城市化应是社会经济结构调整、产业结构升级的过程。加快城市化进程并非仅是城市规模的扩大，而是生活在城市中的人的市民化，也即全体国民文化观念、生活方式、素质等的城市化，全体国民共享社会发展的成果，拥有相同的就业机会、教育机会、社会保障等，最终真正实现城市和农村人民群众的共同发展、共同进步。城市化进程一般用城市化率来衡量，即一个国家、地区城市人口占总人口的比例。

古希腊先哲亚里士多德曾说过，人们来到城市是为了生活，人们居住在城市是为了生活得更好。可见，城市是人类居住的理想场所。客观上来说，城市化对社会的发展也起到巨大的促进作用。在经济上，人口聚集在城市，可以发挥分工效应与规模效应，从而促进生产力的发展。恩格斯曾有“250万人集中在一起，使得250万人（个体叠加）的能量又增加了100倍”的经典论述。在文化上，人口聚集在城市，有利于文化的交流和融合，以及文化基因的繁衍和发展。因此，城市是人类文明的主要传播中心。一般来讲，城市人口越多，城市文化就越繁荣。刘易斯·芒福德（Lewis Murnford）认为，人类所有伟大的文化都是由城市产生的。从社会角度讲，人口聚集在城市，对社会服务大有裨益，因为社会服务的完善程度与人口数量为正相关关系，即人口越多，社会服务就越完善。从生态角度讲，人口聚集在城市，农村就可以减小人地压力，农业可实现集约经营，其他生物也可以有广阔的生存空间，生态效率可得到有效提升。此外，人口集中在一起，污染的处理也更集中，为循环经济的发展提供了有利条件。因此，从某种意义上来讲，城市是一种在强大人口压力下必须要建立的一种生态功能区。也就是说，为了使其他生物拥有合理的生存空间和有效地保护生物多样性，必须将人口尽可能地集中到城市。

正因为城市化的诸多优势，近些年来，人口越来越多地向城市聚集，这也是人类社会发展的大趋势。

（二）国际城市化进程

21 世纪，全球城市化进程不断加快，城市化已成为世界性的潮流。国际上，城市化进程的真正起点应该是工业革命。在工业革命之前，虽然总的趋势是城市人口比重逐步提高，但提高的速度较为缓慢，而且极不稳定。工业化真正拉开了城市化的序幕，人们以前所未有的速度向城市集聚，而且随着生产力的不断进步，城市化的速度也在不断加快。1800 年，全球城市化率仅有 3%。1950 年到 1995 年间，发达国家超过百万居民的城市从 49 个增加到 112 个，在发展中国家这类城市的数量从 34 个增加到 213 个。根据世界卫生组织的报告，2010 年，全球城市人口有史以来首次超过总人口的 50%。据预测，到 2030 年，每 10 人中将有 6 人居住在城市；到 2050 年，每 10 人中将有 7 位为城市居民（见图 2-1）。

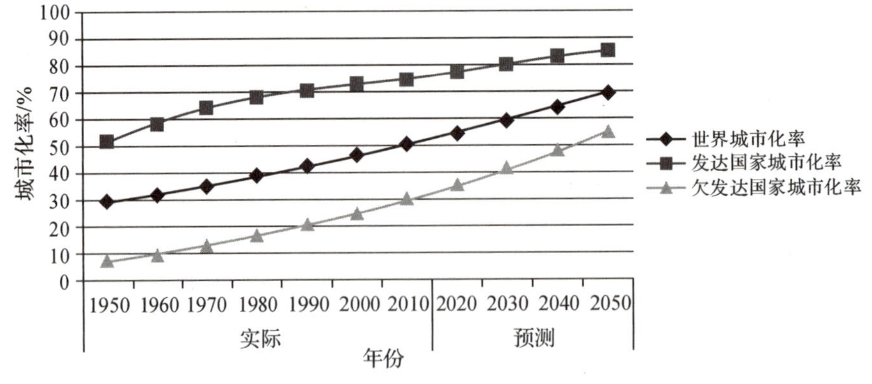

图 2-1 全球城市化进程

资料来源：世界银行世界发展指标数据库。

(三)我国城市化进程

我国的城市化可以说是农村人口转变为城市人口的过程。长期以来，我国的城市化进程处于停滞状态。19 世纪中后期到 20 世纪早期，由于受到长期战乱的影响，我国工农业发展缓慢，城市化发展不均衡。20 世纪中期以后，我国建立了城乡二元分割的社会结构，城市化进程并未推进。直到改革开放，我国城市化进程才开始迅速发展(见图 2-2)。

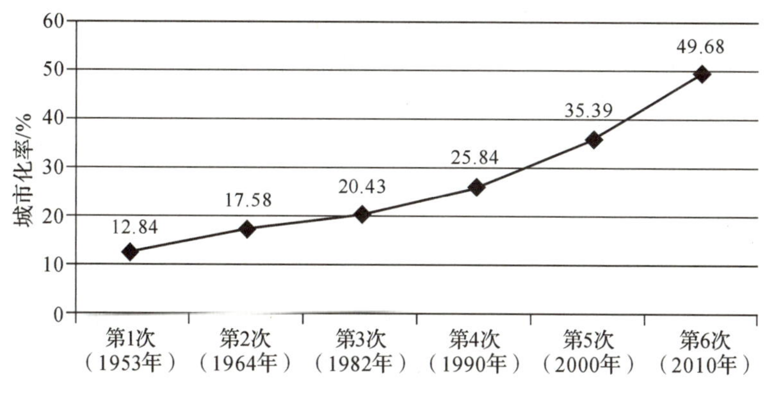

图 2-2 我国城市化进程(六次人口普查数据)

党的十六大以来，我国城市化发展迅速。据统计，2002 年至 2011 年，我国城市化率平均每年增长 1.35%，城市人口平均每年增加 2096 万人。至 2011 年，城市化率达到 51.27%，较 2002 年增加了 12.18 个百分点；城市人口共计 69079 万人，较 2002 年增加了 18867 万人；农村人口 65656 万人，较 2002 年减少 12585 万人。① 近年来，我国城市化率仍在不断扩大，城市人口不断增加，截至 2017 年年底，我国城市化率已达到 58.52%，城市人口共计 81347 万人。② 联合国报告预测：到 2050 年，我国城市人口有望超过总人口的 70%，那时我国人口中将有 10 亿以上的城市居民。

三、城市化对健康的影响

世界经济飞速发展，城市化已成为普遍现象。随着城市化进程，人们的生活环境和生活方式也发生了巨大变化。正如世界卫生组织卫生发展中心主任 Jacob Kumaresan 博士所说："随着全球迅速城市化，我们的生活水平、

---

① 国家统计局. 2011 年城镇化率达到 51.27%[EB/OL]. (2012-08-17)[2018-05-29]. http://finance.sina.com.cn/china/20120817/140012880832.shtml.

② 陈炜伟. 中国城镇化率升至 58.52%[N]. 人民日报(海外版)，2018-02-05(1).

生活方式、社会行为和健康均发生了重大变化。虽然城市可为人们的生活提供更多机会，例如更好的教育机会、良好的卫生保健机会等，但是目前的城市环境中也孕育了各种健康风险因素，给人类健康造成新的威胁。”[①]事实的确如此，城市化可以说是一把健康的“双刃剑”，在促进人类健康的同时也带来了许多不容忽视的健康问题。

（一）正面影响

第一，城市化促进了社会的进步、经济的发展，人们的生活环境得到改善，生活水平也相应得到提高，而良好的生活环境和生活水平是维持健康的物质基础。从人类疾病谱的变化趋势可以看出，随着城市化进程的加快，许多先前被认为是“贫穷病”的疾病（比如肺结核、寄生虫病）均逐渐消失（或减少），这正是得益于人们生活环境的改善。此外，随着收入的增加，人们对健康的投资也逐步增加，城乡居民人均卫生费用的差距逐步缩小，进一步促进整个人群健康水平的改善。

第二，城市化促进了卫生服务的改善。城市中卫生资源更加集中，例如我国 80％的卫生保健资源集中在城市，服务水平更高，这将进一步促进健康公平性的实现。此外，卫生服务质量和医保制度也会在城市化进程中得到完善。统计显示，2015 年年底，我国共有医疗卫生机构 983528 家，较 2010 年（936927 家）增加 46601 家；卫生总经费达到 40974.64 亿元，较 2010 年增加 20994.25 亿元。[②] 而这些均可为居民的健康提供强有力的保障。

第三，城市化的发展可使高水平教育的覆盖面增加。根据健康教育的“KAP 理论”，人们受教育的程度越高，越有利于其消除或减少影响健康的危险因素。

第四，城市化促使人们思想观念和生活方式发生转变。随着社会的发展和生活水平的提高，越来越多的居民开始关注膳食方面的信息，注重营养的均衡；此外，生活水平的提高，促使人们有更多的时间和精力关注自身的健康，参与有益身心的活动，改变不良的生活方式，例如参加体育锻炼、护理保健等。

（二）负面影响

第一，城市化与环境污染。随着城市化进程的加快，产业结构不断升

---

① 城市化与健康［J］．世界卫生组织简报，2010（4）：241-320.

② 国家统计局．2016 中国统计年鉴［EB/OL］．［2018-05-29］．http://www.stats.gov.cn/tjsj/ndsj/2016/indexch.htm.

级，工业发展一方面推动了城市的发展，另一方面带来了严重的污染问题。近年来，愈来愈多的工业性设施兴建在城市中或周边。目前，城市已成为第二次世界大战后环境的最大污染源。其中，空气污染、水污染、垃圾污染、噪声污染是当前全球最主要的四大污染。例如，在美国，一座拥有百万人口的城市平均每天排放污水达50万吨，排放气态污染物950吨。这些污染物可直接危害人类的健康。研究显示，空气污染严重的城市与清洁的城市相比，人均寿命预计减少2年。① 另据统计，近50年，全球男性肺癌患病人数增加10～30倍。同时，研究显示，如果城市空气污染减轻50％，那么相应的新生儿预期寿命将增加3～5岁，肺病患病人数将减少25％，心脏病人数将减少25％～50％。

第二，城市化与"富贵病"。随着人们生产方式的转变和生活水平的提高，人们饮食更加精细化、营养过剩现象更加普遍，加之体力活动减少，从而出现较多的慢性非传染性疾病，如肥胖、高血压、糖尿病、脂肪肝、心脑血管病等。② 据调查，目前我国肥胖人数达数千万，高血压患者超过1亿人，糖尿病患者平均每天增加3000人。③ 我国慢性病导致的死亡人数占85％，导致的疾病负担占70％。

第三，城市化与抑郁症。随着城市化进程的加深，人们生活节奏不断加快，精神事件压力不断增加，而这些压力直接导致了各种负面的情绪，如紧张、焦虑、消极、忧郁以及睡眠障碍等。这些负面情绪与抑郁症关系密切。据世界卫生组织统计，全球抑郁症的发病率为3.1％。据不完全统计，目前我国抑郁症发病率高达5％～6％，并且近年来呈逐年上升趋势。

第四，城市化与人口老龄化。人口老龄化是医学进步、教育水平提高和社会经济发展的直接结果。国际助老会发布的《2015全球老龄事业观察指数报告》指出：全球60岁及以上人口约9.01亿，占世界人口的12.3％，到2030年这一比例将达到16.5％。60岁以上的人口数已超过5岁以下儿童的人口数，预计到2050年，60岁以上的人口数将超过15岁以下的人口数。该报告称，目前我国是世界上老龄人口最多的国家，有2.09亿。另我国相关数据显示，21世纪前十年，我国人口年均增长率为0.57％，低于20世纪后十年维持的1.07％的年增长率，可见我国正逐步步入老龄化社会。据专

① 周桔.大气环境污染的健康效应研究回顾[J].中国科学院院刊，2013(3)：371-377.

② 龚幼龙，严非.社会医学[M].上海：复旦大学出版社，2012.

③ 唐元恺."富贵病"开始"平民化"[J].对外大传播，2001(5)：41.

家预测，到2050年，我国老龄人口将达到总人口的三分之一。人口老龄化虽然是人们生活水平提高和寿命延长的必然结果，是社会发展的标志，但与此同时，老龄化也带来了许多不容忽视的健康问题。比如，“老年病”的增加不仅损害了老年人口的健康，也极大地加重了社会负担。

第五，城市化与流动人口。随着城市化进程，流动人口的数量必然大幅度增加，尤其是大批量农村劳动力涌向城市。这一方面促进了城市的经济发展，但另一方面也给城市资源，例如教育资源、卫生资源等，带来巨大压力。此外，流动人口的增加还会使某些传染病传播途径增加，给人群健康带来负面影响。

第六，城市化与职业病。随着社会经济的发展，一些新的职业病，例如职场抑郁、“空调综合征”等不断涌现，给卫生服务带来新的挑战。

四、健康城市的兴起

全球城市化进程的加快，促进了世界经济的快速发展，与此同时，快速的城市化也带来了一系列的“城市病”，如资源紧张、交通拥堵、环境污染、饮水卫生问题、食品安全问题、暴力伤害等社会问题。这些问题一方面严重威胁市民的健康，另一方面阻碍了城市的健康可持续发展。为应对城市化给人类健康带来的挑战，1984年，世界卫生组织在“超级卫生保健——多伦多2000年”大会上，第一次提出“健康城市”(healthy city)的概念，指出如果人们生活在健康的城市，那么他们就应拥有与自然环境、和谐社区相适应的生活方式。这一理念引起大家的共鸣。1985—1986年，世界卫生组织欧洲办事处提出开展“健康城市项目”(healthy city project，HCP)，其重点是健康促进策略，其目的在于将“2000年人人享有卫生保健”和《渥太华宪章》所提出的健康促进策略转化为可操作的实践模式，“健康城市项目”后来发展为“健康城市规划”。健康城市理念首先得到加拿大多伦多市的响应，不少志愿者自发组织起来实施该理念。该市制定了健康城市发展规划，通过采取减轻污染的一系列措施，以期为市民提供清洁的水源、安全的食物，取得了显著的成效。之后在世界卫生组织的支持下，以多伦多市为中心，健康城市项目逐步向全球扩散开来，世界各国纷纷加入到健康城市的建设行列中。1998年，在雅典召开的“健康城市国际会议”，标志着健康城市运动成为欧洲乃至全球的运动。自此，健康城市项目正式进入高潮阶段。目前，“健康城市”运动已成为世界卫生组织倡导的一项全球性战略行动，其目的在于积极应对城市化给人类健康带来的严峻挑战。

第二节　健康城市建设理念与原则

健康城市建设是世界卫生组织为应对城市化进程给人类健康带来的挑战而提出的策略。健康城市内涵丰富，涉及多学科多领域，其建设模式与传统城市建设模式也有重要区别和联系。

一、健康城市的内涵和外延

（一）健康城市的内涵

"健康城市"从一个全新的视角来解读"城市"，"城市"不只是作为一个经济实体存在，而应该同时具有清洁的环境、和谐的社会、充足的资源，能成为市民愉悦成长、生活的现实空间。关于健康城市的定义，目前还处于仁者见仁、智者见智的状况。

1988年，汉考克和顿尔（Hancock&Duhl）最早提出"健康城市"的定义：健康城市应是能不断改善生态环境和社会环境，充分发掘可利用资源，使市民相互支持，以发挥最大潜能的城市。1993年，汉考克开发出一个健康城市模型，该模型的核心是将健康城市三大要素——社区、环境和经济连接起来，指出这三大要素的相互作用对健康的影响。另外，该模型还指出这三大要素发挥的作用，其中社区作为城市最基层的行政单位，是城市的"细胞"，也是实践健康城市项目最理想的场所。在社区中，人们之间的关系应该是和谐的，人们的生活应是快乐的；城市的环境，包括空气、水等应是清洁的，能为人们提供物质基础；城市经济应是繁荣的，能创造物质财富来满足人们的生活需求。但同时，经济必须与环境相容。

健康城市的奠基人之一顿尔认为，健康城市的内涵可从个人、社区、全球等不同层次理解：从个人层面来说，健康城市是指个人有成长和发展的权利，并且能免于恐慌，具有生活的主导权；从社区层面来讲，健康城市是指个人在社区工作时，能免于被剥削，并从事有意义的工作，能相互信赖并开展合作；从全球层面来说，健康城市更关注资源的公平分配等问题。①

根据世界卫生组织的定义，健康城市是由健康的人群、健康的环境和健康的社会有机结合而成的一个整体，其不断开发和改善自然环境、社会环

---

① 陈柳钦.健康城市建设及其发展趋势[J].中国市场，2010(33)：50-63.

境，并不断扩大社区资源，使城市居民能互相支持，以发挥最大的潜能。健康城市应具有清洁美丽、居住安全的城市环境，稳定可持续发展的生态系统，能为所有城市居民提供食物、饮用水和住房等生活必需品。[①②③④⑤⑥]这一定义不但关注影响市民的健康因素，更提出要注重市民参与及各部门相互合作。这说明健康城市的建设，不但要发挥地方政府的作用，从人民群众健康出发，制定公共政策，不断改善城市自然环境和社会环境，扩充社会资源，还要动员社会各界参与，共同致力于健康危险因素的改善，最终使城市成为健康人群、健康环境和健康社会有机结合、共同发展的整体。此外，需要注意的是，健康城市注重的是建设的过程，而非结果。健康城市不应是已达到某个健康目标的城市，而应是不断改进健康危险因素的城市。从这个意义上来说，任何城市只要对健康有承诺，并设置一定的组织架构来实现该承诺，持续改进健康危险因素，消除健康的不公平，都可以是一个健康城市。

根据世界卫生组织的定义，许多学者从不同角度对健康城市的内涵进行阐释。其中较有代表性的是苏州市爱卫办邢育健和复旦大学傅华教授的观点。邢育健认为，健康城市的概念中"一体化"的原理很重要，包括各种措施组成的预防疾病的活动、政策和环境支持、相互贯穿合作和网络系统的作用。傅华认为，健康城市是指从城市规划、建设到管理各个方面都以人的健康为中心，保障广大市民健康生活和工作，成为人类社会发展所必需的健康人群、健康环境和健康社会有机结合的发展整体。[⑦] 这两种观点得到学术界的广泛认同，健康城市应强调整体发展，社会各层面人群需相互合作、共同参与，既要改善居住环境，也要关注社会发展，并把预防疾病、促进健康的活动整合为一体。可见，健康城市建设并非只是卫生部门的单独行动，需要各

---

① 袁爽秋，李立明．健康城市建设的理论与实践[J]．环境与职业医学，2008，25(2)：109-112.

② 邢育健．健康城市——21世纪城市化发展的一项新目标[J]．江苏卫生保健，2001(4)：40-41.

③ 李忠阳，傅华．健康城市理论与实践[M]．北京：人民卫生出版社，2007：20.

④ 周向红．健康城市：国际经验与中国方略[M]．北京：中国建筑工业出版社，2008：9.

⑤ 周向红，诸大建．健康城市项目的发展脉络与基本规则[J]．中国公共卫生，2005，21(3)：377-379.

⑥ 孙统达．健康城市建设：扬起风帆正当时[N]．宁波日报，2017-03-09(10).

⑦ 傅华．现代健康促进理论与实践[M]．上海：复旦大学出版社，2003.

个部门的支持和配合，只有这样，才能最大程度发挥城市资源的效用，维护和改善市民的健康状况。

全国爱卫办《关于开展健康城市健康村镇建设的指导意见》(全爱卫发〔2016〕5 号)提出：健康城市是卫生城市的升级版，通过完善城市的规划、建设和管理，改进自然环境、社会环境和健康服务，全面普及健康生活方式，满足居民健康需求，实现城市建设与人的健康协调发展。①

尽管定义各不相同，但综合来说，我们认为，健康城市应是秉承可持续发展和以人为本理念，提供愉悦的生活和发展的现实空间，应能满足人类不断增长的物质、文化需求，通过自然环境、社会环境和健康服务的具体建设，形成拥有健康心态、健康行为和健康体魄的人群，促进城市的再建设，最终成为健康的人、健康的环境和健康的社会的综合体。建设健康城市就是以维护与促进人的健康为中心，调动人力、财力、物力、技术信息等资源，社会各界广泛参与的系统性社会工程，其建设主要涉及政治、经济、社会、生态环境、生物/化学和物理因素、社区生活、个人行为等七个领域，其目的在于城市要在自身发展过程中，通过政府、社会和居民的共同努力，持续改进和消除各种健康危险因素，全面提高居民的健康素养和生活质量，让城市成为健康人群、健康环境、健康社会、健康服务和健康文化有机发展的统一整体。②

健康城市是衡量一个城市综合管理水平和城市文明的重要标志之一，是对传统城市发展模式的重大改变，是全面推进人类发展、提高全民族健康素质的重要载体，更是一个城市可持续科学发展的最佳切入点，有利于根治人口膨胀、环境污染、资源短缺等“城市病”蔓延。只有当人群、环境、社会处于一种平衡和健康状态时，经济社会才能实现可持续发展，和谐宜人、美好的城市生活才能真正实现。③ 因此，城市健康问题日益得到各个国家和地区的普遍关注。当前，这种全新的健康城市发展理念已经深入人心，全球已有 4000 多个城市加入了建设健康城市的行列。我国自 1993 年引进世界卫生组织健康城市的概念以来，健康城市的理念和做法得到了各地的积极响应。目前，全国已有 30 多个城市开展了健康城市建设工作，其中，包括杭州市、

---

① 全国爱国卫生运动委员会. 全国爱卫会关于印发《关于开展健康城市健康村镇建设的指导意见》的通知：全爱卫发〔2016〕5 号[EB/OL]. (2016-07-18)[2017-12-16]. http://www.nhfpc.gov.cn/jkj/s5898/201608/3a61d95e1f8d49ffbb12202eb4833647.shtml.

② 孙统达. 健康城市建设：扬起风帆正当时[N]. 宁波日报，2017-03-09(10).

③ 孙统达. 健康城市建设：扬起风帆正当时[N]. 宁波日报，2017-03-09(10).

南京市、大连市等7个副省级城市。[①] 2014年,国务院《关于进一步加强新时期爱国卫生工作的意见》(国发〔2014〕66号)明确提出要结合推进新型城镇化建设,鼓励和支持开展健康城市建设,努力打造卫生城镇升级版,促进城市建设与人的健康协调发展。2016年,全国爱卫办全面启动新时期健康城市建设工作,确立了包括宁波在内的38个城市作为第一批新时期健康城市建设评价试点。[②]

(二)健康城市的外延

作为一个系统性工程,健康城市的关注点不仅仅在医疗卫生领域,主要还涉及以下七大领域。[③]

第一,政治领域(政治承诺、规划制定)。健康城市建设需要城市领导者重视,并动员各相关部门参加。成立健康城市领导小组,全面审视城市在社会经济、文化、健康等各方面的需求和现况,确立城市的功能定位。根据世界卫生组织所提出的健康城市指标体系,研制具有地方特色的健康城市建设指标,并制定可行的健康城市建设规划,在规划落实过程中,给予人、财、物等方面的大力支持。

第二,经济领域(产业、收入、住房)。经济建设是健康城市建设的基础,在实施过程中,必须重视产业的发展,以满足市民日益增长的物质、文化需要,另外要逐步提高市民的收入水平,改善其就业状况和住房状况等。

第三,社会领域(保障、文化、教育、公共安全等)。健康城市应为人民群众提供安定、祥和、文明、积极向上的社会环境。在这一过程中要求必须保障居民的权益,动员全社会人员参与,赋予他们管理个人事务的权利和自由,提供公平、可及的文化教育机会,提高公众对健康生活方式和行为的认知,促进保障、文化、教育等各项社会事业的全面发展。

第四,生态环境(生态平衡、资源保护和污染控制)。健康城市的一项重要功能是为市民提供愉悦的生活和成长的现实空间,那么周围环境的健康

---

① 郑继伟.区域视角下的健康发展战略选择——以浙江为例的实证研究[M].北京:科学出版社,2013:294.

② 全国爱卫办.关于开展健康城市建设评价试点工作的通知:全爱卫函〔2016〕4号[EB/OL].(2016-11-07)[2017-12-16]. http://www.nhfpc.gov.cn/jkj/s5898/201611/f1cb9ed675274c0fab49a87410ce9e20.shtml.

③ 张月林.现代健康城市发展研究——苏州健康城市建设范例[M].北京:光明日报出版社,2013:17-18.

就很重要。健康城市不断改善城市周围环境，为广大市民提供一个干净、整洁、安全的生活环境，使广大市民能享受清新的空气、清洁的饮水和安全的食物。

第五，生物、化学和物理（健康服务、健康产品、营养供给）。健康服务和健康产品是维护和修复健康的重要保障，健康城市应根据市民的健康需求，提供完善的健康服务、安全的用药和健康的食品，并且要依法加强公共场所卫生管理和传染病防护，依法监管食品安全。

第六，社区生活（和谐的邻里关系、文明行为）。社区是城市的"细胞"，健康城市的建设离不开社区的参与，健康城市要求培养社区居民健康、文明的行为生活方式，使广大市民互相关爱，自觉讲文明、讲道德。

第七，个人行为（健康的行为生活方式、心理健康）。健康城市关注广大市民的生理和心理健康，而目前多数健康问题由不健康的行为生活方式引起，因此，健康城市建设应通过广泛的健康教育和健康促进活动，培养市民健康的行为生活方式，并增强心理应激能力，以全面提高市民的健康素养和健康水平。

（三）健康城市项目

项目是一种在现有资源约束下为实现既定的目标而相互联系的一次性临时工作任务。健康城市项目在城市管理中发挥着重要战略管理作用，促进地方政策的变革与创新，宣传解决公共卫生的新途径，将人人健康战略基本原则和目标转化为实际的工作或活动。该项目通过明确权利、理顺关系等机制将不同利益相关群体团结在新公共卫生的旗帜下，具有对健康的共同承诺、被纳入政策制定等环节，各相关部门相互配合、社区积极参与，变革和创新贯穿于项目的全过程，最终形成相关公共卫生政策等六项特征。①② 健康城市项目和以往的一些健康教育或公共卫生相关运动不同，它不仅仅是一个目标，更是一种达到目标的新理念、新路径和新途径，已经成为一个涉及经济、社会、环境、公共卫生、城市建设管理等所有与健康相关的领域，旨在将"健康优先"的理念与经济社会发展各领域深度融合，将健康及其内

---

① 周向红，诸大建. 健康城市项目的发展脉络与基本规则[J]. 中国公共卫生，2005，21(3)：377-379.

② 周向红. 欧洲健康城市项目的发展脉络与基本规则论略[J]. 国际城市规划，2007，22(4)：65-70.

涵纳入所有政策策略。[①②③④] 经过欧洲健康城市项目多年实践，世界卫生组织概括总结了启动、组织与行动等三个阶段的健康城市项目发展基本步骤，这三个阶段相互交叉联系，每个阶段又分为多个步骤，共计 20 个步骤，被称为健康城市项目发展的 20 个步骤，即组建支持小组、理解健康城市理念、了解城市、寻找项目资金、机构定位、准备项目提案、市政府批准项目提案、任命指导委员会、分析项目环境、定义项目工作、建立项目办公室、计划项目策略、培养项目能力、建立责任机制、增进健康知晓、倡导策略规划、动员部门合作、鼓励社区参与、促进革新，以及确保健康的公共政策。[⑤⑥]

(四)健康城市发展指标

健康城市发展指标是健康城市建设评价标准的详细说明和具体化体现，是评价健康城市项目是否达到目标及衡量其实现程度的工具。[⑦] 做好健康城市建设工作，关键是构建一套科学、合理、完整的健康城市发展评价指标体系。健康城市发展指标体系是反映健康城市建设整体目标及其实现程度的若干个独立又相互联系的一系列指标的集合体，健康城市发展指标体系的确定是健康城市建设发展的核心内容之一，对于健康城市的建设过程、建设目标、建设效果及其成效进行监督评估具有重要意义，主要从健康环境、健康社会、健康服务、健康人群和健康文化等不同方面来反映健康城市建设的特征，一般应包括定量指标和定性指标两类。建立健全科学合理的健康城市发展指标体系已成为各级政府、理论界和建设单位、产业部门的共识。

二、健康城市的基本特征

健康城市不同于我们所理解的传统城市，戴维·克拉克从 12 个方面列

---

① 周向红. 欧洲健康城市项目的发展脉络与基本规则论略[J]. 国际城市规划，2007，22(4)：65-70.

② 周向红. 加拿大健康城市经验与教训研究[J]. 城市规划，2007，31(9)：64-70.

③ 李忠阳，傅华. 健康城市理论与实践[M]. 北京：人民卫生出版社，2007. 20-21.

④ 周向红. 健康城市：国际经验与中国方略[M]. 北京：中国建筑工业出版社，2008，15.

⑤ 周向红. 欧洲健康城市项目的发展脉络与基本规则论略[J]. 国际城市规划，2007，22(4)：65-70.

⑥ 王书梅，Leeuw E D. 发展健康城市项目的 20 个步骤[J]. 中国健康教育，2002，18(1)：14-16.

⑦ 刘艺. 新疆健康城市评价指标体系的研究[D]. 乌鲁木齐：新疆大学，2012.

举出了两者的差异(见表 2-1)。①

表 2-1 健康城市与传统城市的差异

项目	健康城市	传统城市
城市与邻里/小区/民众之关系	视为顾客/伙伴	视为消费者
城市的角色	刺激者/联结者/召集人/协调者/组织者	服务提供者
城市的主要职责	社会福利、预防、小区健康	治安、消防、工务、休闲
追求价值	参与、信任、责任、关系	效率、公平、秩序、课责、权利
行政人员的角色	咨商者	专家
市长的角色	促进者、包容者	领导者、排除者
增进城市与市民关系/角色的策略	出席相关会议、研究小组、召集、刺激	消费者服务、调查、城镇会议、公听会等
对城市资源的看法	受托者/管理者	拥有者/分配者
解决问题途径	确认小区资源与组织是否已介入议题处理	确认需求
社区与城市的互动	公民议题/公民发起会议中的政府参与	政府中的公民参与
社区营造途径	非正式的、多元的、因地制宜的	标准化、正式的、一体适用
预测与控制程度	低至无	高

从表 2-1 可以看出,在健康城市中,城市与民众的关系已由传统城市的消费者转变为顾客/伙伴;追求的价值在于参与、信任、责任、关系等,而非传统的效率、公平、秩序等;城市也由服务的提供者转变为联结者、协调者或组织者;主要职责在于小区的健康、社会的福利和预防等;而其主要采取出席相关会议、研究小组、召集和刺激等形式增进与民众的关系。在健康城市中,市长的角色并非领导者和排除者,而是促进者、包容者,行政人员的决策也由专家变为咨商者;健康城市社区营造的途径转变为非正式的、多元的、因地制宜的,社区与城市的互动采取公民议题和公民发起会议中的政府参与等形式。

① CLARK D. Urban world/global city [M]. London:Routledge, 1996.

汉考克和顿尔提出，理想的健康城市应该具有下列 11 项功能(见表 2-2)。①

表 2-2 理想的健康城市的 11 项功能

分类	功能
环境	提供可持续、稳定的生态系统
	提供高质量的清洁、安全的环境(包括住房质量)
	一个强大、相互支持和非剥削的社区环境
社会	城市经济多元化、有活力，并有创新精神
	公众对影响他们生活、健康和福利的政策的制定的高度参与和控制
	保证所有市民的基本需求(食物、饮用水、住房、收入、安全和工作)
	市民拥有各种各样的联系和资源，相互之间有密切的联系、互动和沟通
	保护文化遗产并尊重所有居民(不分种族或宗教信仰)的各种文化和生活特征
	任何一种呈现上述特征或更好特征的发展模式
服务	所有市民都能获得适宜的公共卫生和疾病护理服务并达到最佳水平
人群	健康状况良好(高水平的健康状态、低患病率)

可见，健康城市理念是对未来城市运行模式的美好愿景，其基本特征涉及环境、社会、服务和人群四大方面，每一项特征均可分解为一个个小的发展目标，具有比其概念更强的指导性。

三、我国健康城市与其他城市模式的区别和联系

在城市发展的过程中，我国各地出现了卫生城市、文明城市、生态城市等城市模式，健康城市建设虽然与这些城市发展模式在评价指标上存在着一些交叉和联系，但是，无论在涉及的领域，还是宗旨、内容和评价方法上仍存在一些重要区别(见表 2-3)。

一是创建目标不同。健康城市是“卫生城市”的升级版，以“全面健康”为核心，重在实现城市建设与人的全面健康协调发展。而卫生城市重在提高城市卫生水平，文明城市注重推动各种群众性精神文明创建活动的全面发展，生态城市重在促进社会经济与生态环境协调发展。

① HANCOCK J，DUHL L. Healthy cities：promoting healthy in the urban content [M]. Copenhagen：WHO Europe，1986.

表 2-3　健康城市与卫生城市、文明城市与生态城市之间的区别与联系

城市模式	组织部门	创建宗旨	创建内容	评价体系	评审机制
健康城市	全国爱卫会	实现城市建设与人的健康协调发展	健康环境；健康社会；健康服务；健康人群	暂无统一的评价指标体系，各城市根据实际情况制定	无考核和命名程序；一般为邀请相关领域专家进行评估
卫生城市	全国爱卫会	提高城市的卫生水平	爱国卫生组织管理；健康教育；市容环境卫生；环境保护；公共场所、生活饮用水卫生；食品卫生；传染病防治；城区除四害；单位和居民区卫生；民意测验	全国统一的《国家卫生城市标准》	申报、评审、授牌
文明城市	中共中央宣传部	推动各种群众性精神文明创建活动的全面发展	廉洁高效的政务环境；民主公正的法制环境；公平诚信的市场环境；健康向上的人文环境；有利于青少年健康成长的社会文化环境；舒适便利的生活环境；安全稳定的社会环境；可持续发展的生态环境；扎实有效的创建活动	全国统一的《全国文明城市测评体系》	申报、评审、授牌
生态城市	国家环保总局	促进社会经济与生态环境协调发展	社会生态；自然生态；经济生态	全国统一的《生态县、生态市、生态省建设指标》	暂无

二是建设内涵不同。健康城市不仅包含环境领域（生态平衡、污染控制）的一些议题，还涉及社会领域（保障、文化、教育、公共安全）、人群健康（健康的行为生活方式、心理健康）和健康服务（资源配置、服务提供和利用、慢病管理、健康教育）等领域的议题。而卫生城市主要涉及环境卫生、健康教育、食品安全等公共卫生问题和医疗卫生服务问题；文明城市主要关注人文道德建设、社会风气、社区建设等领域及生态文明方面的一些问题；生态城市则侧重社会生态、自然生态、经济生态三个方面。

三是评估方式不同。健康城市一般由第三方评估，注重评估政府承诺的落实以及持续改进健康的过程，不是以达到某一特定目标为实现终点，而更强调因地制宜、结合地方特色和健康需求持续开展工作。而卫生城市、文明城市和生态城市等则是按照设定的标准体系创建达标，由国家有关部门

组织进行动态评估。

四、健康城市建设的基本原则

(一)以人为本与可持续发展原则

健康是一种基本人权,是人类基本的生存权和发展权。当今世界对城市的存在和发展提出了很多新的要求与期望,强调城市规划、建设与管理应以人的全面发展为中心,强调人与经济、社会、环境的和谐统一与可持续发展,其中维护与促进人的健康始终是城市化进程中的关键环节,健康城市建设发展的核心点即在于提高全民健康素质,促进人的全面发展。因此,健康城市建设必须围绕这一核心目的与要求,充分体现健康城市建设管理与经济社会发展的协调关系,既要反映人与人之间的健康状况,又要反映城市建设与经济社会发展的协调状况,在此基础上进一步追求健康城市的可持续发展,以正确反映健康城市的功能定位与发展状况,促进经济社会发展的良性循环、和谐进行。

(二)整体性与协调性原则

健康城市的建设,首先应遵循整体性原则。这是因为,从生态学意义上而言,城市是一个生态系统(见图 2-3)。该系统是在人类适应自然和改造自然的基础上建立起来的复杂网络体系,可以说是人类改造自然的产物。该系统中各个因子相互联系,共同发挥作用。城市生态系统是健康城市的本原,该生态系统中各因子能否健康有序发展,决定着健康城市的运行效果,如果各因子不能有效耦合、有序运行,那么在系统中的人的健康就会受到影响。

因此,健康城市建设不仅要注重环境的建设和经济的发展,更要关注社会、经济和环境的协同作用和产生的整体效益,应在整体协同发展的前提下推动城市健康发展。

另外,对于一个城市而言,社会、环境和人群等这些大要素要协调发展,每一个大的要素又涵盖许多小的要素,例如社会这一大要素涉及文化、制度、风俗等,这些小的要素也要协调发展。就人群的健康而言,需要生理、心理、社会适应能力和道德四大方面的协调发展。每一层级的要素均很重要,这就如“木桶理论”所阐释的现象:整个木桶的容量不是由最高的木板决定的,而是由最低的木板决定的。因此,健康城市的建设,不能忽视任何一个要素的作用,要积极寻找短板因素,并积极补齐,力求健康城市的各个要素能协调发展。

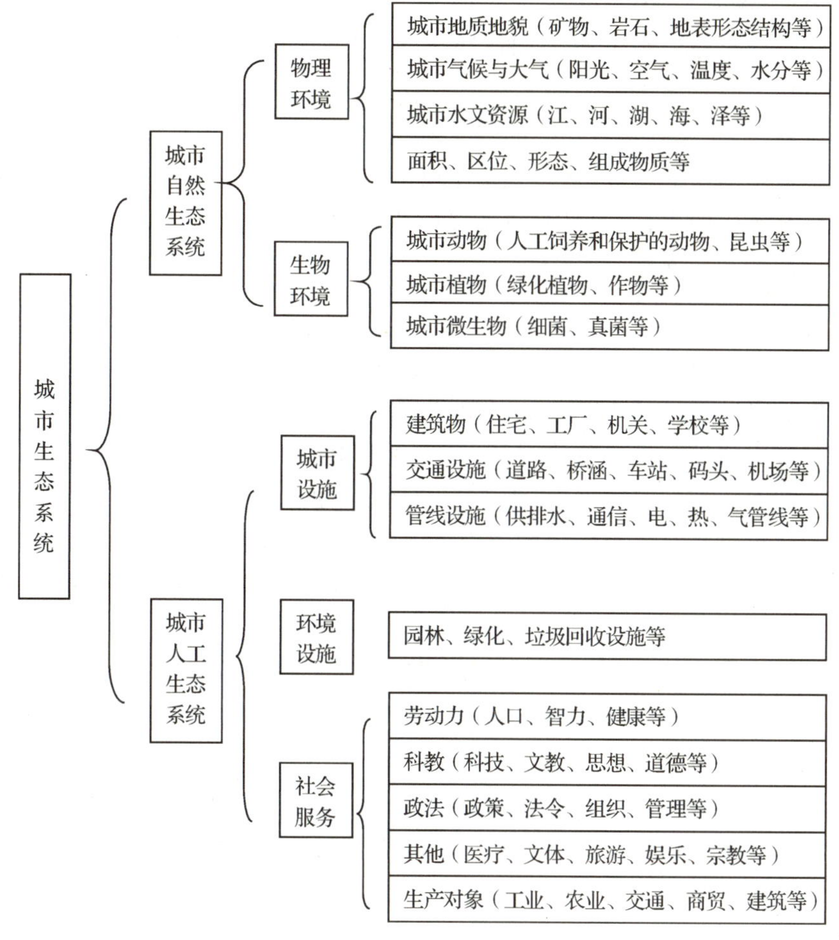

图 2-3　城市生态系统构成

（三）公平性与参与性原则

追求社会的公平与公正一直是社会主义的一个基本目标和核心价值，也是社会主义的魅力所在。健康城市的建设，关注城市中所有市民的权益，包括不同民族、不同年龄、不同性别、不同收入水平等的市民。人人均应享受平等的健康权，所有市民均应平等享受城市中的基础设施、健康服务、教育资源等。因此，一个健康城市应是一个“雪中送炭”的城市，而不仅仅是一个“锦上添花”的城市。缺乏公平这一前提，缺乏全民性的基础，健康城市就不是真正意义上的健康城市建设。因此，健康的公平性要求我们在健康城市的建设中，应兼顾不同人群的利益诉求，尤其关注弱势人群的利益，例如老年人、残疾人、贫困人群等。

健康城市强调政府承诺、部门间合作和社区居民的共同参与。世界卫生组织有关健康城市建设的十条标准中,有两条是关于公众参与的,可见只有人人参与,才是真正意义上的健康城市建设。也就是说,健康城市的建设不只是卫生部门的事务,而是城市中所有部门应关注的事务;健康城市也不只是行政部门的责任,而是每位市民应关心的问题。

(四)动态性与差异性原则

健康城市的建设不是一蹴而就的,而是不断动态发展的。它谋求的不应是一个结果,而应该更注重建设的过程。各城市应根据经济社会发展过程中影响市民健康的主要危险因素,提出一个阶段性目标,通过健康促进行动逐步减少或消除健康危险因素,以实现该阶段的承诺,在这一过程中还要不断关注新出现的危险因素,为下一阶段目标的制定奠定基础。可见,健康城市的建设过程是不断推进的过程。因此,在健康城市建设过程中,应秉承可持续发展的思想,兼顾不同时间、空间,合理配置资源,以谋求城市更好、更健康的发展。

虽然世界卫生组织提出了健康城市建设的一般标准,但是并没有给出一套可以比较衡量的定量指标体系。毕竟,各城市的文化传统、风俗习惯、社会经济发展水平、人口特征等不尽相同,城市治理模式、公众之间的关系等也各有特点,不可能遵循同一条标准。世界卫生组织鼓励各城市根据自身特点来开展健康城市建设项目。我国幅员辽阔、人口众多,各地区人群的健康需求和风险因素各不相同,在健康城市建设过程中,应根据健康城市的内涵和特征,结合本地特色和期望达到的成效,研制具有本地区特色的健康城市评价指标体系和发展路径。

第三节 健康城市建设目标

制定明确的健康城市发展目标与具体建设任务,将有利于科学规划健康城市建设行动计划,明确健康城市建设任务,落实具体的建设部门及其责任,顺利完成健康城市建设愿景。本节主要讨论宁波健康城市建设的指导思想、基本原则及其发展目标。

一、指导思想

坚持以习近平新时代中国特色社会主义思想为指导，全面贯彻党的十九大和十九届一中全会、二中全会、三中全会精神，统筹推进“五位一体”总体布局，协调推进“四个全面”战略布局，紧紧围绕打造“名城名都”“全国大城市第一方队”“省医学中心”的决策部署，坚持新时期我国卫生与健康工作新方针，以建设“健康宁波”为统领，切实保障和促进人民群众健康权益为出发点和落脚点，充分发挥政府的主导作用，深化体制机制改革，调动全社会与全民参与的积极性和创造性，将健康融入所有政策，人民共建共享，不断完善国民健康政策，加强卫生健康事业与健康产业的有机衔接，全民健身和全民健康的深度融合。以改革创新为动力，不断创新服务模式，营造健康环境，构建健康社会，优化健康服务，培育健康人群，弘扬健康文化，发展健康产业，改善健康公平，有效解决影响居民健康的因素，提升居民健康素养，提升居民健康获得感，全面构建与宁波市经济社会发展水平相协调的升级版全民健康促进体系，不断满足人民群众日益增长的多层次、多样化的健康需求，将宁波建设成为最适宜人居的健康城市示范市，形成新的经济增长点，为经济社会转型升级、社会和谐发展注入新的动力，推动宁波市健康城市建设走在全国同类地区前列。

二、基本原则

（一）以人为本，健康优先

坚持以人为本，一切为了人民健康的宗旨，秉持“大卫生、大健康”理念，从健康影响因素的广泛性、社会性、整体性出发，把增进人民健康作为城市发展的首要目标，同时也作为经济社会发展的基本出发点和落脚点。实施“把健康融入所有政策”策略，强调预防为主，全方位全周期保障人群健康，同时要兼顾不同人群的健康需求，尤其要重点关注弱势群体的健康需求，因地制宜、有针对性地制订健康干预模式，以控制各种健康危险因素，促进健康公平，加快形成有利于健康的生活方式、生态环境和经济社会发展模式。

（二）政府主导，共建共享

强化政府对健康城市建设的领导、保障、管理和监督责任，将健康城市建设贯穿于政府各项工作领域。坚持“共建共享”，发挥政府部门、社会和个人的责任，共同应对城市化发展中的健康问题。充分发挥各级政府的主导作用，从供给侧和需求侧两端发力，整合全社会资源，加强部门协同机制，加大人力、物力、资金投入和政策保障，调动社会各界的积极性和主动性，形成人人参与、人人建设、人人共享的健康城市建设新氛围。

（三）改革创新，先行示范

紧紧围绕影响人民群众健康的主要因素、制约卫生与健康事业发展的重大体制机制问题以及群众最迫切的健康需求，以宁波被列为首批全国健康城市试点城市为抓手，坚持问题导向，补短板、创优势。将健康城市建设与名城名都建设发展紧密结合，按照"干在实处、走在前列、勇立潮头"的要求，开展理论创新和实践探索，先行示范，突出宁波特色，发挥基层首创精神，将其融入城市规划建设、旅游开发、产业发展等工作中，全面实施改革创新，利用新科技、新技术推动健康城市的建设。引导和支持清洁材料、生命健康、新能源领域关键技术的开发，加速实施节能环保、生命健康、养老等重大新兴产业化项目，注重信息化技术在健康服务业的运用，使健康城市成为名城名都建设的新机遇和新起点，不断促进健康环境改善、城市品位提升和综合实力提高，将宁波打造成现代化、国际化的智慧健康城市。

（四）统筹推动，持续发展

健康城市建设是一项长期的系统工程，涉及方方面面，是一个不断发现问题、解决问题的长期、动态和连续的过程，而且每个阶段工作的重点和难点也不一样。要坚持以问题需求为导向，制定科学合理的评价指标体系，定期开展阶段性评估。要摒弃发展仅仅是经济增长的错误观念，正确处理好经济建设与生态环境保护、物质文明与精神文明和社会文明的关系，坚决杜绝以牺牲生态环境、社会文明和人的健康为代价的发展行为。统筹人与自然的和谐发展，统筹经济社会与生态环境协调发展，统筹推进健康城市建设各项工作，解决好每个阶段健康领域的突出矛盾和关键问题，达到维护和保障人群健康的目的，给人民群众带来实实在在的健康幸福感、获得感。

三、健康城市发展指标体系

构建健康城市建设发展指标体系是一项复杂的社会系统工程。为此，构建一套具有宁波特色的科学、合理、权威和可操作的健康城市建设发展指标体系，对于实现有限健康资源的高效、公平和合理利用，为健康城市建设评价提供科学、量化的依据，提高决策的科学性和正确性，具有十分重要的现实意义。

（一）健康城市发展指标体系的构建原则

健康城市建设必须致力于使每个人收获健康，提高生命质量，使城市生活更美好，“让市民喝上干净的水，呼吸清洁的空气，吃上放心的食物，在良好的环境中生产生活”，使群众能够享受全方位、全生命周期的卫生健康服务。健康城市建设在城市建设管理中具有特殊地位和作用，涉及经济社会发展的方方面面。目前用来反映健康城市建设发展工作水平的统计指标多达几百个甚至上千个，城市规划、建设与管理等各个方面都包含了大量的评价指标。而要综合反映一个国家、地区与部门的健康城市建设发展状况，如果使用指标过多则工作量过大，也不利于综合分析。并且，对于不同类别的健康城市建设项目评价，并不是所有的指标都是必要的，有些指标便于操作却不能很好地反映效果与效益，有些指标能较好地反映健康城市项目建设效果的优劣，却不便于实践操作。[①②] 因此，必须构建一个科学合理、综合而简明的健康城市建设发展指标体系，即从众多的城市规划、建设与管理等各个部门相关统计指标和发展指标中选择具有代表性的重要指标，通过科学的计算方法来评价宁波健康城市建设的整体发展水平及各个方面的比较情况。

在构建宁波健康城市发展指标体系时，应遵循以下四个原则。

1.以人为本与可持续发展相结合原则

健康是一种基本人权，是人类的基本生存权和发展权。当今世界对城市的存在和发展提出了很多新的要求与期望，强调城市规划、建设与管理应以人的全面发展为中心，强调人与经济、社会、环境的和谐统一与可持续发展，其中维护与促进人的健康始终是城市化进程中的关键环节，健康城市建设发展的核心点即在于提高全民健康素质，促进人的全面发展。因此，指标体系的建立必须围绕这一核心目的与要求，充分体现健康城市建设管理与经济社会发展的协调关系，既要反映人与人之间的健康状况，又要反映城市建设与经济社会发展的协调状况，在此基础上进一步追求健康城市的可持续发展，以正确反映健康城市的功能定位与发展状况，促进经济社会发展的良性循环、和谐发展。

2.政策性与导向性相结合原则

指标体系的设置是否科学合理直接关系到评价结果的可靠性，指标体系既要客观地反映新时代健康城市建设发展的内涵及其要求，又要能较好

---

① 陆建玉，周莺.基于 BSC 的高职院校图书馆绩效评价指标体系构建[J].中华医学图书情报杂志，2012，21(4)：21-25.

② 孙统达，陈健尔，张秀娟，等.公立医院绩效评价指标体系的构建[J].中国农村卫生事业管理，2009，29(12)：896-898.

地度量新时代健康城市建设发展目标的实现程度。因此,一方面要选择政策性强,与我国城市规划、建设与管理体制相符合,与我国既定的新时期卫生和健康工作方针、卫生和健康改革发展的总体目标与思路相符合的指标;另一方面,健康城市建设评价指标要具有导向性,突出新时代社会责任导向,坚持以社会效益为主,兼顾经济效益,以获取人民群众最佳健康素质为目标,实现健康城市的可持续发展。

3.科学性与时效性相结合原则

指标体系作为一个有机整体,应该能够比较全面地反映新时代健康城市建设评价与发展的时代特征和状况,要包含与健康城市发展目标密切相关的健康决定因素指标。由于各指标之间往往存在着重叠信息现象,因此,应尽可能地选择相对独立的指标,以增加新时代健康城市建设发展的准确性和科学性。同时,还应考虑在不同地区、不同时期以及不同环境下的健康城市建设动态评价对比的需要,要尽量使评价指标的统计口径、数据收集范围与国内外常用的评价指标体系相对应,以便可以开展横向与纵向的对比研究。此外,指标体系要具有动态性,既要能反映健康城市建设现状的相对稳定性,又要能对未来健康城市建设发展有所预见而力求保持一定的前瞻性,能随着健康城市战略目标的调整和外部环境与内部环境的变化等因素,及时适时地做出调整与动态更新。①②

4.可行性与可操作性相结合原则

为了使新时代健康城市发展指标体系能够有效地应用于实际分析,应尽量选择一些以人均、率、百分比等相对数表示的定量指标,操作性要强,目的性要明确,指标数应该是少而精,具有可测性和可推广性。所选取的评价指标要有可重复性,能够在不同的时间点进行测量,并能进行持续性追踪。数据来源于国家已有的统计报表、监测系统或专项调查,数据收集和分析都有统一实施方案,一般应为城市规划、建设与管理工作中常规统计范围内的内容,评价指标的概念内容清晰,有明确的定义及计算方法,具备相应的数据支持,资料易查易得,能够进行实际计算或经过适当的统计换算即可得到,能够适合于不同类别的健康城市项目评价,对于现阶段还无法实际测定

---

① 陆建玉,周莺.基于 BSC 的高职院校图书馆绩效评价指标体系构建[J].中华医学图书情报杂志,2012,21(4):21-25.

② 孙统达,陈健尔,张秀娟,等.公立医院绩效评价指标体系的构建[J].中国农村卫生事业管理,2009,29(12):896-898.

的指标暂时不予考虑。[①②③] 这样既有利于健康城市建设评价过程的简单化，提高其可操作性，也有利于不同时期健康城市建设发展评价情况的对比，促进各类健康城市项目工作的开展。

（二）健康城市发展指标体系的建立

健康城市建设是以促进人的健康为宗旨，调动一切可用资源，广泛参与的社会系统工程，主要涉及政治、经济、社会、生态环境、生物和物理/化学因素、社区生活、个人行为等七个领域。健康城市建设效果表现是连续的、多维的、存在中间状态的，因此对健康城市建设发展状况的评价采用了一系列能够描述这些状态的指标，涉及死亡、疾病、残疾、生长发育等躯体健康，也与心理状况、道德状况以及社会功能等健康决定因素相联系，这些指标既有单一型的，又有复合型的。

本书在参考了美国、加拿大、欧盟等发达国家（地区），以及北京市[④]、上海市[⑤]、杭州市[⑥]、苏州市[⑦]、威海市[⑧]等城市关于健康城市评价文献资料的基础上，重点结合《全国健康城市评价指标体系（2018 年版）》《“健康中国2030”规划纲要》《全国“十三五”卫生和健康规划》《健康浙江 2030 行动纲要》《健康宁波 2030 行动纲要》等政策文件建设目标要求，提出宁波健康城

① 陆建玉，周莺．基于 BSC 的高职院校图书馆绩效评价指标体系构建［J］．中华医学图书情报杂志，2012，21(4)：21-25．

② 孙统达，陈健尔，张秀娟，等．公立医院绩效评价指标体系的构建［J］．中国农村卫生事业管理，2009，29(12)：896-898．

③ 王仁元，高巍，朱波，等．区域卫生科技创新绩效评价指标体系的构建［J］．中国农村卫生事业管理，2016，36(1)：8-11．

④ 北京市人民政府．健康北京“十二五”发展建设规划［EB/OL］．(2011-06)［2017-12-16］．http://zhengwu.beijing.gov.cn/ghxx/sewgh/t1192812.htm．

⑤ 上海市人民政府办公厅．关于印发上海市建设健康城市 2015-2017 年行动计划的通知：沪府办发〔2014〕62 号［EB/OL］．(2014-11-16)［2017-12-16］．http://www.shanghai.gov.cn/nw2/nw2314/nw2319/nw10800/nw11408/nw31831/u26aw40887.html．

⑥ 杭州市健康城市建设工作领导小组．关于印发《杭州市建设健康城市“十三五”规划》的通知：杭健康〔2016〕3 号［EB/OL］．(2016-12-30)［2017-12-16］．http://www.hzawb.gov.cn/zhengfugongka/16/78/20170310/12131.html．

⑦ 陈钊娇，许亮文．健康城市评估与指标体系研究［J］．健康研究，2013，33(1)：5-9．

⑧ 中共威海市委，威海市人民政府．关于建设健康城市的意见：威发〔2016〕1 号［EB/OL］．(2016-01-30)［2017-12-16］．http://www.whws.gov.cn/ckfinder/userfiles/files/20160218155533843.pdf．

市发展指标体系的预选群。经过3轮专家咨询筛选，并广泛地征求相关政府部门与产业行业部门的意见及建议，着重考虑宁波健康城市建设发展评价实际情况的需要，最终确定以7个一级指标、24个二级指标和48个三级基础层指标构成宁波健康城市建设发展指标体系（见表2-4）。

该指标体系目标层即是宁波健康城市建设发展的实现程度，子系统层即为健康环境指标、健康社会指标、健康服务指标、健康人群指标、健康文化指标、健康产业指标以及特色指标等7个一级子系统层指标。其中，健康环境指标下设空气质量、水质、垃圾废弃物处理、其他相关环境等4个二级指标，健康社会指标下设社会保障、健身活动、职业安全、食品安全、文化教育等5个二级指标，健康服务指标下设卫生健康资源、医疗服务、中医药服务、疾病预防控制、妇幼卫生服务、养老服务等6个二级指标，健康人群指标下设健康水平、传染病、慢性病等3个二级指标，健康文化指标下设健康素养、健康行为、健康氛围等3个二级指标，健康产业指标下设健康服务与生产1个二级指标，特色指标下设健康细胞工程、市民满意度等2个二级指标。在二级指标中，分别下设48项三级单项评价基础指标，其中，健康环境指标10项，包括空气质量2项、水质2项、垃圾废弃物处理1项、其他相关环境5项；健康社会指标6项，包括社会保障1项、健身活动2项、职业安全1项、食品安全1项、文化教育1项；健康服务指标14项，包括卫生健康资源6项、医疗服务2项、中医药服务1项、疾病预防控制2项、妇幼卫生服务2项、养老服务1项；健康人群指标9项，包括健康水平5项、传染病1项、慢性病3项；健康文化指标5项，包括健康素养1项、健康行为2项、健康氛围2项；健康产业指标1项，即健康服务与生产指标1项；特色指标3项，包括细胞工程2项、市民满意度1项，这些基础指标层分别代表了宁波健康城市建设发展进程中的某一个特定方面的发展情况。

表 2-4 宁波健康城市建设发展指标体系及其目标值

类别（一级指标）	项目（二级指标）	基础指标（三级指标）	主要部门	指标属性	指标类型	2017年现状值	2020年建议目标值
（一）健康环境	1. 空气质量	(1)环境空气质量优良天数占比/%	生态环境(原环保)部门	正向	约束性	85.21	90.00
		(2)重度及以上污染天数/天	生态环境(原环保)部门	负向	约束性	4.00	0.00
	2. 水质	(3)生活饮用水水质达标率/%	卫生健康(原卫生计生)部门	正向	约束性	87.02	94.00
		(4)集中式饮用水水源地安全保障达标率/%	生态环境(原环保)部门	正向	约束性	100.00	100.00
	3. 垃圾废弃物处理	(5)生活垃圾无害化处理率/%	综合行政执法(住房城乡建设)部门	正向	约束性	100.00	100.00
	4. 其他相关环境	(6)公共厕所设置密度/(座/km^2)	综合行政执法(住房城乡建设)部门	正向	预期性	2.96	3.50
		(7)农村无害化卫生厕所普及率/%	爱卫办	正向	约束性	63.70	90.00
		(8)建成区绿化覆盖率/%	综合行政执法(住房城乡建设)部门	正向	预期性	39.95(2016年)	40.00
		(9)人均公园绿地面积/(m^2/人)	综合行政执法(住房城乡建设)部门	正向	预期性	11.50	15.00
		(10)病媒生物密度控制水平/%	爱卫办	正向	预期性	—	20.00

续表

类别（一级指标）	项目（二级指标）	基础指标（三级指标）	主要部门	指标属性	指标类型	2017年现状值	2020年建议目标值
（二）健康社会	5.社会保障	(11)基本医保住院费用实际报销比/%	医疗保障（原人力资源和社会保障）部门	正向	约束性	66.72	73.00
	6.健身活动	(12)城市人均体育场地面积/(m^2/人)	体育部门	正向	预期性	2.55	2.70
		(13)每千人拥有社会体育指导员人数/(人/千人)	体育部门	正向	预期性	3.78	4.00
	7.职业安全	(14)职业健康检查覆盖率/%	卫生健康（原安全监管）部门	正向	预期性	89.84	90.00
	8.食品安全	(15)每千人食品抽样检验批次数/(批次/千人)	市场监管部门	正向	预期性	6.95	7.00
	9.文化教育	(16)学生体质监测优良率/%	教育部门	正向	预期性	58.65	60.00
（三）健康服务	10.卫生健康资源	(17)每万人口全科医生数/(人/万人)	卫生健康（原卫生计生）部门	正向	预期性	4.70	5.00
		(18)每万人口拥有公共卫生人员数/(人/万人)	卫生健康（原卫生计生）部门	正向	预期性	4.51	8.30
		(19)每千人口医疗卫生机构床位数/(张/千人)	卫生健康（原卫生计生）部门	正向	预期性	4.66	6.05
		(20)每千人口执业（助理）医师数/(人/千人)	卫生健康（原卫生计生）部门	正向	预期性	3.03	3.30
		(21)每千人口注册护士数/(人/千人)	卫生健康（原卫生计生）部门	正向	预期性	3.15	3.71
		(22)卫生健康支出占财政支出的比重/%	卫生健康（原卫生计生）部门	正向	预期性	4.84	8.00

续表

类别（一级指标）	项目（二级指标）	基础指标（三级指标）	主要部门	指标属性	指标类型	2017 年现状值	2020 年建议目标值
（三）健康服务	11. 医疗服务	（23）县域内就诊率/%	卫生健康（原卫生计生）部门	正向	预期性	76（2015 年）	90.00
		（24）智慧医疗覆盖率/%	卫生健康（原卫生计生）部门	正向	预期性	70（2015 年）	80.00
	12. 中医药服务	（25）提供中医药服务的基层医疗卫生机构占比/%	卫生健康（原卫生计生）部门	正向	约束性	86.70	100.00
	13. 疾病预防控制	（26）严重精神障碍患者管理率/%	卫生健康（原卫生计生）部门	正向	约束性	86.84	90.00
		（27）适龄儿童免疫规划疫苗接种率/%	卫生健康（原卫生计生）部门	正向	约束性	96.67（2016 年）	95.00
	14. 妇幼卫生服务	（28）儿童健康管理率/%	卫生健康（原卫生计生）部门	正向	预期性	98.00	98.00
		（29）孕产妇系统管理率/%	卫生健康（原卫生计生）部门	正向	预期性	97.05	98.00
	15. 养老服务	（30）每千名老年人口拥有养老床位数/（张/千人）	卫生健康（原卫生计生）部门	正向	约束性	43.96	50.00
（四）健康人群	16. 健康水平	（31）人均预期寿命/岁	卫生健康（原卫生计生）部门	正向	预期性	81.50	81.70
		（32）婴儿死亡率/‰	卫生健康（原卫生计生）部门	负向	预期性	2.31	3.00
		（33）5 岁以下儿童死亡率/	卫生健康（原卫生计生）部门	负向	预期性	3.02	4.00
		（34）孕产妇死亡率/（1/10 万）	卫生健康（原卫生计生）部门	负向	预期性	0.00	7.00
		（35）城乡居民达到《国民体质测定标准》合格以上的人数比例/%	体育部门	正向	预期性	79.13	92.00
	17. 传染病	（36）甲乙类传染病发病率/（1/10 万）	卫生健康（原卫生计生）部门	负向	预期性	208.48	178.00

续表

类别（一级指标）	项目（二级指标）	基础指标（三级指标）	主要部门	指标属性	指标类型	2017年现状值	2020年建议目标值
（四）健康人群	18. 慢性病	（37）重大慢性病过早死亡率/%	卫生健康（原卫生计生）部门	负向	预期性	9.09	9.80
		（38）18～50岁人群高血压患病率/%	卫生健康（原卫生计生）部门	负向	预期性	29.84	26.00
		（39）肿瘤年龄标化发病率变化幅度/%	卫生健康（原卫生计生）部门	负向	预期性	7.41	10.00
（五）健康文化	19. 健康素养	（40）居民健康素养水平/%	卫生健康（原卫生计生）部门	正向	预期性	20.88	27.00
	20. 健康行为	（41）15岁以上人群吸烟率/%	爱卫办	负向	预期性	26.38	25.00
		（42）经常参加体育锻炼人口比例/%	体育部门	正向	预期性	39.98	42.00
	21. 健康氛围	（43）媒体健康专题栏目开设率/%	卫生健康（原卫生计生）、宣传、广电等部门	正向	预期性	100.00	100.00
		（44）注册志愿者比例/%	民政、文明办、共青团等部门	正向	预期性	26.37	30.00
（六）健康产业	22. 健康服务与生产	（45）健康产业增加值占地区GDP比例/%	发展改革部门	正向	预期性	3.20（2015年）	4.15
（七）特色指标	23. 健康细胞工程	（46）国家卫生县城（乡镇）占比/%	爱卫办	正向	约束性	10.39	20.00
		（47）健康细胞覆盖率/%	爱卫办	正向	预期性	20.01	30.00
	24. 市民满意度	（48）健康城市建设总体满意度/%	爱卫办	正向	预期性	95.90（2015年）	95.00

指标类型说明:(1)约束性指标,是指体现政府职责,政府通过配置公共资源和运用行政力量,确保实现的有关指标。约束性指标带有政府向人民承诺的性质,也是上级政府部门对下级政府部门提出的工作要求。(2)预期性指标,是指体现政府意志,政府运用政策手段引导社会资源配置,并通过适时调整政策方向和力度加以调控和干预,防止偏离预期值的有关指标。

四、发展目标

(一)总体目标

到2020年,建立起与宁波市率先高水平全面建成小康社会相适应的卫生健康制度体系和治理体系,覆盖城乡居民的基本医疗卫生制度更加健全,健康环境更加绿色宜居,健康细胞工程广泛开展,健康产业更具竞争力,较好地满足人民群众多层次、多样化的卫生健康需求。健康的公平性和可及性明显提高,人均预期寿命进一步延长,人群主要健康指标达到高收入国家水平,位居全国副省级城市前列,全面打造成为全国健康城市试点示范市,实现人人享有较高水平的卫生健康服务。

(二)具体目标

——居民健康素质明显提高。全市居民人均预期寿命达到81.7岁,孕产妇死亡率和婴儿死亡率分别控制在7.0/10万和3.0‰以下,重大慢性病过早死亡率下降到9.8%以下,法定报告甲乙类传染病发病率控制在178.0/10万以下,居民健康素养水平达到27.0%,城乡居民健康素质差异进一步缩小。

——健康环境更加宜居。建成区绿化覆盖率提高到40.0%,空气质量优良率达到90%以上。生活垃圾无害化处理率保持在100%,公共厕所密度达到3.50座/km^2,农村无害化卫生厕所普及率达到90.00%以上。

——健康服务和保障水平明显提升。政府财政投入力度进一步加大,卫生健康资源配置进一步优化,每千常住人口执业(助理)医师数、注册护士数分别达到3.30人、3.71人,每千常住人口医疗机构床位数达到6.05张。基本公共卫生服务实现全覆盖,儿童国家免疫规划疫苗接种率保持在95%以上,健康服务体系与健康保障体系更加优质均衡,县域内就诊率达到90.0%以上,智慧医疗覆盖率达到80.0%以上,居民健康城市建设总体满意度达到95.0%以上。

——健康社会支撑条件更加稳固。居民基本医保住院费用实际报销率达到73.0%以上。推进全民健身行动,居民人均拥有体育场地面积达2.7

平方米以上，每千常住人口社会体育指导员达到4.0人，居民体质明显增强。居民饮用水水质合格率达到94.0%以上，突发公共卫生事件应急处置能力明显提升。

——健康产业繁荣发展。健康产业发展环境进一步优化，健康消费能力明显增强，产业规模不断扩大，结构持续优化，健康管理、健康信息和健康保险等新业态龙头品牌企业发展壮大，健康产业更具竞争力，健康产业总规模占GDP比例达到4.15%以上。

宁波健康城市建设主要发展指标及其目标值详见表2-4。

五、健康城市建设发展指标计算公式及其意义

明确健康城市建设发展指标的概念与内涵、计算公式及其代表意义，对于开展健康城市建设实践管理具有重要指导作用。

（一）健康环境指标

城市环境是人类城市生活发展的物质基础，也是与人类健康密切相关的重要因素，主要包括自然环境、人工环境和社会环境。健康环境是指所有存在于人以外，与人类健康发展相关并促进人类健康的物理、化学、生物因素。优良、和谐、稳定的健康环境能为人类健康发展提供积极的基础、支持和保障，是健康城市建设的重要组成部分。① 以人为中心的城市环境，不仅仅是指人类居住和生活活动的物质空间，还包括了贯穿于其中的人口、资源、环境、社会政策和经济发展等各个方面。② 目前，重点要提高空气质量，加强饮用水与卫生厕所等环境卫生基础设施建设，加强生态环境保护、城市绿化和生活垃圾无害化处理等。本书健康环境指标下设空气质量、水质、垃圾废弃物处理、其他相关环境等4个二级指标，主要采用环境空气质量优良天数占比（%）、重度及以上污染天数（天）、生活饮用水水质达标率（%）、集中式饮用水水源地安全保障达标率（%）、生活垃圾无害化处理率（%）、公共厕所设置密度（座/km^2）、农村无害化卫生厕所普及率（%）、建成区绿化覆盖率（%）、人均公园绿地面积（m^2）、病媒生物密度控制水平等10项基础层指标来评价反映健康环境建设情况。

1.空气质量指标

环境空气质量优良天数占比（%），是指全年空气质量指数（air quality

① 郑继伟.区域视角下的健康发展战略选择——以浙江为例的实证研究[M].北京：科学出版社，2013：249.

② 刘艺.新疆健康城市评价指标体系的研究[D].乌鲁木齐：新疆大学，2012.

index，AQI)≤100 的天数占全年总天数的百分比。空气质量指数是一种定量反映和评价环境空气质量状况的无量纲指数，当 AQI 为 0～50、51～100、101～150、151～200、201～300、300 以上等指数值时，分别代表了一级、二级、三级、四级、五级和六级空气质量指数级别，表示空气质量类别为优、良、轻度污染、中度污染、重度污染、严重污染。它的计算方法按照国家环境保护部发布的国家环境保护标准《环境空气质量指数(AQI)技术规定(试行)》(HJ633—2012)[①]执行，计算公式为：

$$AQI = \max\{IAQI_1, IAQI_2, \cdots, IAQI_n\}$$

式中，IAQI 表示空气质量分指数，n 表示污染物项目。

重度及以上污染天数(天)，是指全年空气质量指数(AQI)＞200 的天数。

2. 水质指标

生活饮用水水质达标率(%)，是指居民饮用水末梢水监测水质达到《国家生活饮用水卫生标准》常规指标的水样合格比例，反映居民管网水质量达到国家生活饮用水卫生标准的合格程度。计算公式为：

$$生活饮用水水质达标率 = \frac{抽检监测饮用水末梢水常规达标的样本数}{抽检样本总数} \times 100\%$$

集中式饮用水水源地安全保障达标率(%)。饮用水水源地概括了提供城镇居民生活及公共服务用水(如政府机关、企事业单位、医院、学校、餐饮业、旅游业等用水)，取水工程的水源地域，包括河流、湖泊、水库、地下水等。以供水人口数为分界线，通过管网输水且供水人口数小于 1000 人的为分散式饮用水水源地，大于 1000 人的为集中式饮用水水源地。集中式生活饮用水水源是指进入输水管网送到用户的和具有一定取水规模(供水人口一般大于 1000 人)的在用、备用和规划水源。集中式饮用水水源地安全保障达标率是指区域内集中式饮用水水源地安全保障达标个数占总个数的比例，反映了生活饮用水水源地水质量达到国家生活饮用水卫生标准的合格程度。计算公式为：

$$集中式饮用水水源地安全保障达标率 = \frac{集中式饮用水水源地安全保障达标个数}{集中式饮用水水源地总数} \times 100\%$$

3. 垃圾废弃物处理指标

生活垃圾无害化处理率(%)，是指报告期内生活垃圾无害化处理量占

---

① 环境保护部. 关于发布国家环境保护标准《环境空气质量指数(AQI)技术规定(试行)》的公告[EB/OL]. (2012-02-29)[2017-12-16]. http://www.zhb.gov.cn/gkml/hbb/bgg/201203/t20120302_224146.htm.

生活垃圾产生总量的比例，反映城市生活垃圾无害化处理设施等级评定的有关情况。目前，垃圾污染和卫生设施缺少、缺乏安全的饮用水是引起疾病暴发流行的重要原因，建立高标准、现代化的垃圾处理系统已成为建设健康城市必不可少的公共设施。计算公式为：

$$生活垃圾无害化处理率=\frac{生活垃圾无害化处理量}{生活垃圾产生总量}\times 100\%$$

4.其他相关环境指标

公共厕所设置密度（座/km^2），是指建成区单位面积内公共厕所数量。计算公式为：

$$公共厕所设置密度=\frac{建成区独立式和附属式公厕总数}{建成区面积}$$

农村无害化卫生厕所普及率（%），是指农村（不含县城）中使用无害化卫生厕所的农户数占辖区（农村）内总户数的百分比。计算公式为：

$$农村无害化卫生厕所普及率=\frac{农村使用无害化卫生厕所农户数}{辖区（农村）内总户数}\times 100\%$$

建成区绿化覆盖率（%），是指在城市建成区的绿化覆盖面积占建成区总面积的比例，绿化覆盖面积是指城市中乔木、灌木、草坪等所有植被的垂直投影面积。计算公式为：

$$建成区绿化覆盖率=\frac{建成区绿化覆盖面积}{建成区总面积}\times 100\%$$

人均公园绿地面积（m^2），是指城镇居民平均每人拥有的公共绿地面积数量。公共绿地是指向公众开放的市级、区级、居住区级各类公园、街旁游园，包括其范围内的水域。其中居住区级公园应不小于1万平方米，街旁游园的宽度不小于8米，面积不小于400平方米。人均公园绿地面积是城市环境质量方面的一个重要指标，人均公园绿地面积越多，良好的生态环境就越有保障。计算公式为：

$$人均公园绿地面积=\frac{建成区公园绿地面积}{建成区常住人口数}$$

病媒生物密度控制水平（%），是指主要病媒生物鼠、蚊、蝇、蟑螂密度控制水平达到B级及以上的街道比例。它的计算公式为：

$$病媒生物密度控制水平=\frac{主要病媒生物密度控制水平达到B级与A级的街道数}{街道总数}\times 100\%$$

（二）健康社会指标

健康城市是在协调人与城市等关系的基础上而发起的一项城市建设运

动。社会因素是影响健康的最根本原因和引起人类疾病负担与健康不公平的主要原因。① 因此，解决“城市病”问题要从社会环境因素入手。健康社会指标主要从经济、公共安全和社会保障等方面加以分析，目前，重点加强社会保障、体育健身、食品药品安全、职业安全、文化教育等方面的工作。本书健康社会指标下设社会保障、健身活动、职业安全、食品安全、文化教育等5个二级指标，主要采用基本医保住院费用实际报销比(%)、城市居民人均拥有体育场地面积(m^2)、每千人口拥有社会体育指导员人数(人)、职业健康检查覆盖率(%)、每千人食品抽样检验批次(批次)、学生体质监测优良率(%)等6个基础层指标来反映健康社会评价情况。

1. 社会保障指标

基本医保住院费用实际报销比(%)，是指基本医保(职工医保、城乡居民医保、城镇居民医保、新农合)基金支付的住院费用占基本医保参保(合)者住院总费用的比例。计算公式为：

$$\text{基本医保住院费用实际报销比}=\frac{\text{年度基本医保基金支付的住院费用}}{\text{基本医保参保(合)者住院总费用}}\times 100\%$$

2. 健身活动指标

城市居民人均拥有体育场地面积(m^2/人)，是指城市居民平均每人拥有的体育场地面积。体育场地面积是指全市(城区)范围内体育场、体育馆、社区内专门用于居民体育运动的健身房、健身点、学校体育场地以及社会经营性体育场地的面积之和。体育与健康的关系越来越受到人们的关注，随着人类社会的进步和发展，尤其是全方位、全生命周期健康管理措施的逐步落实，全民健身运动的不断普及，体育运动的健康价值日趋彰显，对于促进人的全面发展具有重要作用。大力发展公共体育设施，是广泛开展全民体育健身活动的基础，是提升城市公共服务水平和市民生活品质的重要内容。计算公式为：

$$\text{城市居民人均拥有体育场地面积}=\frac{\text{城市室内外体育场地面积}}{\text{城市常住人口总数}}$$

每千人口拥有社会体育指导员人数(人)，是指每千常住人口中登记在册的社会体育指导员人数。计算公式为：

$$\text{每千常住人口拥有社会体育指导员人数}=\frac{\text{登记在册的社会体育指导员人数}}{\text{辖区常住人口总数}}\times 1000$$

① 李鲁. 社会医学[M]. 4版. 北京：人民卫生出版社，2012：27.

3.职业安全指标

职业健康检查覆盖率(%),是指重点行业接触职业病危害的劳动者在岗期间应接受职业健康检查人员中实际接受职业健康检查的比例。计算公式为:

$$职业健康检查覆盖率=\frac{重点行业接触职业病危害的劳动者在岗期间实际接受健康检查人数}{应接受职业健康检查人数}\times 100\%$$

4.食品安全指标

每千人口食品抽样检查批次(批次),是指每千常住人口监督抽样的食品批次数,反映了对食品安全的重视程度。计算公式为:

$$每千人口食品抽检检查批次=\frac{监督检测抽检样品批次数}{辖区年度常住人口数总数}\times 1000$$

5.文化教育指标

学生体质监测优良率(%),是指一个地区根据《国家学生体质健康标准(2014 年修订版)》的测试项目和评分标准,给出被测试者的身体形态、身体机能、身体素质类指标的综合体质评价,以学年体质综合评定总分 80 分以上(含 80 分)学生数占参加评定学生总数的比例来判断学生体质监测优良状况。计算公式为:

$$学生体质监测优良率=\frac{学年体质测试综合评定总分80分及以上的学生数}{参加体质测试被调查学生总人数}\times 100\%$$

(三)健康服务指标

健康服务是国家健康政策的主要实现载体,也是人类获得健康的主要渠道,其安全与质量、可及性与公平性,越来越受到政府、公众和社会各界的广泛关注与重视。健康服务业主要包括医疗服务、健康管理、健康保险等相关服务,以及涉及药品、医疗器械、保健用品、保健食品、健身产品等相关支撑产业。[①] 优化健康服务,提升服务水平,是深化医改、改善民生、提高全民健康素质的必然要求,对促进健康城市建设具有重要意义。[②] 目前,重点要加强医疗卫生服务、公共卫生服务、中医药服务、妇幼卫生保健服务以及养老服务等的建设工作。本书健康服务指标中下设卫生健康资源、医疗服务、中医药服务、疾病预防控制、妇幼卫生服务、养老服务等 6 个二级指标,主要

---

① 国务院.关于促进健康服务业发展的若干意见:国发〔2013〕40 号[EB/OL].(2013-09-28)[2017-12-18].http://www.gov.cnzwgk2013-10/14/content_2506399.htm.

② 郑继伟.区域视角下的健康发展战略选择——以浙江为例的实证研究[M].北京:科学出版社,2013:190.

采用每万人口全科医生数(人)、每万人口拥有公共卫生人员数(人)、每千人口医疗卫生机构床位数(张)、每千人口执业(助理)医师数(人)、每千人口注册护士数(人)、卫生健康支出占财政支出的比重(%)、县域内就诊率(%)、智慧医疗覆盖率(%)、提供中医药服务的基层医疗卫生机构占比(%)、严重精神障碍患者规范管理率(%)、适龄儿童免疫规划疫苗接种率(%)、儿童健康管理率(%)、孕产妇系统管理率(%)、每千名老年人口拥有养老床位数(张)等14个基础层指标来反映健康服务发展建设情况。

1.卫生健康资源指标

每万人口全科医生数(人),是指每万名常住人口拥有的全科医生数。计算公式为:

$$每万人口全科医生数=\frac{全科医生数}{辖区常住人口数}\times 10000$$

每万人口拥有公共卫生人员数(人),是指每万名常住人口拥有的专业公共卫生机构工作人员数,包括疾病预防控制中心、专科疾病防治机构、妇幼保健机构、健康教育机构、急救中心/站、采供血机构、卫生监督机构、计划生育技术服务机构等专业公共卫生机构人员。计算公式为:

$$每万人口公共卫生人员数=\frac{专业公共卫生机构工作人员数}{辖区常住人口数}\times 10000$$

每千人口医疗卫生机构床位数(张),是指每千名常住人口所拥有的医疗卫生机构床位数,是反映居民卫生资源拥有量情况的指标之一,也是反映一个地区医疗卫生服务水平的重要指标。计算公式为:

$$每千人口医疗卫生机构床位数=\frac{期末医疗卫生机构床位数}{期末常住人口数}\times 1000$$

每千人口执业(助理)医师数(人),是指每千名常住人口所拥有的经注册在岗的执业医师人数和执业助理医师人数的总和,是反映居民卫生资源拥有量情况的指标,也是反映一个地区医疗卫生服务水平的重要指标。计算公式为:

$$每千人口执业(助理)医师数=\frac{期末经注册在岗的执业(助理)医师数}{期末常住人口数}\times 1000$$

每千人口注册护士数(人),是指每千名常住人口所拥有的经注册在岗的注册护士数。计算公式为:

$$每千人口注册护士数=\frac{期末经注册在岗的注册护士数}{期末常住人口数}\times 1000$$

卫生健康支出占财政支出比例(%),是指某年卫生健康支出与当年度财政支出总数之比，反映了政府卫生健康支出情况，是一个极为重要的宏观经济指标，反映和衡量了一个城市政府对于卫生健康发展与宏观经济关系的认知程度。计算公式为：

$$卫生健康支出占财政支出比例=\frac{某年卫生健康支出总额}{当年政府财政支出总额}\times 100\%$$

2. 医疗服务指标

县域内就诊率(%)，是指按照基本医疗保险统筹区域，计算县域内医疗机构住院总人次占全部住院总人次的比例。县域按基本医疗保险的统筹区域划定，如市本级、县(市、区)。外出住院总人次不包括长期异地安置人员在安置地的住院人次。计算公式为：

$$县域内就诊率=\frac{县域内医疗机构住院总人次}{县域内医疗机构住院总人次+外出住院总人次}\times 100\%$$

智慧医疗覆盖率(%)，是指区域内开展智慧医疗服务的各类医疗卫生机构数占该类机构总数的比例，具体包括：通过区域人口健康信息平台实现与上级人口健康信息平台互联互通的医疗卫生机构比例；开展基于居民电子健康档案的健康管理、全科签约、预约转诊、区域诊疗、远程诊疗等普惠项目的基层医疗卫生服务机构比例；以及利用信息化手段优化诊疗流程、提升诊疗质量的三级公立医院比例。目前，可以区域内二级及以上医院接入省预约转诊服务平台的比率作为智慧医疗覆盖率。

3. 中医药服务指标

提供中医药服务的基层医疗卫生机构占比(%)，是指辖区基层医疗卫生机构(社区卫生服务中心、乡镇/街道卫生院、村卫生室)中能够提供中医药服务的机构所占比例。它的计算公式为：

$$提供中医药服务的基层医疗卫生机构占比=\frac{能够提供中医药服务的基层医疗机构数}{辖区基层医疗卫生机构总数}\times 100\%$$

4. 疾病预防控制指标

严重精神障碍患者规范管理率(%)，是指按照基本公共卫生服务规范要求进行管理的确诊严重精神障碍患者数占辖区所有登记在册的确诊严重精神障碍患者数的比例。它的计算公式为：

$$严重精神障碍患者规范管理率=\frac{已规范管理的严重精神障碍患者人数}{辖区内所有登记在册的严重精神障碍患者人数}\times 100\%$$

适龄儿童免疫规划疫苗接种率(%)，是指在满周岁儿童中，按照国家免疫规划程序进行的全程合格接种疫苗的儿童数占全部应接种儿童人数的百分比，包括外来儿童。免疫规划是儿童健康的基本保障，是根据疫情监测和人群免疫状况分析，按照规定的免疫程序，有计划地对易感人群进行的免疫预防接种。它的计算公式为：

$$适龄儿童免疫规划接种率=\frac{全程合格接种疫苗的儿童数}{应接种疫苗的儿童总数}\times 100\%$$

5. 妇幼卫生服务指标

儿童健康管理率(%)，是指年度辖区内接受 1 次及以上随访的 0～6 岁儿童数占年度辖区内 0～6 岁儿童数的百分比。它的计算公式为：

$$儿童健康管理率=\frac{接受 1 次及以上随访的 0\sim6 岁儿童人数}{辖区 0\sim6 岁儿童总人数}\times 100\%$$

孕产妇系统管理率(%)，是指孕期接受孕产妇系统管理的人数占孕产妇总数的比例，其中，孕产妇系统管理人数是指某地年内妊娠至产后 28 天内，完成孕早期检查、产前检查(城市≥8 次、农村≥5 次)、新法接生、产后访视(≥1 次)的产妇人数。它的计算公式为：

$$孕产妇系统管理率-\frac{接受系统管理的孕产妇人数}{孕产妇总人数}\times 100\%$$

6. 养老服务指标

每千名老年人拥有养老床位数(张)，是指每千名 60 岁以上常住老年人口中所拥有的各类养老服务机构床位数，反映了居民养老服务资源拥有量情况，也是反映一个国家或地区养老服务水平的重要资源指标。它的计算公式为：

$$每千名老年人拥有养老床位数=\frac{各类养老服务机构床位数}{60 岁以上常住老年人口数}\times 1000$$

(四)健康人群指标

健康是人的第一生存权利，更是人全面发展的基础。随着时代变迁和经济社会发展，人们对于健康的认识在不断提高完善，健康观的概念及其内涵也在不断变化。快速发展的城市化正全面深刻地影响着人类健康的决定因素，带来了对健康决定因素的重新定位、理解和新的挑战。从人们只是简单地认为“健康即无病无残”到健康不仅仅是没有疾病和不虚弱，而是身体、心理和社会适应的完好状态。① 人群健康是指整个人群在躯体、心理、行为和生活方式、社会道德等方面的良好状态，主要包括躯体健康、心理健康水

① 李鲁. 社会医学[M]. 4 版. 北京：人民卫生出版社，2012：3.

平、行为生活方式健康等三个方面。① 我们关注健康，不仅要重视生命数量，更要重视生活质量，健康素质的好坏能够对健康城市建设发展问题起到预警作用，提高广大居民的健康素质是健康城市建设发展的核心目标，人群健康是整个健康的核心内容，健康城市建设的最终目标是要显著持续提高人群健康水平，实现人民群众身体健康与经济社会发展的和谐统一。因此，坚持大卫生、大健康的理念，积极培育健康人群，是健康城市建设发展的核心内容。本书健康人群指标下设健康水平、传染病、慢性病等 3 个二级指标，主要采用人均预期寿命（岁）、婴儿死亡率（‰）、5 岁以下儿童死亡率（‰）、孕产妇死亡率（1/10 万）、城乡居民达到《国民体质测定标准》合格以上的人数比例（%）、甲乙类传染病发病率（1/10 万）、重大慢性病过早死亡率（%）、18～50 岁人群高血压患病率、肿瘤年龄标化发病率变化幅度等 9 个基础层指标来反映健康人群评价状况。

1. 健康水平指标

人均预期寿命（岁），是寿命表中的重要指标之一，依据年龄别死亡率计算而得，是指每人出生时预期平均尚能存活年数。它与一个国家或地区的经济社会发展水平、医疗卫生事业发展水平和人口接受教育的程度密切相关，是评价人群健康、经济社会发展和人民生活质量的一个常用重要指标。

婴儿死亡率（‰），是指婴儿出生后不满周岁死亡人数占同期活产人数的比例。婴儿死亡率、孕产妇死亡率、5 岁以下儿童死亡率这“三率”是衡量一个国家或地区健康状况的关键性指标，是反映当地居民健康水平和社会经济发展水平的重要指标，特别是生殖健康服务工作水平情况。婴儿死亡率高，反映出母亲在围产期所处的不良卫生条件以及有害环境因素对婴幼儿的影响。它的计算公式为：

$$婴儿死亡率=\frac{年内某地区未满 1 周岁婴儿死亡人数}{同年出生的活产人数}\times 1000‰$$

5 岁以下儿童死亡率（‰），是指一年内 5 岁以下儿童死亡数与一年内 5 岁以下儿童数之比。这是世界卫生组织和联合国儿童基金会用来评价儿童健康状况的常用指标，是反映居民健康水平、社会经济、文化教育、卫生保健事业发展和评价妇幼卫生工作较为综合和敏感的指标之一，也是衡量一个

① 郑继伟. 区域视角下的健康发展战略选择：以浙江为例的实证研究[M]. 北京：科学出版社，2013：70.

国家或地区社会发展进步状况水平的重要依据，并直接影响到出生时的预期寿命。5 岁以下儿童死亡率高，反映出儿童所处的不良卫生条件以及有害环境因素对儿童的影响。它的计算公式为：

$$5\text{岁以下儿童死亡率}=\frac{\text{年内某地区5岁以下儿童死亡人数}}{\text{同年活产儿总人数}}\times 1000‰$$

孕产妇死亡率（1/10 万），是指年内每 10 万名活产中孕产妇的死亡率。孕产妇死亡是指从妊娠开始至产后 42 天内死亡者，不论妊娠时间与部位如何，包括内外科原因、计划生育手术、宫外孕等，但不包括意外原因死亡者。孕产妇死亡率反映了妇女卫生保健体系是否公平可及、服务质量的高低等情况。它的计算公式为：

$$\text{孕产妇死亡率}=\frac{\text{年内某地区孕产妇死亡人数}}{\text{该地区活产数}}\times 100000$$

城乡居民达到《国民体质测定标准》合格以上的人数比例（%），是指一个地区根据国家《国民体质监测工作规定》等要求，依据《国民体质测定标准》的测试项目和评分标准，给出被测试者的身体形态、身体机能、身体素质类指标的综合体质评价，是指城乡居民 20～39 岁组《国民体质测定标准》综合得分≥23 分的人数以及 40～59 岁组综合得分≥18 分的人数的总和占监测总人数（20～59 岁）的比例。它的计算公式为：

$$\begin{aligned}&\text{城乡居民达到《国民体质测定标准》合格以上人数比例}\\&=\frac{\text{城乡居民20～39岁组综合得分}\geqslant 23\text{分的人数}+40\text{～59岁组综合得分}\geqslant 18\text{分的人数}}{\text{体质监测总人数（20～59岁）}}\times 100\%\end{aligned}$$

2. 传染病指标

甲乙类传染病发病率（1/10 万），是指某年某地区每 10 万人口中法定报告甲乙类传染病发病数。传染病的特点就是发病时间短且传播范围广、速度快、致死数多，易引起社会恐慌。传染病是威胁居民健康的主要原因之一，加强传染病防控始终是公共卫生管理工作的重要任务。它的计算公式为：

$$\text{甲乙类传染病发病率}=\frac{\text{法定报告甲乙类传染病人数}}{\text{辖区当年度总人口数}}\times 100000$$

3. 慢性病指标

重大慢性病过早死亡率（%），是指 30～70 岁人群因心脑血管疾病、癌症、慢性呼吸系统疾病和糖尿病等四类慢性非传染性疾病死亡的概率。① 按

① 肖月，赵琨，薛明，等."健康中国 2030"综合目标及指标体系研究[J]. 卫生经济研究，2017(4)：3-7.

“Global status report on noncommunicable diseases 2014”中的统计方法计算。

18～50 岁人群高血压患病率(%)，是指 18～50 岁常住人口中患高血压人数占该人群人口总数的比例。它的计算公式为：

$$18\sim50\text{岁人群高血压患病率}=\frac{18\sim50\text{岁人群中患高血压人数}}{\text{辖区当年度}18\sim50\text{岁常住人口总数}}\times100\%$$

肿瘤年龄标化发病率变化幅度(%)，是指辖区居民当年肿瘤年龄标化发病率与上年相比增长的幅度。它的计算公式为：

$$\text{肿瘤年龄标化发病率变化幅度}=\frac{\text{当年肿瘤年龄标化发病率}-\text{上年肿瘤年龄标化发病率}}{\text{上年肿瘤年龄标化发病率}}\times100\%$$

(五)健康文化指标

文化是一种人类社会现象，涉及物质、制度、观念等诸多方面，智能文化、规范文化和思想文化等不同类型的文化可以通过不同的途径影响人类健康。文化对健康的影响具有广泛性与持久性，教育、道德行为、伦理、制度规范、风俗习惯、宗教信仰、法律法规等文化要素，不仅仅对个人健康产生影响，而且还会对整个人群的健康产生影响，其影响程度要远远大于生物因素与自然因素。① 通常是从广义的文化及广义的健康上理解健康文化的内涵与外延，即健康文化是人们的一种认知能力和社会技能，决定着人们为促进健康和保持健康而主动理解和应用健康信息的能力，其包含的内容十分丰富，主要包括国民健康教育、正确的信念与信仰、道德行为水平、社会文化氛围、行业文化氛围等内容，核心是健康价值观念，有什么样的健康价值观念，就有相对应的健康文化，反过来健康文化又可促进健康价值观念的转变。②因此，发展健康文化，有利于营造健康社会文化氛围，提升健康教育质量，引导人民树立正确的健康理念和健康道德规范，培养健康生活方式，提高健康素质，在健康城市建设过程中起到了重要促进作用。本书健康文化指标下设健康素养、健康行为、健康氛围等 3 个二级指标，主要采用居民健康素养水平(%)、15 岁以上人群吸烟率(%)、居民经常参加体育锻炼人数比例(%)、媒体健康科普水平(媒体健康专题栏目开设率)(%)、注册志愿者比例(%)等 5 个基础层指标来反映健康文化评价状况。

---

① 李鲁. 社会医学[M]. 4 版. 北京：人民卫生出版社，2012：63-64.

② 郑继伟. 区域视角下的健康发展战略选择：以浙江为例的实证研究[M]. 北京：科学出版社，2013：207-213.

1. 健康素养指标

居民健康素养水平(%)，是指具备基本健康素养的人在15～69岁人群中所占的比例。健康素养是指个人获取和理解健康信息或服务，并运用这些信息和服务做出正确决策，以维护和促进自身健康的能力。健康素养包括基本知识和理念、健康生活方式与行为、基本技能等三个维度，涵盖科学健康观、传染病防治、慢性病防治、安全与急救、基本医疗、健康信息等六类健康问题素养。健康素养水平是衡量居民健康状况的重要参考指标，也是评价辖区开展公共卫生、健康教育与促进工作效果的重要指标之一。它的计算公式为：

$$\text{居民健康素养水平}=\frac{\text{具备基本健康素养的人数}}{\text{同期调查 15～69 岁居民总人数}}\times 100\%$$

2. 健康行为指标

15岁以上人群吸烟率(%)，是指在15岁以上成年人中吸烟人数占同期调查的常住人口数的比例。它的计算公式为：

$$\text{15 岁以上人群吸烟率}=\frac{\text{调查人群中吸烟人数}}{\text{同期调查的 15 岁以上成年人总人数}}\times 100\%$$

经常参加体育锻炼人数比例(%)，是指经常参加体育锻炼人数占常住人口数的比例，经常参加体育锻炼指每周参加体育锻炼活动不少于3次，每次不少于30分钟，锻炼强度中等以上。它的计算公式为：

$$\text{居民经常参加体育锻炼人口比例}=\frac{\text{经常参加体育锻炼人数}}{\text{同期调查常住人口数}}\times 100\%$$

3. 健康氛围指标

媒体健康专题栏目开设率(%)，主要用来反映辖区广播电台、电视台、报社、网站等主流媒体的健康科普情况，包括开办健康主题网站或主页的个数，在电视台、广播电台、报纸期刊等媒体上开设固定的健康专题栏目，以及主流媒体刊播健康公益广告的情况。

注册志愿者比例(%)，是指辖区常住人口中在“全国志愿服务信息系统”中注册的志愿者人数，反映了居民志愿者服务资源拥有量情况，也是反映一个国家或地区志愿者服务水平的重要资源指标。它的计算公式为：

$$\text{注册志愿者比例}=\frac{\text{辖区“全国志愿者服务信息系统”中注册志愿者人数}}{\text{辖区当年度常住人口数}}\times 100\%$$

(六)健康产业指标

以三次产业划分的视角，从大卫生、大健康的概念出发，健康产业一般是指与健康紧密相关的制造与服务产业体系，横跨第一、第二与第三产业，包括健康服务和健康生产两大领域。健康产业产值统计范围主要包括维护和促进健康相关的一系列有规模的产品生产、服务提供及信息传播等产业的生产总值，主要涉及医疗服务、健康养老、健康管理、健康信息、健康旅游和文化、医药产品、药品、医疗器械、保健用品、保健食品、健身产品、体育健身、健康保险和保障服务等相关产品的制造生产与服务等产业，覆盖面广，产业链长。

发展健康产业是满足人民群众多层次、多样化健康需求和促进经济转型升级的必然要求。要积极引导和支持健康产业加快发展，研究制定有利于健康产业发展的土地、税收优惠政策，消除体制机制障碍，加强健康产业政策支持和项目引领，促进其与养老、旅游、互联网、健身休闲、食品等五大健康产业融合、创新、开放发展。聚焦“医、养、健、智”四大板块，选择医疗服务、健康养老、健康管理、健康信息、健康旅游和文化、医疗装备和器械、药品和健康食品、体育健身等八大重点领域，作为今后一段时期健康产业的发展重点，建设形成覆盖全方位全周期、内涵丰富、特色鲜明、布局合理的健康产业体系①，成为经济转型升级的新引擎和支撑经济社会发展的重要支柱产业之一。

1.健康服务与生产指标

健康产业增加值占地区 GDP 比例(%)。本书健康产业指标下设健康服务与生产这 1 个二级指标，采用健康产业增加值占地区 GDP 比例(%)这 1 个基础层指标来反映健康城市建设中的健康产业发展评价状况。它的计算公式为：

$$\text{健康产业增加值占 GDP 比例}=\frac{\text{健康产业增加值}}{\text{同期地区 GDP}}\times 100\%$$

(七)特色指标

由于各个城市发展背景、建设基础不同，经济社会发展水平也不相同，因此，健康城市建设要求每个城市按照自身的经济社会发展水平、人群健康状况等实际情况因地制宜地开展具体活动，每个城市所选择的评价指标与侧重点有所不同。通常是在基础层评价指标的基础上，再设置若干个特色

① 浙江省发展和改革委员会. 浙江省健康产业发展规划(2015-2020 年)：浙发改规划〔2015〕882 号[EB/OL]. (2015-12-24)[2017-12-12]. http://www.zjdpc.gov.cn/art/2016/1/6/art_90_1618514.html.

指标，根据自身特色开展相关健康城市建设项目。本书特色指标下设健康细胞工程、市民满意度等 2 个二级指标，主要采用国家卫生县城（乡镇）占比（%）、健康细胞覆盖率（%）、健康城市建设总体满意度（%）等 3 个基础层指标来反映宁波市健康城市建设特色和亮点。

1. 健康细胞工程指标

国家卫生县城（乡镇）占比（%），是指获得国家卫生县城（乡镇）的个数占同期辖区城市县城（乡镇）级区划总数的比例。它的计算公式为：

$$\text{国家卫生县城（乡镇）占比}=\frac{\text{已获得国家卫生县城（乡镇）数}}{\text{辖区县城（乡镇）总数}}\times 100\%$$

健康细胞覆盖率（%）：健康细胞（健康社区、健康学校、健康企业）数占辖区内所有单位机构（社区、中小学校、企业）数的比例。它的计算公式为：

$$\text{健康细胞覆盖率}=\frac{\text{已获得健康细胞（健康社区、健康学校、健康企业）数}}{\text{辖区单位机构（社区、中小学校、企业）总数}}\times 100\%$$

2. 市民满意度指标

健康城市建设总体满意度（%），是指在一定时期内，某城市辖区内居民对健康城市建设总体满意人数占同期满意度调查总人数的比例，反映了公众对健康城市建设工作及质量状况的满意程度。健康城市建设总体满意度是居民依据感觉到的绩效与期望之间的差距而做出的一种相对判断，通常包括居民对卫生服务、环境质量、城市清洁、食品安全、交通状况、社会治安、社会保障等方面的满意情况，居民对健康城市建设满意度的高低，是检验健康城市建设效果与效益的重要指标。它的计算公式为：

$$\text{健康城市建设总体满意度}=\frac{\text{某城市辖区内居民对健康城市建设总体满意人数}}{\text{同期满意度调查总人数}}\times 100\%$$

（王仁元，孙统达）

第三章 健康城市治理与评价

健康城市建设是对以爱国卫生运动为主要内容的传统卫生城市建设的继承和发展，是对城市可持续发展的不断升级适应，是卫生城市建设从传统的单一管理模式走向多方治理模式的尝试与转变。健康城市建设是有机多元融合的系统，健康城市建设治理和评价并非是单一的政府管理行为，而是多方协同互动的过程。本章主要从多方治理的视角探析健康城市治理与评价的策略措施。

第一节 健康城市治理和评价相关概念界定

界定健康城市治理的内涵，明确健康城市评价的概念、内容与特征，有利于我们了解健康城市建设评价的边界与内涵，是分析健康城市治理体系内容的前提；剖析健康城市治理主体及行为取向，是健康城市建设对策的重要方面。

一、健康城市治理的内涵

（一）治理的内涵

治理（governance）在《英汉大词典》中的解释是：统治，管理，控制，支配；统治方式，管理方法；统治权；管理权；被统治地位。[①] 全球治理委员会认为

① 陆谷孙. 英汉大词典[M]. 上海：上海译文出版社，2004：750.

治理一般包含四大特征：一是治理既可涉及公共机构，亦可涉及个人机构；二是治理过程的基础是协调，而非控制；三是治理是非正式的制度，是持续的互动；四是治理是一种过程，而非规则，也非活动。① 博得斯顿教授对于治理的解读是：大型实体内的各单位之间进行权力与职能划分、各单位之间的沟通与控制方式及其外部环境之间的关系处理。② 可见，治理的核心要义是协调和配置，以及由此产生的方式方法及制度安排，即组织的内部之间、组织与外部之间的关系协调，组织的内部之间、组织与外部之间的资源、权力（决策权、组织权、评价权等），促使组织成长和成员成长的相关方式方法及制度的构建。整个组织内部以及组织与外部之间的协调配置是否合理，是否促使组织目标提升和组织成员全面发展就是判断治理成功与否的主要尺度。

由此，理解真正意义上“治理”的核心要义、本质特征和价值指向是构建健康城市建设治理保障机制的前提。“治理”的“理”并不等同于管理的“理”，更不能把治理与管理等同起来。建立这样的认识非常重要，这会直接影响我们对构建健康城市建设治理保障机制的深度思考。治理理论作为组织行为学的重要理论和模式，完全可以运用到健康城市建设中去。健康城市建设作为以健康为中心，多方主体、多元融合的系统工程，其本身就应该具有更高的治理水平要求。

（二）健康城市治理的内涵

城市建设从“管理”发展到“治理”，是城市法治化的过程，是城市管理多方参与的过程。健康城市治理以居民多元化、多层次健康需求为引擎，从大健康视野出发，通过覆盖人类全生命周期健康决定因素的健康传播，在城市规划、建设、管理等各个方面突出以人的健康为中心的理念，坚持政府主导、多部门协同、人人参与，实施“将健康融入所有政策”的策略，将“健康优先”理念与经济社会发展各领域深度融合。通过实施“培育健康人群”“营造健康环境”“构建健康社会”“优化健康服务”等一系列行动计划，促进健康的理念和技术不断辐射与扩散，使健康的所有决定因素扩散到城市建设的各个层面，促使居民的健康观念更新换代、政府的城市管理方式转型升级，强化“城市病”治理，促进人群、环境、文化、经济、社会服务、政策制度、产业等城市活动要素的健康发展，进而引领“健康城市”建设。

---

① 俞可平．治理和善治：一种新的政治分析框架[J]．南京社会科学，2001(9)：40-44．

② 弗雷德里克·E．博得斯顿．管理今日大学：为了活力、变革与卓越之战略[M]．桂林：广西师范大学出版社，2006：31．

健康城市治理必然需要依靠技术、行政、法律、经济、教育等多种手段，形成政府、市民、社会组织共同参与健康城市治理的格局，采取主体之间利益协调的方式对城市事务进行有效的组织和控制。

健康城市治理的特征，综合现有研究基础，大体可分为四方面：一是健康城市治理必须以多组织合作为要，即在城市治理中，政府、非政府组织、社区三者有机结合、互为补充。① 二是健康城市治理须努力实现法治化，即城市治理的制度体系在法制的基准下，做到定量定型、精细综合，城市治理的执行力和运行力高效规范。三是健康城市建设的治理须努力实现科学化，即城市治理需着力于城市的实际的科学调研、统计，运用客观数据驱动科学决策，将大数据技术、新科技方法等应用于城市建设具体实践的过程中。四是健康城市建设的治理须努力实现民主化，即在城市治理中，既有赖于社会组织和民众能充分参与城市的决策性治理、事务性治理，更要确保他们能参与，并且能包容少数人的参与。城市治理要实现民主化和科学化，都必须重视公众参与。② 当然，这些少数人至少要基于正当的、抑或是代表着健康城市建设趋势。

二、健康城市治理的主体及行为分析

（一）政府组织和部门的职能

当今城市面临着前所未有的各种城市问题大爆发，这些问题往往伴随着相应的经济活动而产生，然而它们并不受相应的市场规律调节，某种程度上甚至是依赖产生这些问题的经济主体自觉处理，这对城市治理而言是非常显见的弊端。因此，政府作为国家的权力机关，以其职能弥补市场调节的失灵，强化其在健康城市建设治理中的主导作用，让其作为当前健康城市建设治理的主体，使其居于主导地位并非逆势而为，而是顺应当前健康城市治理的潮流。

但是，健康城市建设治理本身不仅仅对政府的职能履行提出了更高更复杂的要求，而且经济转型升级和社会转型发展互相制约的发展形势，将我国城市化进程和城市综合管理中隐性的矛盾和问题不断地显露出来，同时给经济转型升级和社会转型发展本身及社会和谐/城市治理带来了沉重的压力，亦考验着我国城市管理者的智慧，倒逼城市政府部门转变职能。要实

---

① 宋言奇. 世界健康城市建设的新趋势[J]. 国外社会科学，2008(4)：118-121.

② 朱小丽. 论现代城市治理的政府职能转变[D]. 武汉：武汉科技大学，2012：2.

现健康城市建设的现代治理保障主体的构建，政府部门必须迎难而上进行调适：一是以经济调节职能的转变为纲，努力践行有限职能而非无限职能；二是以社会职能的转变为要，努力践行责任传递的职能而不是依赖权力履行；三是以市场监管职能的转变为径，努力践行法治治理的职能而非人治事治的职能；四是以公共服务职能的转变为路，努力践行服务而非管理的职能。这些职能的改变必须始终与城市治理的内在联系思考在一起加以研究完善。

（二）社会非营利性组织的职能

本书所提出的社会非营利性组织是指除政府和营利性组织之外的公益组织，包括公办的、民办的，主要是参与非营利性社会服务活动的社会组织。这些组织以为公众服务、执行公共事务为主旨，不以营利为目的。

随着社会的飞速发展进步，社会非营利性组织在外部结构动力和内部环境动力的共同促进下逐步向社会输出更加具有亲和力的正能量的影响力，对健康城市建设治理保障机制的构建有着不可多得的特殊作用，包括促使健康城市建设增强决策透明度和公众参与度；公众通过自发和临时或者永久的非营利性组织来反对不合理（而非不合法）的行政决策，使社会公众健康诉求得到及时回应，而行政机关的权威也不会因此受损；督促行政机关在决策时能够更多地考虑政策与健康城市建设的契合度，更多地体现公众的政策偏好。

（三）企业组织的职能

企业（这里指营利性企业）参与城市治理是城市区域内企业社会责任的体现方式。而企业的社会责任是国家、社会和企业三方利益博弈的结果，健康城市建设治理是现代企业面向未来寻求可持续发展的最佳选择。企业的发展除了经济效益的追求，还必须履行社会责任，履行对市场本身和产品使用者的责任，来谋求占领更高的市场份额，来获得产品使用者的信任，来获取利益相关方的更大支持。因此，对于区域内的企业，要想提高企业的竞争力和影响力都要积极参与城市的治理，无论是革新技术、减少污染还是公益活动的正能量渗透，都是企业以一个正面形象，来为健康城市建设献计献策。

（四）城市社区的职能

当下的我国城市社区，是党政传递、落实政策和了解民情的基层单位，是政府联系社会各界、市民的重要桥梁和纽带。如前所述，治理视角下，健康城市建设的政府组织和职能部门的保障职能将改变，这种改变的趋势是让社区或社区联盟来承接部分的保障职能，比如健康城市建设治理的代表性意见供给者、健康社区创建工作、健康文化塑造工作、健康教育工作等。

(五)市民承担的相应义务

市民参与是健康城市内涵多元化发展的必然要求,是健康城市治理架构中不可缺少的一部分。在健康城市建设治理的过程中,市民享受到的权利最明显的变化就是市民能够更多地参与城市治理,更多地了解城市治理决策的过程,更多地知晓法律赋予公民权利应该知晓的信息以及对治理的监督。市民在行使公众参与治理的权利同时也应该关注自身需要履行的义务。信息化帮助市民参与城市发展决策和管理全过程是社会发展的必然趋势,也是长期多方利益博弈的结果。因此,市民有义务维护这种来之不易的局面,并不断将其完善。

三、健康城市评价的概念

(一)评价

评价(evaluation)是管理的基本职能之一,是评价者根据研究目的对一定对象做出价值判断的过程,是一个运用客观指标标准(等级或分数)对事物的准确性、实效性、经济性及满意度等方面进行量化和非量化的测量过程。[①] 通俗地讲,评价就是对一个人、一个物体、一件事、一个观点(想法)应用一个或者多个评判的标准(criteria)或者水准(standard)做出判断。这些判断标准或者水准是建立在评价的目标与价值观基础上的。同一个事件现象,在不同利益相关者或者具有不同价值观的人的视野中,可能是不同的,他们所做出的判断结果可能相同,也有可能是完全不同的。[②]

在管理实践活动中,计划、组织、实施与评价是一个相互衔接、相互促进的不断上升发展循环的过程。评价主要包括相关性、可行性、适宜性、进度、效果、效率、影响及可持续性等内容。一般将评价分为结构评价、过程评价和结果评价等三种类型,其目的在于不断总结经验教训,改进管理工作中的系统性措施,对项目制订、实施过程和服务效果(效益)进行科学的评价和选优,以最合理有效、最优的方式筹集、开发、分配和使用资源,减少和避免资源浪费,使有限的资源得到合理的配置和有效的利用,从而提高管理效益。

(二)健康城市评价

不论是社会化的卫生保健制度,还是自由市场的卫生保健制度,健康资

---

① 孙统达,王仁元.社区卫生管理实践技术[M].北京:高等教育出版社,2011:207.

② 毛宗福,姜潮.管理流行病学[M].北京:人民卫生出版社,2014:181.

源的可供量十分有限，都存在资金短缺和效率不高的问题，也都存在效率与公平的矛盾。如何解决健康城市建设过程中的资源有限性与健康需求无限性这一矛盾，如何运用健康经济评价的分析方法评价各种健康城市建设规划、政策、技术措施等健康城市项目经济效益（效果）的优劣，选择经济有效的健康城市项目，成为健康城市建设管理实践工作中所必须要研究解决的问题。健康城市评价就是应用一定的技术经济分析与评价方法，对健康城市规划、政策、技术措施等项目的制订、实施过程或产生的结果进行分析与评价，从健康资源的投入（成本）和健康资源的产出（效果、效益或效用）两个方面，对各种健康城市规划、政策、技术措施等项目的制订、实施过程和结果进行科学的分析，对备选方案进行评价和选优，以最合理有效、最优的方式筹集、分配和使用健康资源，减少和避免资源浪费，使有限的资源得到合理的优化配置和最大化利用，以提高经济效益和社会效益。

健康城市项目是一个由多主体、多部门协同建设的长期系统社会工程，在短期内往往较难产生显著效果。定期、不定期地开展健康城市项目评价，有利于不断发现健康城市项目发展进程中存在的不足，并及时进行督查改进，推进项目的可持续发展。

按不同的评估标准，健康城市评价可以进行不同的分类。参考公共政策分析方法，可以对健康城市评价做出以下三种分类：一是从评价活动的方式来划分，将健康城市评价分为正式评价与非正式评价；二是从评价者来划分，将健康城市评价分为对象评价、社会评价与自我评价；三是从评价实施的阶段来划分，将健康城市评价分为方案评价（预评价）、执行评价、终结评价。[①] 由于健康决定因素涉及政治、经济、社会、环境等多个领域，而且这些复杂的健康决定因素对居民健康的作用方式也不尽相同，健康城市项目往往围绕健康决定因素从多个层面以多种多样的方式进行干预，因此，健康城市评价机制与评价方法也就较为复杂。根据国内外健康城市项目评价实践经验，到目前为止，还没有一种固定的健康城市评价框架可以适应于所有的健康城市项目、所有的阶段、所有的人群和所有的问题，必须要结合各自健康城市项目的实际情况，因地制宜地制定健康城市项目评价框架与评价环节和评价方法。[②]

---

① 周向红. 健康城市：国际经验与中国方略[M]. 北京：中国建筑工业出版社，2008：86-89.

② 李忠阳，傅华. 健康城市理论与实践[M]. 北京：人民卫生出版社，2007：169.

第二节 国内外健康城市治理与评价的实践与启示

在健康城市治理的实践案例中，国际上一些先进国家（地区）积累了丰富的经验。

一、世界卫生组织、发达国家健康城市治理与评价实践经验

学习、思考和借鉴世界卫生组织与英国、荷兰、美国、加拿大、日本等发达国家（地区）的健康城市治理与评价实践及其特点，为构建宁波健康城市治理与评价机制提供重要的参考依据。

（一）世界卫生组织

在最初的健康城市建设过程中，并没有建立形成完善的健康城市评价指标体系。早期各成员城市通常采用汉考克和顿尔在 1986 年提出的健康城市（社区、城镇）的 11 项特征作为评估标准，如干净、安全、高品质的生活环境，稳定而持续发展的生态系统，强有力且互相支持的社区等。①②

为促进全球健康城市项目的推进，世界卫生组织在 1996 年提出了健康城市建设的 10 项标准，为各国开展健康城市建设提供了良好的借鉴和参考。1998 年，世界卫生组织健康城市及城市政策研究合作中心提出了可量化的包括 12 类、共 338 项的健康城市评价指标，其中人群健康 48 项，城市基础设施 19 项，环境质量 24 项，家居及生活环境 30 项，社区作用及行动 49 项，生活方式和预防行为 20 项，保健、福利及环境卫生服务 34 项，教育 26 项，就业及产业 32 项，收入及家庭生活支出 17 项，地方经济 17 项，人口统计 22 项。由于该指标体系过于复杂，世界卫生组织不设全球统一的指标体系，而是由各国、成员城市结合国情与城市区域的实际情况选择其中的部分指标，制定相应的指标体系及其目标标准。世界卫生组织在分析了 47 个欧洲城市研究提出的 53 项健康城市评价指标的基础上，进一步讨论可行性并在实践过程中逐一修订、删减，保留了 4 大方面、共 32 项可具体量化的健康城市评价指标（见表 3-1），其中，人群健康指标 3 项，健康服务指标 7 项，环境指标 14 项，社会经济指标 8 项。这也是世界卫生组织在规划过程中唯一贯

① 周向红. 健康城市：国际经验与中国方略[M]. 北京：中国建筑工业出版社，2008：89-90.

② 陈柳钦. 健康城市建设及其发展趋势[J]. 中国市场，2010(33)：50-63.

彻实行的。①②③

表 3-1　世界卫生组织健康城市推荐指标体系

类别	指标名称
A 健康指标	A_1 总死亡率：所有死因 A_2 死亡统计 A_3 低出生体重儿
B 健康服务指标	B_1 现行卫生教育计划数量 B_2 儿童完成预防接种百分比 B_3 每位医师所服务的居民数 B_4 每位护士所服务的居民数 B_5 健康保险覆盖的人口百分比 B_6 基层健康照顾提供非官方语言服务的便利性 B_7 市政府议会每年讨论健康相关问题的数量
C 环境指标	C_1 空气污染 C_2 水质 C_3 污水处理率 C_4 家庭废弃物收集质量指数 C_5 家庭废弃物处理质量指数 C_6 城市绿化覆盖率 C_7 公众可及的绿化面积 C_8 闲置的工业用地 C_9 运动和休闲设施 C_{10} 人行道(徒步区) C_{11} 自行车专用道 C_{12} 公共交通运输座位数 C_{13} 公共交通运输服务覆盖范围 C_{14} 可居住面积(生存空间)
D 社会经济指标	D_1 住在不合居住标准的住宅中的居民比例 D_2 估计的无家可归的人数 D_3 失业率 D_4 低于平均收入水平的人群比例 D_5 可照顾学龄前儿童托儿机构的百分比 D_6 ＜20 周、20～34 周、35 周以上活产儿的百分比 D_7 堕胎率(与活产总数相比) D_8 残疾人就业比例

① 周向红. 健康城市：国际经验与中国方略[M]. 北京：中国建筑工业出版社，2008:90-91.

② 陈柳钦. 健康城市建设及其发展趋势[J]. 中国市场，2010(33)：50-63.

③ 陈钊娇，许亮文. 健康城市评估与指标体系研究[J]. 健康研究，2013，33(1)：5-9.

（二）欧洲

欧洲是最早将“健康促进”理念转化为“健康城市”行动的地区，这是其高度城市化发展的必然选择。1986年，世界卫生组织欧洲办事处率先设立“健康城市项目”，并建立“欧洲健康城市网络”。自1987年起，欧洲进入每5年为一周期的健康城市项目实施阶段。第一阶段（1988—1992年），主要是健康城市新理念的引入和组织架构的建设阶段；第二阶段（1993—1997年），主要是健康城市发展规划的制定和健康公共政策的制定实施；第三阶段（1998—2002年），重点在于健康城市规划的监测和评价，以及健康公平的改善；第四阶段（2003—2007年），重点关注健康影响因素评估、健康老龄化等相关主题；第五阶段（2008—2012年），主要关注为健康公共政策的公平性、健康生活方式的培养、健康环境的营造等。① 1996年，世界卫生组织与欧洲城市共同拟定了卫生健康、公共医疗服务、环境、社会经济等四个方面共53项评价指标体系。②

1. 英国

英国作为世界上最早实现工业化和城市化的国家，其城市环境和工业污染问题出现较早，与之相关联的民众健康问题出现亦较早，城市管理一度亦存在偏重城市的现实功能和外在形象而忽略城市应承接的健康功能的弊端。尤其是到了20世纪60年代，英国的城市发展因新的经济危机涌现而陷入发展困境，对健康服务带来了毁灭性挑战，城市人口出现健康贫困，一度导致这些城市失去了持续的发展活力和竞争力。为此，英国政府直面上述问题，正视英国在城市和区域经济结构、城市人口结构、健康管理等方面发生的变化，提出了新的城市发展管理方法——着眼于健康城市建设的发展治理策略。

该方法将国家与政府的城市治理尝试走向私有化与市场化方式，把政府传统的管理职能分离出来，政府除了集中负责关键性的健康公共产品与公共服务，对其他非关键性的健康公共产品与公共服务，采用监督与指导的方式，转移给新组建的合作伙伴组织，并将这些组织作为转变媒介，在1990年之后逐步成为促进英国城市与区域发展的重要手段方式和具体社会实践

① 陈柳钦．健康城市建设及其发展趋势[J]．中国市场，2010(33)：50-63.

② 陈钊娇，许亮文．健康城市评估与指标体系研究[J]．健康研究，2013，33(1)：5-9.

形态。[①] 英国为此还建立了相应的保障体系，引导在城市中展开健康工作的新方法；同时建立健康城市规划，实施健康影响评估工程。此外，英国还实施了特定工程，即“老年人健康”工程。

由于英国较早提出了关于健康城市建设治理的保障机制，因而借鉴英国的健康城市治理保障机制具有特殊的价值。

2.荷兰

随着机械自动化的发展，荷兰鹿特丹外来人口的失业率不断攀升，贫富差距也愈来愈大，健康不公平问题日益突出。1988年，鹿特丹启动健康城市建设项目；1989年，社会革新委员会推动制定了“健康城市计划”，包括改善健康不公平，增加就业计划，针对低收入市民、老人和儿童的健康保护，以及小区发展等公共卫生政策与都市重建计划。为改善健康不公平，鹿特丹在健康策略上采取健康教育、建立流行病特性系统和改善社区环境三大策略。针对少数族群妇女，设计健康教育课程，并在课程结束后，颁发证书，并安排她们与相关的社会福利机构签订工作契约，然后由她们进驻那些少数族群居住的地区开展更广泛的健康教育。鹿特丹采取同样的模式帮助55周岁以上的老人开展持续13年的“如何顺利老年化”的健康教育活动。针对社区不安全环境问题，政府实施特别计划，请父母们定义“不安全环境”，之后借此改善社区外在环境的安全性。对于家庭内部安全问题，实施“大房子”计划，主要通过角色扮演等形式教导受教育程度低的父母如何注意儿童的行为和安全问题。鹿特丹的主要经验在于深入群众，关注群众所关心的问题，采取可行、易于接受的方式改善群众的健康状况和环境状况，并且在此过程中，注重发挥群众的主观能动性。

（三）北美

1.加拿大

加拿大学者于20世纪90年代提出了32项健康城市评价指标体系，这些指标可归结为健康指标、健康服务指标、环境指标、社会指标、个人行动指标等5大类，在设计中充分考虑市民感受及参与度，强调地方政府在健康城市建设中的作用，同时也将一些有损健康的因素列入指标体系。该指标体系既可应用于健康城市，又可以应用于健康社区，在北美地区得到了广泛的

---

① 曲凌雁.“合作伙伴组织”政策的发展与创新——英国城市治理经验[J].国际城市规划，2013(6)：73-81.

认可。[①②]

1986年，世界卫生组织首次提出健康城市建设行动战略，加拿大多伦多率先响应，积极注重健康城市计划的组织和落实。该城市采取了一系列的行动，例如制定项目规划、完善卫生法规、采取环境保护措施、动员市民参与等，健康城市建设成效明显。1986—1988年，多伦多成立“健康多伦多2000”委员会；1989年，又设立项目办公室和健康公共政策委员会，主要发挥协调和督导的作用，以促进项目计划的落实。健康城市办公室主要采取三项工作策略：一是沟通，与市府员工沟通，以确保计划进度，并了解他们对社区需求的反应；与社区沟通，以强调各部门对健康的贡献。二是计划发展，健康城市计划结合市府正在执行的与健康城市相关的计划以求取得更大的效益。项目与街道办、城市安全委员会、绿色城市计划等合作，对中心区域计划及城市居住改善有重要投入。三是研究分析，通过五年一次的社区健康评估、健康不公平调查，分析现存的健康、社会及环境资料，每三年提供一份城市安全报告给议会，并建立一个监控系统，包括健康城市指标及计划的实施进度。健康公共政策委员会的主要工作是协调市内各委员会，确保健康是重要的公共议题，发展健康公共政策，创造支持性的生态和社会环境来降低健康不公平性，增加个人和社区控制及改善健康的能力等。多伦多的经验是：成立健康城市办公室，成为市政府正式组织之一，可确保理念和行动的统一和落实，并有效便捷地联结政府和市民；通过成立健康公共政策委员会，建立了有效的协调机制，可协调和监督各部门的工作进度；采取有效的监控机制以确保计划的落实，并通过研究分析进行效果评价，明确掌握未来的推动方向。

2.美国

美国卫生部（United States Department of Health and Human Services，HHS）于1980年发布了第一个“健康公民”十年计划，与地方政府、社区、民间组织和专业组织合作实施，每十年为一个周期，旨在通过制定全国公共卫生干预行动计划，不断提高居民健康水平。“健康公民2010”战略计划包括2项主要目标、28项重点领域和467项健康指标，其中有10项是重点健康指标，分别是环境质量、运动、超重及肥胖、药物滥用、控制烟草、负责任的性行为、伤害与暴力、精神健康、计划免疫、医疗保健覆盖率。目前，“健康公

---

① 周向红．健康城市：国际经验与中国方略[M]．北京：中国建筑工业出版社，2008：95．

② 周向红．加拿大健康城市经验与教训研究[J]．城市规划，2007，31(9)：64-70．

民”计划已经进入第四个周期，于2010年12月发布了“健康公民2020”十年计划，共提出了四个总目标，将主体领域扩张到42个，具体指标接近600个，以一般健康状况、健康相关生活质量和福利、健康决定相关因素、健康差距和不公平等四项基础性健康测量标准来监测“健康公民2020”的实施。①

美国印第安纳州积极重视社区领导权在健康城市建设中的作用。美国印第安纳模式起源于1988年。由于美国地方分权的政治特性，印第安纳州的健康城市计划以发展社区领导能力为主要策略，通过社区参与来落实健康城市计划。城市或社区领导权的建设分为六个阶段：第一阶段，城市或社区领导人的承诺。在健康城市计划公布之后，市长和地方官员承诺将社区的广泛参与作为健康城市建设的首要任务，并积极支持，来推动健康相关政策措施的制定和落实。第二阶段，成立健康城市委员会，成员包括政府部门人员以及乐意参与健康城市建设的团体或个人。第三阶段，城市或社区领导权的发展。通过多种途径来提高社区领导人在健康城市建设方面的领导水平，例如咨询专家、参加国内外相关会议、与其他城市交流经验等。第四阶段，行动阶段。每个健康城市委员会的成员都要参与健康城市项目的落实，既要参与调查研究，获取相关信息，又要承担多个短期项目，例如参与电台健康节目制作、成立社区步行委员会、鼓励孩子参加锻炼等。短期项目的实施，会激励这些成员进行下一步的行动。第五阶段，向政策制定者提供相关数据，以促进公共卫生政策的制定，例如住宅计划、健康婴儿计划、年轻父母的学校教育计划等。第六阶段，行动研究与评估。采取定性或定量的方法对城市或社区领导权进行评估。② 印第安纳州的健康社区模式获得美国卫生部的认可，并在全国推广。1993年，在旧金山召开的第一次国际健康城市大会上，与会者一致认为社区是实施健康教育和健康促进计划的基础，健康城市建设应以解决城市发展规划中的问题为主旨。1996年，美国成立了“健康城市与社区联盟”(Coalition for Healthier Cities and Communities, CHCC)。印第安纳州的经验是：健康城市是政府及广大市民共同努力的结果，通过社区领导权的发展，居民就健康的概念达成共识，通过整洁的环境、舒适的住宅、完善的交通，以及街道和公园休闲场所等社区基础环境的改善，有力地推动健康城市的建设。

---

① 郑继伟.区域视角下的健康发展战略选择——以浙江为例的实证研究[M].北京：科学出版社，2013：297-298.

② 李丽萍，彭实铖.发达国家的健康城市模式[J].城乡建设，2007(5)：70-72.

（四）亚洲

1. 日本

日本是亚洲开展健康城市建设较早的国家之一。自 1978 年起，日本就开始实施十年为一周期的“国民健康营造对策”。东京于 1991 年正式启动健康城市项目，注重营造健康的支持环境，由市政府牵头，成立东京健康促进市民委员会。该委员会由市民、私人机构、市政府、县级市政府和研究工作者共同组成，来协调推进健康城市建设项目。东京的健康城市建设计划包括四大支柱和七项关键政策。四大支柱主要包括：健康保护和健康促进、健康环境、健康支持环境、健康照料服务。七项关键政策是：帮助市民参与，形成居民工作网络；鼓励管理者与个人和非政府组织合作；鼓励与市政府相关部门合作，落实项目计划；完善以社区为基础的健康促进体系建设；建议市政府制定环境保护法规；市民参与健康促进活动调查；鼓励市民议会为健康促进开展更多运动。在这些健康城市计划中，倡导健康的生活方式，提高市民环保意识等是主要推进项目。近年来，东京市民健康的饮食习惯已成为使该城市跻身世界健康城市前五的重要因素之一。东京的经验是：通过制定健康相关对策，营造健康的支持环境，积极促进市民健康生活方式的养成。①

2. 新加坡

新加坡是城市岛国，由 1 个主岛和 60 多个小岛组成，位于赤道附近，人口密度大，是世界上人均淡水资源占有量倒数第二的国家。其在独立初期饱受环境污染问题的影响，棚户区和河流垃圾充斥，蚊蝇肆虐，各种传染病滋生。新加坡为此开展“净化新加坡”行动，为期 40 年，在 20 世纪 50—60 年代实施清理垃圾、棚户绿化，70 年代实施道路绿化，80 年代实施果树种植行动，90 年代建生态公园、主题公园等，在减轻交通拥挤、空气污染等问题方面取得了突破进展。进入 21 世纪，新加坡于 2000 年扩展了优质高效的国民医疗保障；到 2015 年年初，新加坡人均期望寿命为 81.1 岁，位列全球第 15 名。这些举措为新加坡营造健康城市夯实了基础。

在实施“净化新加坡”行动计划的过程中，新加坡建立并践行了一整套城市治理保障机制。(1)构建相关统筹的保障机构。新加坡政府建立了环境行政管理部门，统一治理城市环境问题。这一机构下设：国家环境部门，

---

① 赵秀萍：基于合作治理的苏州健康城市建设研究[D]. 上海：同济大学，2008：20-21.

这一部门又下设公共卫生署、气象署、环境保护署等行政机构，主管环境改善和保护，负责城市污染防治和环境卫生，涵盖污染源的监管、污水和垃圾的收集处理以及餐饮单位的环境卫生等；公共事业局，负责管理城市水资源循环利用的整个过程，包括集水、净化、供应饮用水、处理污水、再生水资源，旨在用最经济的成本提供足够和卫生的饮用水。(2)构建全社会担责的医疗保障体系。政府担责部分，筹资以所得税方式进行，用以支付建设投资、补贴公立医疗卫生服务机构和向医疗基金注资。企业主担责部分，企业主为员工购买医疗保险。企业主提供可转移医疗保险计划或便携式医疗福利计划后，即可享受每年工资总额 2%的税收减免。在现实中，大多数企业主通过向员工的保健储蓄账户缴纳额外费用购买便携式医疗福利计划。个人担责部分，除了基本医疗部分之外，高端私密的医疗服务费用由民众个人负担。(3)构建保健及护理服务等为主要内容的卫生服务市场。新加坡形成相对完善的卫生服务市场治理机制，从优质的初级卫生保健到二三级卫生服务和中长期护理等，都由市场提供，为民众的健康保驾护航。①

现将英国、加拿大、美国、澳大利亚、日本等发达国家健康城市建设的实践项目总结如下(见表 3-2)。

表 3-2 发达国家代表性城市健康城市建设实践项目概况

国家	代表城市	主导部门/推动组织	形式	主要特色项目
英国	利物浦	政府官员与专家组成跨部门的委员会	发布为期五年的健康城市计划	重点推动十个项目：环境、住房、失业及贫穷、儿童行为、心脏健康、癌症、意外事故、性健康、心理健康、资源滥用
加拿大	多伦多	成立健康城市办公室	通过三大策略促进项目实施：计划制订、市民沟通、城市健康调查	注重便捷交通规划和健康住宅建设

① 刘晨宇，罗萌. 新加坡城市综合治理与环境保护的启示[J]. 郑州航空工业管理学院学报，2013(4)：118-122.

续表

国家	代表城市	主导部门/推动组织	形式	主要特色项目
美国	印第安纳波利斯市	市长和卫生官员牵头，成立健康城市委员会	发布健康城市计划	参与电台健康节目制作、成立社区步行委员会、鼓励孩子参加锻炼、毒品健康教育、环境卫生教育等
澳大利亚	堪培拉	社区健康联合会	发布运动宣言，开展为期三年的健康城市试点项目；采取跨部门合作、社区参与等策略，推动落实	重点包括与社区建立良好的合作关系、鼓励社区参与、改善城市交通方式等
日本	东京	市政府牵头，成立市民健康促进委员会	发布健康城市运动的长期计划	倡导健康的生活方式，提高市民环保意识，改善环境以促进儿童健康，改善老年人、残疾人的生活质量，以社区为基础组建健康促进组织，在公共场所设立无烟区等

二、我国健康城市治理实践与评价经验

我国于 1993 年由卫生部引入健康城市的概念，并于 1994 年与世界卫生组织合作正式开展健康城市项目，使得我们从一个崭新的、多维的视角重新审视城市发展问题，其意义已远远超越了“卫生城市”“文明城市”“生态城市”等城市模式。1997 年，卫生部将正处于启动阶段的健康城市项目移交给全国爱卫办。2003 年“非典”以后，健康城市建设进入实质性发展阶段。我国健康城市治理模式基本是政府主导模式，成立健康城市建设工作领导小组，下设办公室，制定出台三年或者五年的健康城市行动计划(规划)，并负责项目计划的实施，统筹协调各相关部门的合作，指导具体项目工作的开展。2016 年 11 月，全国爱卫办印发了《全国爱卫办关于开展健康城市试点工作的通知》(全爱卫办发〔2016〕4 号)，确定了无锡市、宁波市等 38 个健康城市试点市。到 2017 年，全国已有 40 余个城市开展健康城市建设工作，其中包括杭州市、宁波市、南京市、大连市、广州市、长春市、武汉市等 7 个副省级城市，其开展健康城市建设的核心内容之一是确立适合本地区实际情况的评价指标体系。

(一)全国爱卫会

为适应新时期爱国卫生工作的需要，全国爱卫会在广泛征求意见的基础上，对2010年《国家卫生城市标准》组织进行了修订，形成了《国家卫生城市标准(2014版)》，该标准包括8大类共40条评价指标。其中，爱国卫生组织管理4条、健康教育和健康促进4条、市容环境卫生8条、环境保护3条、重点场所卫生4条、食品和生活饮用水安全5条、公共卫生与医疗服务8条、病媒生物预防控制3条。①

我国的健康城市建设是在国家卫生城市创建活动的基础上发展起来的，目前在我国所指的健康城市是卫生城市的升级版。2018年4月，全国爱卫会印发了《全国健康城市评价指标体系(2018版)》(见表3-3)，该指标体系共包括5个一级指标、20个二级指标、42个三级指标，能比较客观地反映各地健康城市建设工作的总体进展情况。②

表3-3　全国健康城市评价指标体系(2018版)

一级指标	二级指标	三级指标
健康环境	1.空气质量	(1)环境空气质量优良天数占比
		(2)重度及以上污染天数
	2.水质	(3)生活饮用水水质达标率
		(4)集中式饮用水水源地安全保障达标率
	3.垃圾废弃物处理	(5)生活垃圾无害化处理率
	4.其他相关环境	(6)公共厕所设置密度
		(7)无害化卫生厕所普及率(农村)
		(8)人均公园绿地面积
		(9)病媒生物密度控制水平
		(10)国家卫生县城(乡镇)占比

① 全国爱卫会.关于印发国家卫生城市标准(2014版)的通知:全爱卫发〔2014〕3号[EB/OL].(2014-05-15)[2017-12-16].http://www.nhfpc.gov.cn/jkj/s5898/201405/a8ce63259ee640729671917865467a88.shtml.

② 全国爱卫会.关于印发全国健康城市评价指标体系(2018版)的通知:全爱卫发〔2018〕3号[EB/OL].(2018-04-08)[2018-11-16].http://www.nhfpc.gov.cn/jkj/s5899/201804/fd8c6a7ef3bd41aa9c24e978f5c12db4.shtml.

续表

一级指标	二级指标	三级指标
健康社会	5.社会保障	(11)基本医保住院费用实际报销比
	6.健身活动	(12)城市人均体育场地面积
		(13)每千人拥有社会体育指导员人数比例
	7.职业安全	(14)职业健康检查覆盖率
	8.食品安全	(15)食品抽样检验批次/千人
	9.文化教育	(16)学生体质监测优良率
	10.养老服务	(17)每千名老年人口拥有养老床位数
	11.健康细胞工程*	(18)健康社区覆盖率
		(19)健康学校覆盖率
		(20)健康企业覆盖率
健康服务	12.精神卫生管理	(21)严重精神障碍患者管理率
	13.妇幼卫生服务	(22)儿童健康管理率
		(23)孕产妇系统管理率
	14.卫生资源	(24)每万人口全科医生数
		(25)每万人口拥有公共卫生人员数
		(26)每千人口医疗卫生机构床位数
		(27)提供中医药服务的基层医疗卫生机构占比
		(28)卫生健康支出占财政支出的比重
健康人群	15.健康水平	(29)人均预期寿命
		(30)婴儿死亡率
		(31)5岁以下儿童死亡率
		(32)孕产妇死亡率
		(33)城乡居民达到《国民体质测定标准》合格以上的人数比例
	16.传染病	(34)甲乙类传染病发病率
	17.慢性病	(35)重大慢性病过早死亡率
		(36)18～50岁人群高血压患病率
		(37)肿瘤年龄标化发病率变化幅度

续表

一级指标	二级指标	三级指标
健康文化	18.健康素养	(38)居民健康素养水平
	19.健康行为	(39)15 岁以上人群吸烟率
		(40)经常参加体育锻炼人口比例
	20.健康氛围	(41)媒体健康科普水平
		(42)注册志愿者比例

注：* 表示将根据“健康细胞工程”建设进展情况适时纳入评价。

(二)《“健康中国 2030”规划纲要》

在 2008 年全国卫生工作会议上，原卫生部正式提出了“健康中国 2020”发展战略，提出了 1 个总目标、2 个阶段目标、10 项具体目标和 95 项具体指标。其中，目标一为 20 项指标，目标二为 11 项指标，目标三为 4 项指标，目标四为 16 项指标，目标五为 16 项指标，目标六为 8 项指标，目标七为 6 项指标，目标八为 9 项指标，目标九为 2 项指标，目标十为 3 项指标。①

2016 年 10 月 25 日，中共中央、国务院发布了《“健康中国 2030”规划纲要》，这是今后 15 年推进健康中国建设的行动纲领，是新中国成立以来首次在国家层面提出的健康领域中长期战略发展规划，对全面建成小康社会、加快推进社会主义现代化具有重大意义。《“健康中国 2030”规划纲要》围绕总体健康水平、健康生活、健康服务与健康保障、健康环境、健康产业等方面设置了 13 项主要量化指标(见表 3-4)，使目标任务具体化，工作过程可操作、可衡量、可考核。其中包括健康水平 5 项指标、健康生活 2 项指标、健康服务与保障 3 项指标、健康环境 2 项指标、健康产业 1 项指标。②③

① “健康中国 2020”战略研究报告编委会.“健康中国 2020”战略研究报告[M]. 北京：人民卫生出版社，2012：63-69.

② 中共中央，国务院.“健康中国 2030”规划纲要[EB/OL]. (2016-10-25)[2017-12-26]. http://www.nhfpc.gov.cn/guihuaxxs/s3586s/201610/21d120c917284007ad9c7aa8e9634bb4.shtml.

③ 国家卫生和计划生育委员会. 解读《“健康中国 2030”规划纲要》[EB/OL]. (2016-12-26)[2017-12-26]. http://news.xinhuanet.com/health/2016-10/26/c_1119791234.htm.

表 3-4 “健康中国 2030”规划纲要主要指标

领域	指标名称	2015 年基线值	2020 年目标值	2030 年目标值
健康水平	(1)人均预期寿命/岁	76.34	77.3	79.0
	(2)婴儿死亡率/‰	8.1	7.5	5.0
	(3)5 岁以下儿童死亡率/‰	10.7	9.5	6.0
	(4)孕产妇死亡率/(1/10 万)	20.1	18.0	12.0
	(5)城乡居民达到《国民体质测定标准》合格以上的人数比例/%	89.6(2014 年)	90.6	92.2
健康生活	(6)居民健康素养水平/%	10	20	30
	(7)经常参加体育锻炼人数/亿人	3.6(2014 年)	4.35	5.3
健康服务与保障	(8)重大慢性病过早死亡率/%	19.1(2013 年)	比 2015 年降低 10%	比 2015 年降低 30%
	(9)每千常住人口执业(助理)医师数/人	2.2	2.5	3.0
	(10)个人卫生支出占卫生总费用的比重/%	29.3	28 左右	25 左右
健康环境	(11)地级及以上城市空气质量优良天数比率/%	76.7	>80	持续改善
	(12)地表水质量达到或好于Ⅲ类水体比例/%	66	>70	持续改善
健康产业	(13)健康服务业总规模/万亿元	—	>8	16

(三)北京市:建立完善的体制机制,推动全社会参与健康城市建设

完善的体制机制是北京市健康城市建设的重要保障。近年来,北京市在创建卫生城市的基础上,开展了健康社区、健康促进示范村、健康城区等多项健康促进活动。2011 年,北京市将建设健康城市纳入北京“十二五”规划,从此健康城市建设成为国民经济和社会发展计划的重要组成部分。其建立了市、区两级的管理架构,协调各相关部门,推进规划的落实。起先在市级层面成立由市领导为主任、多部门参加的健康促进工作委员会,并成立专门的办公室,后期整合市爱卫办和市健康促进工作委员会办公室,统一组织开展健康北京的建设。政府主导、多部门合作、社会组织推动、全社会参与的运行机制是北京健康城市运行机制的关键,其中社会组织推动是该运行机制中的亮点和重要特色,全社会参与是该运行机制中的重要基础和支

点。北京市以健康教育为先导，引领市民参与健康行动计划。首先，利用多渠道、大规模、大力度的媒体宣传普及健康知识，提高市民健康意识；其次，针对市民存在的健康问题，有的放矢地开展健康相关活动，例如合理膳食行动、健身行动、护齿行动等，还包括健康促进场所创建等活动，广泛调动市民参与建设的积极性。此外，北京市还重视利用科研机构力量开展决策应用研究，为领导决策提供"智库"服务。

为全面推进健康北京建设，进一步提高人民群众健康水平，建设健康中国首善之区。2017 年 9 月 7 日，中共北京市委、北京市人民政府印发《"健康北京 2030"规划纲要》，提出到 2020 年，城市健康基础设施水平全面提升，城乡健康环境条件持续改善，影响健康的主要因素得到积极治理，居民健康生活方式广泛普及，人均期望寿命稳步增长，市民健康水平明显提高，健康城市建设水平位居全国前列，并提出了 28 项主要量化规划指标。①

北京的经验是：领导重视是健康城市项目顺利推进的有效保障，其中把健康城市建设纳入国民经济和社会发展计划为健康城市项目的开展提供了有力的政策保障，成立相关的工作机构则为健康城市项目的顺利实施提供了组织保障。

（四）上海市：注重解决市民关注的问题，并有效提高公众参与程度

2003 年，上海市正式启动健康城市建设工作。上海市始终将健康城市建设作为地区经济社会发展的重要组成部分，列入政府工作重要议事日程，并以三年为周期，发布《上海市建设健康城市三年行动计划》。该计划主要由上海市政府主导，市爱卫会负责组织实施，并且建立由副市长牵头的上海市建设健康城市联席会议制度，以推动计划的落实。迄今为止，上海市已顺利开展了五轮健康城市建设（2003—2005 年、2006—2008 年、2009—2011 年、2012—2014 年、2015—2017 年）。②③④ 每轮行动计划均注重提高公众的参与程度。在 2003—2005 年首轮计划行动期间，全市各媒体通过公益广

---

① 中共北京市委，北京市人民政府. 关于印发《"健康北京 2030"规划纲要》的通知. [EB/OL]. (2017-09-07)[2018-03-16]. http://beijing. qianlong. com/2017/0915/2032273. shtml.

② 郑继伟. 区域视角下的健康发展战略选择——以浙江为例的实证研究[M]. 北京：科学出版社，2013. 304-305.

③ 周向红. 健康城市：国际经验与中国方略[M]. 北京：中国建筑工业出版社，2008：95-98.

④ 上海市人民政府办公厅. 关于印发上海市建设健康城市 2015—2017 年行动计划的通知：沪府办发〔2014〕62 号[EB/OL]. (2014-11-16)[2017-12-16]. http://www. shanghai. gov. cn/nw2/nw2314/nw2319/nw10800/nw11408/nw31831/u26aw40887. html.

告、新闻播报、播放健康城市主题歌《健康城市幸福歌》的MTV等形式对建设健康城市、健康社区进行全方位报道。此外，政府部门给市民发放了一大批资料和“实用型”宣传品。在2006年之后的三轮行动计划中，市政府均以“五个人人”健康市民行动为主体，开展惠及群众、贴近居民的系列活动，例如2006—2008年的“人人知道自己血压，人人掌握救护技能，人人了解食品安全，人人参加健身活动，人人养成健康行为的行动”①。经过前四轮的健康城市建设行动计划，上海市健康城市建设取得阶段性成果，市民综合素质和健康均达到较高水平。2014年12月，上海市出台《上海市建设健康城市2015—2017年行动计划》。该行动计划旨在进一步提升健康城市建设的社会动员和支持能力，确立了“科学健身”市民行动、“控制烟害”市民行动、“食品安全”市民行动、“正确就医”市民行动、“清洁环境”市民行动等五项市民行动的主要任务，即“5+X”模式(5项全市统一的市民行动与X项区域特色行动相结合)，稳步有序推进健康城市建设任务。该指标体系共包括32项评价指标，其中有“科学健身”市民行动3项、“控制烟害”市民行动5项、“食品安全”市民行动4项、“正确就医”市民行动4项、“清洁环境”市民行动7项、主要措施9项(见表3-5)。②

表3-5 上海市建设健康城市2015—2017年行动计划指标体系

指标名称	具体指标	2014年	2017年
(一)“科学健身”市民行动	(1)经常参加体育锻炼的人数比例/%	40.6	≥41
	(2)社会体育指导员人数/‰	1.94	2
	(3)健康步道/千米	684	750
(二)“控制烟害”市民行动	(4)场所内人群吸烟率/%	4.3	≤3
	(5)对吸烟行为有劝阻或执法的场所比例/%	44.6	≥50
	(6)被动吸烟危害核心知识知晓率/%	63.8	≥70
	(7)戒烟门诊新建店/个	61	79
	(8)无烟场所建设数量/个	1824	≥2000

① 上海市人民政府办公厅.关于印发上海市建设健康城市2006年—2008年行动计划的通知:沪府办发〔2006〕26号[EB/OL].(2006-08-10)[2017-12-26]. http://www.shanghai.gov.cn/nw2/nw2314/nw2319/nw10800/nw11408/nw15791/u26aw7986.html.

② 上海市人民政府办公厅.关于印发上海市建设健康城市2015-2017年行动计划的通知:沪府办发〔2014〕62号[EB/OL].(2014-11-16)[2017-12-16]. http://www.shanghai.gov.cn/nw2/nw2314/nw2319/nw10800/nw11408/nw31831/u26aw40887.html.

续表

指标名称	具体指标	2014 年	2017 年
(三)“食品安全”市民行动	(9)食品安全知晓率/%	80.2	≥80
	(10)中小学生食品安全基本知识知晓率/%	2013 年为试点,对部分区、县学生的调查	≥85
	(11)合理膳食相关知识知晓率/%	56	≥65
	(12)饮酒的限量值知晓率/%	32.4	≥45
(四)“正确就医”市民行动	(13)常规就医流程知晓率/%	74.9	85
	(14)科学就医行为形成率/%	27.6	40
	(15)家庭医生签约率/%	32	40
	(16)家庭医生有效服务率/%	58	60
(五)“清洁环境”市民行动	(17)国家卫生镇年创建数/个	60	70
	(18)病媒生物防制达标小区/个	600	1200
	(19)病媒生物防制达标集市/个	60	150
	(20)城镇污水处理率/%	87.7	90
	(21)环境空气质量优良率/%	66	明显改善
	(22)森林覆盖率/%	13.13	≥15
	(23)垃圾分类覆盖率/%	32	53
(六)主要措施	(24)市民具备健康素养的总体水平/%	18.24	≥20
	(25)健康社区(镇)达标数/个	34	52
	(26)健康主题公园达标数/个	27	87
	(27)健康知识一条街达标数/个	23	83
	(28)健康单位达标数/个	200	500
	(29)参加市民健康自我管理小组的人数/万人	35	53
	(30)健康家庭达标数/个	100	300
	(31)健康生活方式指导员数量/人	5000	50000
	(32)65 岁以上老年人年体检率/%	89	≥90

上海市健康城市建设经验是：围绕市民健康实际需求，重点创新社会动员和参与机制，完善有效的激励机制，以普及健康城市的理念，提高市民主动参与的积极性。

（五）苏州市：在完善网络体系的同时，重视对外合作和交流

苏州市于2003年成立建设健康城市领导小组，市长任组长，市委副书记、副市长任副组长，成员由34个部门主要领导组成，领导小组下设办公室，办公室设在卫生局；2009年对爱卫会和健康城市领导小组进行整合，更名为爱国卫生运动与健康促进委员会。苏州市健康城市建设主要围绕"12345"网络体系开展工作。"1"即一个网络：建立覆盖全社会、各行各业的健康城市建设网络。"2"即建立两个体系：制定科学的健康城市指标体系，完善健康促进法制体系。"3"即实施三个工程：一是健康宣传工程，建设健康苏州网站、组建志愿者队伍等；二是健康细胞工程；三是健康服务工程。"4"即做好四个结合：一是与建设服务型政府相结合；二是与各级党委、政府和各部门工作相结合；三是与宣传教育相结合；四是与日常卫生工作紧密结合。"5"即抓好五个环节：重点抓好优化健康服务、营造健康环境、构建健康社会、培育健康人群和提供健康食品等五个环节，围绕市民关心的食品、就医等问题，精心部署和组织活动，以解决好影响市民健康和生活的突出问题。① 在完善健康城市建设网络体系的同时，苏州还特别注重对外合作交流。苏州市作为世界卫生组织西太区健康城市联盟(Alliance For Heathy Cities，AFHC)的发起者之一，被推选为第一届AFHC执行委员会主席。2006年，在世界卫生组织的支持下，与健康城市联盟举办"第二届世界健康城市联盟大会"。2008年，在第三届世界健康城市联盟大会上，苏州被授予"杰出健康城市奖"。苏州还积极与国内外高等学校、研究机构合作，认真听取专家意见，因地制宜地借鉴国内外成功经验。这些举措使苏州健康城市项目在短时间内蜚声海内外。

苏州市健康城市建设的经验是：政府重视健康城市项目，以行政手段大力推进健康城市建设计划，成立由政府相关部门组成的领导小组，不断完善健康城市建设网络体系；积极争取国内外资源的支持，汲取其他城市的有益经验，推进健康城市建设；加大国内外合作力度，以扩大影响力。

---

① 中国科学技术信息研究所．苏州、上海健康城市建设走在全国前列[J]．领导决策信息，2006(41)：20-21．

(六)杭州市:以保障市民健康为出发点,营造社会支持环境

2007年,作为全国首批健康城市试点城市之一,杭州市正式启动健康城市建设。杭州市成立健康城市工作领导小组,市委宣传部部长任组长,领导小组下设办公室,办公室设在市爱卫办,下设7个专项工作组,通过制定三年或五年行动计划,定期或不定期召开健康城市建设工作领导小组成员会议,来推动健康城市建设。杭州市健康城市建设以保障市民健康为出发点,以市民满意为落脚点,通过广泛的基线调查和下基层调研,摸清民情和实情,围绕市民最关心、最直接、最现实的民生问题,制定阶段性工作目标,实施项目管理,取得良好成效。在规划制定中,杭州市制定了7个"人人享有"目标,即"人人享有基本医疗保障、人人享有基本养老保障、人人享有15分钟卫生服务圈、人人享有15分钟体育健身圈、人人享有安全食品、人人享有清新空气、人人享有洁净饮水",并通过营造健康文化、保护健康环境、优化健康服务、培育健康人群、发展健康产业、构建健康社会等主要任务来打造社会支持环境。[①] 2016年12月30日,杭州市建设健康城市工作领导小组编制印发了《杭州市建设健康城市"十三五"规划》(杭健康〔2016〕3号),提出到2020年,健康城市建设的各项指标任务位居全国前列,保障和促进健康的公共政策更加健全,健康环境、健康社会和健康人群协调发展进一步实现,打造成为社会和谐、环境友好、安全宜居、人群健康的"健康中国示范区",同时提出了53项"十三五"期间健康杭州建设主要指标,其中包括健康环境9项、健康社会13项、健康服务10项、健康人群14项、健康产业3项、健康文化4项(见表3-6)。[②]

---

① 杭州市发改委,杭州市建设健康城市工作领导小组办公室.关于印发健康杭州"十二五"规划的通知:杭发改规划〔2011〕534号[EB/OL].(2011-07-27)[2018-03-26]. http://www.hangzhou.gov.cn/art/2017/1/17/art_1256297_5249358.html.

② 杭州市健康城市建设工作领导小组.关于印发《杭州市建设健康城市"十三五"规划》的通知:杭健康〔2016〕3号[EB/OL].(2016-12-30)[2017-12-16]. http://www.hzawb.gov.cn/zhengfugongka/16/78/20170310/12131.html.

表 3-6 “十三五”时期健康杭州建设的主要指标

类别	指标名称	口径范围	2015 年	2020 年	责任部门
健康环境	(1)市区日空气质量达标天数比例/%	市区	66.3	76.7	环保局
	(2)市区环境空气颗粒物浓度($PM_{2.5}$)/($\mu g/m^3$)	市区	57	省下达指标	环保局
	(3)市控断面Ⅰ—Ⅲ类水质比例/%	市域	92.3	92.3 以上	环保局
	(4)生活污水集中处理率/%	建成区	95.02	95 以上	市建委
		市域	94.28	95 以上	
	(5)生活饮用水水质合格率/%	城市	94.28	96	卫计委
	(6)生活垃圾资源化利用率/%	建成区	50	60	城管委
	(7)农村生活垃圾分类覆盖率与减量处理率/%	农村	—	80/50	市农办
	(8)人均公园绿地面积/m^2	建成区	14.55	15	园文局
	(9)国家卫生乡镇创建率/个	市域	—	20	爱卫办
健康社会	(10)城乡居民基本医疗保险参保率/%	市域	98.94	98 以上	人社局
	(11)城乡居民基本养老保险覆盖率/%	市域	97.5	95 以上	人社局
	(12)个人卫生支出占卫生总费用的比重/%	市域	—	30	卫计委
	(13)城镇登记(调查)失业率/%	市域	1.75	5 以下	人社局
	(14)低保标准的消费支出替代率/%	建成区	26.4	30	民政局
	(15)基本医疗保险政策范围内住院补偿率(城乡居民、城镇职工)/%	市域	75/85	75/85 以上	人社局
	(16)公交出行分担率/%	建成区	26.50	60	交通局
	(17)城镇保障性安居工程累积开工套数/万套	建成区	5.75	21.1	市建委
	(18)城市人均体育设施用地面积/m^2	市域	1.65	2.0	体育局
	(19)社会体育指导员人数比例/人	市域	19347	25000	体育局
	(20)亿元 GDP 安全生产事故死亡人数/人	市域	0.0688	0.047 以下	安监局
	(21)主要食品药品监督抽检合格率/%	市域	96.54	97 以上	监管局
	(22)高中阶段教育毛入学率/%	市域	99.5	99.5 以上	教育局

续表

类别	指标名称	口径范围	2015 年	2020 年	责任部门
健康服务	(23)县域内就诊率/%	市域	—	90	卫计委
	(24)智慧医疗覆盖率/%	市域	—	80	卫计委
	(25)15 分钟卫生服务行政村覆盖率/%	市域	—	100	卫计委
	(26)高血压、糖尿病社区规范管理率/%	市域	—	70	卫计委
	(27)每千人口执业(助理)医师数/人	市域	3.86	4.5	卫计委
	(28)每千名老年人口拥有社会养老床位数/张	市域	40	50	民政局
	(29)每千人拥有医疗床位数/张	市域	6.48	8.11	卫计委
	(30)城乡居民规范化电子健康档案建案率/%	市域	90	90 以上	卫计委
	(31)责任医生城乡居民规范签约率/%	建成区	25	50	卫计委
	(32)能够提供中医药服务的基层医疗卫生机构占比/%	市域	83	95 以上	卫计委
健康人群	(33)人均期望寿命/岁	市域	81.85	82	卫计委
	(34)婴儿死亡率/‰	市域	2.32	4 以下	卫计委
	(35)5 岁以下儿童死亡率/‰	市域	3	5 以下	卫计委
	(36)孕产妇死亡率/(1/10 万)	市域	6.94	9.5	卫计委
	(37)重大慢性病过早死亡率/%	市域	—	省下达指标	卫计委
	(38)意外伤害死亡率/(1/10 万)	市域	48.79	45 以下	卫计委
	(39)出生缺陷发生率/‰	市域	13.36	15 以下	卫计委
	(40)国民体质监测合格率/%	市域	93	95	体育局
	(41)成年人高血压患病率/%	市域	—	30 以下	卫计委
	(42)法定传染病总发病率(甲乙类)/(1/10 万)	市域	190.41	187.31	卫计委
	(43)结核病发病率/(1/10 万)	市域	66.31	61.0	卫计委
	(44)15 岁以上成人吸烟率/%	市域	22.09	21.0	卫计委
	(45)经常参加体育锻炼人口比例/%	市域	40.20	42	体育局
	(46)居民健康素养水平/%	市域	16.95	24	卫计委

续表

类别	指标名称	口径范围	2015年	2020年	责任部门
健康产业	(47)全市健康产业增加值/亿元	市域	502.06	1000	发改委
	(48)全市健康产业增加值占地区生产总值的比例/%	市域	5	7	发改委
	(49)建成省、市级健康产业平台/个	市域	—	10个以上	发改委
健康文化	(50)农村文化礼堂中心村覆盖率/%	市域	—	100	宣传部
	(51)市民公共文明指数	建成区	84.06	86	文明办
	(52)城市阅读指数	建成区	75.98	80	宣传部
	(53)每万人拥有注册志愿者人数/人	市域	10.17	13	团市委

说明:统计口径均为常住人口。

杭州市健康城市建设的经验是:健康城市建设应坚持以人为本,充分体现民生、民意和民主。通过政府承诺,营造社会支持环境,促进健康目标的实现。此外,健康城市建设也应在具体实施中强调因地制宜,注重创新、特色发展。各区因地制宜、整合资源、合理设计,推出一些特色项目,例如:拱墅区以“全民健康生活方式行动”为载体,利用美丽的运河人行道,设置距离标识,开展“运河健走”活动。目前,杭州市“政府组织、社会参与,部门协调、条块结合,重心下移、群众互动”的健康城市工作机制已基本建立。

(七)其他代表性城市健康城市建设实践

广州市于2013年1月启动健康城市建设,颁发《广州市建设健康城市规划(2011—2020年)》,提出从健康环境、健康社会、健康服务、健康人群和市民满意度五个方面推进建设任务。大连市于2004年正式启动健康城市建设工作,先后制定并实施了三轮《大连市建设健康城市三年行动规划》,主要围绕营造健康环境、提供健康服务、培育健康人群和构建健康社会等四大方面开展建设工作。

南京市于2014年11月颁布《建设健康南京行动计划(2015—2017)》,提出以人的健康为中心的四项重点任务:营造健康环境、普及健康教育、实施健康促进、加强疾病防治。

长春市于2009年7月出台《长春市建设“健康城市”三年(2010—2012年)行动规划》,提出以“营造健康环境、提供健康食品、倡导健康行为、弘扬健康道德、关注健康心理、优化健康服务、发展健康产业”为目标,开展“城市清洁行动”“健康行动计划”“畅通工程”“放心食品、健康消费”“科学选择食品、讲究营养平衡”“健康教育”“控烟及健康行为”“遏制陋习、爱护环境”等活动。

武汉市于2011年11月出台《健康武汉全民行动计划(2011—2015年)》,以“五个人人”为目标,提出“全民健康素养促进行动”“全民健身行动”“食品安全行动”“基本医疗卫生服务保障行动”“健康服务普及行动”“疾病预防控制行动”“医疗急救与卫生应急行动”“母婴健康行动”“城乡环境卫生清洁行动”“健康产业发展行动”等建设活动。

上海、苏州、杭州等地区的健康城市建设概况汇总见表3-7。

表3-7　上海、苏州、杭州健康城市建设概况

建设概况	上海	苏州	杭州
启动时间	2003年	2003年	2007年
主导部门/推动组织	上海市政府主导,市爱卫会负责组织实施;建立由副市长牵头的上海市建设健康城市联席会议制度	2003年成立建设健康城市领导小组,市长任组长,市委副书记、副市长任副组长,领导小组下设办公室,办公室设在卫生局	成立建设健康城市工作领导小组,市委宣传部部长任组长,领导小组下设办公室,办公室设在市爱卫办,下设七个专项工作组
形式	以三年为周期,发布《上海市建设健康城市三年行动计划》;始终将健康城市建设作为地区经济社会发展的重要组成部分,并列入政府工作重要议事日程	以五年为周期,发布《苏州市爱国卫生运动与建设健康城市行动计划》;将“加快健康城市建设”列入市政府目标任务之一	制定三年或五年行动计划;印发《健康杭州“十二五”规划》;定期或不定期召开健康城市建设工作领导小组成员会议
主要建设内容	营造健康环境;完善健康服务;加强健康管理;保障健康食品;倡导健康行为	优化健康服务;营造健康环境;构建健康社会;培育健康人群;培植健康“细胞”;开展健康宣传	营造健康文化;保护健康环境;优化健康服务;培育健康人群;发展健康产业;构建健康社会
主要特色项目	健康场所建设;“五个人人”等健康市民行动	健康宣传工程;健康细胞工程;健康服务工程	大气污染专项整治、“健康生活进百万家庭和千村万户行动”、“重点慢性病干预控制行动”、健康市场试点推广、十二类健康单位培育、碘营养状况调查和中小学生口腔窝沟封闭等民生项目

三、国内外健康城市建设治理与评价的启示

在建设健康城市过程中，美国、加拿大、欧洲等发达国家(地区)以及我国北京、上海、杭州、苏州等城市，均结合各自城市发展实际状况，构建多元主体参与健康城市建设治理机制，建立了相对完整的、可操作的健康城市评价指标体系，为构建宁波健康城市建设治理与评价体系提供了较好的理论与实践参考依据。

(一)结合健康城市内涵与外延发展变化，建立完善健康城市治理与评价体系

随着时代变迁和经济社会不断发展，人们对于健康的认识不断提高与完善，健康观的内涵与外延也在不断变迁更新。快速发展的城市化正全面深刻地影响着人类的健康。"健康城市"的提出，正是对当前城市化进程中各种经济社会问题的反思，其目的在于通过消除"城市病"，提高居民生活质量，进而实现城市的健康目标。①② 在不同时期与不同阶段的健康城市建设过程中，健康城市的概念与内涵也在不断变化。世界卫生组织，美国、加拿大、欧洲等国家(地区)以及北京、上海、杭州、苏州等城市，在准确理解健康城市的内涵与外延的基础上，一方面保持健康城市建设治理与评价体系的相对稳定与完整；另一方面，结合健康城市发展的不同历史时期与发展阶段和实践经验，及时地对评价指标体系进行更新，剔除一些不符合城市发展实际、不合理的评价指标，并按照每一个城市自身的经济社会发展水平、人群健康状况、环境发展现状等实际情况采取因地制宜的具体创建活动，增加了一些符合时代特征与区域健康城市发展特色的指标，如反映居民自身感受及参与度和满意度的评价指标③，使健康城市评价指标体系具有国际公信力，能够反映建设效果，可以进行区域横向与纵向量化比较分析。

(二)确立以人为本理念

健康是一种基本人权，也是人类最基本的生存权和发展权。城市应被看作是一个有生命、能呼吸、能生长和不断变化的有机体，是能够改善人类健康的理想环境。健康城市建设是衡量一个城市综合管理水平和城市文明的重要标志之一，是对传统城市发展模式的重大变革，是根治人口膨胀、环

---

① 贾让成."健康+"：让城市生活更美好[N]. 宁波日报，2016-09-01(10).

② 孙统达. 健康城市建设：扬起风帆正当时[N]. 宁波日报，2017-03-09(10).

③ 陈钊娇，许亮文. 健康城市评估与指标体系研究[J]. 健康研究，2013，33(1)：5-9.

境污染、资源短缺等“城市病”的最佳途径，也是一个城市可持续科学发展的最佳切入点。[①][②] 因此，城市健康问题日益受到各个国家和地区的普遍关注，美国、加拿大、欧洲等国家(地区)以及我国北京、上海、杭州、苏州等城市构建健康城市建设治理与评价保障机制的过程，处处体现了以人为本的发展理念，涵盖了健康环境、健康人群、健康服务、健康文化、健康社会等内容，强调人与经济、社会、环境的有机和谐统一，正确反映了健康城市建设治理与评价保障机制的功能定位与发展状况，以促进人的全面发展，实现经济社会的可持续发展。

(三)体现以定性分析为基础，定量分析为依据，定性与定量分析相结合的原则

健康城市建设是一项涉及经济社会发展方方面面、关系千家万户幸福的社会系统工程，人口、环境、经济、文化、社会、政策制度、产业政策等健康决定因素种类繁多，健康影响面广。因此，美国、加拿大、欧洲等国家(地区)以及我国北京、上海、杭州、苏州等城市，本着以定性分析为基础、定量分析为依据、定性与定量分析相结合的原则构建健康城市建设评价指标体系，使健康城市建设评价结果能够将过程评价与结果评价相结合、理论与实践相结合。在具体评价指标选择上，有政府承诺、组织保障等反映健康城市建设性质、要求与特征的一些定性指标，更多的是选择一些以人均、率、百分比等相对数表示的定量指标。指标的量化值与可操作性较强，有利于简化健康城市建设评价过程，有利于不同时期健康城市建设效果与效益的对比分析，促进居民健康理念转变，促进政府城市管理方式转型升级，加强“城市病”治理，促进健康城市项目顺利开展。

第三节　我国健康城市治理与评价现状

通过分析我国健康城市建设治理保障机制现状以及存在的问题，探析相关成因，为健康城市建设治理与评价保障机制提供借鉴。

---

① 孙统达. 健康城市建设：扬起风帆正当时[N]. 宁波日报，2017-03-09(10).

② 贾让成. “健康+”：让城市生活更美好[N]. 宁波日报，2016-09-01(10).

一、我国健康城市建设治理保障机制现状

(一)先后提出卫生强省、健康中国等地区或国家层面的目标或战略,作为发展经济、建设小康社会的重要内容

1. 国家层面

党的十八届五中全会提出“创新、协调、绿色、开放、共享”的发展理念,通过的“十三五”规划建议,“把推进健康中国建设作为坚持共享发展着力增进人民福祉的重要任务”,这是首次以党的文件的形式正式提出健康中国建设的理念。2016 年 8 月 19 日至 20 日,全国卫生与健康大会在北京举行,将卫生与健康置于国家战略。党的十九大报告明确提出“实施健康中国战略”。

2. 地方和城市层面

2003 年,浙江省提出“八八战略”,并以此为指引提出“卫生强省”战略,制定《浙江省卫生强省建设与“十一五”卫生发展规划纲要》,是全国第一个把健康卫生作为关键战略的省份。① 2016 年 12 月 17 日,中共浙江省委、省政府印发了《健康浙江 2030 行动纲要》(浙委发〔2016〕36 号),提出了 23 项健康浙江建设主要规划指标,其中健康水平 5 项,健康行为 2 项,健康环境 9 项,健康服务 3 项,健康保障 3 项,健康产业 1 项。②

2004 年,中共宁波市第十次党代会确立的“六大联动”,以浙江省提出的“八八战略”为指导,首次提出创建健康城市的构想。同年,宁波开始落实浙江省“卫生强省”战略和《浙江省卫生强省建设与“十一五”卫生发展规划纲要》,并随后部署开展了“构建宁波健康城市的战略研究课题”研究。近年来,构建健康城市的工作理念在城市建设、生态环保、社会保障等方面有着不同程度的融入。③《中共宁波市委关于制定宁波市国民经济和社会发展第十三个五年规划的建议》中明确提出:“推进共享发展,共创幸福美好新生活,坚持保障和改善民生优先导向,努力提供广覆盖、多层次、有质量的公共

① 陈秋霖. 以五大发展理念指引健康中国建设[N]. 内蒙古日报,2015-01-07(1).

② 中共浙江省委,浙江省人民政府. 关于印发《健康浙江 2030 行动纲要》的通知:浙委发〔2016〕36 号. [EB/OL]. (2016-12-17)[2017-12-16]. http://www.zjph.gov.cn/20170316/2017031600005.htm.

③ 医药卫生界. 关于积极创建宁波健康城市建设的建议[R]. 宁波市政协十四届五次会议大会发言材料之四十三,2016-02-21.

产品和公共服务，让改革发展成果更多、更公平、更实在地惠及广大人民群众。”①这些战略都提出了发挥体制机制优势的要求，将卫生健康作为促进城乡协调发展、打造绿色城市的战略举措，为健康城市建设治理保障机制构建提供了指引。

（二）卫生城市建设的管理机制所积累的经验提供基础

新中国成立伊始就高度重视卫生工作，并将卫生工作纳入政府工作的重要组成部分，而且政府主导在卫生工作中发挥了巨大作用。20 世纪 50 年代初，国务院成立中央爱国卫生运动委员会，由国务院总理周恩来亲自领导。卫生部门有明确的工作分工，始终将人民健康作为他们决策的首要指标，从取胜细菌战，到消灭四大寄生虫病（血吸虫病、疟疾、丝虫病、黑热病），到防治 SARS、禽流感、甲型流感等。从国家到城市，在长期实施卫生城市、卫生城镇建设的过程中，不断形成的政府动员的疾病防治保障机制所取得的成效不容置疑。②

宁波城市基本医疗卫生制度体系不断健全，形成了以卫生城市创建为核心的城市管理机制。2004 年宁波获得“国家卫生城市”的称号并两次通过复评，2010 年被列为浙江省首批卫生强市。自 2009 年启动新一轮医药卫生体制改革以来，着力构建基本医疗卫生制度体系，注重保基本、强基层、建机制，通过医疗、医保、医药三医联动，加大投入、健全机制、完善政策。2015 年年末中国社会科学院发布的《公共服务蓝皮书（2015）》，对我国 38 个主要城市基本公共服务满意度评价进行了排名，其中在医疗卫生满意度方面，宁波位列第二名，在破除“以药补医”机制、推进“双下沉、双提升”、建立全民医保体系、提高卫生信息化水平等方面均走在全省城市前列。③

（三）与健康城市内涵相关的专项城市建设行动在不同区域开展

新中国成立以来，尤其是近年来，不同区域开展了园林城市、文明城市、花园城市、文明社区、安全社区、特色小镇等与健康城市内涵相关的城市建设专项行动，虽然由不同的城市政府部门推行，但对健康城市建设起到了历史性的推进作用。

① 杨益波．从“十三五”规划看宁波未来五年发展思路[N]．中国经济时报，2016-01-01(1)．

② 江捍平．健康与城市：城市现代化的新思维[M]．北京：中国社会科学出版社，2010：276．

③ 民革宁波市委会．关于进一步深化我市医药卫生体制改革的建议[R]．宁波市政协十四届五次会议大会发言材料之一，2016-02-21．

近年来，宁波市积极将具有区域特色的健康产业作为主导产业列入经济发展政策序列。宁波地区的富庶为健康产业的发展提供了强劲的动力，依托宁波得天独厚的滨海资源与区位优势，大力发展具有区域特色的新型健康产业，加快旅游、文化、科技、地产、食品等产业与健康产业的深度融合、创新发展，宁波在大健康产业领域积累了不少先发的体制机制优势。比如，早在宁波杭州湾新区成立之初，就将健康产业确立为主导产业，引进了双成药业等 17 家医疗企业项目，总投资 82.8 亿元，年产值超 150 亿元。①

（四）不少城市尝试推行健康城市计划中对治理保障机制构建作了不同程度的探索

北京、上海、苏州、杭州、长春等城市都开展了健康城市计划。比如北京，建立了健康城市建设的工作机构即北京市健康促进工作委员会，探索构建多部门合作的创新机制。② 苏州开展了健康社区建设，探索引导市民参与健康促进行动的普及宣传；上海探索提高城市的土地利用率，目前上海的土地利用率产出是全国城市平均水平的 120 倍。③ 在公共健康服务方面，宁波直击行业痛点，创新建立以数据服务为突破口的公共健康服务机制。早在 2014 年，宁波就开始建立数据服务平台。截至 2014 年年底，宁波市已收录 1200 万份健康档案信息和 9.3 亿多条健康档案数据，市公共健康服务平台服务量已超过日均 8000 人次，累计服务人次超过 500 万；2015 年，全国首家云医院——“宁波云医院”正式启动运营，并开放了线下实体医院。④

（五）近年来健康文化在城市建设中得到重视

政府层面，逐渐重视健康文化在城市建设中的作用，鼓励加强健康文化等特色服务产业发展，满足群众多层次服务需求。⑤ 比如浙江的部分城市近年来健康文化产业发展迅猛，还开始推行健康旅游业。江苏、上海、浙江从 2011 年开始共同开展健康教育骨干培训，浙江省从 1998 年开始开展健康促进学校创建工作、全面健身运动推广工作，以及在食品安全地方法规中建立监督员制度及风险监测计划。企业层面，重视员工职业病防治，实施企业员

---

① 余晓辰，黄程，吴晨菲. 大健康产业宁波咋追风[N]. 宁波日报，2015-08-10(6).

② 王鸿春. 北京健康城市建设研究报告[M]北京：社会科学文献出版社，2015：16.

③ 翟羽佳，郭佽，尤海菲，等. 国际健康城市计划的理论与实践[J]. 医学与哲学，2014(7)：50-53.

④ 余晓辰，黄程，吴晨菲. 大健康产业宁波咋追风[N]. 宁波日报，2015-08-10(6).

⑤ 刘艳飞. 健康管理服务业发展模式研究[D]. 上海：上海社会科学院，2016：142.

工医疗保障，进行企业健康教育。[①]

二、我国健康城市建设治理保障机制构建存在的问题与成因

（一）部分城市在治理过程中以经营城市为治理机制为主旨

健康城市的治理需要紧密融合协调的理念，将健康城市建设置于城市发展的首要战略地位，将其提高到关乎经济社会发展的地位，将其作为关乎民众公共利益和公共安全的重要方面来统一居民的思想认识，达成全社会的共识。但是，由于追求短期经济利益与长期健康效益的冲突明显，健康城市建设尚未融入所有的政策，导致其对城市本身的关注超过对人这个主体的关注，在城市房产建设、城市基础设施建设等方面投资巨大，并以此作为城市经济和社会发展的重要载体和支撑体系，但也带来了淡水资源缺失、土地和能源供应短缺及生态环境恶化的现象，有的甚至引起了整个地区资源供应的失调，比如长三角、珠三角地区等。

（二）健康城市建设治理的法律保障并不完善

一方面是有关健康城市建设治理方面的专门法律、法规缺失，健康城市建设治理依据的往往是其他的非专门性法规，或者是一些行政法规与规章，多以暂行办法、试行条例等形式存在，相关立法不具有足够的权威性，立法过于原则，缺乏程序性规定，不变操作，增加了执行的难度。另一方面是城市立法中健康城市理念缺失，现行有关城市建设的相关法律法规并未真正从健康城市建设治理的理念出发进行立法，医药卫生科研和健康促进保障制度的创新制度不健全，致使健康城市建设治理并不健康，亦并未站在治理的立场。

（三）健康城市建设治理体系不健全，统筹推进组织机制有待进一步建立健全

由于健康城市概念与项目内容并不同于此前我们创建的“卫生城市”的概念与项目内容，它带给我们的是基于治理的视角，更多地站在综合的、互动的、互为依存的关系视角，需要高度关注传统的非公共卫生领域，比如经济领域的就业、住房问题，社会领域的教育、福利问题，生态领域的污染、资源保护问题，社区发展领域的邻里关系、文明习惯问题。大部分城市在制定

① 郑继伟. 区域视角下的健康发展战略选择——以浙江为例的实证研究[M]. 北京：中国科学出版社，2015：213.

城市建设规划或卫生规划时，侧重医疗资源配置，以重视疾病防治为中心，过往将健康问题更多地甚至单独地让城市医疗卫生部门承接，相对忽视了健康城市公共资源配置，在更多地争取政府领导对健康城市做出政治承诺、协调与统筹政府部门建立伙伴关系的运行机制、动员各种社会力量(包括社会非营利性组织、企业、社区等)参与等方面存在不足；存在着由医疗卫生部门独家承接推行责任，以及过分局限于公共卫生领域的弊端，更缺乏健康促进方面专门专项的规划，对健康城市建设公共健康服务网络、服务的运行机制和保障机制没有提出具体详尽的行动计划和措施，整体治理效应不强。

(四)健康文化与市民素养涵育的保障机制存在缺位现象

健康文化教育资源的机构设置统一，并且在相关资源的整合方面有缺失，中华传统文化与健康文化的共融共生不够，健康城市成果共建共享机制有待进一步建立健全。

市民的健康素养、膳食结构素养与健康意外处理素养不高，尤其在生活方式方面，包括个人发展领域的心理健康、生活方式等方面，问题不少，自我健康责任意识不强，不少市民个体并不能对自身的健康负责，健康素养和健康责任教育做得不够。在健康行业文化塑造，医患关系融洽度，企业、学校和社区健康文化，社会健康文化产业包括公共文化服务、健康旅游与健身休闲置业、相关人才队伍建设等方面都有较大的提升空间。

第四节 健康城市建设治理与评估策略

完善宁波健康城市治理策略，需要转变工作理念，强化组织保障，促成多元主体参与；需要固化经费投入，实现物质保障，夯实物质保障基础；需要完善体制机制，融入决策过程，再创城市发展活力；需要涵育健康文化，做大做强健康产业，强化法制保障；需要寻求国际合作，优化数据技术支撑，实现健康细胞保障。

一、世界卫生组织健康城市建设的基本阶段和步骤

为协助各国推进健康城市的建设，1997 年世界卫生组织提出“健康城市项目开展的基本步骤”，将健康城市建设分为三个阶段：启动阶段、组织阶段和

行动阶段。每个阶段包括若干步骤，三个阶段共计 20 个步骤(见表 3-8)。①

表 3-8 WHO 健康城市建设的基本阶段和步骤

阶段	步骤
启动阶段	1.组建项目支持小组 2.了解健康城市理念 3.了解城市概况 4.寻求项目经费 5.决定组织定位 6.准备项目计划书 7.获得议会批准
组织阶段	1.成立指导委员会 2.分析项目环境 3.确定项目任务 4.设立项目办公室 5.规划项目执行策略 6.培养项目能力 7.建立问责机制
行动阶段	1.增进健康自觉 2.倡导策略规划 3.动员跨部门合作 4.鼓励社区参与 5.促进革新 6.确保健康的公共政策

(一)启动阶段

当有两三个人有兴趣寻求新方法来促进公众健康的提升时，健康城市项目就开始了。他们可以是市议员、部门高管、卫生保健提供者或社区的积极分子。他们相信他们的城市可成为更健康的居住场所，对健康城市运动有足够的了解，并且相信通过健康城市项目可找到他们关心的答案。当他们决定合作共建一个更健康的城市时，项目就启动了。

1.组建项目支持小组

要启动健康城市的建设，首先要寻找一组对该项目感兴趣的人来支持项目的开展。一旦决定开展项目，就要组建这样的支持小组，共享健康城市

① Regional Office for Europe of World Health Organization. Twenty steps for developing a Healthy Cities Project [R]. 3rd ed. Copenhagen: Regional Office for Europe of World Health Organization, 1997.

理念有助于获取支持。项目支持者可来自各行各业；其中负责地方卫生工作的行政官员应是首要的候选人，负责教育、住房、社会服务、城市规划和环境的高级管理人员经常是重要角色，另外还有卫生保健专家，尤其是初级卫生保健和健康促进领域的专家也将会起到重要作用。对健康事务和公众福利感兴趣的社区人群，以及有社会制度、公共卫生、城市发展和生态平衡领域研究背景的学者也是有价值的支持者。此外，还需要积极争取更广泛的支持，这些人员要对社会事务、公共卫生和改革感兴趣，并且在项目启动阶段能够投入时间和精力，遵循非正式、弹性的工作制度。这些人员将承担收集、分析数据，与支持者建立联系，发展潜在的支持者，准备项目计划书等工作。

2.了解健康城市理念

健康城市意味着新的理念，大部分人包括一些不喜欢改变的人，会相信能找到实现公共健康的更好的路径。支持小组需要花时间查阅“欧洲人人健康策略”、世界卫生组织关于健康城市的项目及健康促进等文件，来掌握健康城市运动的原则、策略和经验，这很重要。其中衣、食、住、工作和收入是健康的先决条件，公平是健康的内在基础，社区居民有责任和权利参与健康决策、各个部门相互合作致力于健康场所的打造则是健康的决定条件。欧洲健康城市建设项目的经验会为如何在实践中运用这些原则和策略提供帮助。当然，这些原则和策略可根据不同城市的现况有所调整。

3.了解城市概况

通过了解城市的概况和运行机制，可以更好地形成适合地方需要的项目。对城市的研究和分析可围绕以下重要议题展开：重要的健康问题是什么？经济和社会因素是如何影响健康的？为了项目的成功，谁的支持是必需的？城市的行政工作是如何开展的？城市的管理功能是怎样的？卫生保健系统关注的问题是什么？市民群体在城市生活中的角色是什么？项目发展的信息在哪里可以找到？国家或地区规划对项目有什么影响？这些相关的信息或文件是广泛的，而且需要在项目开始时就被很好地利用。因此可以成立亚组来收集相关信息，学术机构的教师和学生可在其中发挥作用。

4.寻求项目经费

项目指导委员会和市政会的一项重要职责即是筹资。在启动阶段，项目支持小组应做出初步预算并寻找潜在的启动资金来源，这样项目提案会令市政会更加信服。相对来说，项目的管理费用比多数卫生预算要少，但是作为一项革新，有时募集启动资金会有困难。在初始阶段，直接的预算需求应从长期的预算中分出来，本金是面临的第一个挑战，这个多数用来支付项目办公室、指导委员会和办公室的管理人员的薪资。一旦确立了其他项目的项目资金，例如社区活动资金，再获取经费就相对容易一些。应尽可能寻求多来源的项目资金，所有项目均会从城市预算中获得一部分资金，为健康促进或城市规划预留出的预算也是很好的资金来源，预留出的一些失业资金也资助过一些项目，对城市发展感兴趣的企业也是潜在的资金来源，其他不能提供资金的机构经常会乐意提供人力或技术服务。

5.决定组织定位

项目在市政机构的层级定位非常重要，这决定着项目的组织架构和管理机制，也会影响与政府部门、合作单位、社区的联系。欧洲各国在健康城市建设项目中主要采取几种组织模式，这跟政治体制、社会制度和项目启动方式等有关。其中最常见的有四种：第一，项目为自治的、非营利性的机构，拥有独立的董事会，这种项目会保持政治中立，并与社区保持紧密联系；第二，项目定位在市政府并与管理中心联系紧密，可能是市长等办公室的一部分；第三，项目作为卫生行政部门的一部分；第四，项目拥有两个层级的发起者和代表，这种项目一般在健康管辖权分摊到市、县或区行政层级的地区。每个城市应根据当地实际情况确立最合适的组织形式，通过了解当地政府部门和市政机构的运作模式，为项目的组织定位提供参考。

6.准备项目计划书

起草项目计划书是项目组织实施的基础，当支持小组对健康城市理念、策略等有了充分了解，并对如何推进达成共识后，即可着手准备项目计划书。市政会是项目计划书的主要研判者，因此，项目计划书应简洁、清晰、明确，具有前瞻性、创新性和可操作性，并能反映市政会的工作重点。此外，项目计划书要符合项目合作者和资金支持者的利益。项目计划书应明确项目的原则和目的、发挥的特殊作用、主要策略、组织架构、主要支持者、预算和潜在资金来源。

7.获得议会批准

获得议会批准标志着启动阶段结束。项目正式成为地方公共卫生政策制度的一部分，那么项目的第一个目标已经达到。项目启动的一项重要内容是获取市议会支持以确保项目提案被批准。

（二）组织阶段

市议会的批准标志着项目的正式启动。在项目的组织阶段，要建立项目运行的组织和管理机制，包括成立指导委员会来引导和协调、成立项目办公室来提供支持并跟踪项目行动。组织阶段的一个基本任务是要确保项目需要的工作人员、资金和信息的到位。

1.成立指导委员会

项目指导委员会是项目的核心，应在项目批准时立即成立，其主要职责是负责项目的规划并做出决策。指导委员会是把项目与政治制度联系起来的纽带，把项目合作者集合起来谈判是改善健康方式的工具。指导委员会应有代表性成员，并制定有效的工作机制和灵活的工作程序。指导委员会一般有15～25个成员，可根据其对健康问题的兴趣、对城市的了解程度、动员支持的能力等进行挑选。潜在的成员可以是市长和卫生行政官员，社会服务、教育、环境、交通、住宅或城市规划的官员，卫生保健系统的高级管理者等。指导委员会主要负责制定项目宗旨和策略、说服市政会接受提案、考虑委员会代表机构的观点、倡导城市人群参与项目、获取项目资金和其他资源、鼓励社区居民表达观点并参与健康事务、决定项目分委会和办公室的运行。

2.分析项目环境

指导委员会应及时分析项目环境，为制定项目策略提供依据。如果信息过时或不完整，应重新分析。项目工作环境分析的框架如图3-1所示，在这个框架中，政策制定是项目工作环境中最重要的要素，决定着是否制定健康的公共政策，其中心是市议会。许多市议会有两类分委会：一类处理具体事务，如城市规划、交通、教育、卫生、住房等；另一类负责总体规划和管理。

3.确定项目任务

健康城市项目的功能是促成、协调和倡议。指导委员会应对项目的目的和功能作明确说明，并与项目合作者建立良好的合作关系。这就意味着要允许个人和群体采取可行的健康行动方案。项目的典型功能主要包括收集公共健康问题和改善健康机会的信息、提高对市民健康问题的认识和了解、对促进公众健康的新方法提供政策支持、为跨部门的健康行动提供机制、为市民在公众健康问题中发挥更多作用创造机会等。定义项目任务时需清楚地强调项目功能与它所依托的机构功能不一样。项目本身仅是领导者、协调者、倡导者或改革的催化剂，成果的取得需要各个合作者的承诺和任务的落实。这一点需要各方明确，不然只会产生无谓的竞争，降低工作效率。

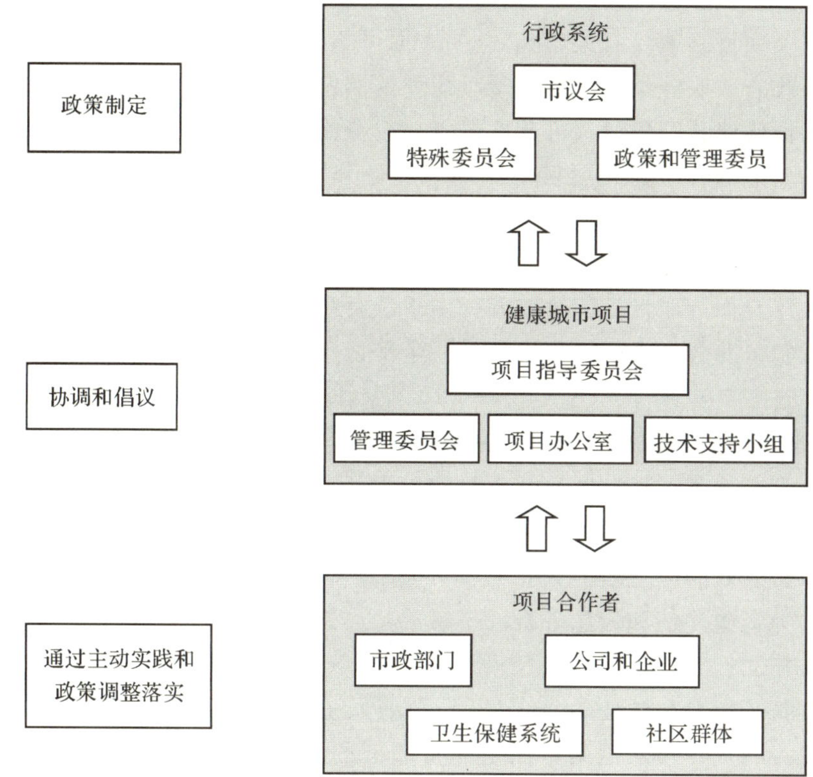

图 3-1 项目工作环境分析框架

4.设立项目办公室

项目办公室是项目的执行机构,所有成功的项目均会设立独立的项目办公室。办公室不需太大,但应配备一定的人员和经费。主要承担项目启动、持续和追踪的任务,最终把决议转化为具体的实践。项目办公室应制定明确的职责分工和工作程序,为项目的交流、信息交流和咨询、工作支持等提供便利。对项目办公室成果的最终考核是评判其说服其他人在指导委员会和市议会决定的优先领域采取行动的程度。多数项目会雇佣 3～8 个人,这个人数必须要能覆盖项目工作的不同领域,并且维持与社区的联系。可视性和方便性是项目办公室选址需要考虑的关键问题,理想的办公室选址有两个:一个是市政府附近,方便与关键决策者沟通;另一个是社区可见的位置。

5.规划项目执行策略

每个项目必须要有策略规划，一方面可指导项目的实施，另一方面可有效说服政府采取健康的公共政策。规划的制定，需要项目指导委员会、市议会和合作伙伴共同研讨。可考虑成立一个分委会来负责规划的起草。首先需要对城市运转情况和项目工作环境进行分析，为策略规划的起草奠定基础。另外，策略规划应包含几个要素：项目的指导思想和强调的问题，通过三年或五年要取得的最重要的成果，以及取得这些成果的方式，通过与项目合作伙伴合作可能发生的改变等。由于项目资源有限，在做策略规划时，必须在现实情况与未来的设想中找到一个平衡点。

6.培养项目能力

人员、资金和信息是项目实施所必需的。从某种意义上说，项目失败的原因是没有培养革新和新政策有效拥护者所必备的能力。能力培养是指导委员会和协调者的职责，他们必须保证项目拥有技术人员、充足的资金和信息来源。有效的能力培养包括三个步骤：评估必需的资源、准备预算策略、进行人力资源评估和信息分析。

7.建立问责机制

“问责”指追究责任的一个过程，即项目主体要对自身决定和行为的结果负责。问责在公众健康方面是非常关键的。在地方水平上，跨部门行动的政治承诺假设政治活动领域的政策和方案对健康有益或有害。问责的原则是市议会和官员对他们政策和方案的健康影响负责，例如关于城市住宅方案和安全规范对健康的作用的评估。为了使这个原则有实际意义，就必须有机制来进行健康影响评估，并把结果向决策制定者和公众发布。问责机制虽然非常关键，但却是公众健康领域最薄弱的环节之一。政府部门不愿意接受“多部门健康责任”这一观念。也就是说，他们不愿意从健康的角度评判城市规划、教育、住宅等相关决议。但是健康城市项目仍需明确问责机制，这需要指导委员会特别强调。三种方式可以用来建立公众健康问责机制：通过报告系统定期发布决议、行动和结果的说明；准备年度城市健康状态报告；促进并支持健康影响评估。

（三）行动阶段

良好的组织会引导项目不断增强能力，成为公众健康的倡导者。随着能力的增强，项目进入到行动阶段。这个阶段，项目发挥推动者、协调者和倡导者的作用，一个重要的结果是健康的公共政策被政府和项目合作者采用。六大方面的健康行动是这个阶段必需的(如图 3-2 所示),任何一部分的缺失,都将导致项目实施效果被削弱。每个健康行动的成果都可被描述和评估,因此行动领域也是成果领域。

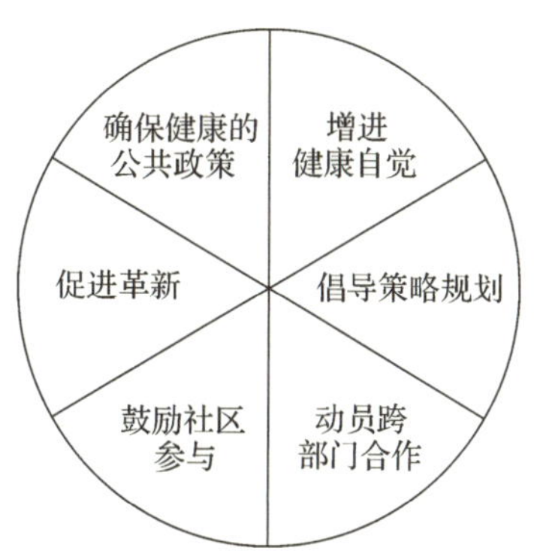

图 3-2　健康城市项目的六大健康行动

1. 增进健康自觉

健康是涉及生理、精神和社会维度的综合概念,有效的公众健康取决于各领域的机构和群体的共同合作,市民参与是权利也是义务。过去十年,虽然公众和决策者对“人人健康”策略的认知度和接受度均普遍提高,但这一策略的实践转化率仍较低。因此,必须要努力提高公众的认识,知晓把该策略付诸实践的意义,并且努力必须是持续的、可视的、全面的。实践中,有多种提高认识的综合行动方案,欧洲在这方面做了较多尝试,例如:提高信息可及性、宣传活动、卫生审计、邻里行动、媒体关系等。

2. 倡导策略规划

要使健康公共政策的效率最大化,必须提前做全面而长远的考虑,虽然多年后才能看到这种改革的成果。倡导战略性的健康规划,将鼓励政府采取主动的方式制定健康公共政策。策略规划应设置一些三年或五年期要达到的目标,并明确达到这些目标可以采取的方案。如果设置恰当,将指明长期的行动方向,并且可以适时调整和抓住机遇。以下方法可促进战略性健康规划的制定:环境评估、项目计划、健康影响研究、影响性的城市规划等。

3. 动员跨部门合作

要促使公众健康,必须开展跨部门的合作。通过合作,非卫生部门的政府机构可调整或采取政策来促进健康。例如,采取政策禁止在公共场所吸烟,为了残疾人出行的便利和安全改善公共建筑的设计等。因此,健康城市项目要顺利推进，必须完善组织架构和管理机制，促进跨部门的合作，通常可采用指导委员会成员、进行经验比较、评估健康影响、进行策略规划、财政激励、社区参与、建立问责机制等方法。

4. 鼓励社区参与

社区居民可通过多种方式参与健康行动，例如对健康政策发表意见、参加志愿者组织、参加社团等。其中通过参加志愿者组织，可直接为生活环境和健康的改善做出贡献。通常居民通过卫生服务利用和生活方式的改变来参与健康行动。健康城市项目应尽力通过各种方式加强社区参与，例如完善组织架构、管理机制、工作方式、调整项目优先顺序等，可采用提高可及性、成为指导委员会成员、提供信息、实践支持、社区需求评估、授予社区发展主动权等方法。

5. 促进革新

健康城市项目的主要作用在于为健康公共政策奠定基础，而其是否成功主要取决于促进革新的能力。革新意味着要改变，因此，其风险是不可避免但要可以接受的。革新也需要有相关知识，并要有财政或其他激励机制，成功的案例要被推广至其他领域。有几种促进革新的方法可采用：采取开放式的态度和工作方式、交流经验、短期的新方案和方法实践、社区参与、激励措施、评估方法创新。

6. 确保健康的公共政策

健康城市最重要的成果是健康公共政策的制定。通过健康公共政策的制定，可以广泛利用领导权和相关资源来改善日常的健康生活环境，例如城市环境、办公场所、家庭、学校等。这种政策的制定需要地方政府与其他合作伙伴共同探讨实施。

二、明确宁波健康城市建设主体利益与职责：构建治理机制的关键性因素

（一）宁波健康城市建设主体利益一致性因素分析

创建和完善健康城市治理机制，从原有的卫生城市管理机制升级为健康城市治理机制，突破健康城市重点领域和关键环节的改革，借鉴前述国家或地区健康城市治理经验，明确宁波建设健康城市各治理主体的权责，调整各城市建设主体之间的利益分配，努力实现基本公共健康服务均衡、健康资源结构合理，以发挥治理效应，创新社会管理，加强公共服务，全面改善民生福祉。在区域内，着力实现政府承接制定政策与基本服务、规范企业行为的

任务，区域内企业在带动经济发展的同时谋求可持续发展、在健康产业中寻找新机、在城市治理中寻找技术革新，而公众与非营利性组织应对健康利益负责，履行监督责任，及时发出自己的利益诉求，最终来实现主体利益一致性目标，构建多方博弈、平衡发展、共融共享的健康城市治理机制，这是可以践行的关键性因素之一。

（二）宁波健康城市建设主体的利益取向与内生动力

1. 宁波健康城市治理机制构建与企业的利益取向

城市是企业生存的要地，城市的健康也是企业发展的根本保证，应让企业知晓并切实感受到城市作为企业利益来源的主要矿藏的重要性，企业主体如何自觉参与维护好城市的健康，这是健康城市治理机制构建中必须关注的课题。作为企业产品的购买者，逐渐富裕起来的宁波市民对生活质量的要求日益提高，其追求更健康的生活环境和生活方式，亦孕育出巨大的需求，间接引导当地企业进行技术革新和商业模式的转变。同时，宁波市民对健康服务的需求亦水涨船高，这为宁波健康产业的发展和相关企业的兴起夯实了经济基础和社会基础。相关数据显示，截至 2014 年年底，宁波健康产业已有规模以上企业 340 家，实现产值 171.8 亿元，利润 12.3 亿元。[①] 宁波市民对于健康的需求已从疾病防治、养生保健向健康促进、提升生命质量的需求转型，新型健康服务产业包括幼儿保育、健康促进管理服务、养老照护等。因此，让健康产业成为引擎，带动宁波经济转型升级、社会转型发展，并非是空中楼阁，而是现实路径，同时将业界视阈拓展，可以将宁波建设成为集特色的健康旅游、闲暇放松、体检治未病于一体的蹴鞠型的健康城市。健康产业的良性发展，对企业提高市场份额的作用毋庸置疑，同时对提升宁波健康文化、实现健康经济效益和社会效益“双翼”收获有着不可忽视的现实价值。

2. 宁波健康城市治理机制构建与公众的利益取向

当城市管理让位于城市治理，市民越加关心与切身利益相关的顶层决策，并不断谋求与自身利益相符的公益性决策落地，健康城市建设显然成为市民关切的重要利益部分。宁波是典型的开放型港口城市，市场经济非常繁荣，民营企业高度发达，在产品供应上改变了“独家经营、另无他店”的局面，民众对市场和企业产品拥有极大的选择空间，如果企业为了扩大自身利

---

① 李一中. 宁波发展新型健康产业集群研究[J]宁波经济：三江论坛，2015(9)：20-22.

益而对公众利益产生侵害，就必然会激怒公众，使公众中断与企业的利益联系，转而投奔企业的竞争对手，而这一竞争对手可以是区域内的企业，也可以是区域外的企业。此外，近年来，宁波市民对宁波城市建设的主人翁意识逐渐加强，特别是对关系切身利益的健康问题，在进行智慧城市构建的同时，新的健康城市建设也必将引发市民关注，市民的言论也可以通过网络更加快速地传递，而保障机制的构建本身就包含着政府在健康城市建设的公共治理过程中对公众的社会需求和所提出的问题做出积极及时的反应和回复。

3. 宁波健康城市治理机制构建与非营利性组织、社区的利益取向

非营利性组织多以公益性为核心价值观，它们积极参与各类公益事业，活跃在教育、卫生、科技、体育、社会管理、社会福利等各个领域，承接协调社会综合发展的职能，是社会保障体系中的重要组成部分。宁波健康城市治理机制的构建不仅与非营利性组织的利益取向和社区的价值目标取向一致，而且宁波健康城市治理机制构建的现实价值正是非营利性组织和社区的内生需求。

三、宁波健康城市治理策略

优化宁波健康城市治理策略需从治理激发城市活力、治理法制化、构建多元主体参与机制、优化建设治理项目、国际合作、社区行动计划、大数据技术，以及健康文化等方面(见图 3-3)进行。

(一)将健康城市建设融入所有决策政策，再创城市发展活力

1. 将健康城市建设作为拉动新一轮经济社会发展的引擎

跳出原有的城市经营理念，通过健康城市建设，树立城市治理理念，将其作为宁波实现体制机制再创新的一张好牌，努力优化引商、经商、居住环境，为“宁波帮”的二代、三代，甬商回归等创设条件，为宁波实现跻身全国大城市第一方阵的战略目标开辟城市建设新路径。

2. 将健康城市建设融入所有决策政策

明确提出不仅应将健康发展融入医疗卫生和健康服务行业和部门的决策政策拟订，更应将其纳入所有行业和部门的决策政策拟订，将健康作为城市规划、功能分区、交通组织的风向标，将健康影响因子作为城市发展评估的核心指标。做好宁波健康城市治理机制的顶层设计、治理服务办法等相关政策的拟订工作。完善健康行动计划，制定相应的健康宁波规划纲要，统筹谋划破解阻碍健康宁波建设的重大和长远难题。在拟定政策、编制规划、建设工程项目等方面划定健康红线并守住健康红线。将健康宁波与美丽宁

波、文明城市、全国首批健康试点城市建设有机融合，以规划引导，以政策扶持，以项目带动。

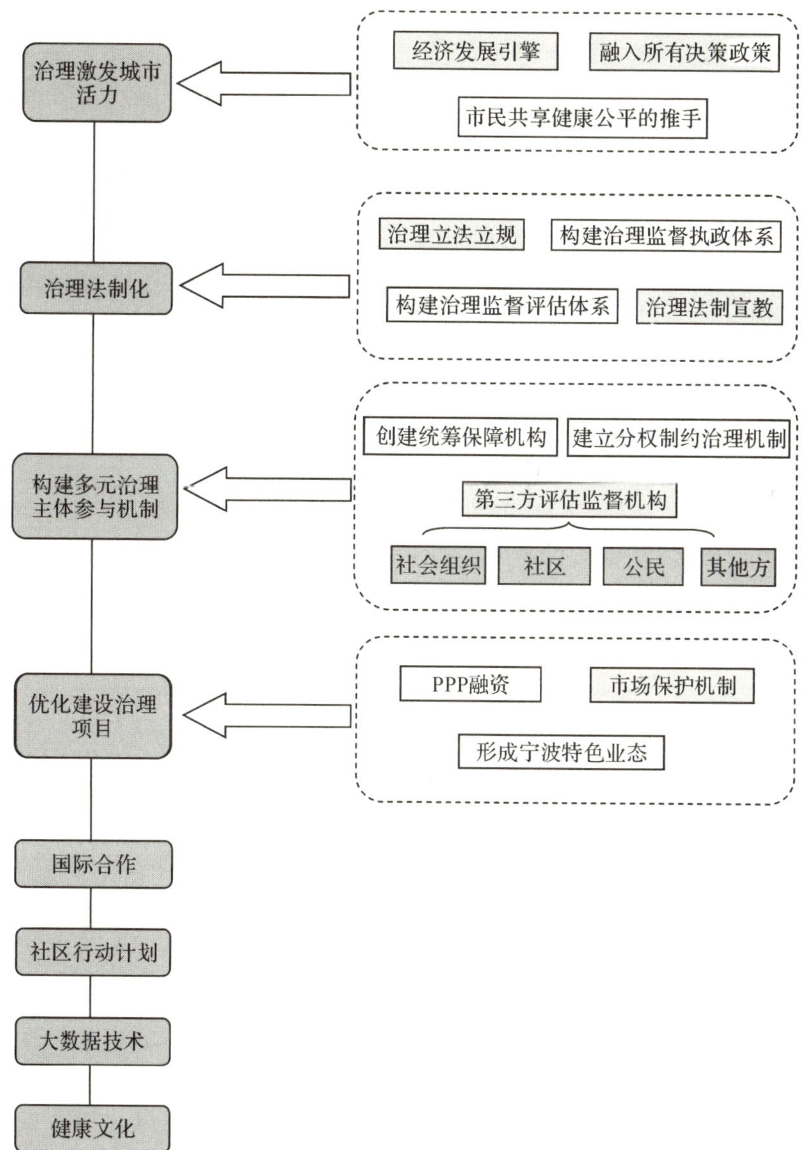

图 3-3 宁波健康城市建设治理保障机制构建框架

3. 将健康城市建设作为市民共享、健康公平的推手

要构建健康城市建设经费保障体系，将用于健康城市建设的年度财政

投入预算占比不低于地方国民经济发展速度等以条文形式固化，通过地方立法或政府规章等予以强化。没有健康的区域，就没有健康的宁波。通过健康宁波城市建设，让市民更多地享有改革红利。以改善贫困人口的健康状况，关注老年、妇幼、职业群体、失能者的健康状况为基础，改变卫生财政等以县级政府为主的情况，发挥市级政府的协调作用，逐步缩小区域健康差异，为提升城市整体竞争力夯实基石。

（二）构建健康城市建设的法制保障体系，强化治理的法治化

1. 为健康城市治理立法立规

宁波市是国务院批准的具有地方立法权的较大的市，应积极发挥立法优势，修订有关健康城市建设中具有区域特征的地方法律法规和政策规章，比如修订完善《宁波市爱国卫生条例》等地方性法规，将到 2020 年构建全生命周期的大健康城市理念在地方立法中予以固定，以维护健康城市建设的公共权益，保障健康城市的良好运行。健康城市治理立法涉及政治、经济、文化，生态环境、生物化学和物理因素，社区生活，个人行为等。期望达到健康的环境是基础，健康的经济是支撑，健康的社会是保障，健康的生活是前提，而健康的人群是核心，体现以人为本的终极目标。

2. 建立相应的健康城市治理监督执法体系

对于扰乱健康城市建设秩序、破坏城市环境、危害市民健康等相关的违法行为，给予严厉打击，特别是近年来被推至风口浪尖的医闹行为。坚持市民作为主体自觉的最高价值，以维系和促进市民的健康为执法准则，坚持促进市民健康、实现市民健康作为执法的出发点和落脚点。

3. 形成健康城市治理的监督评估体系

一方面强化人大评议健康城市建议制度，强化对政府各部门的监督评估；另一方面从立法伊始就将监督权赋予作为健康城市治理模式的重要组成力量的企业、非营利性组织和公众，使其也参与行使监督权，使全社会合力构建监督体系，保障执法的依法进行。

4. 加强健康城市的宣传以及配套法律的教育

通过加强宣传教育，使相关机构和市民及时了解他们身边潜在的健康影响因素和通过何种途径能够有效地维权，也明确个体所需履行的义务。

（三）激励多元治理主体参与健康城市建设机制，形成城市治理合力

1. 创建相关统筹保障机构

成立由宁波市党政主要领导担任主任委员，由市卫计部门、综治部门、

财政部门、发展和改革部门、市场监管部门、农林部门、教育科技部门、经济信息部门、公安司法部门、国土环保部门、城管交通部门、海洋渔业部门、体育文化部门、气象水务部门等相关负责人担任委员的统一协调机构，负责统筹市域内的健康城市建设工作。在强化部门协作，共同推进健康城市建设中坚持实施可持续发展战略，比如紧跟知识经济发展的时代步伐，自主创新；以信息化带动工业化，加快发展循环经济，走科技含量高、经济效益好、资源消耗低、环境污染少、生态破坏轻、人力资源优势得到充分发挥的新型工业化发展道路，不断提高绿色 GDP 在经济增长总量中的比例，保持经济社会可持续发展。

2. 建立健全决策、执行、监督适度分离和相互制约的治理机制

执行城市的健康职能，包括社会、环境和人群三方面，三者之间相互依赖、相互影响，在健康城市治理过程中决策、执行与监督必须适度分离；在坚持政府仍是健康城市建设的主导力量的前提下，实现原来卫生城市建设的传统管理职能的细分与转移。政府除了集中负责关键性的健康基础服务部分外，应有条不紊逐步放开其他非关键性的健康公共产品与公共服务，通过政策支持、资金保障、行动推动使全社会参与，产生新的健康城市建设承接组织，而政府部门则对这些组织坚持监督与指导。这样有利于形成相互调剂、相互制约的保障机制。

3. 建立非营利性组织的第三方评估监督机制

强化健康红线的风险评估，构建健康风险评估制度，培育社会服务机构对政府的项目实施健康风险评估。采取行业促进、非营利性政治参与，构建健康城市建设第三方评估与反馈机制。第三方评估机构的产生是国际健康城市建设的经验借鉴，也是宁波健康城市治理的必然要求。第三方机构可以较为客观地评述健康城市公共政策的实施效果，可对不同政策中的利弊和目标进行比较和权衡，可提高政府的公信力。可对第三方评估主体的法定权利与职责进行政策规定，对评估准则、指标等加以规范；同时为了保证评估体系内的公平竞争和规范性，需要通过相关条例建立遴选机制来考评各个层次公共政策评估组织的能力。为了保障政策评估的科学性和客观性，政府必须将相关政策信息资源公开，建立面向全社会的信息网络；同时还要加强对评估机构专业性和可信度的建设。

（四）大力发展健康产业，引导机构进入建设项目

1. 采用 PPP 模式积极向社会融资

政府和企业联合治理开发城市的“潜在资源”，变废为宝将成为政府和

企业良性互动的保障机制，即从过去仅仅依靠政府的单级治理过渡到各种社会主体共同推进的联合治理。从某种意义上说，联合治理才是真正意义上的“善治”，以实现政府和社会资本共同利益驱动下的合作治理为目标，政府引导下的企业参与公共治理项目谋取经济效益和品牌效益，实现政府和企业双赢，是保障健康城市建设公共利益的良性长效机制。对健康城市建设中有关医疗、养老等政府负有提供责任但又适宜市场化运作的公共服务、基础设施等项目，采用PPP（public-private-partnership，公私合伙或合营）模式向社会进行融资。

2. 强化市场对健康风险的保护机制

将健康风险保护机制建立情况列入和谐企业和企业社会责任履行的考核年检工作，为消除因病致贫、因病返贫的企业家庭和工人搭建防范风险的平台，积极拓宽健康风险保障资金来源。

3. 实现具有宁波特色的健康产业业态创新发展

国务院发布的《中国制造2025》，将生物医药及高性能医疗器械业作为重点领域，宁波可结合“中国制造2025”首批唯一试点城市的身份，实施相关精准医学研究行动计划并实现产业化，以健康促进的独创技术吸引资本的青睐。在坚持医学、医药生物产业发展的同时，要创新发展健康服务相关的业态，比如融健康体检与健康旅游业于一体的业态，融健康养老与健康房产于一体的业态等。努力将宁波建设成为国内乃至国际上具有独特竞争力的以新型健康产业为强大经济引擎的城市，努力打造全国乃至全球最适宜旅游度假、休闲养生的“绿色健康城市”。①

（五）谋求健康城市建设治理的国际合作，借鉴相关发展经验

1. 充分发挥“宁波帮”人士的作用

众多“宁波帮”人士在城市治理、健康促进等方面具有先进的治理理念和实践经验。宁波可通过相应举措，加强健康引智工作，重点选择和引进具有鲜明特色的相关治理实体或相关业界领袖和慈善大家，谋求“宁波帮”人士的推介、指导乃至直接承接，在健康城市建设项目方面实现长期交流合作。

2. 主动融入国际健康城市联盟的各项活动

实施整体开放的健康促进与服务的城市治理策略，积极参与全球健康城市网络的相关活动，尤其是在市民健康服务体系构建方面，积极寻求国际支持。

---

① 李一中. 宁波发展新型健康产业集群研究[J]宁波经济：三江论坛，2015(9)：20-22.

3. 积极推进对外开放，强化服务健康城市的人才队伍建设

要将服务健康城市建设的人才队伍建设，列入宁波人才发展规划；要在"浙东学者""甬江学者"等人才项目中专设人才培养项目。在健康服务领域，要向一线城市、特色城市学布局，学路径，学效率，实现健康城市建设人才队伍的共享共用。

（六）继续优化健康城市建设的数据技术，不断保持发展优势

1. 积极推进健康城市治理网络监测系统的构建

利用互联网技术，实时监测健康城市建设的热点治理项目，根据其动态变化，提供实时定量可靠的数据，同时也有助于加快第三方评估治理的进度，提升其效果，帮助政府推进阳光工程，方便公众随时了解居住地周边环境治理的情况，保证社会公众利益不受侵害。

2. 积极完善智慧健康保障体系建设

在继续完善云医院等优势网络品牌项目的同时，推进健康体检网络检测平台建设，并配合线下实体跟踪，让预防干预的关口前移，并且不断使医疗资源及医疗重心下沉，推动医疗系统互联网监测和健康体检配合联动，共筑宁波市民的健康长城。

3. 构建自下而上的市民参议治理直通网络平台

利用大数据技术，将现有商业平台微信、微博、各种论坛上有关健康城市治理的民众建议进行数据整合，积极引导民众对健康城市建设项目建言献策。

（七）实施健康社区建设的长期行动计划，实现治理全面覆盖

1. 创建健康社区专项行动的保障机制

实施健康社区建设的长期行动计划，让在职的员工也参与健康社区的治理，扩大社区业主委员会的职责，尤其是在健康社区方面的职责。不断塑造宁波健康社区的项目品牌，比如继续扩大与世界银行的合作，利用其资金、技术和资源开展垃圾分类等城市治理。

2. 构建健康细胞工程的衍生机制

在健康社区建设的长期行动计划中，注重治理的全面覆盖，对驻守社区的机关、企业事业单位、家庭等均开展健康单位建设，并建立社区曝光等监督机制。

3. 发挥社区业主参与治理的主体性

不断发挥市民作为社区业主参与健康城市治理的作用，弥补宁波公益性社会组织尚需培育、引导和发展的缺陷，以提高治理效率、推进社会管理创新与和谐发展。

(八)构建富有宁波区域特色的健康文化,隐性凸显放大效应

1.营造绿色公共卫生文化

据世界卫生组织的研究数据,影响健康的基本因素中遗传因子占15%,医疗服务占8%,环境因子占17%。[①] 因此,必须强化公共卫生服务能力机制建设,将卫生城市创建升级为健康城市创建,高度重视和切实落实构建绿色的生活环境保护,让雾霾、受污染的水源、不安全的食品等远离市民。

2.倡导绿色生活方式

影响健康的因素中,个人生活方式更是占到了60%,是影响健康最主要的因素。要让人活得更长久,而且是要健康,必须引导市民保持健康的生活方式和行为,管住嘴和管住腿。可通过健康日志、健康手册、运动处方等细致入微的推广宣传,倡导市民养成健康的生活习惯。让健康生活理念走进机关、社区、家庭等场所,以点带面,逐步扩展,让健康细胞工程产生裂变效应,为健康城市创建打好基础。[②]

3.倡导寻求绿色医疗服务

不断提高市民防病的意识,及时传播正确的疾病知识,以及纠正居民生活中常见的误区,更要着力让他们学会正确的防病措施,以及进一步促进健康的方式。以绿色理念引导市民改变求医观念,减少过度治疗、滋补品依赖,积极寻求绿色整合型医疗服务。

4.开展区域健康文化研究

通过弘扬屠呦呦和韩启德等宁波籍医学健康大家的精神,让健康文化成为一种时尚,在宁波落地生花。

健康城市的建设并非一日千里、一朝一夕可促成,而且往往在短期内,为了治理城市中的各种问题,政府、企业、公众等治理主体可能会受到相应的考验,但是将健康城市建设置于治理的视角、融入城市的文脉以后,不断促成、互为扶衬、共享共融的城市治理机制一定能够形成,在宁波将呈现的是更健康的城市、更健康的生活、更健康的市民。

四、健康城市建设项目评估

健康城市健康项目是一个长期的、多部门参与的复杂工程,因此健康城

---

① 陈秋霖.以五大发展理念指引健康中国建设[N].内蒙古日报,2015-11-07(1).

② 闫立军,胡琳泊,金小松,等.唐山:迁安启动健康城市细胞工程[N].河北经济日报,2011-04-09(1).

市的评估涉及多学科、多领域，这就决定了健康城市项目评估是复杂的，也是困难的。但是定期的评估对于发现存在的问题并及时改进、总结项目成果并进行效果评价、推进项目可持续发展发挥着重要作用，因此，在实践中，各地区已开始一些探索。

健康城市项目评估可分为三个阶段：第一阶段即短期影响和落实评估，这一阶段侧重健康城市项目的落实情况，尤其要确保项目根据指南和标准实施，例如跨部门合作等。第二阶段即中期健康评估，主要关注与健康和环境有关的间接成果，例如公众健康/安全政策的落实、改善饮水供给、对妇幼人群的财政支持等。第三阶段即健康和发展成果评估，强调特殊个体、公众或环境健康成果，例如某种疾病发病率或死亡率的下降、河水质量的改善、自我感知的健康状况的改善等。①

（一）健康城市评估方法分类

健康城市评估方法可以按照不同的标准进行分类。周向红等参考公共政策分析的方法，将健康城市评估方法分为三类：正式评估和非正式评估；对象评估、社会评估、自我评估；方案评估、执行评估、终结评估。②

1. 正式评估和非正式评估

根据评估实施的方式可分为正式评估和非正式评估。

正式评估是指由专业的评估机构或人员所进行的评估。在评估中，需要制订完整的评估程序和方案，这种评估的方法、手段更加科学、先进，评估结果更加真实、可靠。

非正式评估对评估者没有专门的要求，评估程序和方法也没有严格的要求，所搜集的评估资料不要求完整、充分，因此评估结果不一定非常可靠。但该评估方式更加灵活，操作更加简单易行，适用性更强。

在实践中，两种方式可结合起来使用，以正式评估为主，将非正式评估作为前期准备和必要补充。

2. 对象评估、社会评估、自我评估

根据评估者的身份可以划分为对象评估、社会评估、自我评估。

对象评估是由健康城市建设项目的成员进行的评估。因为是建设项目的主要参与者，他们对建设过程中取得的成果和存在的问题有最真切的感受。

---

① GOLDSTEIN G. WHO Healthy Cities: A global programme. Paper presented at a consultation on the Healthy Cities Programme[R], Nairobi, Kenya, 1999.

② 周向红. 健康城市：国际经验与中国方略[M]. 北京：中国建筑工业出版社，2008：86-87.

评估资料获取较为方便,对项目成果的估计也最为真切。但这种评估方法的受众只是社会的一部分,虽然提供的资料真切,但成果的推广性存在一定问题。

社会评估是指由其他人员进行的评估,一般可分为政府等部门委托进行的专业评估和社会成员自行组织的评估。政府部门可委托高等院校、研究机构、专业的企业等进行评估。由于是外界进行评估,相对来说会更加客观真实,评估机构也会遵循一定的评估程序、标准进行评估,并且评估者具备一定的专业知识,可有效保证评估结果的可靠性。

自我评估是在健康城市系统内部进行的评估,即评估者是项目的制定者和实施者。这种评估可获得第一手资料,评估者对项目过程更为了解,因此评估结果也更加可靠,可直接用于项目计划的调整。

3.方案评估、执行评估、终结评估

根据评估实施的阶段分类,可分为方案评估、执行评估、终结评估。

方案评估是对健康城市计划或规划进行评估。评估者可采用现代信息技术模拟项目的运行,对项目实施效果进行预判。这种评估可用来指导项目方案的调整,及时采取补救措施使项目负面效应降到最低程度。

执行评估是在项目实施过程中进行的评估。这种评估可随时发现项目实施过程中存在的问题,例如方案设计、资金投入、人员配置等问题,评估的结果能立即和直接产生作用,用于项目调整。但执行评估仅是对运行过程进行评估,所以评估带有过渡性和暂时性。

终结评估是指健康城市项目结束后进行的评估。由于项目预定计划已执行完毕,其最终效果、效益已成为客观存在,评估结果是针对项目整体过程及取得的成果等的,可以说是对项目的总结。

健康城市方案评估偏重于对健康城市执行提供指导,健康城市执行评估常用于对健康城市运行进行控制,健康城市终结评估主要对下一阶段健康城市方案制订提供指导。这三种评估应分阶段贯穿于健康城市建设的全过程。

以上三种不同分类的评估可以结合起来使用,无论是对象评估、社会评估、自我评估,还是方案评估、执行评估、终结评估,都可以是正式评估,也可以是非正式评估;方案评估、执行评估、终结评估可以与对象评估、社会评估、自我评估结合起来。

(二)常用的评估方法

国际上,关于健康城市评估的方法尚未统一,但有一些较为通用的指标和试行方案，这些方案可有效了解健康城市建设的成效和存在的问题。

1. 国外常用的评估方法

在国外，影响比较广泛的是《城市健康描述：一个项目的评估》等书籍。在评价过程中，西方国家已将管理学领域的戴明循环（PDCA，计划、执行、检查、行动）、PROCEED（教育/环境干预中应用健康城市、法规及组织的手段）模式、BAUM 模式（侧重在不同阶段的转折点进行过程评价）、TAKANO（提供观察—计划—实施—观察的整体观点）等导入健康城市评价活动中。

（1）SPIRIT 框架

国际健康城市联盟提出采用 SPIRIT 框架，评估城市建设是否符合标准。SPIRIT 框架主要包括场所手段（setting approach）、可持续性（sustainable）、政治承诺（political commitment）、政策（policy）、社会参与（community participation）、信息（information）、创新意识（innovation）、资源（resource）、研究（research）、基础设施（infrastructure）、跨部门合作（intersectoral）、培训（training）等 12 个方面，全面综合地评价健康城市策略的各个方面，涵盖了政策、环境、社会、行为、医学干预等范畴，使各方面得以协调推进，保证健康城市健康项目的有序开展。①

由该框架开发出的健康城市评估问卷包括 10 大类问题：城市基本信息、健康落实方案、持续性、政治承诺、政策/社区/参与、信息、革新、资源/研究、基础设施和跨部门、培训，各大类又包含多个问题，共计 45 项。该评估以三年为一个周期。② 2008 年、2010 年国际健康城市联盟又修订出版了健康城市评估问卷的第二版和第三版，内容修改为 10 大类 41 项问题。

（2）“星型评估方法”和“健康温度计”

Raul Guimaraes 设计了一种“星型评估方法”③，该评估方法能较为有效地对项目过程中的信息沟通和网络建设情况进行评估。荷兰鹿特丹市提出“健康温度计”（The Health Barometer）评估方法，该方法非常直观、有效。“健康温度计”评估方法的指标体系可分为六个扇面：健康情况、人口统计学

---

① 黄敬亨，邢育健，乔磊，等. 健康城市运行机制的评估：SPIRIT 框架[J]. 中国健康教育，2011，27(1)：66-75.

② Alliance For Healthy Cities. Evaluation of Healthy City[EB/OL]. [2018-04-22]. http://www.alliance-healthycities.com/index.html.

③ GUIMARÃES R. STAR, a qualitative evaluation process of the Health Cities[J]. TERRÃE, 2004, 1(1): 52-59.

特征、健康照护、生活方式、环境因素及社会状况，每个面又包括 2～5 个指标（见表 3-9）。①

表 3-9 健康温度计指标概况

扇面	指标	扇面	指标
健康状况	发病率、死亡率、健康感觉、身心健康	生活方式	抽烟、饮酒、饮食习惯等
人口统计学特征	教育水平、移民比例	环境因素	居住地区、安全
健康照护	开业医生数、牙科医生数	社会状况	社会状况、失业率等

2. 我国常用的评估方法

我国上海、北京、大连、苏州等一些城市开展健康城市建设已有一段时间，评估也已成为健康城市建设中的重要环节。常见的评估方法主要有以下三种：

(1)自我评估。项目组根据健康城市计划或规划，对照评价指标进行自我评估。自我评估是评估的主要形式，政府职能部门可收集到政策执行效果的第一手资料。上海在健康城市建设中期进行评估时，采用了问卷调查的方法，了解市民对健康城市建设的知晓度、满意度等指标，调查对象包括16～60岁社区常住居民，区、县两级政府机关公务员干部，社区卫生服务者、居委会卫生服务站的医务人员，区重点中学高一年级学生等。采取随机抽样，面对面的调查方法。

(2)上级评估。由政府部门等组成评估小组，对照项目指标，对项目执行情况进行评估。上级评估是抽样式评估，是对自我评估的补充。该方法在我国仍是非常有效的检查方法。上级部门可通过查阅资料，包括文件、照片、影像资料等，了解健康城市建设的组织与管理情况、主要职能部门工作进展、指标完成情况、特色工作开展情况等。

(3)外部评估。由专门的高等院校、科研机构、评估机构等对照项目任务进行评估，这些单位与被评估单位无直接利益关系或隶属关系，评估结果更加客观真实。

与国外健康城市建设相比，我国健康城市建设具有地域开阔、人群多样、涉及面广、内容复杂等特点，因此，我国健康城市的评估与国外在形式、

① 吴淑仪，孔宪法. 荷兰鹿特丹健康城市介绍[J]. 台湾健康城市学刊，2005，4(2)：75-83.

内容和方法上均存在一定的区别。我国需根据实际情况，探索评估的新方法，例如在建设过程中，需强调规划评估。因为规划是指导工作的决策性、纲领性文件。纲领性文件的偏差将导致决策失误和资源浪费。同时，需重视过程评估，通过对项目实施过程中的具体问题进行研究分析，及时发现存在的问题，对项目计划进行调整完善。在效果评估时，应将评估结果作为下一阶段决策的依据，而不仅仅是成果展示。

（陈聪诚）

第四章 健康城市治理策略——营造健康环境

营造健康的环境是建设健康城市的重要一环，也是维系人民身体健康的必要保障。在城市高速发展过程中，我们寻找城市与环境的平衡，同时也是在寻找人类与环境的平衡。环境包括人文环境、自然环境和人工环境等。在城市经济高速发展的今天，人们最关心的城市环境是城市的自然环境和人工环境，所以，本章中的城市环境指城市的自然环境和人工环境。

第一节 健康环境相关概念界定

环境质量评价是建设健康环境的重要工具。了解环境的基本特征，熟悉针对环境要素的质量评价体系，对我们思考如何建设符合宁波特征的健康环境非常有帮助。

一、健康环境的定义和内涵

生态学者认为，人类的创造性劳动加工使人类拥有更高价值的物质和精神财富，这些财富的聚集地就是城市。所以，城市的主体是人，在城市中物质与能量高度集中、快速流通，城市是人类为了满足自身需要的社会活动的环境系统和载体场所。在这个新型生态系统中，人类始终占据了绝对优势。人类在改造环境的同时也受环境影响，城市环境的优劣对于城市人的生存状态有着直接影响。城市的环境因素主要包括自然环境和人工(社会)

环境两个方面。[①] 它们涵盖了人类生活活动以及周围的空间，或直接或间接影响人的身体和精神。健康环境是指人群所处的城市环境系统，其综合质量符合创造“身体、精神及社会上的完好状态”的需要。评估环境的好坏，常常要评价环境要素。环境要素（环境基质）是构成人类环境整体的各个独立的、性质不同的而又服从整体演化规律的基本物质组分。[②] 环境要素可分为人工（社会）环境要素和自然环境要素。人工环境要素是由于人类活动而形成的，如：住宅、公园绿地、交通设施、绿化面积等。人工环境要素不仅包括由人工形成的物质能量和精神产品，还含有在人类活动过程中所形成的人与人的关系。自然环境要素一般是指阳光、水、岩石、土壤、大气和生物等。一般来说，环境要素指的是自然环境要素。环境要素组成环境的结构单元，多个环境的结构单元就形成了环境整体或环境系统。如：水→水体→水圈；大气→大气层→大气圈。各个环境要素之间可以相互利用、相互制约，是认识环境、进行环境质量评价的重要依据。

在实践中，有一整套详细的指标体系对城市环境要素进行评价，包括理化指标体系（土壤、水体、大气、声波、电磁、辐射等指标）、生物指标体系（植被、微生物指标等）、感官指标体系（视觉、听觉、嗅觉、味觉、触觉等指标）以及心理指标体系（思想、各种压力等指标）。[③]

二、健康环境的基本特征

城市的环境是城市长期规划、持续发展的结果。健康环境的基本特征是：

（1）健康环境的发展模式体现为一个城市科学、合理的自身发展定位和建设思路；

（2）健康环境的发展理念体现为健全的地方政策，例如促进行政体制改革，促进公众参与环保决策等；

（3）健康环境的文化氛围体现为人与人、人与自然的和谐相处；

（4）健康环境的硬件设施体现为完善的市政基础设施，这使城市具备充足的环境承载力；

（5）自然资源利用高度集约化，能源资源利用率高，开发利用清洁能源，

---

① 张宝杰. 城市生态与环境保护[M]. 哈尔滨：哈尔滨工业大学出版社，2002：3.

② 李政大，袁晓玲，杨万平. 环境质量评价研究现状、困惑和展望[J]. 资源科学，2014，36(1)：175-181.

③ 骆湘香. 浙江省三地健康城市建设现状及对策研究[D]. 杭州：杭州师范大学，2016.

最大限度地减少工业“三废”；

(6)建立城市生态工业园区，城市工业实现可循环、可持续发展；

(7)产业布局合理，产品科技含量高、污染少、附加值高；

(8)城市湿地和公园绿地占地比例高、布局结构优化。

三、城市健康环境评价的范围与依据

(一)国内外城市环境质量评价的起源与发展

20 世纪 50 年代起，西方发达国家城市环境污染问题日益突出，环境质量评价应运而生。1969 年，美国制定《国家环境政策法》；1976 年，美国首次公布《污染物标准指数 PSI》，从法律上开始对城市大气污染和水污染状况进行调查、监测、评价和研究。澳大利亚、德国、瑞典、日本等国家在这方面都开展了大量工作。

环境质量评价的作用主要有：

(1)全面系统地评估环境质量状况并分析其变化趋势；

(2)发现污染治理的重点对象；

(3)帮助决策者科学合理地进行城市环境总体规划和制订环境污染综合防治方案；

(4)研究环境质量对人群健康产生的直接或间接影响；

(5)对拟建的工业或其他建设项目进行环境影响评价。

1973 年的北京西郊环境质量评价研究是我国首例环境质量评价。2014 年，全国人大修订通过了《中华人民共和国环境保护法》。《中华人民共和国环境保护法》规定：“建设对环境有影响的项目，应当依法进行环境影响评价。未依法进行环境影响评价的开发利用规划，不得组织实施；未依法进行环境影响评价的建设项目，不得开工建设。”目前，生态环境部对全国二氧化硫、二氧化氮、可吸入颗粒物、细颗粒物($PM_{2.5}$)、一氧化碳、臭氧等六项污染物的监测数据、空气质量指数(AQI)小时均值及日均值进行实时公布，同时公布重点城市的空气质量排名，会同中国气象局在中央电视台发布重污染天气预报信息，同时每月发布《城市空气质量状况月报》，所有数据来自 161 个地级以上城市 884 个国控监测站点。生态环境部还实时发布基于全国主要水系 131 个重点断面水质自动监测站四项指标(pH、溶解氧、高锰酸盐指数和氨氮)的监测数据，以及《全国主要流域重点断面水质自动监测周报》和《全国地表水水质月报》。

(二)城市环境质量评价的内容

常用环境质量好坏(差)来衡量环境污染的程度。[①] 环境质量是指一个具体的环境的总体或某些要素,对人群的生活和社会经济发展的影响程度。环境质量反映了人类对环境总体或环境要素的具体要求。

随着社会经济、科技的发展,人们对生活质量和健康的需求不断变化,人们越来越关注周围环境质量的变化。人类的经济行为会对环境的状态和结构产生巨大影响,进而导致环境质量的改变。如果环境质量变差,则会影响人类的生存和延续,甚至会成为社会不稳定的因素。

城市环境质量评价包括背景调查、污染监测、污染源调查、综合评价、预测研究、模拟实验、系统分析和治理规划等内容。[②]

1. 城市自然环境和社会环境的背景调查

城市以人为主体,是人工主要建设的环境,其中包括自然环境、社会环境。城市环境的空气、水、生物、土壤等地理环境条件属于自然环境,自然环境能够通过这些条件来输送、稀释扩散和降解城市环境中产生的污染物质。因此,在进行城市环境质量评价时,首先应对城市的自然环境背景进行调查。其次,城市的产业结构,工业布局,居民区分布,人口密度,国民经济总产值及在行业、部门间的分配,城市基础设施配置,环境功能区的划分,近期和远期的环境目标等对城市环境也有强烈影响,所以也必须对城市的社会环境背景进行调查。

2. 城市污染源的调查与评价

污染源是造成城市环境污染的根源。环境质量评价的重要目的之一,就是找出城市环境质量变化的原因,确定主要污染物和污染源。

3. 城市环境质量的监测和评价

随着经济发展,从中央到地方都越来越重视环境质量的监测和评价。评价源于对环境质量监测数据的分析。所以各级政府的环境质量监测是城市环境质量评价的基础。环境质量评价是从单要素到整体环境的综合质量评价。

4. 城市环境污染生态效应调查

城市环境污染生态效应是指污染物进入环境后,对环境中的生物产生

---

① 赵倩,王德,朱玮. 基于叙述性偏好法的城市居住环境质量评价方法研究[J]. 地理科学,2013,33(1):8-13.

② 胡辉,徐晓林. 现代城市环境保护[M]. 北京:科学出版社,2004:6.

的影响，可通过社会调查、现场勘察、采样检测来确定环境污染的生态效应。[①] 生态效应调查主要针对环境污染对植物、农作物、人、动物等的影响，可进行常见病、流行病、特异病、生育、遗传性状、生物体内污染物含量等多方面的综合检测及调查。

5.城市环境质量恶化原因及危害分析

城市环境的恶化会对生态环境造成严重破坏，直接影响人的健康，影响局部生态平衡。主要可以从城市规划布局、企业分布、资源消耗、产业结构、生产工艺、地理位置等多方面来研究城市环境恶化的原因。

(三)环境评价指标的选取原则

城市是一个以人为主体，以经济活动为基础，以自然环境为依托的新型生态系统。用来反映城市健康环境真实面貌的环境评价指标必须秉承全面、客观的原则。健康环境是社会各方面紧密联系的有机整体，具有复杂性和综合性。为了客观评估环境现状以进行后续健康环境的建设，健康环境评价指标体系的内容越全面、层次结构越合理，越能够综合反映城市环境质量。

环境评价指标体系必须以科学为基础，考虑城市发展的现实。环境评价标准在力求定量化的过程中，既不能脱离当地实际，又要和当前环境、社会与经济的协调发展度相匹配；[②]既要科学地反映环境质量，又要保证评估结果的真实性和客观性。[③] 一般来说，如果已经有了国家标准，则应该以国家标准为依据；如果没有国家标准，则应参考我国或国际上公认的研究结果作为标准。

环境评价指标要有一定的时效性，即在一定阶段内是静态指标，但在城市发展进程中，指标是一直在变动的，又是动态指标。各指标标准值的确定要有合理的依据。

---

① 许书军.三峡库区农业非点源污染源调查分析及过程评价[D].重庆：西南农业大学，2004.

② 卢丹梅.城市健康住区环境构成及评价指标研究[D].武汉：华中科技大学，2004.

③ 钱贞兵.省域生态环境质量评价方法研究及案例分析[D].合肥：合肥工业大学，2010.

第二节 宁波健康环境建设现状

本节我们将从大气环境、水环境、声环境、固体废物四个方面了解宁波城市环境的现状，分析目前存在的问题。

一、宁波大气环境基本状况

近十年的宁波市环境公报数据表明，宁波市环境空气质量在平稳中逐步趋好。2015 年，在全国 74 个新标准先行重点城市中，按综合指数进行排名，宁波市环境空气质量排名第 24 位，在长三角地区和浙江省内排名也处于前列。主要污染物如 $PM_{2.5}$（细颗粒物）、PM_{10}（可吸入颗粒物）、二氧化硫等浓度呈下降趋势，区域性、季节性非常明显，灰霾日比例较小，酸雨污染程度较小，全市无重酸雨区。但是值得关注的是，宁波市复合污染的趋势明显，细颗粒物污染有加重趋势，秋冬季节空气质量较差，冬季明显受灰霾影响。

（一）宁波市区空气质量历史数据对比

2011 年以前，宁波市环境状况公报发布的是空气污染指数 API（Air Pollution Index，API），评价的污染物仅为 SO_2、NO_2 和 PM_{10} 等三项，适合于表示城市的短期空气质量状况和变化趋势。2012 年起，环境状况公报开始采用空气质量指数 AQI（Air Quality Index，AQI）来表示环境空气质量。AQI 采用的分级限制标准更严，参与评价的污染物为 SO_2、NO_2、PM_{10}、$PM_{2.5}$、O_3、CO 等六项；发布频次从每天一次变成每小时一次。AQI 较 API 监测的污染物指标更多，其评价结果更加客观（见表 4-1）。

表 4-1 AQI 和 API 监测指标区别

2012 年以后空气质量指数 AQI 监测指标		2012 年以前空气污染指数 API 监测指标	
污染物项目	$PM_{2.5}$、PM_{10}、NO_2、SO_2、CO、O_3	污染物项目	SO_2、氮氧化物、总悬浮颗粒物
参考标准	《环境空气质量标准》(GB3095－2012)	参考标准	《环境空气质量标准》(GB3095－1996)
Ⅰ级（优）	0～50	Ⅰ级（优）	0～50
Ⅱ级（良）	51～100	Ⅱ级（良）	51～100

续表

2012年以后空气质量指数AQI监测指标		2012年以前空气污染指数API监测指标	
Ⅲ级(轻度污染)	101～150	Ⅲ级(轻微污染)	101～150
Ⅳ级(中度污染)	151～200	Ⅳ级(轻度污染)	151～200
Ⅴ级(重度污染)	201～300	Ⅴ级(中度污染)	201～250
Ⅵ级(严重污染)	>300	Ⅵ级(中度重污染)	251～300
		Ⅶ级(重污染)	>300
发布频次	每小时发布一次	发布频次	每天发布一次

1. 宁波市区Ⅰ级空气质量天数分析对比

Ⅰ级空气质量，指空气质量指数AQI<50，表示空气质量优秀，用绿色表示。空气质量为Ⅰ级时，空气中$PM_{2.5}$、PM_{10}、二氧化硫等污染物含量极低，基本无空气污染。各类人群均可在户外自由活动。图4-1是宁波市区2006—2016年Ⅰ级空气质量天数变化趋势图。从图中可以看出，宁波市Ⅰ级空气质量天数基本保持在每年60～90天。宁波市是一个沿海城市，夏季受亚热带季风影响比较大，亚热带季风盛行的季节，也是宁波市空气质量最好的时候。所以，宁波市Ⅰ级空气质量天数较多的时间段主要集中在夏季和秋季。

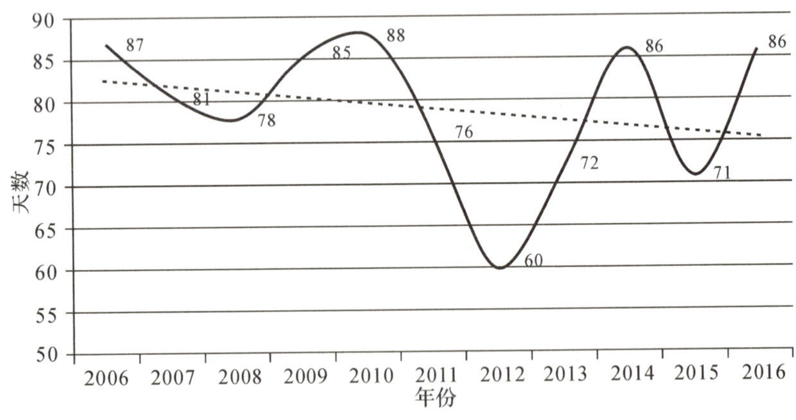

图4-1 2006—2016年宁波市区Ⅰ级空气质量天数变化趋势

2. 宁波市区Ⅱ级空气质量天数分析对比

Ⅱ级空气质量，指51<AQI<100，表示空气质量良好，用黄色表示。Ⅱ级空气质量对健康人群来说是能够接受的，少数过敏体质的人群可能会有

不适症状出现。图 4-2 是宁波市区 2006—2016 年Ⅱ级空气质量天数变化趋势图。从图中可以看出,宁波市每年有近三分之二的时间空气质量为Ⅱ级。Ⅱ级空气质量天数的多少,是判断一个地区空气质量好坏的标志,常用全年Ⅰ级和Ⅱ级空气质量天数总和占全年天数的百分比作为一个地区的空气质量达标率。图 4-3 是宁波市 2006—2016 年空气质量达标天数占比变化趋势图。从图中可以看出:2006—2011 年这 6 年时间内,宁波市空气质量处于很好的状态,达标天数占比维持在 86%~91%;但在 2012 年、2013 年,下降到了低点,2014 年、2015 年又有较大幅度提升,2016 年略有下降。

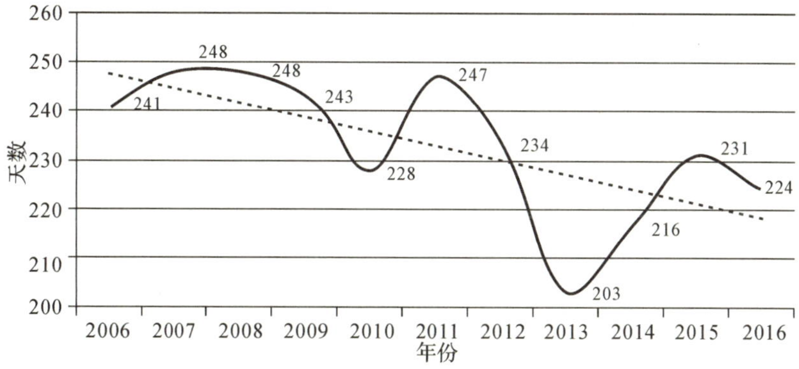

图 4-2 2006—2016 年宁波市区Ⅱ级空气质量天数变化趋势

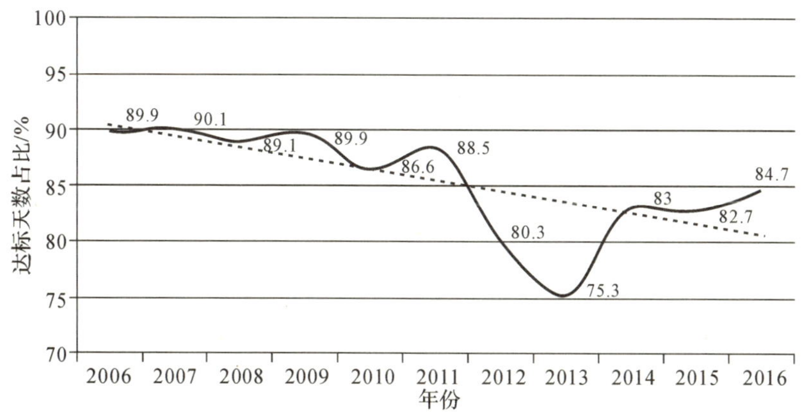

图 4-3 2006—2016 年宁波市区空气质量达标天数占比变化趋势

3. 宁波市区Ⅲ级空气质量天数分析对比

Ⅲ级空气质量,指 101<AQI<150,表示空气有轻度污染,用橙色表示。易感人群的过敏症状稍稍增加,健康人群出现轻微刺激症状。因此,在空气

质量为Ⅲ级时，老人和儿童以及呼吸系统疾病患者应该减少户外活动的时间，降低强度。图 4-4 是宁波市区 2006—2016 年Ⅲ级空气质量天数变化趋势图。从图中可以看出，宁波市Ⅲ级空气质量天数在 2006—2013 年逐渐增多，在 2014 年和 2015 年明显下降，2016 年略有回升。图 4-5 是宁波市区 2006—2016 年Ⅰ～Ⅲ级空气质量天数变化趋势图，从图中可以看出，宁波市Ⅰ级、Ⅱ级空气质量天数呈下降趋势，而Ⅲ级空气质量天数呈增多趋势。

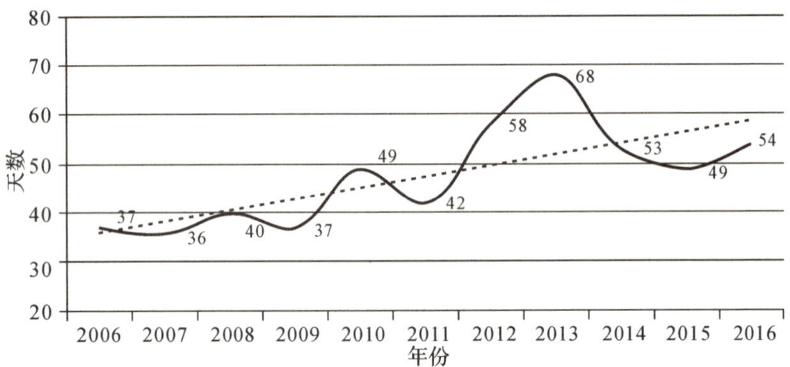

图 4-4　2006—2016 年宁波市区Ⅲ级空气质量天数变化趋势

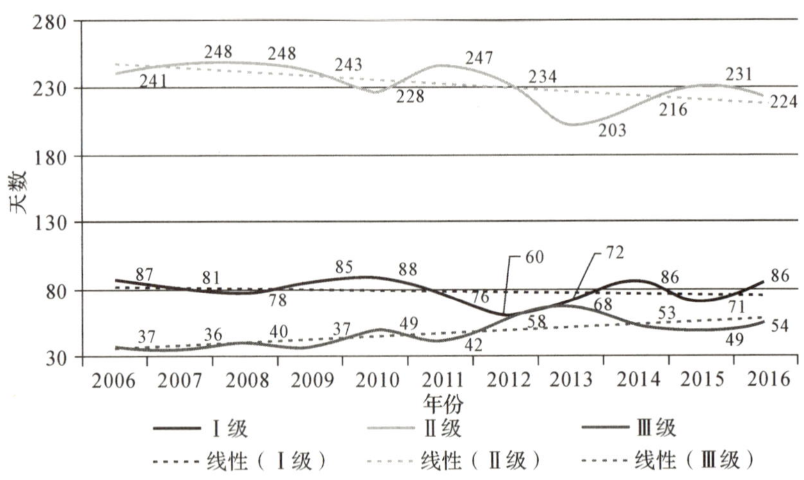

图 4-5　2006—2016 年宁波市区Ⅰ～Ⅲ级空气质量天数变化趋势

4. 宁波市区Ⅳ～Ⅵ级空气质量天数分析对比

由于在 2012 年之前使用的是空气污染指数 API，而 API 监测的污染物品种少，所以在 2012 年之前，没有监测到Ⅳ～Ⅵ级空气质量天数。图 4-6 是宁波市区Ⅳ～Ⅵ级空气质量天数变化趋势图。从中可以看出，宁波市区Ⅳ～Ⅵ级空气质量天数相对来说极少。严重污染的情况仅2013年出现了3天。宁波市Ⅳ～Ⅵ级空气质量天数较多的时间段主要出现在秋冬季节。

Ⅳ级空气质量，指151＜AQI＜200，表示空气有中度污染，用红色表示。Ⅳ级空气质量时，易感人群的过敏症状会进一步加剧，健康人群的呼吸系统也会受到影响。因此，在Ⅳ级空气质量时，呼吸系统疾病患者、婴幼儿、老年人、儿童以及一般人群应该尽量避免户外活动。

Ⅴ级空气质量，指201＜AQI＜300，表示空气有重度污染，用紫红色表示。Ⅴ级空气质量时，健康人群出现咳嗽、胸闷、咽喉红肿、打喷嚏、眼部感染等症状，肺病和心脏病患者往往出现病情加重的现象。因此，在Ⅴ级空气质量时，老人、儿童、呼吸系统疾病患者及一般人群应减少或停止户外运动。

Ⅵ级空气质量是指AQI＞300，表示空气有严重污染，用褐红色表示。Ⅵ级空气质量时，健康人群运动耐受力降低，尤其是呼吸系统感染、皮肤过敏、眼睛感染等情况普遍发生。区域维持较长时间的Ⅵ级空气质量，会对区域内的所有生物的健康造成恶劣影响。因此，在Ⅵ级空气质量时，所有人都应该停止户外活动。

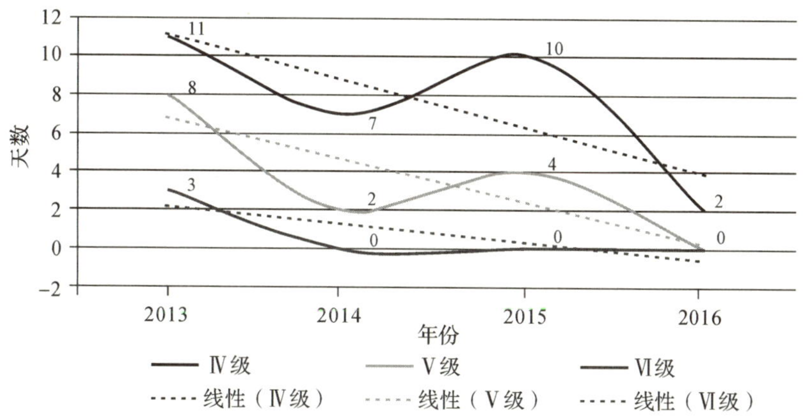

图4-6　2013—2016年宁波市区Ⅳ～Ⅵ级空气质量天数变化趋势

表 4-2 2006—2016 年宁波市区空气质量汇总

年份	空气质量达标天数/天						达标天数比例/%
	Ⅰ级	Ⅱ级	Ⅲ级	Ⅳ级	Ⅴ级	Ⅵ级	
2006	87	241	37				89.9
2007	81	248	36				90.1
2008	78	248	40				89.1
2009	85	243	37				89.9
2010	88	228	49				86.6
2011	76	247	42				88.5
2012	60	234	58	10	4	0	80.3
2013	72	203	68	11	8	3	75.3
2014	86	216	53	7	2	0	83.0
2015	71	231	49	10	4	0	82.7
2016	86	224	54	2	0	0	84.7

注:1.本表数据均来自宁波市历年环境公报。
2.2012 年前使用的是空气污染指数(API),2012 年之后使用的是空气质量指数(AQI)。

（二）县（市）空气质量

图 4-7 至图 4-16 是宁波市属余姚市、慈溪市、奉化市、象山县、宁海县 2010—2016 年Ⅰ级、Ⅱ级、Ⅲ级空气质量天数变化趋势和空气质量达标天数的变化趋势。从图中可以看出，这五县（市）的Ⅰ级空气质量天数在 2010—2016 年均呈下降趋势；Ⅱ级空气质量天数除象山呈增多趋势外，其他县（市）均呈下降趋势；而Ⅲ级空气质量天数除奉化变化不明显外，其他县（市）均是增多趋势；空气质量达标天数变化趋势显示，慈溪达标天数下降得最快，在 2010 年的空气质量达标比例是 90.3%，到 2015 年则下降到了 68.3%，2016 年回升到 71.6%。余姚、象山、宁海呈现快速下降趋势，奉化下降趋势较缓。象山和宁海尽管空气质量达标天数比例在下降，但绝对值比较大，最低空气质量达标天数仍然达到 87%，说明象山空气质量维持在较好水平。

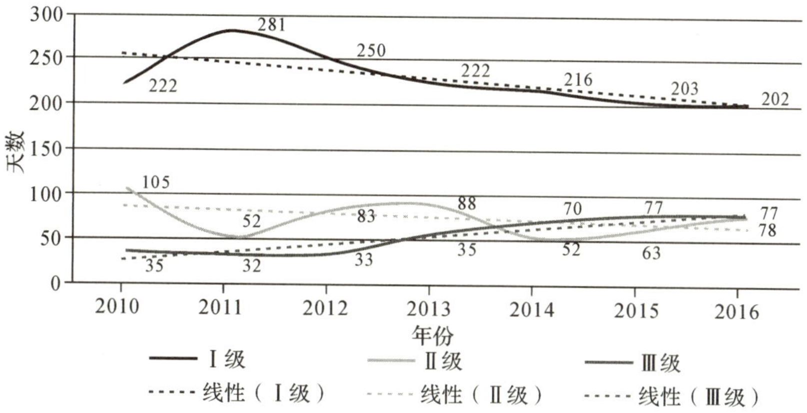

图 4-7　2010—2016 年余姚市空气质量变化趋势

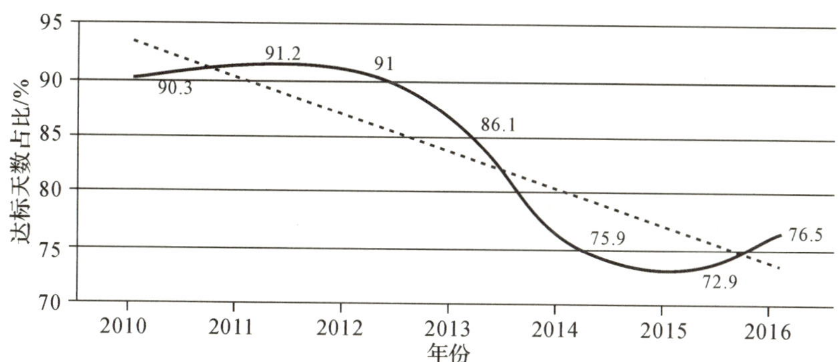

图 4-8　2010—2016 年余姚市空气质量达标天数占比变化趋势

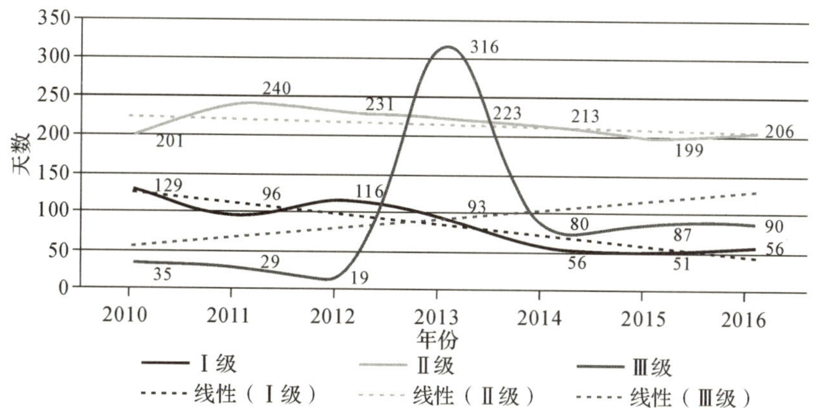

图 4-9　2010—2016 年慈溪市空气质量变化趋势

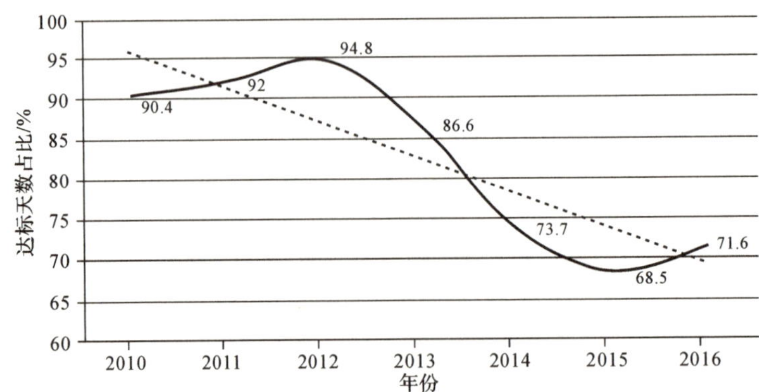

图 4-10　2010—2016 年慈溪市空气质量达标天数占比变化趋势

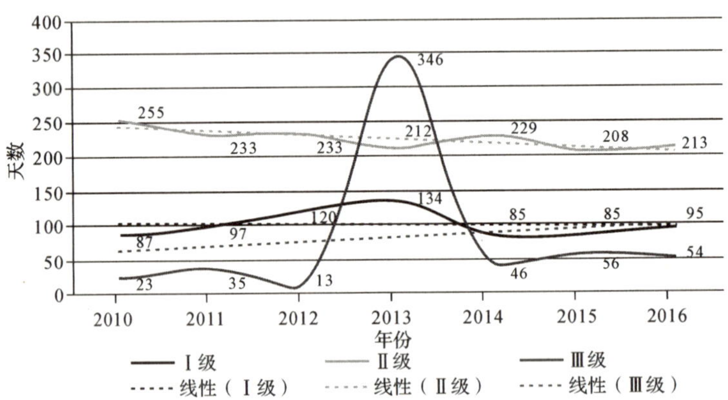

图 4-11　2010—2016 年奉化市空气质量变化趋势

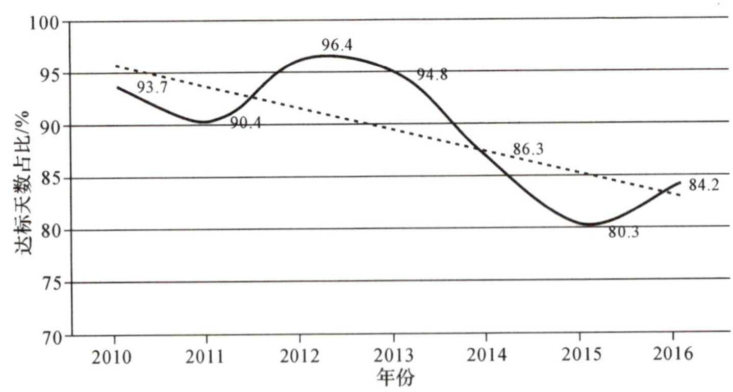

图 4-12　2010—2016 年奉化市空气质量达标天数占比变化趋势

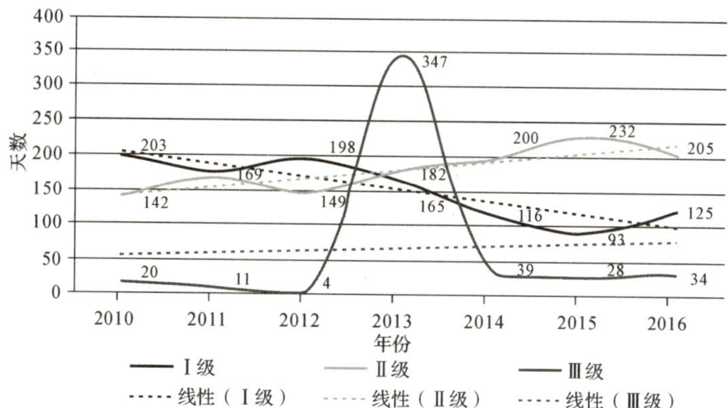

图 4-13　2010—2016 年象山县空气质量变化趋势

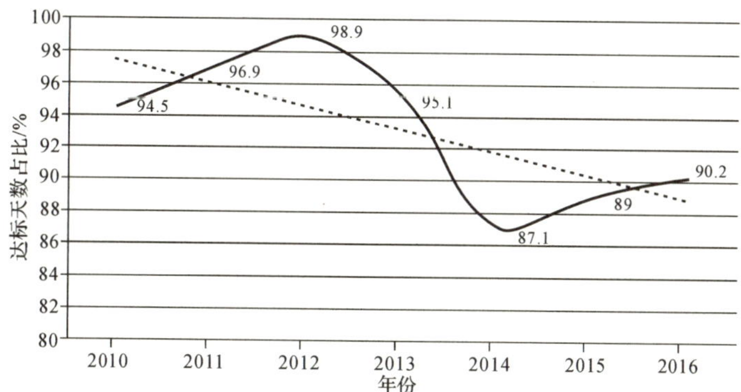

图 4-14　2010—2016 年象山县空气质量达标天数变化趋势

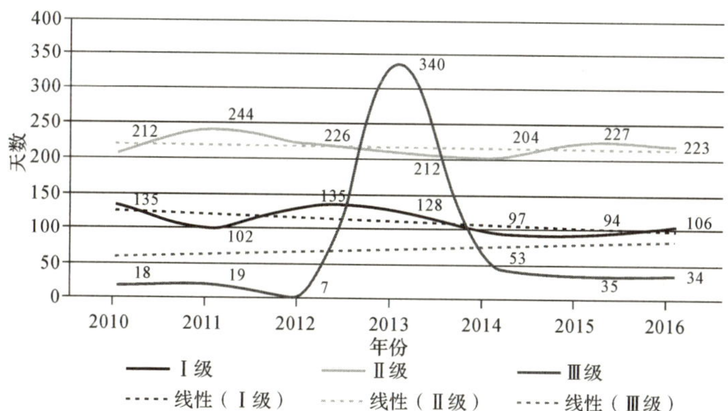

图 4-15　2010—2016 年宁海县空气质量变化趋势

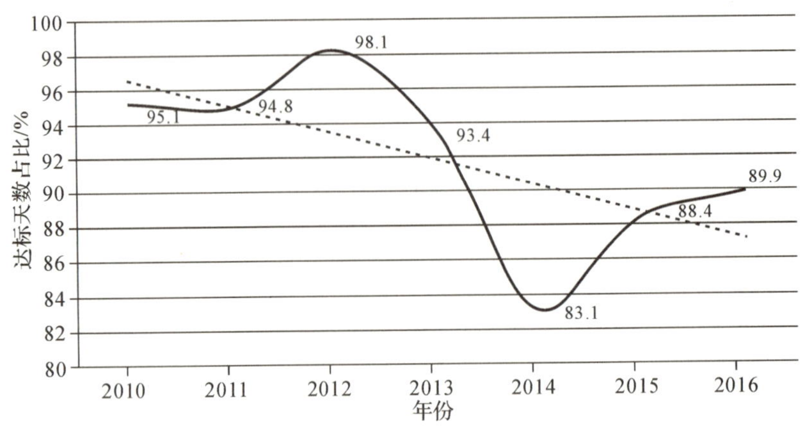

图 4-16 2010—2016 年宁海县空气质量达标天数变化趋势

(三)影响宁波空气质量的主要因素分析

1. 二氧化硫

二氧化硫是造成酸雨的主要原因,其主要来源是煤炭的燃烧。宁波市已经连续 5 年二氧化硫日均值超标率为 0,即日均值都不超标。宁波二氧化硫的历年分布规律是慈溪市、余姚市年均浓度高于全市平均值,奉化市年均浓度同全市平均值持平,宁海县、象山县年均浓度低于全市平均值。

在“十一五”期间,宁波市的二氧化硫减排工作在不断推进,每年二氧化硫的排放降速达到 10%;“十二五”期间,每年二氧化硫的减排速度为 4%~5%。为了实现减排目标,宁波市投入巨资,有 19 个脱硫工程项目得到落实,包括北仑电厂、镇海电厂、大唐乌沙山电厂等通过设备更新、技术创新相继实现脱硫;同时宁波明耀热电、镇海热电、慈溪金轮热电等 6 家电厂被关停,禁燃区的建设成效显著,一大批燃煤锅炉被淘汰,促进了二氧化硫的减排。

2. 二氧化氮

二氧化氮也是造成酸雨的一种因素,它主要来源于高温燃烧过程中氮气和氧气的反应,比如机动车尾气、锅炉废气等。近几年,随着市区个人拥有汽车量的增加,市区的二氧化氮年平均浓度和浓度日均超标天数,均呈缓慢上升趋势。其中余姚市、慈溪市、奉化市的年均浓度高于全市平均浓度,而宁海县、象山县的二氧化氮年均浓度低于全市平均浓度。

3. 可吸入颗粒物(PM_{10})和细颗粒物($PM_{2.5}$)

空气中悬浮的颗粒既有固体又有液体,悬浮的固体颗粒的粒径为 0.1~

100μm。PM_{10}是指粒径在10μm以下的固体颗粒物；$PM_{2.5}$是指粒径小于或等于2.5μm的固体颗粒物。因为颗粒物的形状往往是不规则的，所以此处所指的粒径有时是指颗粒的最大长度。PM_{10}可以被人体吸入，沉积在呼吸道、肺泡等部位，颗粒粒径越小，进入呼吸道的部位越深，PM_{10}可引发气促、咳嗽，诱发哮喘、慢性支气管炎、慢性肺炎等呼吸系统疾病。$PM_{2.5}$比PM_{10}的粒径更小，表面积更大，非常容易吸附重金属、微生物等有毒有害物质。$PM_{2.5}$在大气中能够长时间悬浮，随风可以漂到遥远的地方。$PM_{2.5}$可通过普通的口罩，且不易被鼻腔内纤毛所吸附，因此其可通过呼吸到达细支气管和肺泡，严重影响人体健康，同时对其他生物也有严重影响。宁波市PM_{10}和$PM_{2.5}$污染较重，污染情况具有显著的季节变化特征，一般冬季最高，夏季最低。PM_{10}和$PM_{2.5}$的主要来源是扬尘、煤烟尘、机动车尾气尘和二次硫酸盐。

4. 臭氧（O_3）

臭氧（O_3）又称为超氧，是氧气（O_2）的同素异形体。在常温下，它是一种有特殊臭味的淡蓝色气体。自然界中的臭氧主要存在于距地球表面20～35千米的同温层下部的臭氧层中。臭氧在常温常压下，稳定性较差，可自行分解为氧气。极低浓度的臭氧具有青草的味道，吸入极少量对人体有益，当臭氧的浓度达到能被人感觉到臭味时，即会对人造成危害。一般来说，环境空气中的臭氧浓度远远低于人能够感受到的浓度，从这个意义上来说，臭氧对人体是无害的。但由于地表附近的臭氧是汽车尾气和工厂排放物在阳光照射下发生光化学反应的产物。主要过程是在阳光下，NO_2在紫外光照射下分解出氧原子，原子状态的氧原子具有极强的氧化性。原子状态的氧原子不但能够和氧分子结合生成臭氧分子，而且能够氧化碳氢化合物，生成自由基。空气中NO_2经过光分解反应会产生以臭氧为主要成分的臭氧污染。臭氧污染是一种有刺激性的蓝色或棕色烟雾，是一种光化学烟雾污染。在无风的气象条件下，光化学烟雾会积聚笼罩在局部区域，刺激人眼和呼吸道，诱发各种疾病，如呼吸障碍、头痛、眼疼等。空气中的臭氧还会抑制植物的正常生长，降低植物抵抗病虫害的能力。

光化学污染中的臭氧会加速建筑、喷涂、橡胶（轮胎）、电线电缆等所用聚合物材料的降解和老化变质。人工聚合物和天然聚合物在臭氧作用下，都会快速老化、龟裂。

宁波大气中臭氧污染也呈现逐年升高的趋势，这主要是汽车保有量激增、工业发展增速加快所致。

二、宁波地表水环境基本状况

(一)饮用水源

《中华人民共和国地表水环境质量标准》(GB3838—2002)依据地表水水域环境功能和保护目标,把水质按功能高低分成五类:

Ⅰ类:国家自然保护区内源头水。

Ⅱ类:一级保护区内集中式生活饮用水地表水源地,珍稀水生生物栖息地的无污染水域。

Ⅲ类:二级保护区内集中式生活饮用水地表水源地。

Ⅳ类:一般工业用水及非直接接触人体的娱乐用水。

Ⅴ类:农业用水和一般景观要求用水。

Ⅰ类地下水和Ⅰ类地表水经简易消毒、过滤净化即可作为生活饮用水。Ⅱ类水经絮凝、沉淀、过滤、消毒等常规净化处理后,也可作为生活饮用水。Ⅲ类水经絮凝、沉淀、过滤、消毒等净化处理后也能作为生活饮用水。Ⅲ类以下的水质污染严重,经过处理后也不能作为生活饮用水。宁波市重点监测的饮用水源地有 34 个。近 10 年的监测数据表明,宁波市历年水源地水质达标率达 97%以上。

(二)地表水

图 4-17 是 2006—2016 年宁波市地表水Ⅰ~Ⅲ类水占比的变化趋势。从图中可以看出,Ⅰ类水的占比前 5 年在下降,后 5 年在逐步增多;Ⅱ类水的占比在缓慢增多;Ⅲ类水增多的趋势较大。

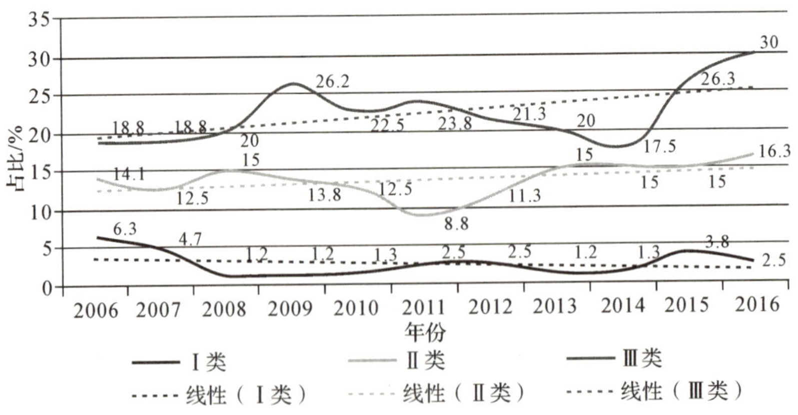

图 4-17 2006—2016 年宁波市Ⅰ~Ⅲ类水占比变化趋势

从图 4-18 中可以看出，Ⅳ类水占比 2011 年—2014 年是逐年增多，而 2015 年、2016 年出现明显下降；Ⅴ类水和Ⅵ类水占比近年快速下降，说明宁波的五水共治成效显著。从图 4-19 等于优于Ⅲ类比例和功能达标率变化趋势来看，等于优于Ⅲ类水的比例在稳步上升，功能达标率以较快的速度上升。这说明随着经济的发展，政府和企业对地表水的保护力度增加，水污染得到了有效遏制。表 4-3 是宁波市 80 个市控地表水监测站位水质类别百分比统计汇总，其中 2006 年、2007 年的监测站位是 64 个。

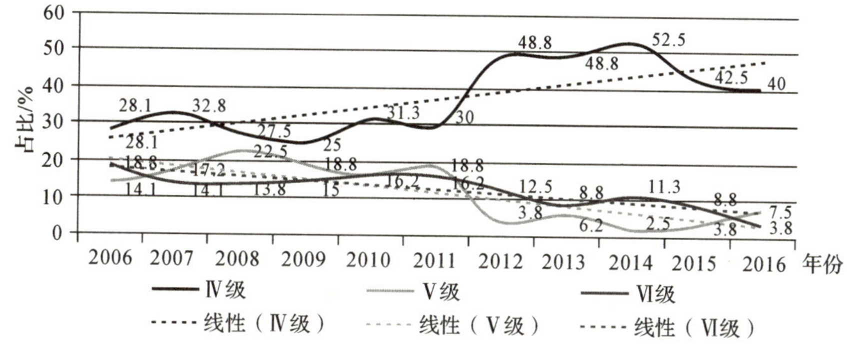

图 4-18　2006—2016 年宁波市Ⅳ～Ⅵ类水占比变化趋势

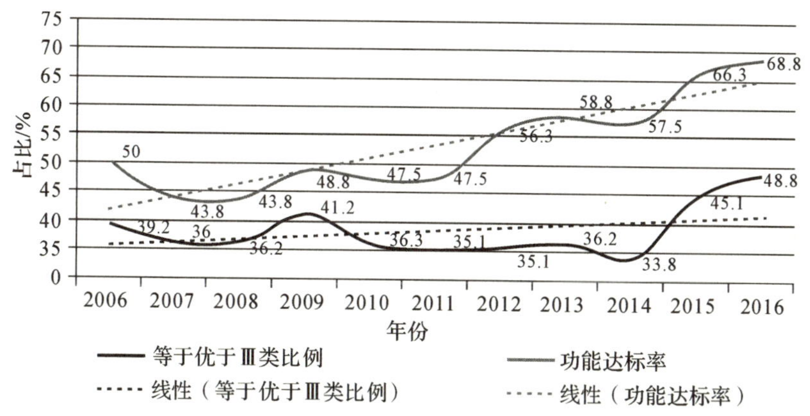

图 4-19　2006—2016 年宁波市等于优于Ⅲ类比例和功能达标率变化趋势

表 4-3　2006—2016 年宁波市 80 个市控地表水监测站位水质类别监测结果

单位：%

年份	Ⅰ类	Ⅱ类	Ⅲ类	Ⅳ类	Ⅴ类	劣Ⅴ类	等于优于Ⅲ类比例	功能达标率
2006	6.30	14.10	18.80	28.10	14.10	18.80	39.20	50.00

续表

年份	Ⅰ类	Ⅱ类	Ⅲ类	Ⅳ类	Ⅴ类	劣Ⅴ类	等于优于Ⅲ类比例	功能达标率
2007	4.70	12.50	18.80	32.80	17.20	14.10	36.00	43.80
2008	1.20	15.00	20.00	27.50	22.50	13.80	36.20	43.80
2009	1.20	13.80	26.20	25.00	18.80	15.00	41.20	48.80
2010	1.30	12.50	22.50	31.30	16.20	16.20	36.30	47.50
2011	2.50	8.80	23.80	30.00	18.80	16.20	35.10	47.50
2012	2.50	11.30	21.30	48.80	3.80	12.50	35.10	56.30
2013	1.20	15.00	20.00	48.80	6.20	8.80	36.20	58.80
2014	1.30	15.00	17.50	52.50	2.50	11.30	33.80	57.50
2015	3.80	15.00	26.30	42.50	3.80	8.80	45.10	66.30
2016	2.50	16.30	30.00	40.00	7.50	3.80	48.80	68.80

注:1.本表数据均来自宁波市历年环境公报。
2.2006年、2007年的监测站位是64个。

(三)宁波地表水污染因素分析

石油类、高锰酸盐指数、COD、BOD、氨氮、总磷等是宁波地表水污染的主要指标。近年来,全市废水排放主要是工业废水,约占全市污水排放量的四分之一。废水主要污染物有化学需氧量排放、氨氮排放和石油类排放。

根据宁波市环境状况公报,对宁波主要水系的污染指标分析如下。

(1)宁波市区的内河水域

宁波市老三区内河由西郊河、南塘河、北斗河、大河、甬新河、梅墟大河、庄桥河、江北大河、慈江和月湖组成。这些内河水质一般为轻度污染,尽管没有优良水质断面,但也没有劣Ⅴ类重度污染的断面,90%断面功能达标,主要是石油类、COD、氨氮污染超标。

(2)鄞州区河网

鄞西河网与鄞东河网组成了鄞州区河网。鄞州河网水质优良率不高,水流断面劣Ⅴ类比例较高,只有37.5%的断面功能达标,主要是COD、氨氮和总磷超标。2014年以来,水质有所好转,但整体仍是中度污染。

(3)甬江水系

奉化江上游剡江、东江、县江、鄞江、姚江、甬江干流、奉化江组成了甬江水系。甬江水系历年水质保持良好,优良断面比例高于75%,没有劣Ⅴ类重污染断面,95%断面功能达标,主要为BOD、石油类、COD超标。

(4)余姚市河网

余姚市河网是指余姚西北平原内的河流,但不包括姚江。余姚市河网水质基本上维持在Ⅳ类水质,主要是总磷、氨氮和高锰酸盐指数超标,没有重度污染劣Ⅴ类断面,是轻度污染。

(5)镇海区河网

中大河水系和蟹浦大河水系组成了镇海区河网。镇海区河网主要为氨氮、BODT和石油类超标,没有重度污染的劣Ⅴ类断面,水质大多为Ⅳ类水,为轻度污染。

(6)慈溪市河网

四灶浦、郑家浦、三塘江、潮塘江、八塘江等组成了慈溪市河网,慈溪市河网纵横交叉,水体流动性小,水体自净能力较差。慈溪市河网40%断面为劣Ⅴ类的重度污染,主要为BOD、COD和石油类超标。

(7)北仑区河网

北仑区河网由流经新碶的岩河、泰河、小浃江和芦江组成。北仑区河网断面功能达标率高,没有劣Ⅴ类重度污染断面,水质为轻度污染,主要是COD、氨氮、总磷、BOD超标。

(8)奉化区内河

奉化区内河包括甬江水系奉化江上游的三条支流,分别是东江、剡江、县江。2014年以前,奉化内河水质是Ⅰ～Ⅲ类水,水流断面功能达标率和水质优良率均为100%。2014年以后,奉化区内河的水质有所下降。

(9)象山县内河

象山县内河水系主要指南大河和大塘港,这两条河流源近流短,为典型的入海型溪流特征。象山县内河水系水质良好,没有劣Ⅴ类重度污染断面,主要是BOD、COD超标。

(10)宁海县内河

宁海县内河水系主要包括清溪、凫溪和白溪,为典型的源近流短的山溪性河流,有很强的自净能力。宁海县内河水系以Ⅱ～Ⅲ类水质为主,历年来水质优良率为100%。

三、宁波市声环境基本状况

我国现行的声环境国家标准为《声环境质量标准》(GB 3096—2008),其规定了五类声环境功能区的环境噪声限值及测量方法，适用于声环境质量评价与管理。五类声环境功能区分别是0类、1类、2类、3类、4类。

0类声环境功能区标准，要求昼间噪声不高于50分贝，夜间噪声不高于40分贝。位于城郊和乡村的高级别墅区、疗养区、高级宾馆区等常按0类标准执行，对于特别需要安静的区域的噪声标准，常按严于0类标准5分贝执行。

1类声环境功能区标准，要求昼间噪声不高于55分贝，夜间噪声不高于45分贝。以居住、文教机关为主的区域执行1类标准，乡村居住环境的噪声标准可参照1类标准执行。

2类声环境功能区标准，要求昼间噪声不高于60分贝，夜间噪声不高于50分贝。2类标准适用于居住区、商业区、工业混杂区。

3类声环境功能区标准，要求昼间噪声不高于65分贝，夜间噪声不高于55分贝。3类标准适用于工业区。

4类声环境功能区标准，要求昼间噪声不高于70分贝，夜间噪声不高于55分贝。穿越城区的内河航道两侧区域，城市中的道路交通干线道路两侧区域，穿越城区的铁路主、次干线两侧区域在不通过列车时的噪声等都按4类标准管理。

(1)宁波市功能区噪声

2011年之后，经过治理，宁波市的工业集中区、居民文教区、混合区的昼间噪声全部达标。但夜间噪声多年连续超标。

(2)宁波市区域环境噪声

宁波市声环境质量属一般，总体上，象山县、余姚市、慈溪市的区域声环境质量历来较好，宁海县、奉化区的区域环境噪声虽有较大的波动，但一直在标准范围以内。

(3)宁波市交通噪声

宁波市区、象山、余姚、慈溪、宁海、奉化近年昼间道路交通噪声均值都低于70分贝，声环境质量属于较好，且能相对保持稳定。随着汽车的普及，汽车保有量不断上升，夜间交通噪声污染呈现加重趋势，城区白天道路禁止货运，货运汽车必须夜间通行是产生夜间交通噪声的主要原因。

宁波市噪声污染主要来源有：商店、酒吧等为招揽顾客用大功率音响设备播放音乐；建筑工地夜间施工、装修；货运汽车夜间进出城区；运送建筑渣土的车辆调整行驶等违法行为造成的噪声污染。

四、宁波固体废物对环境的影响

在生产过程中、生活中或者其他活动过程中产生的丧失了原有的使用或利用价值，或者虽没有丧失利用价值，但已经被抛弃或者放弃的半固体、固体和置于装有气态物质的容器，或法律、法规规定纳入废物管理的物品、物质都称为固体废物。

按固体废物的形状可分为固体的（粉状、颗粒状、块状固体废物）和泥状的（污泥）固体废物。根据固体废物的化学性质，其可分为无机废物和有机废物。按来源可分为工业固体废物、矿业固体废物、农业废弃物、放射性固体废物和城市垃圾等五类。工业固体废物、放射性固体废物、矿业固体废物也可简称为工业废物、放射性废物、矿业废物。固体废物还可分为有毒和无毒两大类。按有无危害可分为一般废物和有毒有害废物两种。有毒有害固体废物是指具反应性、有毒性、腐蚀性、易燃性、传染性和放射性的固体或半固体废物。在矿物的开采和选洗过程中产生的固体废物叫矿业废物。工业废物来自于煤炭、冶金、电力、化工、交通、轻工、石油、食品等工业的加工和生产过程。城市垃圾主要来自市政建设和维护、商业活动和居民的消费。农业废弃物来自禽畜饲养和农业生产过程。放射性废物来自于放射性医疗、核化学核分析实验，以及核工业生产等。

固体废物处理不当时，会对地表水和地下水造成严重污染。我国曾因向湖泊中投入固体废物，造成江湖面积减少，减少的面积达 2000 多万亩。固体废物进入水体后，将污染水体，严重影响水生生物的生存繁衍。固体废物堆中的尘粒会随风飞扬，遇到大风，会造成粉尘污染，甚至会散发毒气和臭气。固体废物在堆放过程中，会渗出液体或过滤雨水，这些液体有些会改变土质和土壤结构，造成土壤污染。

宁波的固体废物情况如下。

（一）一般工业固体废物

宁波的一般工业固体废物主要有冶炼废渣、粉煤灰、污泥（废水处理）、炉渣和脱硫石膏等。这些废物大部分能够直接重复使用或经加工后再使用。从图 4-20 至图 4-23 可以看出，宁波工业固体废物逐年增多，对固体废物的综合利用也快速上升，说明宁波废物再利用做得很出色，实现了大部分固体废物的循环使用。图 4-21 显示，宁波固体废物的综合使用率最高是 2015 年，达到了 96.66％。图 4-22 显示，综合利用后剩余的固体废物需要处置的，也实现了处置后的再利用，处置利用率逐年攀升，2015 年达到了 99.12％。剩余不能处理再利用的固体废物要进行贮存或排放。图 4-23 显示，宁波历年存贮和排放的固体废物逐年快速减少，呈明显减少趋势。因此，数据分析表明，宁波实现了几乎全部一般工业固体废物的循环使用。表4-4是宁波一般工业固体废物的产生、处理情况。

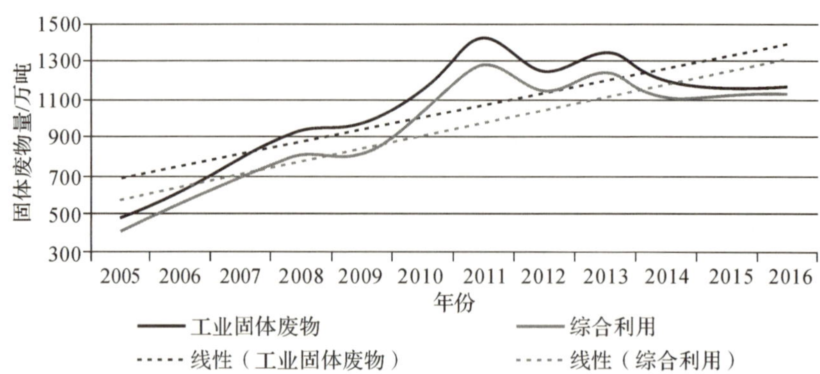

图 4-20 2005—2016 年宁波.工业固体废物量和综合利用固体废物量

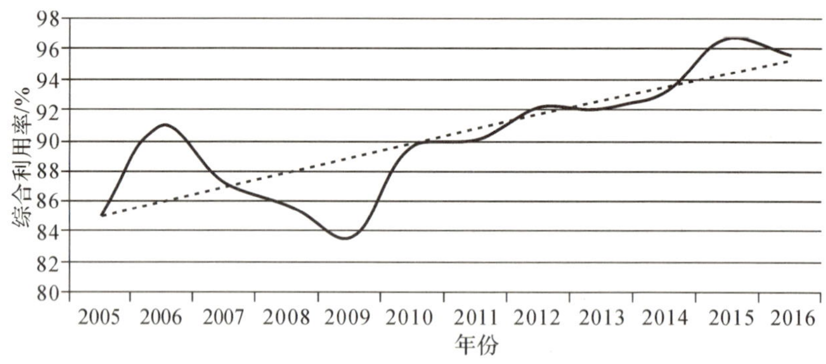

图 4-21 2005—2016 年宁波固体废物综合利用率

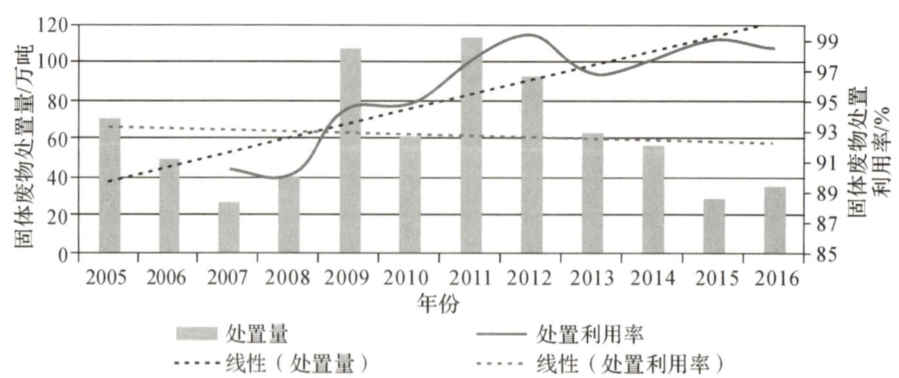

图 4-22 2005—2016 年宁波固体废物处置量及处置利用率

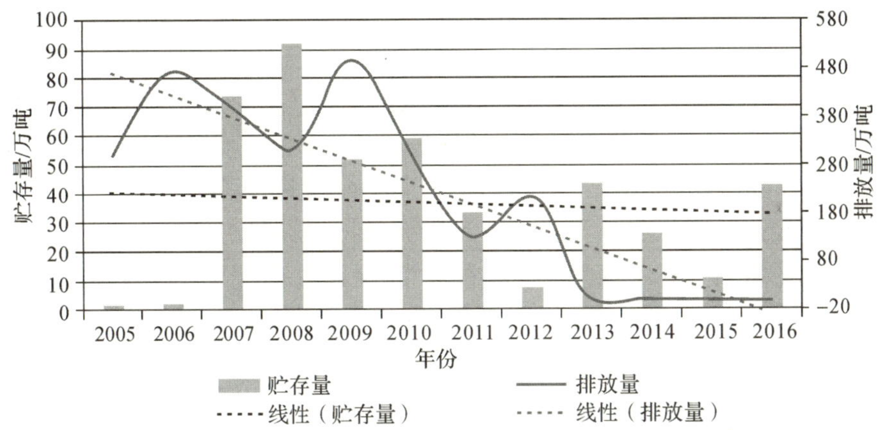

图 4-23　2005—2016 年宁波固体废物贮存量及排放量

表 4-4　2005—2016 年宁波一般工业固体废物的产生、处理情况

年份	工业固体废物/万吨	综合利用/万吨	综合利用率/%	处置/万吨	贮存/万吨	处置利用率/%	排放/吨
2005	476.81	405.61	85.06	70.66	0.60	—	300
2006	604.95	550.56	91.01	50.06	2.30	—	472
2007	784.48	684.09	87.20	26.57	73.99	90.59	400
2008	935.42	801.73	85.71	41.58	92.18	90.15	315
2009	971.83	811.88	83.54	108.08	52.07	94.66	500
2010	1154.06	1034.72	89.66	60.28	59.03	94.88	300
2011	1421.86	1280.34	90.05	113.57	33.29	97.71	130
2012	1245.63	1147.00	92.08	93.24	7.00	99.44	213
2013	1343.04	1236.87	92.09	63.68	43.09	96.84	0
2014	1196.32	1114.2	93.14	56.8	26.35	97.80	0
2015	1155.41	1117.89	96.66	28.65	10.17	99.12	0
2016	1163.07	1123.82	95.54	35.9	42.49	98.51	0

注:本表数据均来自宁波市历年环境公报。

(二)危险废物

宁波工业危险废物主要是:表面处理产生的污泥,化工废物和废酸。其中表面处理产生的污泥由企业集中回收利用,化工废物和废酸也主要由产生废物的企业回收再利用。从图 4-24 中可以看出，随着宁波经济的高速发展，宁波的危险废弃物快速增长，危险废弃物的综合利用也在快速增长。图 4-25 显示，每年对不能综合利用的危险废弃物都进行了处置，处置后的利用率最低为 98.17%，不能处置利用的则进行了存贮，存贮的量占年危险废物产量的 0.97%～1.86%。宁波最近 10 年的危险废弃物实现了 100%全处置，说明宁波危险废物的综合处理和危险废物的再利用技术非常成熟。另外，医疗垃圾也归在了危险废弃物种类中，宁波最近 11 年的医疗垃圾逐年增长。宁波实行医疗垃圾集中处置，历年处置率均为 100%。表 4-5 是宁波最近 10 年危险废物的产生及综合利用情况数据汇总。

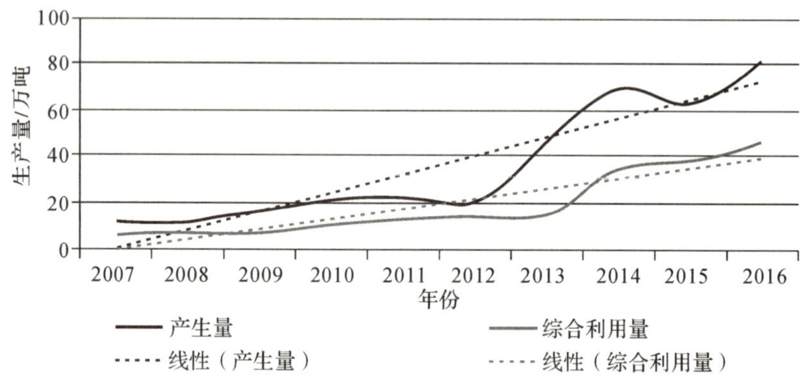

图 4-24　2007—2016 年宁波危险废弃物产生量及综合利用情况

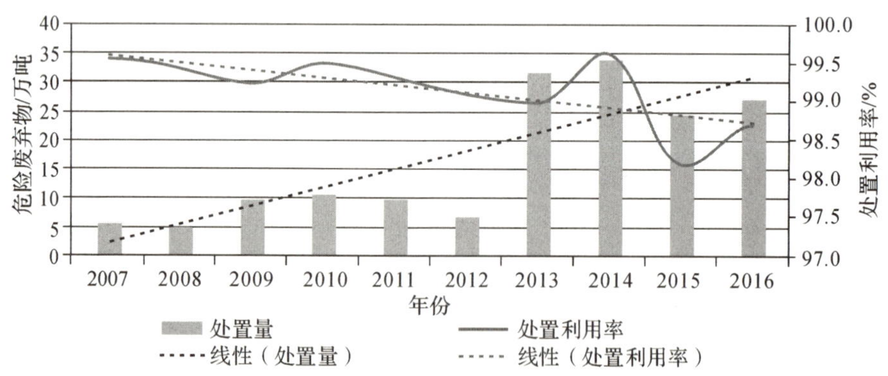

图 4-25　2007—2016 年宁波危险废弃物处置、利用情况

表 4-5 2007—2016 年宁波危险废物的产生、处理数据

年份	危险废弃物/万吨	综合利用/万吨	综合利用率/%	处置/万吨	贮存/万吨	处置利用率/%	排放/吨
2007	11.29	5.91	52.35	5.33	0.11	99.56	0
2008	11.89	7.38	62.07	4.55	0.04	99.43	0
2009	16.76	7.30	43.56	9.50	0.19	99.23	0
2010	21.46	10.91	50.84	10.44	0.11	99.49	0
2011	22.76	13.24	58.17	9.43	0.17	99.30	0
2012	20.96	14.40	68.70	6.41	0.21	99.10	0
2013	46.47	15.10	32.49	31.66	1.33	99.00	0
2014	69.58	35.28	50.70	34.05	1.38	99.63	0
2015	63.51	38.73	60.98	24.57	1.18	98.17	0
2016	82.03	46.62	62.89	27.18	0.94	98.74	0

注：本表数据均来自宁波市历年环境公报。

（三）生活垃圾

目前，宁波全市共有垃圾处理厂 10 家。宁波对生活垃圾的处理方式有两种：对水、空气、土壤不会造成污染的生活垃圾，采取填埋处理；在环境中不容易降解的生活垃圾，采用焚烧发电处理，变废为宝，既处理了垃圾，又提供了清洁的电能。目前，宁波已经建成投入使用的生活垃圾焚烧项目有北仑区生活垃圾焚烧发电项目、宁波明州环境能源有限公司鄞州区生活垃圾焚烧发电工程、宁波镇海生活垃圾焚烧发电厂三家。从表 4-6 中可以看出，宁波已经连续多年实现生活垃圾 100%无害化处理，节能减排成效显著。

表 4-6 2012—2016 年宁波生活垃圾处理情况汇总

年份	垃圾处理厂/座	垃圾处理量/万吨	填埋处理量/万吨	焚烧量/万吨	无害化处理率/%
2012	9	246.90	138.08	108.82	100
2013	9	260.37	145.30	115.07	100
2014	10	342.10	161.50	180.60	100
2015	10	318.88	141.26	177.62	100
2016	9	324.72	148.83	175.89	100

宁波一直在严格控制进口废物，近年所有进口废物都经过了严格的环保审批，没有造成二次污染。另外，宁波的电磁环境保持良好水平，电离、电磁辐射水平保持稳定。

五、宁波城乡环境卫生现状

（一）厕所和粪便处理现状

宁波的公共厕所建设在全国名列前茅，截至 2016 年，宁波市区公厕数量达 1753 座，其中城区 1191 座、县市 562 座，四星级以上公厕占比 97%，市区的星级公厕数量约为县市的 1.55 倍。粪便无害化处理率全部达到 100%。宁波因公共厕所数量多、品质高被评为全国“厕所革命”先进市。在 2010 年进行的全国旅游厕所满意度调查中，宁波市跻身全国前五，是浙江省唯一上榜的城市。

（二）污水和生活垃圾的处理现状

宁波的甬江是浙江省八大水系之一，境内河流有余姚江、奉化江、甬江，支流纵横交错，环境复杂。在针对污水和生活垃圾的综合整治中，宁波市扎实推进宁波污水环境综合整治，水体中主要污染物指标，如高锰酸盐指数、氨氮、总磷浓度等呈明显下降趋势，全市地表水环境功能达标率 2016 年提升到 66.3%，成效显著。围绕全市摸排出的 480 条“垃圾河、黑河、臭河”，全面落实“一河一策”，宁波市 2016 年常规整治 45 条黑臭河道(2014 年已治理并验收“垃圾河、黑河、臭河”435 条)，整治提升 29 条黑臭河道，均提前完成目标任务。宁波市累计投入已达 10.7 亿元，共清理黑臭河 646.7 千米，清淤 510 万立方米，治理垃圾河 282.3 千米。

（三）病媒生物的处理

病媒生物防治，是预防疾病和保障人民健康的重要措施，是精神文明、物质文明的重要保证。2003 年，宁波市通过国家爱卫办“除四害”的考核验收，随后落实了后续巩固措施。2016 年春季，宁波市爱卫会启动统一投灭鼠药与春季灭鼠灭蚊蝇、清除死鼠活动。其间，全市共投入鼠药 213.62 吨、灭鼠药械经费 364.92 万元、灭蚊蝇药械经费 53.69 万元。同年，宁波市区、奉化市被省爱卫会重新确认为灭鼠、灭蟑螂先进区；宁海县、象山县分别被市爱卫会确认为灭蚊、灭蟑先进城区和灭鼠、灭蟑先进城区。宁波市共创建 32 个省级卫生村、56 个市级卫生村、26 家省级卫生先进单位、44 家市级卫生先进单位。

第三节 宁波健康环境营造策略

对宁波市最近11年的空气、水、噪声、固体废弃物这些和人们生存健康密切相关的环境因素的分析可知，宁波市在环境建设方面已取得一定的成效，基本实现了地区经济、生态、社会三者的协调发展。"十三五"期间，宁波市制定的环境保护规划的目标是：到2020年，主要污染物排放量持续减少，空气和水环境质量总体改善，部分区域空气环境质量率先达标，土壤环境质量保持稳定，辐射环境质量继续保持良好，生态系统稳定性增强，环境治理能力不断提高，环境风险得到有效管控，环境保护和生态文明建设体制机制不断完善，生态文明水平明显提高，打造天蓝山清水美环境，建成国家生态文明建设示范市。① 为了早日实现宁波市环境保护"十三五"规划目标，宁波需要继续加大以下几个方面的治理。

一、深入开展大气、水、土壤等污染防治

城市环境是一个典型的受自然、经济、社会因素共同作用的地域综合体。人类在城市环境中有计划、有目的地从事各种生产活动和生活活动的同时，也在影响城市的自然环境。

（一）推进产业转型，节能减排，还宁波蓝天白云

最近11年，宁波经济高速发展，环境压力也随之增加。2016年，宁波市环境空气质量在全国74个重点城市中排名第19位；在长三角地区25个重要城市中排名第5位，优于上海、杭州、苏州和南京；在浙江省内的11个地级市中排名第5位。宁波市各污染物浓度变化具有明显的季节性和区域性。一般来说，宁波市秋冬季节灰霾现象相对比较严重，污染天气持续时间较长。② 尽管宁波的空气质量在全国和长三角地区属于较好的城市，但与健康城市的要求相比，还存在一定的差距。建设健康宁波，在空气质量方面还需要在以下四方面做文章。

---

① 宁波市环境保护局. 宁波市环境保护"十三五"规划：甬政办发〔2016〕177号[EB/OL].(2017-01-09)[2017-03-18]. http://www.nbepb.gov.cn/Info_Show.aspx? ClassID=43f0f8db-97c3-4276-be3f-af68a339de21&InfoID=fa2c9509-b37d-4cb3-875a-c70e5ece2505&SearchKey=.

② 陈磊，俞科爱，黄旋旋，等. 宁波市空气质量变化趋势及影响因素分析[J]. 浙江气象，2015，36(2)：32-36.

第一，政府协助企业，推进燃煤企业改用天然气等清洁能源气。比如电厂、钢铁厂、石油冶炼等使用燃煤的企业，要进行煤改气或进行尾气清洁改造，严格监测，严控二氧化硫、氮氧化物、烟尘的排放标准。

第二，政府评估企业碳排放量，建设碳排放权交易平台。宁波作为第二批全国低碳城市试点城市，应充分利用市场在资源配置中的决定性作用，用市场机制把能耗高、效益低的企业淘汰出局。宁波在节能减排上已经取得了显著的成效。2016 年，宁波 GDP 综合能耗上升 0.8%。

第三，联防联控，治理大气。继续扩大烟花爆竹“禁燃禁放区”；整治重点污染企业、减少工业烟粉尘污染；监测化工企业，全面开展可挥发性有机物治理。

第四，发展公共交通，倡导绿色出行。空气中的氮氧化物、臭氧污染增加的主要原因之一就是机动车保有量激增。因此，发展公共交通，倡导绿色出行是降低大气污染的一项重要举措。宁波已经在全市行政区域内全面实施“黄标车”禁行，但真正减少石油燃料的消耗，降低氮氧化物和臭氧污染的关键，还是要减少道路上的运行车辆。目前，很多私家车排量大、载客少、能源利用率非常低下，不仅造成道路拥堵，还造成了空气污染和噪声污染。宁波地铁轻轨交通网建成后，将会促进人们转变出行理念，提高能源的利用效率。

（二）强化监督、监管、监测职能，巩固五水共治成绩

第一，增加污水处理设施，促进中水循环使用。目前，宁波全市有 36 座各类污水处理厂，每日可处理 201.3 万吨废水。其中用于处理城镇生活污水的处理厂有 18 座，每天可处理 179.5 万吨生活污水；用于处于工业园区污水的处理厂有 10 座，每天可处理 12.1 万吨工业废水。但宁波对处理后产生的中水的使用还不够普及，还有很大提升空间，例如企事业单位以及公共场所的厕所冲洗、园林和农田灌溉、道路保洁、洗车、城市景观用水、冷却设备补充用水等，都可通过建设配套中水供水管网，大量使用中水。

第二，设置水源保护、发展、奖励基金，水源地居民将因水源水质的优异而获得奖励。水源地涉及的范围广，健康城市的饮用水源地，均应设置为一级保护区。① 应设置水源保护、发展、奖励基金，让保护区周边居民有小部分

---

① 张建永，朱党生，曾肇京，等.我国城市饮用水水源地分区安全评价与措施[J].水资源保护，2011，27(1)：1-5.

人承担起日常巡查工作，大部分人义务关注水质的感官变化，若每月水质考核合格，可根据贡献大小，发放发展补助和奖励资金。这样能够调动群众积极性，群防群治，加上环保部门、自来水公司的监测和检测，能够确保饮用水源的水质稳定、安全。

（三）控制噪声，还市民一个安静的夜晚

对噪声污染进行控制，长期以来是一件非常棘手的事情。因此，控制噪声污染，既要提高全体居民的修养，又要有切实可行的惩治措施。①

第一，定期举办防治噪声污染的宣传活动，开辟微信、微博、短信等噪声污染投诉平台。提高市民（包括噪声制造者和噪声感受者）对噪声防治的认知度、关注度与维权意识。

第二，建立环保、城管、工商、税务联运机制。当污染单位（噪声）当年的居民有效投诉次数达到规定值后，工商可建议该单位更改注册地，不得在此处继续营业，城管可将此种业态列为不得在此开展，税务可依法征收噪声污染税。

第三，设置居民区行业状态指导标准（或意见）。发改委、城管、城建部门可根据城市噪声污染的行业规律，设置居民区行业状态指导标准（或意见），不在标准内的企业，工商不予注册登记。这样，城市商业、企业布局就有法可依，就从根源上杜绝了长期的持续噪声污染。

第四，设置允许发出噪声的时间段。对突发性的噪声污染（装修、广场舞）要做好允许发出噪声的时间段设置，当超出时间段时，依法（规）给予严厉处罚。

（四）强化监管，确保固体废物的产生、分类、运输、处置、利用全在监管之下，同时鼓励相关企业、科研单位开展固体废物综合利用研究

第一，加快构建固体废物处置体系。依据谁污染、谁治理的原则，让固体废物产生单位加大处理技术和经费投入，保障工业固体废物安全规范处置。② 政府应该加大监管力度，对于治污不力的企业，依法断水、断电、提高税收。

第二，完善危废监管体系。利用互联网，建设全程、全天候信息化、可视

① 张智渊．高平市噪声污染控制研究［D］．太原：太原理工大学，2013．

② 马同宇．天津市固体废弃物管理现状分析与对策研究［D］．杨凌：西北农林科技大学，2006．

化的监控系统，确保固体废物的安全规范处置。

第三，实行固体废物一票否决制。建立固体废物考核机制。对于年固体废物处置不符合考核要求的，限期整改，整改仍不达标的，依法断水、断电、提高税负，或者限期搬离。

二、实施工业污染源全面达标排放计划

为实现环境质量标准或环境建设目标，国家、省区市或者企业对人为污染源排入环境的污染物的浓度或数量做出了限量规定，即排放标准。按适用范围可分为行业排放标准和通用型标准。制定排放标准的目的是控制污染源的排放量。工业污染源排放污染物时，污染物的最高浓度或含量不得高于国家或地方污染物排放标准规定的浓度或含量；在监管时，优先执行排放标准严格的标准。已核发排污许可证的企业，应达到排污许可证所载明的排放要求。

（一）继续加强监测、整治工作，巩固“五水共治”成绩

全面推进“污水零排放区”建设，实现污水全收集、全处理、全达标；对污水处理厂的处理能力进行提标改造，经过提标改造，实现所有新建和现有县级以上的城镇污水处理厂在2020年处理后的水达到地表水准Ⅳ类水标准。继续深化“五水共治”，全面消除劣Ⅴ类断面和黑臭水体。农村生活污水治理村覆盖率达到90%以上，控制畜禽养殖和农村面源污染。①

（二）制定政策，促进重污染行业技术升级，提高水的循环使用效率

宁波先后出台了《宁波市排污权出租管理暂行办法》《宁波市排污权回购管理暂行办法》。这些政策将促使电镀、印染、造纸、化工等用水大户进行技术升级，引进水处理设备，实现生产水的循环使用。目前，生产用水循环使用在技术上已经没有问题，关键是企业的生产理念需要转变。另外，政府还需要运用财税手段，激励企业主动进行技术革新，把符合环保要求放在第一位。

三、建立健全环境监测、调查和风险评估制度

城市的发展和管理水平需要有一个衡量标准，更需要有一个制度来使这种衡量动态化、持续化，建立健全环境监测、调查和风险评估制度对维系

---

① 宁波市环境保护局. 宁波市环境保护“十三五”规划：甬政办发〔2016〕177号[EB/OL]. (2017-01-09)[2017-03-18]. http://www.nbepb.gov.cn/Info_Show.aspx?ClassID=43f0f8db-97c3-4276-be3f-af68a339de21&InfoID=fa2c9509-b37d-4cb3-875a-c70e5ece2505&SearchKey=.

健康环境来说是极为重要的。

(一)加强环境空气监测能力

目前,许多环境监测、调查和风险评估项目由第三方检测公司承担,建立政府监测(环保局)和检测公司检测联动机制,既能减少政府监测成本,又能提高监测效率。若仅靠行政管理部门来监测,行政部门难免有力不从心的时候,这样就会出现重视严重污染,忽略轻污染,等到轻污染变成重污染后,又去治理重污染的情况。在这种机制下,行政机关充当灭火队,让民众对行政机构的效率充满质疑。为了改变严厉查处重污染、轻视轻污染的现象,应该建立民众参与监督、检测公司与环保部门共享数据、行政机构监测与提醒相结合的监测、检测机制,把对重污染的处罚更多地转化为事前预防,避免一切重污染事件的发生。企业应自觉进行技术更新,从源头防止环境污染事件的发生。

(二)增加环保检查频率,预防污染,加大环保执法力度

可开通微信、微博等网络新型交流渠道,鼓励城乡居民参与环保监督,环保部门提高检查、巡查频率,把污染事件扼杀在萌芽状态。实质上,查处环保大案、要案既有正面意义,也有负面意义,而且环保案件发生后,污染已经是不可避免的了。所以,环保问题的预防重于惩罚。

四、对城乡环境卫生进行综合整治

(一)树立以人为本的综合治理理念

首先,在卫生综合治理过程中,需要转变观念,突破传统,以市民基础需求为根本任务,以广大群众的根本利益为首位,着力提高城市居民的满意度和认可度,加强建设宜居型、新型化城乡;其次,始终秉持以人为本的出发点,深入改革综合治理模式,完善环境卫生各项政策制度、法律法规,定期按时召开听证会,按既定程序公示相关政策制度和规定方案,鼓励和引导社会团体和市民,积极参与城乡环境卫生综合治理,群力群策,不断提升自我认知感和责任感。①

(二)坚持深入开展城乡环境卫生综合整治

由于城乡环境卫生问题较为复杂,倘若仅仅针对环境污染采取相关预防和治理措施,那么将极有可能无法产生实质性成效,本质的问题得不到彻

① 张晓丽.当代爱国卫生运动的发展战略研究[D].南京:南京师范大学,2004.

底解决。[①] 所以，城乡环境卫生综合治理显得很有必要，根据基础现状和问题主要成因，从源头上遏制问题、解决问题、摆脱困扰，通过多方筹措、共同推进，方可降低环保部门工作强度，提升城乡环境卫生综合治理成效。[②]

深入开展城乡环境卫生综合整治行动，首先，拆除违章建筑，清理乱堆乱放，分类固体垃圾，疏浚坑塘河道，建立健全村庄保洁制度。其次，加强农业面源污染治理：加强病死畜禽和畜禽养殖业污染物的无害化处理，强化畜禽养殖污染防治与治理；推广生物有机肥，提倡使用高效、低毒、低残留农药；宣传焚烧秸秆会造成严重的空气污染，促进群众综合利用秸秆；规范化处理废弃的农药包装物和农膜，引导开展规范种植和绿色养殖。

加强建设美丽宜居乡村，注重乡村的绿化美化，对自然景观要有保护意识，但又要在整治环境的同时保持乡村的历史记忆、农村特点、地域特色和民族风格，尤其要健全卫生管理长效机制，注重环境与经济的可持续发展，有效破解农村卫生管理难题。

（三）建立病媒生物防治监测评估体系

病媒生物防治是一项系统工程，是一个不断发现问题、解决问题的过程。需要建立病媒生物防治监测评估体系，使用正确的方法，确保病媒生物得到长期有效控制。根据全国和宁波病媒生物监测方案，开展标准化、规范化的监测工作，使病媒生物防治工作逐步走向规范化、专业化和科学化。

（马少华，李来酉，秦志伟）

---

① 梁小马. 阳东区城乡接合部环境卫生综合治理研究[D]. 广州：华南理工大学，2016.

② 单新东. 杭州市环境卫生管理模式探讨[D]. 杭州：浙江大学，2005.

第五章　健康城市治理策略——构建健康社会

本章通过分析健康社会的内涵和基本特征，深入调研宁波健康社会的建设基础和面临的问题，系统研究上海、苏州、杭州等国内先行地区，以及英国、加拿大等国外先进地区的实践经验，阐释健康社会的发展趋势，提出宁波建设健康社会指标考量要素，以及宁波市推进健康社会建设的主要策略。

第一节　健康社会的内涵及基本特征

一、健康社会的内涵

健康城市是人类城市发展的一个高层次理念，关于健康城市的研究起源于公共卫生问题，其根本目的是确保改善城市居民健康。① 随着时间的推移，现今健康城市所涉及的领域已远远超越单纯的公共卫生问题，多部门合作治理成为健康城市发展的主要方式之一，其研究内容也由单一的健康改善延伸到环境支持和健康服务等方面。然而，与快速推进的社会经济和城市化进程相比，健康城市活动的发展却相对滞后，最主要的原因是对健康城市这一公共健康理念的理解尚停留在卫生层面。②

关于健康城市，世界卫生组织给出了普适性定义：健康城市是一个不断

① 任永成，郭俠，庄润森，等. 健康城市的哲学思考[J]. 医学与哲学，2014(7)：58-60.

② 梁鸿，曲大维，许非. 健康城市及其发展：社会宏观解析[J]. 社会科学，2003(11)：70-76.

开发、发展自然和社会环境，扩大社会资源，使人们能够在享受生命和充分发挥潜能方面互相帮助的城市。从构成来看，健康城市包括健康环境、健康人群、健康服务、健康文化、健康社会、健康产业等要素。这些要素相互作用、有机统一，其中健康的社会关系是保障。健康城市不仅重视社会经济的可持续发展，而且更加重视人与人、人与社会、人与自然之间的和谐统一。

关于“健康社会”一词本身，在现有文献中较少见明确定义。在研究健康城市的语境中，在健康城市相关理论的背景下，研究者们提出的健康社会定位，都是围绕着人与人之间、人与社会之间的关系展开的。吴忠民提出，所谓健康社会是指这个社会机体本身的主体性明显，结构合理并有足够的稳定性和调适性等特征。① 叶文虎认为，健康社会就是在涉及社会与人的关系时，社会秩序能“以人为本”，尊重人的尊严以及更有保障、更好地生存的需求；在涉及人与自然的关系时，社会秩序能“以自然为本”，尊重自然及其运行规律，且善于将政府、企业、公众的行为协同整合起来，不断对“社会秩序”进行自我修正，促使物质流、信息流、资金流等各种要素在整个环境社会系统中通畅、快速地循环流动起来，切实统筹兼顾人、自然、社会和谐发展。②

综上分析，健康的社会关系，指的是“社会成员之间保持的一种和谐、健康的互动关系”③，即政府、医疗卫生机构、教育等公共部门，私人企业部门，以及城市居民相互作用达到的一种平衡状态。普遍的、共享的社会福利是健康的社会关系的重点。在健康城市计划框架下，健康的社会关系，尤其要注重健康政策决策过程各方的普遍参与，以及对各人群的全覆盖。

二、健康社会的基本特征

健康社会的决定因素包括人们从出生到衰老各阶段所处的社会自然经济环境以及所享受的卫生服务，具体表现为社会经济因素（包括经济发展水平、社会阶层、社会营养等）、社会文化因素（包括教育、风俗习惯、宗教、亚文化等）、社会环境因素（包括社会制度、社会关系、人口发展、卫生事业发展、医疗保健制度、科技进步与健康、城市化与健康等）、行为心理因素（包括心理因素、行为生活方式等）。

---

① 吴忠民. 健康社会论纲[J]. 天津社会科学，1989(6)：54-68.

② 叶文虎. 坚持“三生”共赢建设健康社会是生态文明建设的关键[J]. 武汉科技大学学报（社会科学版），2010，12(2)：1-4.

③ 梁鸿，曲大维，许非. 健康城市及其发展：社会宏观解析[J]. 社会科学，2003(11)：70-76.

（一）健康社会的内涵特征

健康社会的特征主要表现在六个方面：（1）主体性。社会机体必须保持自主地位，而不能被生产力、科学技术直接左右。每个社会机体，尤其是较大的社会机体，都是一个独立发展的实体。（2）协调性。社会机体本身的协调，每一个社会机体都有多种需要，必须使社会机体内各方面的需要保持协调状态。社会机体与人为环境也应保持着协调关系，即社会机体与人为环境之间应保持协调关系。（3）畅通性。社会机体的畅通性，表现在必须具有开放性，结构合理性。（4）凝结性。社会机体作为一个整体，具有高度的凝结性。各部分各环节的有机组合是一种经济、文化、政治意义上的组合。（5）调适性。健康的社会机体，应该具有调整自身与环境之间不适应的能力。（6）稳定性。健康的社会机体有足够的能力将社会问题所产生的危害降到最低程度。

（二）健康社会的指标特征

影响城市健康的主要因素，有三类变量：（1）与医疗卫生有关的变量，如计划免疫、卫生保健等。（2）社会经济状况变量，如教育程度、就业状况、人口控制等。（3）居住环境变量，如供水状况、基础设施等。从世界卫生组织对健康城市、中国健康城市的评价指标体系中关于健康社会指标体系的设定，来分析健康社会的指标特征。

1. WHO 健康社会指标

为了促进健康城市建设的持续推进，各国陆续出台健康城市的评估指标。1996 年，WHO 提出了健康城市的 10 条标准，为各国开展健康城市建设提供借鉴。历经持续的实践、完善，最终保留了健康指标、服务指标、环境指标、社会指标 4 大类指标，以及 32 个具体指标。WHO 健康社会指标中的“社会经济指标”，包括失业率、收入低于国民平均所得的人口比例、学龄前儿童照护场所比例、残障者比例等。[①] 由于国情各不相同，WHO 未制定全球统一的健康城市建设评估指标体系，由各国根据国情自行制定符合实际的评估标准。

2. 中国健康社会评价指标

为推动我国“健康城市”建设，实现“健康中国”的目标，2013 年 12 月 30 日，中国城市发展研究会城市研究所课题组发布《中国健康城市评价指标体

① 周向红. 加拿大健康城市实践及其启示[J]. 公共管理学报，2016(3)：68-73.

系及 2013 年度测评结果》,这也是我国第一个健康城市评价指标体系(或称健康城市指数)。自 2013 年公布研究成果后,课题组广泛征求意见,不断完善健康城市评价指标体系。2015 年,课题组从健康环境、健康文化、健康条件、健康社会等 4 个维度,对全国 290 个地级以上城市进行了综合测评,并按不同的城市类型形成了城市健康测评结果。测评结果认为,作为健康城市,一个很重要的标准便是"政府和居民个体都十分关心健康问题,处在一个健康的社会环境中"。在测评结果中,健康社会作为一级指标,占 30%,包含的二级指标为食品安全关注度、健身关注度、健康关注度、雾霾关注度。①

(1)食品安全关注度。食品安全指的是,食品符合应有的营养要求,对人体健康不造成任何危害。食品安全关注度反映了人们的食品安全意识。

(2)健身关注度。健身是保护和增进人体健康的有效途径。健身关注度在一定程度上反映了人们的健康意识。

(3)健康关注度。按照 WHO 多维度的定义,健康是指生理、心理及社会三个方面全部良好的一种状况。健康关注度直接反映人们对自身身体健康和社会关系和谐的关心程度。

(4)雾霾关注度。雾霾是危害我国城市居民健康的新型因子。该项指标反映了公众对雾霾的关注程度,是一个负向指标。

3.我国试点城市健康社会共性指标

北京、上海、广州、苏州、杭州这 5 个健康城市为试点城市,各自都制定了健康城市评估指标。

城市	健康城市评估指标
北京	12 条。城镇登记失业率;全市从业人员平均受教育年限;经常参加体育锻炼的人数保持比例;人均体育场地面积;重点食品安全监测抽检合格率;城市市政供水合格率;农村居民饮用水水质合格率;全市林木绿化率;人均公共绿地面积;中心城区公共交通出行比例;万车交通事故死亡率;亿元 GDP 生产安全事故死亡率。
上海	6 条。人均公共体育场地设施面积;健康步道增长数;公共场所吸烟率;基层医疗机构提供"治未病"服务比例;发展健康社区;创建精神文明。

① 中国健康城市 2015 年度测评结果[EB/OL].(2015-11-03)[2018-09-13]. http://www.chinacity.org.cn/cstj/zxgg/268321.html.

续表

城市	健康城市评估指标
广州	8条。城镇三项基本医疗保险参保率;城镇登记失业率;万车交通事故死亡率;健康城市建设纳入政府经济社会发展规划;食品质量抽检合格率;健康村建设;健康社区建设;健康单位(医院、学校、机关、企事业单位)建设。
苏州	14条。健全突发事件应对机制;应急措施执行情况;养老保险覆盖率;工伤保险覆盖率;城市居民最低生活保障线;特困人群医疗救助比例;就业残疾人数占应就业残疾人数比例;犯罪率;万车交通事故死亡率;公共场所消防设施达标率;居住区安全监控比例;酒后驾车比例;公共场所控烟执行情况;城市烟草广告。
杭州	13条。城乡居民基本医疗保险参保率;城乡居民基本养老保险覆盖率;个人卫生支出占卫生总费用的比重;城镇登记(调查)失业率;低保标准的消费支出替代率;基本医疗保险政策范围内住院补偿率(城乡居民、城镇职工);公交出行分担率;城镇保障性安居工程累计开工套数;城市人均体育设施用地面积;社会体育指导员人数比例;亿元GDP安全生产事故死亡人数;主要食品药品监督抽检合格率;高中阶段教育毛入学率。

关于健康社会指标的制定,三个及以上城市共同使用的指标为:城镇登记失业率、重点食品安全(食品质量、主要食药品)监测抽检合格率、人均公共体育用地面积、万车交通事故死亡率。

第二节　宁波健康社会建设现状与问题分析

一、宁波健康社会建设现状

健康城市的启动缘于城市化的发展。城市化进程加快,随之而来的是大量人口涌向城市,特别是城市中心区。当城市的资源无法承载由人口激增带来的压力时,势必会导致城市提供的教育、住房、医疗、公用设施等公共服务,从数量到质量均无法满足需求。有效解决这些问题,达成人与人、人与社会之间的和谐相处,是推进健康社会建设的逻辑起点,也是最终目标。

(一)城市化与健康社会

城市化是当今全球人类社会发展的总趋势,快速工业化的城市带来的人口高密度、交通拥堵、房价高涨、污染日渐严重等诸多问题,逐渐成为威胁人类健康的重要因素。在这个过程中,人们逐渐认识到城市不仅是一个经济实体,更是人们赖以生存的空间。快速的城市化进程给社会健康带来了严峻挑战。

第一，城市化进程的加快提供了大量的就业机会，而农业生产效率的提高产生了大量的剩余劳动力，大量流动人口流入城市。人口激增给城市的教育资源、就业机会、医疗资源、社会保障等方面带来巨大压力。在城市化形态下，城市内部贫富差距逐渐拉大，出现“城市新贫困群体”。这个群体的出现带着明显的社会转型和制度变迁的特征。区别于农村贫困人口，城市新贫困群体主要集中在失业者、外来务工人员，他们由于工资收入水平低、不享受社会保障福利等而陷于贫困。

第二，城市化使大量外来人口涌入城市，而多头管理、权责分散，相对落后的人口管理方式存在很大问题。流动人口由于流动性大，基础信息统计混乱而难以纳入社会管理。同时，大量流动人口的出现对卫生保健，如传染病、免疫工作、孕产期保健、医疗卫生服务等，提出了严峻挑战。

第三，城市化带来人际关系、社会关系失调。城市化是社会变迁的重要方式之一，而社会变迁必然带来社会文化的变化与冲突。城市化的生活增加了个人与家庭的分离，城市压力常以抑郁、焦虑、自杀、酗酒和吸毒等形式表现出来。精神障碍在我国疾病的排序中已超过恶性肿瘤、心脑血管病而跃居首位。[①] 同时，在城市化形态下，个体社会交往更多遵循事务原则。事不关己的社会行为、冷漠的态度，也是诱发社会犯罪行为的潜在因素。

(二)宁波健康城市建设状况的主要指标

1.就业与社会保障

(1)就业保障。2015 年，宁波市城镇新增就业人员 17.8 万名，7 万名失业人员实现再就业，其中困难人员占 24%。年末城镇登记失业率为 2.01%，低于全国年末城镇登记失业率(4.05%)。在甬高校毕业生就业率保持在 95%以上，高于全国大学生就业率(91.7%)。注重技术技能人才培训，全年完成培训量 22.4 万人，其中农民培训占 49.6%。

(2)保险保障。宁波积极推进“全民参保登记计划”。至 2015 年年末，宁波市城镇人口为 480.5 万，全市城镇职工基本养老、基本医疗、失业、工伤和生育保险参保人数分别为 469.5 万人、382.0 万人、252.3 万人、293.2 万人和 254.3 万人(见图 5-1)，城镇职工基本养老保险、基本医疗保险参保率达 97.8%和 79.5%，超额完成宁波人力资源和社会保障事业发展“十二五”规划提出的“全市职工基本养老保险、基本医疗保险参保人数 425 万人、300 万人”

---

① 玄泽亮，傅华.城市化与健康城市[J].中国公共卫生，2003，19(2)：236-238.

的目标。

全市城乡居民社会养老保险、被征地人员养老保障参保人数、城镇居民医保和新农合参保人数如图 5-2 所示。社保待遇持续提高，全市企业退休人均增发养老金 242 元/月，失业保险金发放标准由 1238 元/月增至 1395 元/月。全市最低工资标准、企业退休人员基本养老金、城乡居民基础养老金标准分别提高 69%、46%和 162%。“十二五”期间，宁波养老服务体系基本建成，每千名老人拥有养老床位数达到 36 张，远高于同时期全国每千名老人 27.5 张的水平。2013 年，宁波被授予“浙江省扶残助残爱心城市”称号，在全省率先实现扶残助残爱心城区创建全覆盖。

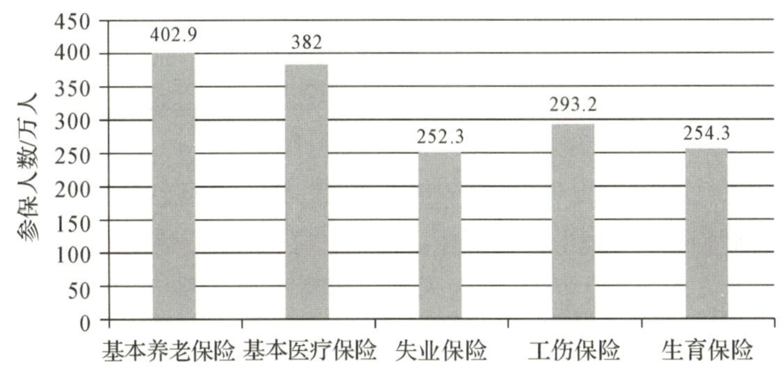

图 5-1　2015 年宁波市职工基本养老、基本医疗、失业、工伤和生育保险参保情况

数据来源：2015 年宁波市国民经济和社会发展统计公报。

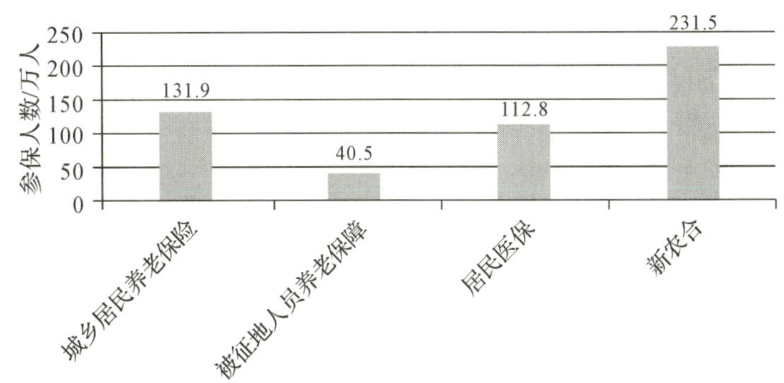

图 5-2　2015 年宁波城乡居民养老保险、被征地人员养老保障、居民医保和新农合参保情况

数据来源：2015 年宁波市国民经济和社会发展统计公报。

(3)民生保障。至 2015 年年末，宁波市拥有养老机构 245 家，比 2014 年增加 6 家，床位 46439 张，在院人数 24064 人，分别增长 10.6%和 6.0%(见

表5-1)。市区居民最低生活保障标准从月人均660元提高到744元,比全国城市低保平均标准(月人均451.1元)高出一半多。企业职工最低月工资标准,比2014年分别增加了210元、190元和180元,调整为1860元、1660元和1530元。全市农村五保对象、城镇"三无"对象(指城镇无家可归、无依无靠、无生活来源的孤寡老人、残疾人、未成年人、精神病人),集中供养率分别为98.0%、100%。

表5-1 2015年宁波市养老机构、床位数及入院人数

项目	2014年	2015年	增长率/%
养老机构/家	239	245	2.5
床位/张	41988	46439	10.6
在院人数/人	22702	24064	6.0

数据来源:2015年宁波市国民经济和社会发展统计公报。

(4)保障性安居工程。2015年年末,宁波市新建成各类保障性安居工程3.2万套,新增保障中低收入住房困难家庭8863户。城镇居民人均住房面积达40.3平方米,高于2015年全国城镇居民人均住房33平方米。

2.城乡统筹

2015年,宁波常住人口城镇化率达到71.1%,高出全国平均水平近15个百分点。全市城乡居民收入差距连续13年保持缩小态势,收入比达1.8∶1。宁波市在培育和发展卫星城、中心镇和特色小镇,推动产城融合和城乡统筹等方面,走出了具有宁波特色的新型城镇化发展之路。自2009年起,宁波城乡统筹发展水平持续位居全国、全省前列。

3.教育公平

2015年年末,全市共有各级各类学校2092所,在校生总数131.3万人。其中,在甬高校16所,在校生20.9万人,高等教育毛入学率为60%,高出全国高等教育毛入学率20个百分点;普通高中84所,在校学生8.8万人;中职学校50所,在校学生6.9万人;初中205所,在校学生18.5万人;小学448所,在校学生48万人。年末全市共有全日制民办中小学(幼儿园)966所,在校(园)生17.9万人,占全市全日制中小学(幼儿园)在校(园)生数的63.9%。

"十二五"期间,宁波财政性教育经费投入900多亿元,重点用于提高义务教育均衡发展水平。全市义务段学校标准化学校达标率超过95%,高于全省7个百分点。外来务工人员随迁子女占全市义务段学生总数的40%以上,其中公办学校接纳率达80%以上。全市11个县(市)区全部通过国家义务教育发展基本均衡县(市)区评估认定。[1] 教育部《全国15个副省级城市教育现代化检测评价与比较研究报告(2014)》显示,宁波教育公平指数位列第一,教育条件保障指数位列第三。

4.体育事业

“十二五”期间,宁波市致力于“体育创强”,在健身设施、指导与国民体质监测等方面加大投入,进一步完善亲民、利民、便民的全民健身服务体系。

群众体育组织迅速发展,体育社团组织日渐多元,全市每年举办各类群众性赛事活动3000余场,大型群体活动300项以上,参加总人数达到100万余人次。市本级有体育中心、蓝天健身中心、老年体育活动中心3个综合性全民健身中心;县(市)区级大中型体育场馆数量达到21个;全市城乡社区和行政村的体育健身设施已经实现了全覆盖,成功打造“15分钟健身圈”。全市体育强县(市)区达标率达80%以上,体育强镇(乡)、体育先进街道达标率100%,中心城区学校体育场馆开放率达到95%。北仑区跻身全国20个全民健身示范试点城市(区),成为全国唯一入选的县级区和浙江省唯一入选单位。全市经常参加体育锻炼的人数比例达到40.87%;国民体质测试总体合格达标率达92.1%,位居全省第一。

5.交通基础设施

2015年全市新增公交标准运营车辆1167标台。全市共有运营线路1058条,比2014年增长51.6%。轨道交通2号线一期工程开通运营。全年轨道交通进站客流3775.7万人次,旅客周转量10928.6万人千米,日均客流约20万人次。年内新增公共自行车网点267个,新投放公共自行车8944辆,至2015年年末,全市共建成公共自行车网点1259个,投放公共自行车33278辆(见表5-2);日均租车量10.2万辆次,增长43.0%。全市主城区公共交通(包括公交和轨道)分担率达28.5%。

表5-2　2014—2015年宁波公共交通情况

项目	2014年	2015年	增长率/%
公交标准运营车辆/标台	7468	8635	15.6
运营线路/条	698	1058	51.6
公共自行车网点/个	992	1259	26.9
公共自行车/辆	24334	33278	36.8

数据来源:2015年宁波市国民经济和社会发展统计公报。

① 蒋炜宁.宁波教育均衡化走在全国前列[N].宁波日报.2016-08-12(A7).

6.饮水安全

宁波市城区集中式供水由宁波市供排水集团下属4家集中式供水单位承担,4家单位均持有卫生许可证,都为饮用水供水单位卫生监督量化分级管理A级单位。2015年,出厂水合格率达到100.00%,管网末梢水监测合格率达到95.21%,二次供水合格率达到98.51%。

7.食品安全

宁波积极建设横向到边纵向到底的"食品安全基层责任网"。截至2015年年底,全市151个乡镇(街道)建立食品安全委员会及食品安全办公室,3075个行政村(社区)配备食品安全协管员、信息员9585名。积极推进"百万学生饮食工程"和"阳光厨房"建设,全市累计完成学校食堂改造提升项目732个,累计投资4.9亿元;学校食堂食品安全A、B级达标率为88.91%,品牌超市进校园率为82.3%,学校饮用水城镇管网水接入率达到100%。全市已建成"阳光厨房"1767家。中心城区餐饮服务食品安全监督量化分级管理率达到96.6%。

截至2015年年底,全市累计实现食品安全责任保险保费622.14万元,保额10.79亿元。开展"违法添加非食用物质和滥用食品添加剂整治"、肉品和水产品专项整治"百日会战"、食品安全"百日行动"、校园及周边食品安全"百日攻坚"、农村食品"四打击四规范"、散装酒散装食用油"两散治理"、"餐桌安全治理"、自制食品"清源"等专项行动,查处了一批涉及行业潜规则的食品违法案件,进一步净化市场环境,促进企业自律,人民群众满意率稳步上升。

8.公共安全

"十二五"期间,宁波卫生应急和重大疾病防控能力不断加强,全市甲、乙类传染病报告发病率控制在历史较低水平,比"十一五"下降了39%。2015年,全市甲乙类传染病报告发病率为173.83/10万,继续保持在较低发病水平。

创建国家级(省级)慢病防控示范区10个,居全省前列。公共场所卫生监管手段不断创新,开启新版公共场所从业人员健康证与网络培训一体化管理,推出了住宿场所分色管理,全市有148家住宿场所按分色的要求进行监管,重点单位全面推行泳池水质在线监测系统。同时,宁波市被列为浙江省唯一的"国家精神卫生综合管理试点城市"。

各类各级医疗卫生机构监督检查实现全覆盖,其中一级及以上医疗机构、社区卫生服务中心(乡镇卫生院)、各级疾病预防控制机构、血液中心的医疗废物每年检查监督覆盖率达 100%，其他医疗机构医疗废物每年检查监督覆盖率达 95%以上。医疗废物处置管理均达到规范级标准的要求。

2015 年 12 月底，宁波市 47 家医疗机构实施安装医疗废物在线监测系统，二级以上医疗机构医疗废物在线监测系统安装运行率为 100%。2013—2015 年，宁波枫林特种废弃物处理有限公司累计处理各类医疗废物约达 31667.9 吨，宁波市医疗废物无害化处置率达到 100%。市级及县(区)级以上医疗机构、社区卫生服务中心、部队医院以及疾控部门的医疗污水治理率已达 100%。

近年来，宁波市每年出台疫苗接种指导意见，开展接种率调查评估，每季度进行免疫预防监测数据分析和通报，2013—2015 年全市适龄儿童免疫规划疫苗接种率均达到 90%以上。截至 2015 年年底，全市共建有 171 家预防接种门诊，其中 42 家达到省五星级预防接种门诊要求，51 家达到三星级预防接种门诊要求，78 家达到规范化预防接种门诊要求，规范化预防接种门诊及以上的比例达到 100%。每年流动儿童接种率调查结果显示，居住满 3 个月以上的适龄儿童建卡率、建证率均达到 95%以上。

9. 健康文化

宁波 2005 年成为首批全国文明城市，2017 年成功实现全国文明城市“五连冠”。截至 2017 年，宁波有 24 个全国文明村镇，有“斑斓西沪”线、“溪上慈风”线、“五彩梁弄”线等 14 条文明示范线，将文化、文明、生态、产业、旅游等要素融于一体。2017 年 7 月，宁波市颁布实施《文明行为促进条例》，首次为“文明行为”专门立法。通过积分奖励、不文明行为曝光、社会服务“折抵”罚款、信用信息记录等方法形成多样化的文明行为机制。从 2018 年起，全市各级各类公共服务窗口单位 100%参与文明创建。宁波有 210 多万名志愿者，构建了系统完备、科学规范的现代志愿服务体系。宁波涌现出了全国道德模范俞复玲、陈淑芳，全国最美志愿者钱海军、陈军浩，全国岗位学雷锋标兵陈晗，“中国好人”徐兰芳、姚仁汉等道德楷模、最美人物。据 2016 年居民健康素养监测结果显示，宁波市居民健康素养水平为 18.65%，远高于全国平均水平 11.58%。

二、宁波建设健康社会面临的问题和挑战

(一)存在问题

基本公共服务是政府通过提供完善的财政保障，确保不同区域居民、不同社会群体有机会、有权利享有基本的公共服务项目，主要包括义务教育、

基本医疗和公共卫生、公共基础设施、社会救济、就业和社会保障等内容。提供完善、优质、均等化的基本公共服务是健康社会建设的重要内容，然而目前宁波公共服务资源供给、水平和管理运行还有待进一步优化提升。

1.公共服务资源供给有待扩展

相比上海、深圳等公共服务资源较充沛的城市，宁波的公共服务资源仍然相对短缺。如人均公共图书馆藏书量仅为深圳市（2.2册）的40%；养老服务供需失衡，养老床位总量供应不足和农村养老床位消费不足并存；城乡居民基本养老保险参保率低于同类城市，2015年年底，杭州为97.5%，宁波为92.5%，并且不同社会保险制度之间还未实现顺畅联通。城市交通发展瓶颈依然突出，公共交通的主体地位尚未确立。虽然近年来宁波的城市外围交通状况明显改善，逐渐成为长三角交通枢纽城市之一，但常规公交单车运能仅有240人次/（车·日），与其他城市的500人次/（车·日）相比，还有较大差距。宁波虽开通了地铁1号线、2号线，但受轨道接驳配套不足、公交信号优先缺失等问题影响，宁波公交运力并未得到充分满足。2014年，在各种交通方式构成中，宁波主城区公共交通（含轨道交通）的出行比例为28%左右，远低于上海的49.9%和北京的48%。而国际先进城市的这一比例一般在60%以上。①

2.公共服务均等化水平有待提升

截至2016年年底，宁波城乡居民收入比由2.06∶1缩小到1.8∶1，荣获“中国小康社会建设示范奖”；宁波率先实现了城乡居民基本养老保险、基本医疗保障、最低生活保障“三大并轨”。然而城乡之间、区域之间、不同社会群体之间在教育资源、医疗、社会保障等基本公共服务方面的均等化程度还有待提升。2016年宁波居民健康素养监测结果显示，城市居民健康素养水平为24.44%，而农村居民仅为12.26%，城市居民大大高于农村居民。《宁波城市基本公共服务提供的现状调研》显示，大型综合医院、图书馆等大型公共设施的分布主要集中在中心城区；而奉化、宁海、象山等地区的公共服务发展水平与群众需求差距较大，发展较慢。

3.公共服务管理运行机制有待完善

公共服务供给总量不足、结构失衡，主要表现为公共服务供给产品相对单一，无法满足日益增长的居民多样化、多层次的公共服务需求。同时，部

---

① 刘培忠.治理宁波城市交通拥堵问题之探讨[J].宁波经济：三江论坛，2015(7)：39-42.

分公共服务资源利用效率偏低，特别是农村的部分养老院所、文化场馆、体育设施等公共资源闲置率较高。居民公共服务诉求表达机制尚不通畅。

（二）面临挑战

宁波现有常住人口700多万，其中城镇人口500多万，包括三类人群：持有宁波城镇户口的有185万，持有宁波农村户口的有173万，外来常住人口约168万。宁波城市化率已接近70%。① 但是，传统的城市化不仅发展方式较为粗放、要素资源消耗巨大，而且生态环境的承载力也已接近饱和。从人的城市化角度看，宁波尚有1/3左右的城市常住人口有待“市民化”；从城市发展的角度看，传统城市化的推动力正不断衰竭，“副作用”却在不断加剧。

1.人口结构与规模不尽合理

一是人口自然增长率不高。2016年《宁波市统计年鉴》数据显示，2015年年末全市户籍人口586.6万人，人口出生率为8.31‰，自然增长率为1.84‰，自然增长率连续18年低于5‰。同期，全国出生率为12.7‰，自然增长率为4.96‰，宁波人口出生率以及增幅均低于全省平均水平。

二是宁波进入中度老龄化社会。目前，人口老龄化带来的健康问题与日俱增，人口老龄化与低出生率的矛盾正逐渐呈现，老年人口医疗保健需求快速增长，养老保险、医疗卫生等社会保障将面临更大压力。截至2014年年底，宁波60周岁及以上户籍老年人口达125.5万，占户籍人口总数的21.5%，宁波进入中度老龄化社会，并呈现出老年人口增速快、高龄化、失能化、空巢化的特点。近5年宁波老年人口系数平均增长0.84%，而全国、全省的增速分别是0.4%、0.46%；80岁以上高龄老人占老年人口总数的15.3%，增速快于老年人口；全市有失能半失能老人9.2万，占老年人总数的7.4%；全市将近65%的老人处于空巢状态，其中独居老人占7%。预计到2020年，宁波户籍人口中老年人口将突破160万，将占户籍人口总数的25%。②

三是外来人口规模大，技能水平不高。虽然2013年宁波流动人口出现了有流动人口年报统计数据以来的首次下降，但在宁波的常住人口中，非户籍人口达196.5万，较杭州多出13.7万，规模居全省首位。从非户籍人口占比上看，宁波非户籍人口占常住人口的比重为25%，比杭州高出5个百分

---

① 俞永均，余晓辰．做好“人”这篇核心文章[N]．宁波日报，2014-08-07(A8)．

② 祁义霞．宁波健康服务业专业化发展的路径研究[J]．中国农村卫生事业管理，2015(10)：1233-1235．

点。因此，无论从绝对规模上看，还是从相对比例上看，宁波当数省内最大的人口流入城市。数据显示，2012 年，宁波外来人口中，非劳动力人口(即 60 周岁以上的老人、6 周岁以下的儿童)达 66.1 万人，虽数量不大但增幅十分明显，比 2011 年增长了 50%以上，超过同期外来劳动力总量的增幅。[①] 根据 2012 年统计数据，宁波流动人口中外来劳动力整体文化程度不高，文化程度为初中及以下的占总人数的 70%，高中及中专的始终徘徊在 20%左右，大专以上的未超过 10%；“无技能”人数为 280.01 万，占外来劳动力的 73.29%；有初级和中级职业资格证书的为 95.63 万人，占 25.03%，高级及以上的仅占外来劳动力的 1.68%。[②]

四是人才发展环境急需优化。领军和拔尖人才严重不足、专门人才比较匮乏、人才结构和布局不尽合理、人才发展体制机制障碍尚未消除、人才资源开发投入相对不足、人才创新创业环境有待改善。

2.城乡二元结构依然存在

健康城市的宗旨之一就是降低社会不公平程度，建设健康社会。宁波市统筹城乡综合得分超 90 分，居全省前列。这些都标志着宁波进入城乡全面融合新阶段，但城乡二元分割等问题依然存在。

一是城乡经济发展有差异。宁波市已经全面消除了年收入 6000 元以下的贫困人口，但动态消除相对贫困的任务还很艰巨。2014 年全市生产总值 7610.3 亿元，其中市区生产总值 4589.3 亿元，占总产值的 60.3% ，而其他 5 个郊区县占 39.7%。2014 年城镇居民人均可支配收入为 44155 元，是农村居民人均可支配收入的 1.8 倍。[③]

二是城乡公共资源供给不平衡。城区和农村在文化、教育、卫生、体育、科学技术等公共资源方面的分布不均衡。城乡一体化尚未完全实现，户籍管理、社会保障、土地利用等制度仍然呈现二元分割状态。

---

① 汪科.新型城镇化视野下宁波外来人口市民化问题研究[J].宁波经济：三江论坛，2014(7)：34-37.

② 温家鹏，宁波城镇化发展中的人口情况分析[J].宁波经济：三江论坛，2014(4)：19-22.

③ 徐斌.宁波市人口、经济和环境的现状分析[J].山东纺织经济，2016(4)：58-59.

第三节　国内外健康社会建设的实践与启示

一、国外实践

(一)加拿大多伦多

健康城市建设伊始，多伦多公共卫生部门即成立健康城市策略小组。该小组与健康城市办公室合作负责健康不平等项目，主要是依据健康状况资料、健康影响因素评估、健康政策分析来支持健康公共政策的发展，负责协调整个公共卫生部门的工作，并与国家健康社区计划及世界卫生组织健康城市计划对接。

多伦多健康城市建设倡导“以社区为基础的健康服务体系”，以“健康社区计划”为出发点，以社区为单位，由当地议会审议决定计划是否实施，并且开放给任何想要参加的社区，不管是只有几人，还是有几千人的社区都可以参与。训练新健康专业者是其突出特点，包括公共卫生工作者、社区健康工作者，强调员工发展、社区发展及教育活动。专业人员必须接受继续教育以保持其认证才能继续从业。①

(二)英国利物浦

英国开展实施“健康利物浦”计划，工作重点为健康影响的评估、健康公平的审查，发展建立社会资本，优先考虑保障当地居民的工作、教育等。②

利物浦“健康城市计划”主要从三个方面着手。一是建立以政府为主导的多部门合作机构，包括联合咨询委员会，联合公共卫生团队、健康城市小组、策略支持团体，负责政府提出的四个关键领域：心脏病、癌症、性健康与意外事故、居住健康。二是有步骤地完成阶段性建设任务，重点进行健康影响评估和健康公平审查等，同时提供一个可持续的社区发展策略。该策略以可持续性、平等、社会融合、社区凝聚、联结计划与行动、社区参与和作业透明化为主要特征。三是构建相关支持策略把健康融入所有政策，建立有益于城市经济、环境和社会发展的健康公共政策与创新策略，并且通过每阶

---

① 骆湘香.浙江省三地健康城市建设现状及对策研究[D].杭州:杭州师范大学,2015.

② 陈钊娇,许亮文.国内外建设健康城市的实践与新进展[J].卫生软科学,2013(4):214-216.

段的计划，明晰城市面临的问题，同时将推行的策略进行归档，确保资源的有效利用。

二、国内实践

（一）上海

上海于2003年加入健康城市建设项目。2003年，上海市政府正式启动实施“上海市建设健康城市三年行动计划（2003年—2005年）”；2006年又启动实施了“上海市建设健康城市2006年—2008年行动计划”，持续将健康城市建设工作推向深入。上海市健康城市建设的模式是以健康促进理论《渥太华宪章》为指导，以实现健康环境、健康社会、健康人群为目标，以健康促进能力建设为手段，通过政府主导、多部门合作、社区参与的方式，全面推进健康城市建设。

关于健康社会，上海健康城市指标体系主要考量要素为健康公共政策、社会支持网络和社会和谐度、良好的社会风尚、享有公共社会资源的公平性。

上海市健康城市建设具体行动分两轮开展，每轮时间为3年。

第一轮行动主要有8项目标任务，分别是营造健康环境、提供健康食品、追求健康生活、倡导健康婚育、普及健康锻炼、建设健康校园、发展健康社区、创建精神文明，要求加强条块合作，推动社会参与，促进资源整合。

第二轮健康城市建设的三年行动计划，从满足人民群众健康需求出发，重视运用综合干预模式，控制各种健康危险因素，规范公共健康行为，倡导健康生活方式，促进人与环境的和谐相处。[①] 围绕营造健康环境、完善健康服务、保障健康食品、倡导健康行为，重点推进“五个人人”活动。其中，与健康社会相关的有：①保障健康食品。内容包括全面推进“放心食品，健康消费”活动；及时发布食品安全提示和警示；全面推进“食品安全，人人有责”活动；完善食品安全举报系统。②倡导健康行为。内容包括全面推进“除陋习，践行公共道德”活动；继续推进公共场所控烟活动；积极倡导资源节约行动；依托各类绿色创建活动，开展节电、节水、节约资源等环保活动；大力倡导符合条件的人群自愿参与无偿献血活动。

（二）苏州

2003年9月，苏州正式启动健康城市建设工作。2006年，在世界健康

---

① 赵芳.上海市健康城市建设及其健康促进能力研究[D].上海：复旦大学，2010.

城市联盟大会上，各与会市长共同签署了《健康城市市长苏州宣言》。苏州健康城市建设的主旨是“以人为本，开展健康教育，优化健康服务，培育健康人群，构建健康社会”。项目重点为“健全公共卫生体系”“做文明市民，构建健康社会”“全民健身活动”等10项活动。①

2003年，苏州颁布了《苏州市健康城市指标体系》。指标共涉及11个方面，122条。其中构建健康社会指标14条，包括4个一级指标，分别为应对突发事件（健全突发事件应对机制、应急措施执行情况），就业与社会保障（养老保险覆盖率、工伤保险覆盖率、城市居民最低生活保障线、特困人群医疗救助比例、就业残疾人数占就业残疾人数比例），社会安全（犯罪率、万车交通事故死亡率、公共场所消防设施达标率、居住区安全监控比例、酒后驾车比例），烟草控制（公共场所控烟执行情况、城市烟草广告）。

（三）杭州

杭州市于2008年发布《杭州市建设健康城市三年（2008—2010）行动计划》（以下简称《计划》），提出“营造健康文化、保护健康环境、优化健康服务、培育健康人群、发展健康产业、构建健康社会”六大主要任务，并明确提出到2010年，建设健康城市的各项指标处在全国前列，健康城市建设工作达到国际先进水平。

《计划》涉及杭州健康城市指标体系44条，健康社会有14条，分别为医疗保险参保率、城乡居民健康档案建档率、重性精神疾病病人有效管理治疗率、居民基本健康知识知晓率、城镇登记失业率、重点食品安全监测抽查合格率、年万车交通事故死亡率、亿元GDP生产安全事故死亡率、公共场所吸烟率、适龄儿童免疫规划疫苗接种率、健康促进社区覆盖率、保障性住房建设、符合医疗救助条件的困难群众的救助率、对社会保障的满意程度。②

三、对宁波建设健康社会的启示

世界卫生组织认为，健康城市的实质和核心是以人为本。健康城市应具备以下特征：以健康城市计划为基础，坚持全面健康的理念和健康促进的原则；良好的行动方案；监测、研究良好健康城市对城市与健康的影响；向结盟或有兴趣的城市介绍经验；城市间能相互支持、学习、合作。

---

① 黄敬亨.苏州市建设健康城市的场所评估策略与方法[D].上海：复旦大学，2000.

② 朱铁佳，魏新来.长三角地区“城市健康指数”比较研究[M]//中国城市规划年会.新常态：建设与变革（2015年中国城市规划年会论文集）.中国建筑工业出版社，2015.

(一)健康城市社会发展趋势

1.把健康融入所有政策

健康的影响因素,除了医疗卫生服务、生物遗传因素外,大部分是游离于医疗卫生系统之外的,如就业、教育、住房、交通等,渗透在社会系统的各个环节。健康城市发展要达到良好的状态,要倡导战略规划和各部门合作,发挥公共政策在促进健康方面的作用。卫生与健康、商务、社会保障等部门应协调行动,共同制定公共政策,将健康、健康公平融入公共政策。①

2.持续改善弱势群体的健康公平

健康城市是一项社会性工程,“公平”和“正义”是健康城市的总原则。健康与收入水平、工作环境密切相关。关注弱势群体的健康是促进健康公平的核心。有资料显示,在英国,20%的社会底层人群比20%的社会顶层人群平均寿命少7年,前者在退休前死亡的概率为后者的2倍。② 各国都将处理健康与公平之间的关系作为健康城市建设的关键,把更多的社会资源向低收入、受教育程度较低等的弱势群体倾斜,保障弱势群体在城市化进程中,获得基本的公共服务、住房保障和就业机会等。

3.倡导健康生活方式

从20世纪后半叶起,随着社会经济的发展、医疗卫生条件的改善以及生活方式的改变,世界范围内的疾病谱、死因谱发生变化,慢性病逐渐成为居民健康的主要危害。有数据显示,预计到2020年,由于不合理的饮食安排、酗酒、缺少运动、吸烟等不良生活方式,全球总死亡人数的75%、全球疾病总负担的57%将由慢性非传染性疾病所致。③ 广东省疾病预防控制中心的数据显示,2013年,慢性病导致的死亡占全部死亡原因构成的86.8%;因慢性病而导致的早死寿命年损失,占全部死亡原因导致的早死寿命年损失的76.4%。中心研究认为,疾病负担可干预的危险因素分别是高血压、吸烟、高血糖、水果摄入不足、盐摄入过多和身体活动不足等。2016年,慢性病危险因素监测结果显示,广东18岁以上居民每日烹调油摄入量≥25g的比

---

① 王鸿春.北京健康城市建设研究报告(2015)[M].北京:社会科学文献出版社,2015.

② 宁德强.“健康城市”发展模式视角下的健康重庆建设[J].重庆邮电大学学报(社会科学版),2010(4):111-116.

③ 傅华,玄泽亮,李洋.中国健康城市建设的进展及理论思考[J].医学与哲学,2006(1):12-15.

例为59%，家庭人均每日食盐摄入量>6g的比例为57%，从不锻炼率为65%。[①] 在第九届全球健康促进大会上，专家达成共识，认为让市民拥有健康的生活方式是一个城市的基本价值。培养健康生活的理念、健康生活的方式离不开政府的宣传引导，学校和社会组织的教育指导。全球许多城市都加大了健康生活方式的宣传力度：学校增加学生课间锻炼时间；社区开展健康生活方面的宣讲和活动；企业倡导员工在工作间歇开展体育锻炼。

4. 社区成为健康城市行动的基本单元

社区是社会最基本的生活共同体，不是人的简单“聚拢”，而是人与人之间的有机“整合”，是居民自我管理的区域。尤其是面对快速的城市化，大量外来人口的涌入，社区拥有不同文化背景、不同语言、不同阶层的居民，并且社区在健康城市的建设过程中发挥了关键性的推动作用。通过社区行动，建立居民健康档案，落实早发现、早诊断、早治疗的“三早”政策；对传染病和慢性病进行控制。对社区居民实行健康管理，尤其是对慢性病患者、孕产妇、儿童、残疾人等特殊人群的管理，对促进妇幼健康指标的改善，提高居民健康素养具有重要作用。社区可以发挥整合优势，社区行动在健康城市建设中的作用日益强化。

（二）宁波健康社会考量指标

通过对国内外健康城市指标体系以及健康城市发展趋势的研究，结合宁波市健康城市建设现状以及面临的问题和挑战，可以确定宁波健康社会建设主要考量指标为健康城市建设是否纳入政府经济社会发展规划、就业与社会保障、教育公平、文化体育、城市交通、饮水安全、食品安全、公共场所卫生、公共安全、人口均衡等。其中，就业与社会保障主要是城乡三项基本医疗保险（城乡职工基本医疗保险、城镇居民基本医疗保险和新型农村合作医疗）参保率、城乡登记失业率。城市交通主要是万人拥有公交车数量、公共交通分担率、城市公共交通出行比例。食品安全主要是食品质量抽检合格率、各类食用农产品监测平均合格率、药品抽检合格率、食物中毒发病率。公共安全主要是公共场所消防设施达标率、突发公共卫生事件应急处置覆盖率。人口均衡主要是人口数量、人口素质、人口结构和人口分布。

① 何雪华，粤康信. 全省启动全民健康生活方式行动[N]. 广州日报，2016-09-23(A2).

第四节　宁波健康社会的建设目标和实施对策

一、宁波健康社会的建设目标

宁波健康社会以可持续发展理论为指导，注重健康发展和生活质量的提高，通过追求人、环境、城市的有机结合实现动态平衡，实现社会经济因素、社会文化因素、社会环境因素、行为心理因素的协调统一。处理社会与人的关系、人与人的关系时，通过建立公共保障体系、城市文明和谐、社会资源的公平分配等，促进物资、信息、资金等各种要素在整个环境社会系统中通畅、快速地循环流动。

（一）社会保障体系

构建政府主导、覆盖城乡、可持续的基本公共服务和社会保障体系。就业和再就业、社会保险、住房保障、社会救助、社会福利以及社会优抚在内的社会保障体系基本建立，初步形成了一套较为严密的社会保障安全网，逐步形成了促进社会事业发展的“宁波模式”。

（二）公共服务体系

加快推进基本公共服务均等化的区域统筹设计，努力形成基本公共服务支出稳定增长机制、多元化基本公共服务供给模式以及多层次基本公共服务绩效评估和监管体系。① 加大公共交通投入力度，建立高效的交通管理系统；鼓励市民绿色出行，坚持公交优先。在公共设施中融入健康理念，比如在公园里设置步道，优化包括广场、购物街、城市中心公园等在内的城市网络化步行系统。

（三）城市文明和谐

1. 城市精神

在以城市为载体的空间领域内，人文精神又集中体现为城市精神。宁波有着悠久的历史积淀和深厚的文化底蕴。从河姆渡文化到“经世致用”的浙东学术文化，以及大批的文化先贤和近现代文化名人，宁波表现出显著的

---

① 宋炳林.加快健全宁波基本公共服务均等化的长效机制[J].宁波经济：三江论坛，2013(9)：27-29.

农耕文明和海洋文明的特征。1994 年,宁波提出"立志创业、务实高效、文明守法、团结奋进"的宁波精神。1995 年,宁波又提出"想大局、算大账、迈大步、创大业"的港城精神。2000 年,宁波市委又提出了"开拓、开放、开明"的宁波精神内涵。2005 年,宁波明确提出"诚信、务实、开放、创新"的城市精神。城市精神的提出表现了宁波人民兼容并蓄、励志图强的生活气度,以及厚德崇文、创业求新的精神品格。

2. 健康文化

文化作为一种精神力量,其首要特征就是社会性,文化对人和社会会产生深远影响。狭义的文化,指的是人类社会的意识形态,以及与之相适应的制度和组织结构。而广义的文化,指的是在人类改造社会和自然过程中产生的所有物质财富和精神财富的总和。

健康文化则是以协调人与自然和疾病斗争为核心,在防治疾病、维护和增进健康的实践过程中所形成的精神成果与物质成果的总和。① 健康文化既包括物质成果,如自然环境、人文环境建设,又包括精神成果,如价值观念,还包括行为层面,如行为举止。健康文化包括有形的文化,如健康出版物、电视电影等,也包括无形的文化,即健康理念、健康观念,对待健康和生命的态度。健康文化的核心,实质上是健康意识、健康素养与健康行为。

健康文化不仅促进人身心的健康发展,维护其良好状态,还提供健康文化服务。健康文化借助文学、艺术、出版和传媒手段,向广大市民普及健康知识,更新健康观念,促进人们的健康发展。健康城市建设就是要通过发展城市文化促进健康文化发展,从而提高市民的健康素质。

3. 健康的国民心态

健康的国民心态也叫社会心态,主要是指人与社会的关系。社会心态指的是在一定时期内普遍存在于各类社会群体中的社会认知、社会情感、社会情绪和行为意向的总和。② 自尊自信、理性平和、积极向上是健康社会心态的基本构成要素。健康社会心态是维护社会稳定的心理基础。社会心态是对社会现实的自然照射,是社会管理的风向标,是维护社会稳定的安全阀。

近年来,宁波注重培育"最美"土壤,积极选取"最美典型",引导群众见

① 杨劼,卢祖洵. 健康的文化视角与健康文化的基本内涵[J]. 医学与社会,2005(1):19-20,23.

② 何小芳. 国民健康社会心态的培育路径思考[J]. 中共四川省委党校学报,2013(2):64-67.

贤思齐、崇德向善,涌现出一大批感动全社会的“最美人物”。这些道德模范和时代楷模,为宁波构筑“道德高地”、建设精神家园注入了强大的价值力量。在浙江省城市文明程度指数测评中,宁波位列第二;象山陈淑芳家庭被评为第一届全国文明家庭;全国道德模范俞复玲受邀参加2017年中央电视台春晚。宁波三个先进典型入选全国志愿服务“四个100”公示名单。

争创新一轮全国文明城市,贯彻落实文明行为促进条例,增强“爱心宁波·尚德甬城”品牌的影响力,进一步提升市民素质和社会文明程度。广泛开展各类“文明礼仪”主题活动,倡导礼貌友善、言行优雅,着重培养公民文明礼仪习惯;依托基层党校、农村文化礼堂等基层宣传文化阵地,组织专题讲座、知识竞赛、展览展示等活动,运用宣传栏、黑板报、电子屏幕和挂图等形式,开展生动活泼的宣传教育,让人们明礼知耻、崇德向善,自觉践行公民基本道德规范,提高道德修养,增强道德自律。加强政务诚信、商务诚信、社会诚信和司法公信建设,健全守信激励和失信惩戒机制。

(四)健康公平

1.健康公平的概念

健康公平内涵丰富,关于健康公平的概念,研究者各有见解。世界卫生组织和SIDA(Swedish International Development Cooperation Agency)在1996年的一份倡议书《健康与卫生服务的公平性》中强调:公平不等于平等,它意味着生存机会的分配应以需要为导向。更确切地说,公平应该是共享社会进步的成果,而不是分摊本可避免的不幸和健康权利损失,卫生保健和健康公平性要求努力降低社会人群在健康和卫生服务利用方面存在的不公正和不应有的社会差距,力求使每个社会成员都达到基本生存标准。WHO将健康公平定义为,所有社会成员均有机会获得尽可能高的健康水平,这是人类的基本权利。

周良荣认为,学术界对健康公平的界定归纳起来大体有三种观点。① 一是机会公平说,强调起点和机会的公平,认为“健康公平是指所有社会成员均有机会获得尽可能高的健康水平,这是人类的基本权利”②。二是结果公平说,强调结果的公平,认为“健康公平指不同收入、种族的人群应具有同样

---

① 周良荣,陈礼平,文红敏,等.国内外健康公平研究现状分析[J].卫生经济研究,2011(2):16-19.

② 陈家应,龚幼龙,严非.卫生保健与健康公平性研究进展[J].国外医学(卫生经济分册),2000(4):153-158.

或类似的健康水平,各健康指标在不同人群中应无显著差别"[①]。三是机会公平加结果公平说,认为健康公平分为应然性健康公平和实然性健康公平。[②] 前者强调卫生服务结果的公平,后者强调所有社会成员应以基本的卫生服务需求为导向来获得卫生服务,并达到在社会普遍健康水平上的一致。

也有研究者认为,健康公平是社会公平的一个重要方面,包括健康状态公平和卫生保健资源使用公平两个方面。前者是指每个人都有同等的机会达到所能达到的最好的身体、精神和社会生活状态。后者则是指每个人都能公正、平等地获得可利用的卫生服务资源。

2. 健康公平的影响因素

健康公平缺失是医疗服务市场化、个体经济保障能力不足的体现,政府承担多少责任是健康公平程度的关键。

1977 年,英国政府成立了健康公平研究小组。1980 年 8 月,该小组向国会提交了 *Black Report*,指出社会健康水平差异现象,并将不同社会阶层的健康水平差异归因于社会经济环境的差异,从而引起了对健康公平的广泛研究。国外研究表明,国外学者对导致健康不公平因素的研究,集中体现在以下几方面:一是经济物质因素。英国健康公平研究小组发现,物质生活条件、住房、工作、收入等是造成健康不公平的主要原因;贫穷是造成社会低层早死和预期寿命较低的主要原因。二是社会资本因素。Kawachi 认为,收入不平等会引起死亡率的上升,而社会资本状况差,又反过来严重限制了贫困人口的能力发展和摆脱贫困。贫困阶层处在"贫困—低社会资本—更贫困"的恶性循环当中。[③] 三是卫生服务利用过程因素。Margaret Whitehead认为,卫生服务利用的过程也影响健康公平,贫困阶层比富裕阶层的就医等待时间更长,就诊时间更短。[④] 四是卫生资源分配因素。福利主义认为,资源分配应该根据人的需求和意愿来进行。

我国研究健康不公平主要围绕社会资本与经济收入因素、公平与效率因素、政策与制度因素、权利责任与法律规定进行。政府的政策调整必然会

---

① 侯剑平. 中国居民区域健康公平性影响因素实证研究[J]. 特区经济,2006(10):26-28.

② 杜仕林. 健康公平的法律本质解读[J]. 河北法学,2009 (8):66-69.

③ KAWACHI I,KENNEDY B P,LOCHNERK,et al. Social capital,income inequality,and mortality[J]. American journal of public health,1997(9):1491-1498.

④ WHITEHEAD M. The concepts and principles of equity in health[J]. International journal of health services, 1992, 22(3):429-445.

影响公共卫生资源分配，要实现健康公平与社会和谐，就要正确处理具有差异性的社会各阶层之间的关系、医疗卫生服务与市场机制之间的关系，权利责任与法律规定之间的关系。

总体来看，国内外对健康公平概念的界定主要围绕着机会公平或结果公平展开。就影响因素来看，大部分文献认为经济收入是造成社会健康不公平的深层次原因。我国由于城乡二元结构的长期存在，学者对不公平的研究主要集中在城乡居民间的健康公平差异上，而对策则以理论研究、宏观研究居多。

3. 公共社会资源公平分配原则

健康城市 Meta 理论的主要原则之一就是"在社会和政治事务中优先考虑健康"。长期的干预措施能对人群的健康产生广泛、持续的效果；而短期的干预措施，比如健康宣教、卫生保健等，在花费相对较高的情况下，能获得更集中的健康收益。

第一，坚持按照道义论的基本精神，从根本上肯定人人享有健康的基本权利，主张人人平等。避免政策上出现对某些个体的歧视，把握具体分配的合理性。

第二，按照需要来处理分配，坚持合理差等享权的原则，分配具体资源和利益。真正意义上的公平是"人人平等"，而不是"人人平均"。合理的差等分配按照需要进行，可提高资源的使用效益。

第三，福利性和商业性结合的原则。公平分配资源不等于无偿分配资源。我国还处在全面建成小康社会前的阶段，除有国家财政支持卫生事业外，还要求医疗卫生事业谋求自身发展。国家重点保障国民基本医疗，公民可以根据自身经济承受力选择相应的医疗服务。

二、宁波健康城市建设实施对策

（一）健康的公共政策

发挥公共政策在促进健康方面的作用。以健康为核心，跨部门行动，强调社区参与的公共决策。创造有利健康的政策环境，如环境保护、烟酒销售和税收政策、公共场所禁烟立法、福利基金和住房政策等。

为促进宁波市城市化进程与建设健康城市的步伐和谐统一，在城市化公共政策方面应注意完善公共政策的制定机制，保证公共政策制定的科学、民主和合法；强化公共政策的执行机制，提高执行能力，改进执行方式，规范监督体系；建立公共政策的评估机制，建立专门的专业化公共政策评估组织，建立政策评估信息网络系统。

（二）健全的社会支持网络

社会保障是社会运行的“安全网”“稳定器”和收入分配的“调节器”，完善的社会保障体系是建设健康城市的内在要求和必备条件。而健康城市建设，要求政府必须从公民的最根本利益和需求出发，不断缩小各类群体在生活质量和健康水平方面的不平等，更好地推动社会保障制度的完善。

1. 统筹协调社会保障体系

《宁波市2013年体制改革工作要点的通知》《宁波市统筹城乡发展规划》《宁波市域总体规划》等一系列规划政策，构建了公平的、可持续的社会保障体系。要按照多标准、可选择、能衔接的要求，推进各类养老保险制度并轨和各类医疗保险制度统筹整合，形成覆盖所有目标人群、全市统一的基本养老、基本医疗保险制度。

一是做好社会保险扩面工作。要以创建国家保险创新综合试验区为契机，创新推出一批群众能接受、多获益的政保合作项目，更好地发挥保险的民生托底功能。继续扩大各项社会保险覆盖范围，将符合条件的各类群体纳入相应的社会保险制度的覆盖范围，重点做好农民工、自由职业从业人员的参保工作。制定激励政策，引导和鼓励各类人员及早参保、长期参保和连续参保。

二是统筹城乡社会保险发展。做好城乡社保体系的“加减法”。逐步增加农村社会保障的财政投入，让农民共享公共财政。同时，将有条件的从事非农职业的农村居民纳入城镇社会保障体系中，减轻农村社会保障压力，逐步实现城乡社会保险制度有机衔接。

三是强化户籍改革和监督力度。政府应当成立由各相关部门人员组成的研究和指导户籍制度改革的机构，指导户籍制度改革工作。

2. 适度普惠福利救助体系

社会经济发展的目的，不仅是经济增长，更应是社会福利的最大化。社会福利水平的提高是社会整体进步的标志。基本福利的公平性要求人人享有平等的健康权。制定地方健康福利政策，应强调制定过程、决策过程的居民共同参与，更有效地促进福利共享。

一是健全城乡最低生活保障与救助帮扶联动机制。在实现城乡一体化的基础上，不断缩小区域间最低生活保障水平的差距，完善城乡特殊困难家庭临时救助制度，建立健全残疾人社会服务救助体系。

二是健全养老服务体系。健全以居家养老为基础、社区养老为依托、机构养老为支撑的社会养老服务体系,满足老龄群体多样化的养老服务需求。建立有偿服务、无偿服务,高、中、低端多层次服务相结合的服务体系。改善、提升现有县(市)区、乡镇(街道)、社区养老机构的医疗保健、日托照料、文化娱乐等服务条件和功能,扩大养老服务容量。

四是完善就业服务体系,帮助农民再就业。通过划拨专项经费对失地农民进行免费职业技能培训,大力统筹城乡就业,开发基层就业岗位,多种渠道促进失地农民就业:提供多种形式、有针对性的免费职业技能培训;针对失地农民开展就业招聘会;宁波市社会经济发达,区域内汇集众多劳动密集型二、三产业,可挖掘岗位潜力。

3. 完善公共交通系统

交通系统的健康发展是健康城市构建的支撑环境。伴随着城市化进程的加快,随之而来的交通拥堵、能源消耗等问题,直接或间接地影响着城市公众的健康。交通要素的配置和空间布局对居民活动、居民健康具有重要影响,尤其是公共交通和慢行交通能产生良好的健康效应。

美国交通与发展政策研究所(Institute for Transportation and Development Policy)为推动可持续的城市发展和绿色交通,提出创建以人为本的城市八大原则:鼓励发展步行友好的街区;优先发展自行车交通网络;创建密集的街道网络;支持高质量公共交通;鼓励土地混合使用规划;规划与公共交通运力相匹配的发展密度;创造短距离通勤的紧凑区域;通过规范停车和道路使用提升城市机动性。①

宁波要加快交通网络体系建设,构筑以公共交通为主导的都市区大交通网络,公共交通机动化分担率达60%。巩固国家级综合交通枢纽的地位,建成城市轨道网络,推动各类公共交通"零距离换乘",构筑以宁波为中心的"一小时"都市区交通圈。

全面构建高效便捷的城市交通设施网络,合理高效地开发和利用地下和地上空间资源。首先,加快公交专用道路和轨道交通线路建设。城市交通问题的解决必须依赖于发达的公共交通,提高公交通行能力和运行效率。其次,加快城市主干道建设,完善快速交通体系。最后,加快跨江交通设施建设,加快跨江桥梁建设,进一步增加跨江隧道建设。

---

① 林雄斌,杨家文.健康城市构建的公交与慢行交通要素及其对交通规划的启示[J].城市观察,2016(4):112-121.

4. 完善公共服务设施

公共设施是国家打造人民精神生活的重要抓手，在基本物质需求之下，要让人民能够享受到完善的公共服务。完善公共设施是提升民众幸福感的有效途径，是建设健康宁波的基石。一方面，提高防洪排涝功能建设力度，强化海绵城市建设理念；提高城乡生活垃圾无害化处理率、资源化利用率和分类收集处置率等，提升基础设施品质。另一方面，统筹公共设施配置布局，提高城乡基础设施与公共服务设施的均衡性、系统性，尤其是加快城乡教育设施、医疗设施、养老设施等公共服务设施建设。

（三）健康的城市文化

城市精神文化是城市文化的深层结构，是城市的文明、道德、核心价值观、信仰追求、法律意识、文化习俗的总和，包括一个城市的精神、知识、教育、信仰、艺术、道德、法律、习俗以及作为市民的一切能力和习惯。健康城市建设就是要通过发展城市文化促进健康文化发展，从而提高市民的健康素质。城市文化促进健康城市建设持续发展，城市设计加强城市健康环境建设。文化创新带来健康传播方式的变革。健康城市建设增强城市文化的软实力，促进城市文化公平，完善公共文化服务，发展城市文化产业。

1. 加强基础文化设施

一是积极打造标志性公共文化设施。当前宁波正在着力构筑以中心城六区为核心、以余慈地区和宁波杭州湾新区组团为北翼、以奉化宁海象山组团为南翼、以卫星城和中心镇为节点的网络型都市区新格局，标志性公共文化设施建设应紧密结合“一核两翼多节点”的城市格局，推进文化与休闲、文化与旅游、文化与商贸、文化与创意的多元化结合。①

二是完善和提升基础型公共文化设施。基础型公共文化设施是城市文化底蕴的重要体现，在保障人民群众基本文化权益、活跃文化生活中发挥着基础作用。首先，要完善基层公共文化中心文化采购配送、活动策划承办等职能，加强文化宣教培训、组织网络建设，增强基层公共文化活动设施的使用效率。其次，要合理布局城市文化空间，做好文化设施的空间布局规划，使人均公共文化设施面积接近世界中等发达国家水平。最后，完善资源支持平台建设，依托市、县（市）区两级公共文化服务机构打造公共文化资源支

---

① 姜建蓉，张英. 宁波城市文化发展比较研究[J]. 宁波经济：三江论坛，2012(1)：16-20,35.

持系统，提供菜单式的可供选择的公共文化产品和服务目录。

2.构建和谐人际关系

一是开展市民素质提升工程。贯彻落实文明行为促进条例，增强“爱心宁波·尚德甬城”品牌影响力，进一步提升市民素质和社会文明程度。开展市民素质提升工程，继续促进慈善事业全民参与。除了保持广泛宣扬传播慈善理念，积极培育各类社会慈善组织外，更要重视网络慈善、微慈善的发展。

二是构建社会诚信体系。研究制定《宁波市公共信用信息管理办法》，深化信用信息平台，在行政管理和公共服务各领域广泛应用信用记录和信用产品。开展公共信用信息便民服务和重点领域信用信息大数据应用，志愿者服务、无偿献血、垃圾分类等社会公益行为及道德荣誉计入“信用银行”，公益信用分可兑换公益奖励或社会福利。

三是完善社区机制。社区精神文明建设是城市文化的优势。从文化的角度审视现代社区，社区堪称是人类社会文化的空间状态和人文形态，作为人类社会生活最普遍的环境载体，社区的文化意义远远大于地理意义。① 要继续完善社区机制，提供人性化社区服务。发挥社区独立自治功能，调动社区居民参与社区活动的积极性。

3.营造健康文化氛围

在健康城市建设过程中，营造健康文化氛围，是促进公众参与健康城市建设、提高市民的健康意识、促进健康城市可持续发展的重要举措。策划和创立具有鲜明特色的健康文化项目，借助城市政治、经济、文化、社会等活动，发展健康文化品牌。建立健康文化宣传基地，传播健康理念和生活方式。

（四）公共社会资源公平分配

1.教育就业公平

一是促进城乡教育高水平均衡。制定宁波义务教育优质均衡发展评价指标体系，一方面根据学龄人口变化、城镇化进程和新农村建设规划，合理调整义务教育学校标准化建设，在财政拨款、学校基础建设、教师配置等方面向山区海岛等欠发达地区倾斜；另一方面，加快薄弱学校改造，积极推广学区管理、集团化办学、九年一贯制办学等方式，逐步缩小校际差距。

---

① 赵江滨.宁波城市文化发展的宏观思考[J].宁波经济：三江论坛，2006(2)：7-10.

二是保障特殊群体平等受教育权利。制定外来务工子女入学管理办法，进一步提高符合条件的外来务工随迁子女在义务教育阶段公办学校就读比例，切实保障外来务工人员子女平等受教育权利。健全家庭经济困难学生从学前教育到高等教育的就学资助体系，逐步提高补助标准。继续完善以特殊教育学校为骨干，以随班就读为主体，以送教服务等形式为补充的特殊教育体系。

三是多渠道拓展就业增长空间。继续深化推进“大众创业、万众创新”，完善各类就业政策，创新创业服务模式，推动建设一批创新创业平台。强化就业创业服务和职业培训，实施“技能宁波”行动计划和《宁波市职业技能培训条例》，多渠道鼓励自主创业。

2.医疗卫生资源公平

医疗卫生资源公平的政策目标要求政府在卫生资源的分配和供给上，必须首先确定有限的资源优先分配的领域，以相对较少的资源投入获得更多人群健康的改善。

促进城乡医疗服务均衡。建立健全覆盖城乡的公共医疗卫生服务体系，促进城乡间、区域间的医疗卫生服务公平。有针对性地加大医疗卫生投入，同时鼓励并支持社会资本进入医疗卫生服务领域，逐步丰富医疗卫生服务资源供给。统筹优化医疗卫生资源的空间布局和配置，切实把基层、边远海岛作为医疗卫生资源投放的重点，利用信息化手段促进医疗资源的横向流动，促进远程医疗和健康服务向农村、向边远山区海岛延伸。

推进分级诊疗制度建设。分级诊疗制度的核心措施是基层首诊、双向转诊、急慢分治、山下联动。宁波须完善双向转诊信息平台，全面推进全市医联体建设。积极培育资源纵向整合的紧密型医联体或医疗集团。以居民和患者的实际需求为导向，推动医疗卫生服务资源下沉，在基层解决大量的一般性、常见疾病，综合型医疗机构集中人力和财力治疗大病和疑难杂症，真正实现“小病在社区、大病到医院、康复回社区”，逐步取消三级医院简易门诊。重点开展高血压、糖尿病等慢性疾病的分级诊疗试点工作。实行分级诊疗制度，以常见病、多发病、慢性病分级诊疗为突破口，完善服务网络、运行机制和绩效奖励机制，引导优质医疗资源下沉，促进基本医疗卫生服务的公平可及。

（五）人口发展策略

人口的均衡发展是健康城市建设不容忽视的问题，两者目标一致、相辅相成。对于宁波目前存在的未来面临的老龄化趋势加快、劳动年龄人口减少、人口红利趋于消失等一系列问题，在制定人口政策、人口规划时，需要统筹谋划，并考虑到政策的前瞻性和导向性。在产业和社会发展这两个方面，创造有利于提高人口规模和质量的环境，使经济社会发展从以人口数量红利为主，转向以人口质量红利为主，促进形成人口质量提升、产业转型升级、社会和谐发展的良好局面。

一是根据宁波市的人口总量、结构尤其是年龄结构的变化指标的发展趋势，落实好单独二孩政策。现有的人口规模与自然增长率，无法支撑宁波"大城市第一方阵"的城市定位。根据《宁波2030城市发展战略》研究成果，2020年宁波市域常住人口规模建议由810万调整至1100万。其中，中心城区常住人口由360万调整为400万。

二是调整产业布局，引导人口空间布局合理组织。尤其现阶段宁波市的经济对劳动力的质和量的需求均趋于快速增加时期。而目前大量外来人口集中分布于部分低端制造业，为保障城市人口流动与城市经济发展的和谐，有必要以经济、社会发展与环境效益相统一为目标，调整产业转型升级发展的方向，引导人口空间有序变动，合理迁移，使土地、教育、医疗等各项资源的使用效率最大化，充分发挥人口梯次集聚的辐射带动作用。

三是分层次出台关于外来人口基本公共服务的政策，通过社会管理的改善和公共服务的完善，创造有利于高素质人才引进和居住的社会环境。进一步完善市级部门和各县(市)区之间的人才工作统筹协调机制，加快制定出台宁波"蔚蓝智谷"建设行动纲要，构筑全市人才工作合力。创新提升"3315"计划等人才工作的政策扶持力度。对"3315"计划等人才工作的阶段性成效进行深入评估，结合先进城市的做法和区域特色进行创新提升。结合"十三五"及更长时期发展需要推出"泛3315"政策，成立"泛3315"创新创业投资引导子基金，加大对城市经济高端业态人才以及文化、教育、卫生等社会文化人才的引进力度，以及用较为宽松的条件和更为灵活的机制吸引社会资本共同参与。

(六)城市公共安全体系

推动建设城市公共安全风险评估专家系统云平台，建设基于大数据的城市公共安全综合防控平台。完善城市公共安全综合预警与信息发布系统，建立城市公共安全保障物资储备与调拨大数据平台，实施公共安全知识科普宣教工程，加强卫生监督体系建设，进一步提高突发公共事件的应急处置能力。

(七)完善健康传播活动系统

健康城市建设宣传需要丰富的内容和形式。建立体现宁波地域特征、文化特点的健康城市标识系统;充分利用新媒体微信、微博等平台广泛传播健康城市的理念,形成政府、媒体、居民多层级的互动、反馈机制。通过科普宣教文本、公交车车体、公共广场的LED显示屏等载体,以及建立市民健康体验室等活动,强化对健康城市的宣传和对健康知识的宣教。

(祁义霞)

第六章　健康城市治理策略——优化健康服务

健康城市建设的总目标是通过健康城市的手段，促进和维护市民的健康，提高市民生活质量。[①] 健康服务工作是确保从个体到群体、从居民到城市都得以健康发展的基础性保障。[②] 因此，健康服务优化是健康城市建设的重要内容之一，应在建设健康城市的过程中予以高度重视。依据健康状态变化发展的规律，在不同健康状态时期，针对不同健康水平人群，分类提供用以促进健康水平向良好趋势发展的健康服务，并以个体及群体健康促进为核心加强健康服务信息资源的整合与利用，是健康服务优化发展的主要方向。

第一节　健康服务相关概念界定

健康是人的基本权利之一，是指一个人在生理、心理及社会适应等方面都处于良好的状态。服务是指为满足人们的某种需要，提供者通过提供时间、地点和形态效用，同时给服务接受者或其所有物带来一种变化的经济活动。[③] 服务是靠下列方式提供的：提供者对接受者有所动；接受者提供一部

---

① 江悍平.健康与城市：城市现代化的新思维(2010)[M].北京：中国社会科学出版社，2010：68.

② 王鸿春.北京健康城市建设研究报告(2015)[M].北京：社会科学文献出版社，2015：12.

③ 孟旭，张树青.关于服务定义研究视角的探讨[J].商业时代，2009(15)：17-18.

分劳动和(或)接受者与提供者在互动中产生服务。因此,健康服务是指为了满足服务接受者对健康的某种需求,服务提供者通过主动提供或双方互动的形式对服务接受者或其所有物的健康状态产生一定效用的活动形式。

一、健康服务的定义

随着居民健康需求的变化以及相关促进居民健康权益保障政策的不断出台,我国对健康服务的定义将是一个随着健康服务业发展而不断变化与更新的命题。由于我国本土化的健康服务起步较晚,尚未形成确定的定义以及对产业载体的划分①,当前我国健康服务的领域边界尚不清晰,服务规范还不健全,服务体系还在发育,客观上存在着广义的健康服务与狭义的健康服务之差异。

广义范畴的健康服务,是着眼于把健康服务业培育成为“战略性支柱产业”的发展目标所建构的大健康服务体系框架。在这一框架下,健康服务业具有横跨一、二、三产业的综合性。因此,大健康服务体系既包含着传统医疗卫生领域的各型各类的服务,同时也涉及众多与人的健康产出联系的其他服务类型(详见表 6-1)。

表 6-1　广义的健康服务体系

主要领域	具体内容
医药卫生服务	医疗护理服务、药品及医疗器械研发生产与供应、公共卫生服务、康复服务、健康管理服务、优生优育服务
特殊人群基本公共服务	养老服务、教育服务
健康膳食服务	农牧渔业产品的生产、食品的生产与流通、餐饮、食品安全监管
健康运动休闲服务	旅游、健身、娱乐、节假日制度建设
健康环境服务	城市规划、环境保护规划与监管、环境健康有害因素监测与控制、住房建设
健康因素测评服务	健康监测与健康评测产品的研发、销售
健康教育与培训服务	健康服务人员的学历教育与职业培训、健康服务人才队伍的建设

① 杨鑫,李丽洁,邓砚.我国社会管理式健康服务的研究[J].中国医药科学,2016(6):209-212.

续表

主要领域	具体内容
健康安全保障服务	社会医疗保险、商业健康保险、医疗救助、社会治安、饮水安全、突发事件应急救援、安全监督检查与治理
健康信息服务	以健康为中心的大数据管理相关服务
健康金融服务	健康服务的筹资、支付与相关金融管理
健康立法	健康服务公共政策与法规建设

狭义范畴的健康服务，着眼于把健康服务业培育成为“人民群众更加满意的医疗卫生与健康促进服务业”，其出发点和落脚点是最大程度为居民提供可及的、连续的、优质的、满足个性化需求的健康服务，从而最大限度地保障居民的健康权益。

与广义范畴的健康服务相比，狭义范畴的健康服务主要是以专业医疗卫生服务为主体，以疾病预防、治疗、保健、康复为目的的服务，其相对应的服务体系较集中。基于当前我国健康服务发展所处的阶段以及各领域职能部门的相对职能分工，本书所讨论的是狭义范畴的健康服务。

现有研究中也主要集中于对狭义范畴健康服务的阐述。世界卫生组织曾给出健康服务的定义，是指涉及疾病诊断和治疗、预防、健康促进、健康维护与康复的所有服务，包括针对个体和非个体的健康服务。① 徐芸等认为健康服务，是指与健康相关的服务的总称，是指以满足群众健康需求为目的，以专业卫生服务为主体，以社会健康服务为导向，由政府或民间非企业机构提供的有偿或无偿活动的总称。② 杨鑫等认为健康服务是为人类社会健康而出现的服务，是以预防疾病、促进健康为核心的综合服务。根据健康服务的核心以及当前我国社会的需求，健康服务应当包括健康管理、保健康复、养老居家照护等预防疾病、促进健康的综合服务活动。③

综上，我们认为，健康服务是指在大健康观的指导下，所有用以维护、改善健康的专业医疗卫生与健康促进服务。

① 白书忠，武留信，丁立，等.我国健康服务业与健康管理的创新发展[J]. 中华健康管理学杂志，2015(2):89-93.

② 郑继伟.区域视角下的健康发展战略选择[M].北京:科学出版社，2013:12.

③ 杨鑫，李丽洁，邓砚.我国社会管理式健康服务的研究[J].中国医药科学，2016(6):209-212.

二、健康服务的内涵

(一)健康服务的属性

健康服务具有服务的一般属性。

(1)需求引导性:健康服务的提供以消费者的需求为前提,没有关于健康的需求,健康服务就不会产生。

(2)不可分性:健康服务的生产与消费在时间和空间上具有不可分性,同时健康服务与其生产的来源密不可分。

(3)不可存储性:所生产的健康服务不能被存储。健康服务提供的过程同时也是健康服务消费的过程,这个过程所消耗的时间既不能推迟也不能提前。

(4)无形性:健康服务的效果是无形的。在健康服务提供之后,其所带来的效果往往是看不见、摸不着的。

(5)差异性:不同的健康服务提供方在面对不同的健康服务接受方时,所提供的健康服务及其效果会有所不同。

健康服务还具有自身的一些特殊属性。

(1)福利性:健康服务的有效供给是促进确保人人享有健康的关键环节,尤其是相关基础性健康服务,是保证居民健康权的主要手段,也是维护社会稳定的方法之一。因此,某些健康服务具有福利属性。

(2)地理垄断性和空间集聚特征:健康服务的层次越高,其服务可覆盖的半径越大,一般层次的健康服务主要基于某一地理范围内的内在需要,较难通过扩大外需寻求发展。

(3)供需刚性:健康作为人们最基本的需求,需求价格弹性较小;加之医学人才的培养和技术进步等需要较长的周期,短期内健康服务供给的价格弹性较小。

(4)健康服务的需求与供给均具有一定的不确定性和高风险性:医学发展的局限性、疾病的复杂性和个体的差异性带来的不确定性,加之医疗卫生服务的干预和侵入等特点,使其具有高风险性。

(5)信息的不对称性和服务的垄断性:健康服务具有很强的专业性,信息的供方通常拥有比较完全的专业知识和信息,而需方则处于相对的信息劣势,由此造成供需双方关系事实上的不对称,供方处于主导地位,容易在服务市场上形成垄断和诱导需求。

(6)一定的外部性:一些健康服务具有生产和消费的正外部性,可使得他人或社会受益,而受益者无须付出代价。同时,在一些健康服务过程中也存在生产的负外部性,可能对社会或他人产生一些负面影响,而造成负外部性产生的供方没有为此承担成本，如医源性感染等。①

(二)健康服务的目的

1977年，美国学者恩格尔(G. L. Engel)提出“生理—心理—社会适应”这一新的综合医学模式。1989年，世界卫生组织又提出了新的健康概念：除上述生理、心理、社会适应等层次的健康外，还包括道德健康。健康服务的目的就是满足居民的健康需要，具体而言就是满足居民在生理、心理、社会适应、道德四种层次上的各类需要。也就是说，所有的健康服务都是围绕如何满足这四种层次的需要而开展的。

(三)健康服务的对象

健康服务的目的是满足居民的各种健康需要，因此健康服务的对象是居民，是“人”。这其中既包括个体自然人，也包括由个体人所组成的群体和整个社会。健康服务既可以是为某一个体自然人实施的服务行为，也可以是同时向某一特定群体或整个社会实施的服务行为。

(四)健康服务的效果

健康服务的目的是为满足居民的健康需要，因此其服务效果就是通过满足各种健康需要进而使居民获得及保持健康的状态。按照健康问题发生发展的过程及依照生命质量的不同表现，健康服务的效果依次体现为维持健康、增进健康、修复健康以及获得健康。对于健康问题尚未发生的居民，健康服务的效果是在于维持其现有的健康状态甚至是向着更为健康的状态发展；对于处于健康问题发生初期的居民，健康服务的效果是在于增进健康，抑制健康问题的发展，逐步调整至健康的状态；对于发生明显健康问题的居民，健康服务的效果则是在于修复其健康状态，使其重新获得健康。

三、健康服务的分类

(一)根据服务属性分类

根据服务属性的不同，健康服务可以分为公共服务和非公共服务。

1. 公共服务

公共服务包括公共产品、准公共产品。公共产品是指为整个社会或是绝大多数人口所共同消费的产品。在健康服务领域中，公共产品主要指完全由政府部门负责提供、充分体现公益性质的服务，如食品安全管控、职业

---

① 代涛.健康服务业内涵、属性分析及政策启示[J].中国卫生政策研究，2016(3)：1-5.

卫生、环境卫生、学校卫生、公共场所卫生的监测与监督，传染病及地方病的预防与控制，突发公共卫生事件的处理等。在现行的医疗卫生体制下，基本公共卫生服务制度作为一种公共产品向全民提供。准公共产品既可以由准公共组织提供，也可以由私人提供，其服务提供方呈现多元化的特点。绝大多数健康服务属于准公共产品，如医疗护理服务、健康养老服务、产前健康检查、健康管理服务等。

2. 非公共服务

非公共服务即私人产品。随着国民经济不断向好发展，居民生活水平逐渐提升，对健康服务产品的需求越来越多样化，这也促使健康服务中的私人产品市场越来越大，这一类服务产品也越来越丰富，如特需医疗、私人护理、月子中心、养生保健等。

（二）根据需求层次分类

根据需求层次不同，健康服务可以分为基础性健康服务、保障性健康服务、发展性健康服务和享受性健康服务。

1. 基础性健康服务

基础性健康服务是指为满足居民追求健康、预防疾病的发生及促进健康的恢复需求而开展的服务，包括医疗服务、公共卫生服务、康复服务。

（1）医疗服务：由医疗卫生机构为满足居民的看病就医需求而提供的医疗卫生服务，包括疾病诊断与治疗、护理、药事服务等。

（2）公共卫生服务：主要包括基本公共卫生服务和重大公共卫生服务。基本公共卫生服务是指由疾病预防控制机构、卫生监督机构、职业病医院、传染病医院、妇幼保健院、社区卫生服务中心或乡镇卫生院等城乡基层医疗卫生机构向全体居民提供的公益性公共卫生干预措施，包括传染病的预防与控制、计划免疫、精神卫生、职业卫生、公共卫生突发事件的应急处理、妇幼保健等，主要起疾病预防控制作用。重大公共卫生服务项目是指有针对性地解决影响重点人群健康的突出问题，可根据当地实际情况选择重大公共卫生服务项目，如针对农村妇女的孕产妇住院分娩补助、增补叶酸、农村妇女“两癌”检查等服务项目。①

（3）康复服务：指综合、协调地应用医学的、教育的、社会的、职业的各种方法，使病、伤、残者（包括先天性残疾）尽快地、最大可能地恢复，丧失的功

---

① 郑继伟. 区域视角下的健康发展战略选择[M]. 北京：科学出版社，2013：13.

能也能尽快地、最大可能地重建，使他们在体格上、精神上、社会上和经济上的能力得到尽可能的恢复，重新走向生活、工作和社会。①

2.保障性健康服务

保障性健康服务是指为保障居民健康权益而开展的服务，主要是指为评估及监督管理可能会对居民健康产生健康影响的有害因素而设立的服务，包括卫生监测、卫生监督服务，以及为提升居民健康服务支付能力而设立的服务，包括社会保障服务、商业健康保险服务等。

3.发展性健康服务

发展性健康服务是指为满足居民对自我健康状况提升的需要而开展的服务，包括健康管理与健康促进服务以及优生优育服务等。

(1)健康管理与健康促进服务

健康管理服务是指以现代健康概念（生理、心理和社会适应能力）和新的医学模式（生理—心理—社会）以及中医治未病为指导，通过采用现代医学和现代管理学的理论、技术、方法与手段，对个体或群体整体健康状况及影响其健康的危险因素进行全面检测、评估、有效干预与连续跟踪服务的医学行为及过程。其目的是以最小的投入获取最大的健康效益。② 健康促进服务是指运用行政的或组织的手段，广泛协调社会各相关部门以及社区、家庭和个人，使其履行各自对健康的责任，共同维护和促进健康的一种社会服务。③ 健康管理与健康促进服务包括健康体检、健康指导与干预、健康教育、体育健身、营养指导、中医养生保健等。

(2)优生优育服务

优生优育服务是指为提高人口素质，保障人口的可持续发展，对孕期妇女及其胎儿、婴幼儿开展的“孕、生、养、育、教”系列服务，包括除了在基本公共卫生服务中所提供的基本妇幼保健服务以外的计划生育服务、孕前健康体检、产前健康检查、产妇护理服务、科学育儿服务、幼托早教服务等。

4.享受性健康服务

享受性健康服务是指为了满足居民追求更高服务品质的需求而开展的服务，包括特需医疗、私人护理、月子中心、整形美容、医疗旅游等。

---

① 王陇德. 健康管理师基础知识[M]. 北京：人民卫生出版社，2013.

② 中华医学会健康管理学分会. 健康管理概念与学科体系的中国专家初步共识[J]. 中华健康管理学杂志，2009，3(3)：141-147.

③ 常春. 健康教育与健康促进[M]. 2版. 北京：北京大学医学出版社，2010.

（三）根据服务对象分类

根据服务对象不同，健康服务分为对健康人群、亚健康人群、患者人群的健康服务。

1. 对健康人群的健康服务

对健康人群的健康服务，主要体现在各种为维持健康的状态而进行的服务上，如预防保健、健康教育、体育健身、优生优育等。

2. 对亚健康人群的健康服务

亚健康状态是指机体无器质性病变，但有一些功能改变的状态，在多种多样健康危险因素的影响之下，绝大多数人都处于亚健康状态。考虑到处于此状态的人群数量最大，对这一人群开展的健康服务应成为整个健康服务体系中的主体部分。这一类服务主要体现在为扭转功能性改变，防止器质性病变而进行的健康促进服务上，如亚健康门诊、中医治未病门诊、高危人群的健康管理服务等。

3. 对患者人群的健康服务

对患者人群的健康服务主要是指医疗卫生服务及康复服务，是指躯体受到损害之后，为修复健康而进行的各种诊断、治疗、护理及康复服务。

第二节 宁波健康服务现状

依照本书所提出的健康服务评价指标体系，收集统计年鉴、学术期刊公开发表论文等二手资料，对宁波市健康服务现状进行分析。

在本节中，将主要对基础性健康服务中的医疗服务、公共卫生服务、康复服务及发展性健康服务中的优生优育服务的发展现状进行分析。

此外，为进一步强调中医药在人民健康事业中所能够发挥的独特作用，按照中西医并重的要求，本节对医疗服务中的中医药服务进行了单独分析。结合宁波市目前的发展情况，本节对儿童、老年人这两类重点人群的健康服务发展情况进行了单独分析。

保障性健康服务参见第五章“健康城市治理策略——构建健康社会”，发展性健康服务中的健康管理与健康促进类服务及享受性健康服务参见第八章“健康城市治理策略——发展健康产业”。

一、宁波市健康服务现状

2010 年，宁波市成功创建为浙江省首批“卫生强市”，至 2013 年年底，11 个县(市、区)全部达到了浙江省卫生强县(市、区)创建标准，实现卫生创强“满堂红”，市域范围内健康服务能力不断提升。截至 2017 年年末，宁波市共有卫生事业医疗机构 4157 家、医院 154 家，其中三级甲等医院 8 家、三级乙等医院 11 家；全市实有病床 3.7 万张，拥有各类专业卫生人员 7.5 万人、卫生技术人员 6.2 万人，其中执业医师(含助理)2.4 万人、注册护士 2.5 万人；按户籍人口统计，每千人床位数、卫技人员数、执业医师(含助理)数和注册护士数分别达到 6.3 张、10.4 人、4.1 人和 4.2 人。[①] 据中国社会科学院 2015 年发布的《中国城市基本公共服务力评价》，在城市医疗卫生要素满意度总体排名中，宁波在 38 个主要城市中位列第二。

(一)医疗服务

近年来，宁波市作为公立医院改革国家联系试点城市、分级诊疗试点城市及浙江省第一批省级综合医改先行先试地区，强化“五医联动”，聚焦重点领域，纵深推进综合医药卫生体制改革。宁波市深化医改取得明显成效，特别是通过依法实施医疗纠纷“宁波解法”、率先创新耗材采购“宁波规则”、先行建设智慧健康“宁波模式”、全面推进家庭医生签约服务的“宁波做法”等一系列医改措施，优化健康服务供给，着力提升医疗服务品质，改善群众就医体验。根据《国务院办公厅关于对 2016 年落实有着重大政策措施真抓实干成效明显地方予以表扬激励的通报》(国办发〔2017〕34 号)，宁波市获评“2016 年全国公立医院综合改革成效较为明显试点城市”。[②]

1. 医疗服务资源

(1)医疗服务机构资源

“十二五”期间，宁波市医院总数增加，专科医院发展迅速；基层医疗卫生机构总数减少，结构发生变化；床位数持续增加，其中医院床位数有较大增加，基层医疗卫生机构床位数下降。社区卫生服务机构为适应医改需要做出较大调整：社区卫生服务中心机构数略有增加，床位数明显减少；社区

---

① 2017 年宁波市国民经济和社会发展统计公报[EB/OL].(2018-02-06)[2018-11-18]. http://nb.zjol.com.cn/system/2018/02/06/021649182.shtml.

② 宁波市获评 2016 年全国公立医院综合改革成效较为明显试点城市[EB/OL].(2017-05-05)[2018-11-18]. http://wjw.ningbo.gov.cn/art/20175/5/art_1852_997116.html.

卫生服务站逐渐由社区卫生服务中心实施人员和业务一体化管理，卫生服务站个数大幅减少。农村县级医疗机构发展稳定，床位数稳步增长，乡镇卫生院数量也较为稳定，但床位数下降，村卫生室个数增加。

截至2015年，宁波市共有医院132家，其中综合医院61家、中医和中西医结合医院17家、专科医院52家、护理院2家；基层医疗卫生机构3861个，其中社区卫生服务中心与卫生院167个，门诊部148个，诊所、卫生所、医务室、社区卫生服务站1509个，村卫生室2037个；其他卫生机构21个。医院床位数29607张，占总床位数的90.07%；基层医疗卫生机构2652张，占总床位数的8.07%。

截至2015年年末，宁波市建成国家级示范社区卫生服务中心6家、省级示范社区卫生服务中心31家，省级示范社区卫生服务中心建成率54.4%，省级等级乡镇卫生院建成率81.11%。通过实施标准化、规范化和数字化基层医疗卫生机构建设，宁波市基本建成了“城市10分钟、农村20分钟”的健康服务圈。

(2)医疗服务人力资源

“十二五”期间，医疗卫生人员队伍持续发展，其中尤以注册护士人数增长较快。社区卫生服务中心人员数略有增加，服务站独立编制人员数大幅减少，社区卫生服务机构总卫生技术人员数和执业(助理)医师数分别减少0.62%和增加0.31%。农村三级医疗卫生服务网络卫生技术人员数和执业(助理)医师数均有增长，其中尤以村卫生室增长速度最快，且执业(助理)医师占从业人员比例上升，从业人员素质得到提升。

截至2015年，宁波市分别拥有临床、中医、口腔类别的执业(助理)医师数17028人、2629人、1494人，每千常住人口临床、中医、口腔类别的执业(助理)医师数分别为2.18人、0.34人、0.19人。拥有全科医生3934人，其中全科医学专业毕业1502人，三年增长79.67%，每千常住人口全科医生数0.50人。注册多点执业的医师数206人。医师分科中，儿科、精神科的执业(助理)医师数相对不足，分别为908人和179人，每万常住人口医师数分别为1.2人和0.2人。

2015年，宁波市医院共有从业人员42159人，卫生技术人员35757人，执业(助理)医师11971人，注册护士16293人，医院医护比为1∶1.36，床护比为1∶0.55。其中，二级医院和三级医院的医护比分别为1∶1.22(3491/4256)和1∶1.45(6258/9101)，床护比分别为1∶0.61(6960/4256)和1∶0.56(16369/9101)。基层医疗卫生机构从业人员22151人，卫生技术人员达到 18006 人，执业（助理）医师 8901 人，注册护士 5122 人。平均每万常住人口拥有基层卫技人员 23.01 人。其他临床检验中心（所、站）从业人员 261 人，卫生技术人员 104 人，执业（助理）医师 17 人。

（3）医疗服务设备资源

截至 2015 年，宁波市医疗服务机构共拥有万元以上设备 40497 台，其中医院 32148 台，基层医疗卫生机构 7955 台，其他临床检验中心（所、站）394 台。

2. 医疗服务供给

随着宁波市新型医药卫生体制改革向纵深发展，医疗服务供给形式不断优化，医疗服务品质不断提升。

（1）分级诊疗体系建设

建立“基层首诊、双向转诊、上下联动”的分级诊疗制度，是缓解群众“看病难、看病贵”的治本之策。[①] 宁波市围绕构建有序、高效、联动的分级诊疗体系，积极通过深入推进“医学人才下沉、城市医院下沉、县域医疗服务能力提升、群众满意率提升”（简称“双下沉、两提升”）的工作机制、加快推进“医疗联合体”建设（简称“医联体建设”）、优化基层医疗机构服务模块、实施契约式家庭医生制服务等措施加快建设分级诊疗体系，基层医疗机构门诊量稳步逐年超越医院门诊量。

分级诊疗体系建设的主要做法介绍如下。

其一，推进省、市、县逐级优质资源下沉。市政府积极推进市级三甲医院与省级名校名院合作。如宁波市第一医院与浙江大学签订校地合作协议，在医疗领域的人才培养、学科建设、科研教学和技术指导等方面着手开展深入合作。积极推进宁波—台湾合作办医，将宁波市李惠利东部医院委托给台北医学大学运营管理。同时，全面推进市内优质医疗服务资源下沉。2015 年，7 家市级三甲医院共全面托管了 9 家县级医院，以专科强化建设形势托管了 11 家县级医院。截至 2017 年 3 月，宁波市三级甲等医院优质医疗资源下沉实现区县（市）的全覆盖，县级医疗资源下沉覆盖所有乡镇。[②]

其二，区域医疗联合体建设。2014 年，宁波启动以区域内的三级综合性医院为牵头单位，联合二级及以下医院及社区卫生服务中心，以诊疗服务、技术指导、人员培训、转诊流程、健康信息等医疗业务的整合管理为纽带而

---

① 张明华. 大力推进区域医疗联合体建设[J]. 宁波经济：财经观点，2015(1)：6-7.

② 宁波市卫计委 2016 年工作总结和 2017 年工作计划[EB/OL]. (2017-03-09)[2018-11-18]. http://wjw.ningbo.gov.cn/art/2017/3/9/art_111_1040211.html.

共同组成的医联体建设，旨在促进优质医疗资源纵向流动，推进优质医疗资源下沉，实现区域内部医疗资源共享。① 截至当年年底共组建 5 个区域医疗联合体，主要做法包括：①医联体内慢性病用药协同机制。133 种（2017 年 5 月调整为 153 种，涉及慢性病种类从 13 种增至 23 种）慢性病用药实行基层医疗机构和综合性医院的品规一致、协同管理，以满足群众基本用药需求，从药物有效供给角度促进慢性病人留在基层。② 据统计，截至 2016 年 8 月 30 日，市区职工医保和城乡居民医保参保人员在基层医疗机构使用这些慢性病药品达 1288 万人次，占这些药品在市区使用总人次的 70.5%；涉及药费 8.43 亿元，占这些药品在市区使用总金额的 64.1%。③ ②鼓励上级医院优秀医务人员到基层医疗机构进行挂职锻炼，并将三甲医院医生在基层医疗机构支援计入职称晋升的条件。自开展医联体建设以来，5 家市级医院在基层共开设 52 个固定的专家社区门诊，共派出 119 名副主任医师及以上职称的专家轮流至基层坐诊，使老百姓在家门口便能享受到优质的专家医疗服务。③鼓励基层医务人员至牵头医院进修学习，实行基层骨干医生导师制培养，部分优秀基层医师可竞聘至市级医院门诊多点执业，以提升基层医疗机构医务工作人员临床技能水平。截至 2015 年年末，医联体内已有 104 名导师累计带徒 132 名。④ ④努力搭建依托云医院的双向转诊信息平台，实现门诊提前预约，精确转诊。⑤

其三，整合区域内医疗服务资源。通过各类区域性医疗服务中心的建设不断推进区域内多项医疗服务资源的集约化与同质化发展，并不断探索“基层检查、上级诊断”的新型医疗技术服务模式，助力分级诊疗的建设。截至 2016 年 4 月，宁波市 11 个县（市、区）已建成影像会诊中心 11 个、心电会诊中心 9 个、医学检验中心 7 个、消毒供应中心 10 个，另有市级临床病理诊断中心 1 个。

---

① 季蕴辛，励丽，刘雅辉，等. 宁波市分级诊疗工作实施现状及推进举措[J]. 医院管理论坛，2017(8)：12-13.

② 基层医疗机构慢性病门诊常用药品范围重新公布，5 月起增至 153 种[EB/OL]. (2017-01-12)[2018-11-18]. http://wjw.ningbo.gov.cn/art/2017/1/12/art_1852_892261.html.

③ 宁波市卫计委 2016 年工作总结和 2017 年工作计划[EB/OL]. (2017-03-09)[2018-11-18]. http://wjw.ningbo.gov.cn/art/2017/3/9/art_111_1040211.html.

④ 宁波市卫生计生委. 多措力推“双下沉、两提升”机制[J]. 宁波通讯，2016(15)：38.

⑤ 季蕴辛，励丽，刘雅辉，等. 宁波市分级诊疗工作实施现状及推进举措[J]. 医院管理论坛，2017(8)：12-13.

其四，基层医疗机构自身建设。为进一步提升分级诊疗关键人物——家庭医生的精准化服务能力，宁波市在完成基层医疗服务机构标准化、规范化、数字化三个建设阶段的基础上，开始全面实施星级化建设。将基层医疗机构主体功能区块细化分解为“六门诊、两中心、两病房”等十大功能区块，对不同区块开展星级化建设，以此优化机构内部资源配置使用和功能整合拓展。据统计，截至 2015 年年底，全市已建成五星级全科门诊、中医药门诊、健康管理中心 28 家。①

其五，健全不同层级医疗机构间的分工协作机制。按照患者就诊需求和就近、分片、便捷管理原则，因地制宜地开展不同层级医疗机构间诊疗协作，充分调动各层级医疗机构的主观能动性。对于综合医院，严格明确其功能定位，即以开展人才培养、技术创新和医学科学研究为主，限制其普通门诊的过度发展；对于基层医疗卫生机构，支持其开设市级专家基层慢病门诊，鼓励开办康复病房、综合病房和家庭病床等，构建以家庭医生签约服务为基础的基本医疗、公共卫生和健康管理服务体系。②

其六，积极利用医保经济杠杆促进居民形成合理就医秩序。适当调整不同等级医疗卫生机构的医保住院起付线，及实行累计起付线政策。对于选择在基层医疗卫生机构住院的城镇居民医保参保人员中的老年居民、非从业人员及经签约服务的家庭医生转诊到综合性医院住院的(特殊病种除外)，医保基金支付比例相应提高。这一医保政策的调整，极大地改善了群众的就医秩序现状。

(2)契约式家庭医生制服务

宁波市连续三年将此项工作列为市政府的民生实事项目。围绕此项服务已初步形成了较为系统、完整的家庭医生制服务“1＋8”的政策框架体系，其中“1”是关于家庭医生制的顶层设计，“8”则涉及基层医疗卫生机构慢病门诊用药管理，重新核定社区卫生服务价格，落实家庭医生服务医保政策及家庭医生服务包内容、服务规范、绩效考核等。③

这一新型契约式家庭医生制服务在全市范围内以慢性病人、60 岁以上老年人、孕产妇、0～6 岁儿童、残疾人等人群为签约重点。签约后可享受全

---

① 陈敏. 双向转诊，慢慢热起来[N]. 宁波日报，2016-11-21(12).

② 季蕴辛，励丽，刘雅辉，等. 宁波市分级诊疗工作实施现状及推进举措[J]. 医院管理论坛，2017(8)：12-13.

③ 韩璐. 宁波：“小医生”撬动大变革[N]. 健康报. 2016-08-05(1).

市统一的家庭医生基本服务包，涵盖基本医疗、基本公共卫生和个性化健康管理等十大优惠服务内容，并在医保报销水平上予以一定倾斜，努力打造以家庭医生为基点的新型防治结合服务。

截至 2016 年 12 月，签约服务工作实现了全市社区卫生服务中心（乡镇卫生院）全覆盖，签约家庭医生共 3312 名，组建家庭医生团队 1343 个，累计签约居民人数达 61.50 万人，其中重点人群签约 47.27 万人，重点人群签约率为 34.15%。家庭医生共为签约居民提供诊疗服务 516.15 万人次，减免一般诊疗费 3047 万余元。①

（3）综合医院服务

为改变宁波“千院一面”的现状，鼓励综合医院差异化发展，进而提高市内医疗领域核心竞争力，降低市外转诊率，宁波市启动临床特色重点专科（病）建设。原市卫生局从疾病危害性大、市外转诊率高的疾病中遴选出胃肠外科、心血管内科等专科作为市级医院临床重点建设专科（病），加强其在临床诊疗服务方面的资助及综合绩效管理，以促使其专科技术优势辐射全市的综合医院，并努力形成在全省、甚至全国范围内有较大影响力的专科优势，现已完成三轮市级重点学科建设，并取得显著成效。② 在浙江省区域专病中心的竞播选拔中，宁波市在 20 个专科中成功夺得 16 个，位列全省第一。

开展“改善群众就医体验年”专项活动，重点采用“互联网＋”手段，通过整合医院微信服务、实行挂号实名制、推进分时段预约挂号、强化医院自助服务、推进第三方支付等八大便民利民措施，全面改善群众就医体验。③

积极推进综合医院探索“一院两制、管办分开、公办民营”的运营新模式，建立现代医院管理制度。启动市级公立医院开展按病种收（付）费方式改革试点工作，于 2015 年 5 月 1 日起，开展实施 42 种病种按病种付费定额标准，付费方式改革工作在 6 家三甲医院启动实施。

据上海交通大学发布的《2016 年度中国城市公共服务满意度调查》报

---

① 宁波市卫计委 2016 年工作总结和 2017 年工作计划[EB/OL].(2017-03-09)[2018-11-18]. http://wjw.ningbo.gov.cn/art/2017/3/9/art_111_1040211.html.

② 鲍云洁，陈琼. 宁波开建临床特色重点专科首批专科名单出炉[EB/OL].(2013-08-20)[2018-11-18]. http://news.cnnb.com.cn/system/2013/08/20/007820821.shtml.

③ 宁波市卫计委 2016 年工作总结和 2017 年工作计划[EB/OL].(2017-03-09)[2018-11-18]. http://wjw.ningbo.gov.cn/art/2017/3/9/art_111_1040211.html.

告，宁波市的“公立医院服务满意度”在全国35个主要城市中排名第一。

(4)医用耗材、药品集中采购

宁波市积极开展耗材(药品)采购机制改革，成效明显，形成了具有特色的“宁波模式”。在吸收借鉴省内外医用耗材采购经验的基础上，宁波市以保证耗材质量、降低耗材虚高价格为目标，创新设计了“供应商资质评审，专家品牌遴选和采购价格谈判”三步评审法的医用耗材集中采购模式。资质评审由计算机对供应商资质要素进行评分，筛选入围名单。品牌遴选，由纪检监察部门随机组织专家库专家对入围品牌进行投票，按得票多少确定入围品牌。价格谈判采用“多轮报价、逐轮淘汰、现场公布”的方式，确定拟交产品。为根除耗材价格虚高的现象，宁波市还与三明市、珠海市在优势互补、互惠互利的基础上，协商一致，实行药品耗材跨地区联合限价采购。通过这一模式的实施，宁波市医用耗材采购实现采购价格明显下降、均次费用显著降低、使用数量明显下降及国产医用耗材使用比例明显上升的“三降一升”景象。①

在吸收借鉴耗材采购成功经验的基础上，宁波启动实施药品采购与定价机制改革。在浙江省集中采购中标药品的基础上，实施以公立医疗机构采购共同体或以医联体为单位与各级公立医疗机构自主采购相结合的分类分层药品采购模式，实行分类分层采购，探索带量采购，先后完成抗微生物药品和中成药两个批次药品的集中采购，平均降幅为15%左右。②

(5)智慧医疗服务

宁波率先在全国启动网上“云医院”建设。采用政府主导、多方参与、市场化运营的建设模式，运用O2O服务模式和区域化布局，建设极具特色的线上线下相结合的健康服务新载体——宁波云医院。截至2017年6月，宁波已开设远程医疗服务中心42个，在线云诊室超250个，注册云医生2652名；注册用户近6万名；累计完成在线咨询服务10万余人次，已为80万居民建立健康评估模型，出具年度个人健康评估报告。宁波云医院的创新服务方式不仅拓宽了优质医疗资源的有效供给渠道，而且助推了现有医疗卫生服务体系与就医模式的重构，引领了健康服务体系的新发展。③

---

① 杨红桃.“三步评审法”规范医用耗材集中采购[EB/OL].(2017-08-30)[2018-11-18]. http://wjw.ningbo.gov.cn/art/2017/8/30/art_612_1429976.html.

② 宁波市卫生计生委. 2015年宁波市卫生计生工作总结[EB/OL].(2015-12-25)[2018-11-18]. http://www.nbwjw.gov.cn/art/2015/12/25/art_111_59125.html.

③ 易鹤，陈敏.宁波云医院斩获全球信息化最高奖[N].宁波日报.2017-06-16(7).

在云医院平台建设取得阶段性成果的基础上，宁波又在全市“以问题为导向，以创新为手段”，通过政府主导、信息共享、优化流程和区域联动的，增强医疗服务具有主动性、精准性和便捷性的“远程医疗服务体系”建设，加快推进“互联网＋”医疗健康服务。要求全市二级甲等及以上医疗机构建设远程医疗服务中心；二级乙等及以下基层医疗卫生服务机构建设基层云诊室，统一利用宁波云医院信息平台建设“网上医联体”和开展“网上医疗”，让城乡居民享受便捷、优质的医疗服务。截至 2017 年 8 月，全市共建成 44 家远程医疗服务中心，二级甲等及以上医院实现了全覆盖；已开设 316 个基层云诊室、32 个专病专科云诊室，注册医生达 2893 人，注册患者 6.7 万人，在线咨询 57157 余人次，面向慢病人群和稳定期用药人群配送药品 53734 人次，协同门诊 3523 人次，转诊 8928 人次。①

经过上述努力，宁波市已建成集健康大数据收集、分析，健康教育、健康管理与疾病控制、网上诊疗、康复、养老照护于一体的远程医疗服务与协同平台，致力于实现“足不出户看云医、不出社区看名医”的新型医疗健康管理模式。

(6)鼓励和扶持社会力量办医

宁波市政府发布《关于进一步鼓励和引导民间资本举办医疗机构的若干意见》，通过给予新建补助、加强等级评审奖励、发布社会办医指南、将社会办医纳入区域医疗卫生规划等多项举措，鼓励民间资本自主申办营利性或非营利性医疗机构，同时借助浙洽会等途径加大社会办医招商引资力度，优先支持开办上规模的民营医疗机构。②

此外，为解决民营医院“难留住人才”的困境，宁波市将民营医疗机构的工作人员纳入全市的医疗卫生职称评定、人才选拔和培训体系中，提出民营医院可参照公办医院参加事业单位社会保险，鼓励公立医院医生到民营医院多点执业。

为提高民营医疗机构服务质量，宁波市进一步探索“民办公助”的办医模式。浙江大学医学院附属邵逸夫医院及浙江大学医学院附属妇产科医院与宁波明州医院、宁波大学附属医院与宁波江北康养医院、宁波市妇儿医院与宁波东易大名医院分别建立医疗技术合作关系。

---

① 我市“互联网＋”医疗健康服务获第四届浙江省公共管理十佳创新奖[EB/OL].(2017-08-25)[2018-11-18]. http://wjw.ningbo.gov.cn/art/2017/8/25/art_1852_1548461.html.

② 何伟.宁波发展蓝皮书(2016)[M].浙江大学出版社，2016:211.

3. 医疗服务利用

“十二五”期间，宁波市医疗卫生机构服务量出现持续增长，但增速开始放缓，实际开放床日数和实际占用床日数均逐年增加，病床使用率有所下降。

2015 年，宁波市医疗机构门诊总诊疗人次为 8993.93 万人次，较上年增长 3.35%，每常住人口年均门急诊次数为 11.37 次。入院 100.50 万人次，出院 100.46 万人次，分别较上年增长 3.62%和 3.68%，每常住人口平均住院次数为 0.13 次。

2015 年，宁波市医院实际开放床日数为 10341713，实际占用床日数为 8898214，较 2014 年有所增长，病床使用率为 86.04%，较上年略有下降；出院病人平均住院天数为 9.6 天，较上年下降 0.2 天。医疗卫生资源利用量及利用效率不断提高。

（二）中医药服务

1. 中医药事业经费投入

宁波市中医药事业经费投入从 2009 年的 0.69 亿元增至 2014 年的 1.19 亿元，年均增长率为 11.24%；在全国率先设立中医类政府专项补助，由市、县两级财政分别按每中医门诊人次 8 元、每中医住院床日 15 元的标准给予补助①，以促进更多更好的“简、便、验、廉”的中医药服务供给。2014 年，全市中医类专项补助为 1.65 亿元，同比增长 29.4%。②

2. 中医药服务资源

宁波市在全省范围内成立首个地市级中医药管理局，加强对全市中医药工作的组织领导和业务管理。

2015 年，宁波市共有中医类机构 147 家，中医医院 14 家，中西医结合医院 3 家。截至 2015 年，宁波市拥有中医医院（含中西医结合医院）床位总数 2455 张，其中中医医院床位数 2295 张、中西医结合医院床位数 160 张，中医医院床位数占全市医院床位数比例为 8.29%。

覆盖城乡的中医药服务网络基本建立。2015 年宁波市共有市级中医医院 1 家，县级中医医院 8 家。市中医院全面托管宁海县中医院，成立了首个区域中医医联体。市级综合性医院、妇幼保健院中医科设置率达到 100%；

---

① 宁波市人民政府. 关于扶持和促进中医药事业发展的意见：甬政发〔2010〕23 号[J]. 宁波市人民政府公报，2010(5)：10-13.

② 刘玉莲，章国平，王涌，等. 宁波市中医药发展现状分析与思考[J]. 中国农村卫生事业管理，2016，36(3)：347-349.

全市100%的社区卫生服务中心(乡镇卫生院)、88.18%的社区卫生服务站、73.02%的村卫生室能提供中医药服务。98.03%的社区卫生服务中心(卫生院)能开展10种以上的中医药适宜技术服务,95.85%的社区卫生服务站和68.5%的村卫生室能提供4种以上的中医药适宜技术服务。①

截至2015年8月,宁波市有中医类别执业(助理)医师3392人,占执业(助理)医师总数的16.16%,每千人口中医类别执业(助理)医师人数0.58人。全市中医类别执业(助理)医师中研究生以上学历比例较低,且各县(市)区研究生以上学历的中医医师数与市级医院相比差距较大。此外,全市共有全国老中医药专家6位,省级名中医18位,市级名中医10位,省基层名中医15位,省中青年临床名中医2位,市基层名中医3位,国家级基层名中医1位。②

3. 中医药服务利用

2015年上半年,宁波市三级中医医院的门急诊和住院人次数分别为1028671人次和15666人次,较上年同期分别增长4.45%和4.04%;门诊次均费用基本持平,出院患者均次费用、平均住院日则分别下降10.8%和8.1%。

基层中医药服务量逐年增加,2013、2014、2015年上半年的全市基层医疗卫生机构中医药服务量占总服务量的比例分别为21.48%、23.40%、24.46%。

中医药适宜技术近年广受推崇,建立了全市中医药适宜技术城乡推广网络,共推广中医适宜技术15项,服务患者超过1.5万人次。此外,开展了全市老年人中医体质辨识和儿童中医调养服务,截至2015年8月底,全市0～3岁儿童中医药健康管理率为54.80%,60岁以上老年人中医药健康管理率为37.96%。③

(三)公共卫生服务

宁波市级层面成立了公共卫生工作委员会,在镇乡(街道)和村(社区)分别建立了公共卫生管理员和联络员制度,形成覆盖全市的城乡公共卫生

---

① 宁波市卫生计生委. 2015年宁波市卫生计生工作总结[EB/OL]. (2015-12-15)[2018-11-18]. http://www.nbwjw.gov.cn/art/2015/12/25/art_111_59125.html.

② 陈敏. 抢救传承中医,宁波在行动[N]. 宁波日报. 2016-08-10(3).

③ 刘玉莲,章国平,王涌,等. 宁波市中医药发展现状分析与思考[J]. 中国农村卫生事业管理,2016,36(3):347-349.

管理网络体系。①

目前，宁波市人均年基本公共卫生服务项目经费已从12年前最初的15元增长至60元(浙江省人均每年为45元)。截至2016年年底，宁波市各级财政对城乡基本公共卫生服务的经费总投入达46542万元，实际人均项目经费达到61.1元，共向居民免费提供16类52项公共卫生服务。通过将基本公共卫生服务融入家庭医生签约服务和临床诊疗服务中，为居民提供综合、连续、动态的公共卫生服务，详细服务内容见表6-2。

表6-2 宁波市基本公共卫生服务项目一览

序号	类别	服务对象	项目及内容	备注
1	建立居民健康档案	辖区内常住居民	1. 建立健康档案 2. 健康档案维护管理	国家12类45项
2	健康教育	辖区内居民	1. 提供健康教育资料 2. 设置健康教育宣传栏 3. 开展公众健康咨询服务 4. 举办健康知识讲座 5. 开展个体化健康教育	
3	预防接种	辖区内0～6岁儿童和其他重点人群	1. 预防接种管理 2. 预防接种 3. 疑似预防接种异常反应处理	
4	儿童健康管理	辖区内居住的0～6岁儿童	1. 新生儿家庭访视 2. 新生儿满月健康管理 3. 婴幼儿健康管理 4. 学龄前儿童健康管理	
5	孕产妇健康管理	辖区内居住的孕产妇	1. 孕早期健康管理 2. 孕中期健康管理 3. 孕晚期健康管理 4. 产后访视 5. 产后42天健康检查	
6	老年人健康管理	辖区内65岁及以上常住居民	1. 生活方式和健康状况评估 2. 体格检查 3. 辅助检查 4. 健康指导	

① 蒋炜宁，章杰. 16类52项基本公共卫生服务请你免费享用[N]. 宁波日报. 2017-02-08(5).

续表

序号	类别	服务对象	项目及内容	备注
7	慢性病患者健康管理(高血压)	辖区内 35 岁及以上原发性高血压患者	1. 检查发现 2. 随访评估和分类干预 3. 健康体检	国家 12 类 45 项
	慢性病患者健康管理(2 型糖尿病)	辖区内 35 岁及以上 2 型糖尿病患者	1. 检查发现 2. 随访评估和分类干预 3. 健康体检	
8	重性精神疾病(严重精神障碍)患者管理	辖区内诊断明确、在家居住的重性精神疾病(严重精神障碍)患者	1. 患者信息管理 2. 随访评估和分类干预 3. 健康体检	
9	结核病患者健康管理	辖区内肺结核病可疑者及诊断明确患者	1. 可疑者推介转诊 2. 患者随访管理	
10	中医药健康管理	辖区内 65 岁及以上常住居民和 0～36 个月儿童	1. 老年人中医体质辨识 2. 儿童中医调养	
11	传染病和突发公共卫生事件报告和处理	辖区内服务人口	1. 传染病疫情和突发公共卫生事件风险管理 2. 传染病疫情和突发公共卫生事件的发现与登记 3. 传染病疫情和突发公共卫生事件相关信息报告 4. 传染病疫情和突发公共卫生事件的处理	
12	卫生监督协管	辖区内居民	1. 食品安全信息报告 2. 职业卫生咨询指导 3. 饮用水卫生安全巡查 4. 学校卫生服务 5. 非法行医和非法采供血信息报告	
13	口腔与眼科保健服务	辖区内常住中小学生、65 岁及以上常住居民	1. 中小学生口腔保健 2. 老年人眼科保健	宁波增 4 类 7 项
14	康复服务	辖区内常住有康复治疗和医学功能训练需求人群	1. 康复治疗和医学功能训练管理	
15	重点慢性病高危人群管理	辖区内居民	1. 高血压高危人群管理 2. 糖尿病高危人群管理	
16	流动人口管理	辖区内流动人口	1. 流动孕产妇管理 2. 流动儿童管理	

为切实保障基本公共卫生服务项目能够为居民所用，宁波市利用家庭医生签约服务这一纽带打造三站递进式基本公共卫生服务链，即将上述项目由第一站的社区卫生服务中心（乡镇卫生院）、第二站的社区卫生服务（村卫生室）站，按需逐步延伸至第三站的居民家中，让市民足不出户得实惠。

1.公共卫生服务资源

截至2016年年底，全市各级财政对城乡基本公共卫生服务的经费总投入达46542万元，实际人均项目经费达到61.1元。

截至2015年，宁波市共有专业公共卫生机构48个，其中疾病预防控制中心13个，专科疾病防治院（所、站）2个，妇幼保健院（所、站）11个，急救中心（站）8个，采供血机构1个，卫生监督所13个；公共卫生机构从业人数3313人，卫生技术人员数2561人，每万户籍人口公共卫生人员数为5.65人。全市公共卫生类别执业（助理）医师786人，每千常住人口0.10人。

截至2015年年底，宁波市成功创建国家级慢性病综合防控示范区8个和省级示范区2个，覆盖县（市、区）达91%；共创建示范社区、示范单位、示范食堂、示范餐厅四类“示范”377个，245个室外支持性环境投入使用；共创建健康机构529家，在全市社区卫生服务中心和服务站共设置了324个健康自助检测点，各地均设有慢性病自我管理小组，总数达1175个。[①] 市县两级开始着力培养健康生活方式指导员，共计招募和培训健康生活方式指导员1591名。

2.公共卫生服务供给

（1）慢性病防治

宁波市创新医防整合，在全国首创慢性病“1＋X”防治模式，构建起由疾病预防控制机构业务牵头、以综合性医院为支撑、城乡社区卫生服务机构为基础的慢性病“三位一体”的防控服务网络，目前此模式已覆盖全市11个县（市、区）。成立了1个市慢性病预防控制中心，牵头统筹全市慢性病防治业务管理工作；5个以市级医疗机构为依托的心脑血管病防治等临床指导中心

---

① 宁波市疾病预防控制中心.宁波慢性病综合防控示范区创建实现“满堂红”[EB/OL].（2017-01-23）[2018-11-18].http://www.nbwjw.gov.cn/art/2017/1/23/art_142_900598.html.

(2017年已增加至7个);[①]有9个县(市、区)与市级医卫协作平台联通,实现数据共采共享,50%以上的县级综合医院实现慢性病信息化管理。除开展高血压、2型糖尿病、重性精神疾病社区规范化管理项目外,宁波市全面实施了"城市癌症早诊早治试点"项目。

(2)传染病防控

截至2015年年底,宁波市共建有171家预防接种门诊,其中42家达到省五星级预防接种门诊要求,51家达到三星级预防接种门诊要求,78家达到规范化预防接种门诊要求,规范化预防接种门诊及以上的比例达100%。

宁波市传染病智能直报系统投入使用,实现了所辖区域所有医疗机构,包括204家公立医疗机构、2家民营医院及1家部队医院的传染病数据与传染病网络直报系统的实时连接,极大地提高了医疗机构传染病报告工作的效率和报告的信息质量。[②]

全面启动宁波市耐多药结核病防治工作,联合市教育局对宁波市学校结核病防控工作开展督导检查,研发并成功应用结核病管理信息系统。宁波市申报了第三轮国家级艾滋病综合防治示范市,县(市)区二级以上医院及市级医院积极开展性病就诊者艾滋病、梅毒抗体检测服务,稳步推进抗病毒治疗体系建设。

(3)妇幼保健

农村妇女叶酸增补、住院分娩补助、"两癌"筛查公共卫生服务项目综合达标率达到100%。以2014年为例,全市有2万名以上农村孕产妇得到住院分娩补助,农村孕产妇住院分娩专项经费补助率达到100%;有2.5万名农村适龄妇女服用叶酸,叶酸服用率达到95%以上;农村妇女完成宫颈癌检查2.4万人,乳腺癌检查4400人,均超额完成了国家和省定目标任务。除常规儿童健康体检等健康管理服务外,宁波还开展有儿童神经心理发育、孤独症、先天性髋关节发育不良等筛查项目,做到早发现、早诊断、早干预;推广"适龄儿童窝沟封闭",实现此项服务学校全覆盖。

(4)环境与职业卫生

开展主要职业病危害因素监测和网络报告管理,2015年共监测企业15

---

① 宁波市疾病预防控制中心.宁波慢性病综合防控示范区创建实现"满堂红"[EB/OL].(2017-01-23)[2018-11-18].http://www.nbwjw.gov.cn/art/2017/1/23/art_142_900598.html.

② 陈敏.宁波市成为国内首个传染病智能直报区[N].宁波日报.2016-10-25(1).

家，监测点数位 156 点。各职业病危害因素的监测完成率均为 100%。开展重点职业病监测与职业健康风险评估。开展公共场所卫生质量监测，医用辐射防护监测、职业性放射性疾病监测和介入放射学工作场所辐射水平监测等工作。

3. 公共卫生服务成效

宁波市公共卫生项目关键指标均达到国家和省绩效考核的目标要求，全市常见慢性病患者健康管理、老年人和中小学生保健服务、孕产妇儿童预防保健、残疾人康复功能训练、卫生综合保障等项目综合达标率为 93.6%。

截至 2016 年年底，宁波市有 184 万城乡居民享受了政府提供的免费健康体检。以妇女、儿童、老年人等重点人群和糖尿病、高血压等重点疾病为主的规范管理人数达到 269 万，居民健康档案建档率从 2011 年的 72.1%上升至 2016 年的 88.2%。糖尿病和高血压控制率分别达到 59.6%和 55.9%，重性精神病患者病情稳定率在 90%以上。各项指标均居全国前列水平。①

2017 年年末，全市户籍人口孕产妇死亡率为 0，婴儿死亡率 2.31‰，5 岁以下儿童死亡率为 3.02‰，全市适龄儿童免疫规划疫苗接种率为 98.1%。②

（四）康复服务

2015 年，全市有 13779 名精神残疾人得到补助，14586 名残疾人获得了辅具服务，惠及人数分别增长 20%和 300%。三级康复服务体系日益完善，北仑、余姚、象山等地采用“残联建设、医院托管”的服务模式，建成投用残疾人康复机构；依托卫生计生部门推行的契约式家庭医生制度开展重度残疾人“菜单式”社区康复服务模式试点；社区康复协调员达到 3062 名，基本实现社区全配备。全市各类残疾人康复机构服务残疾人累计达到 44533 人次，为 473 名残疾儿童提供了抢救性康复服务。③

在服务提供主体方面，残联系统、卫生系统、民营资本共同参与康复服务的提供，且各具特色。宁波市残疾人联合会以宁波市康复医院为龙头，积极扶持区、县级康复医疗机构，大力发展残联康复医疗体系，实现康复资源

① 蒋炜宁，章杰. 16 类 52 项基本公共卫生服务请你免费享用[N]. 宁波日报. 2017-02-08(5).

② 2017 年宁波市国民经济和社会发展统计公报[EB/OL]. (2018-02-06)[2018-11-18]. http://nb.zjol.com.cn/system/2018/02/06/021649182.shtml.

③ 宁波市残疾人联合会. 宁波市残联 2015 年主要工作总结[EB/OL]. (2016-08-24)[2018-11-18]. http://gtog.ningbo.gov.cn/art‖8/24/art_16_422354.html.

共享，使宁波市残联系统整体的康复水平有了极大的提高。卫生系统利用自身资源优势发展康复服务。市级医院康复服务主要定位于服务市级大医院本身的患者，积极开展早期康复、综合康复。同时注重三级康复网络的建设，市级大医院与二级医院及社区医院联手、结对，共同发展康复。大医院提供患者来源及康复医疗力量，社区提供康复场地，优势互补，共同发展。①民营医院虽投资康复较晚，但发展势头迅猛，引入更为人性化、家居化的康复服务理念，满足高层次康复服务需求。

(五)优生优育服务

2017年，宁波市共有计划生育服务机构7个。2016年，全市出生人口共54845人，同比增加9693人，增长21.47%，其中二孩率为38.26%；计划生育率为97.86%，同比提高1.61个百分点。总体来看，宁波计划生育指标保持良好态势，全面两孩政策实施效果逐步显现，基本符合预期。②

宁波市卫计委以机构改革为契机，积极推进妇幼保健服务与计划生育技术服务资源的有机整合，并加强规范化建设。实施妇幼健康优质服务示范工程，提升服务质量。全面实施一站式免费婚前医学检查和免费孕前优生检测，婚检率及孕前优生检测率大幅提高，其中2015年婚前医学检查率为94.76%，婚前卫生咨询率为43.91%。开展产前筛查、新生儿疾病筛查等疾病免费筛查项目，以在早期发现健康问题，以便及时采取干预措施提高出生人口素质。全面实施“生殖健康促进工程”，为农村已婚育龄妇女每两年提供一次生殖健康检查。深化流动人口计划生育“一盘棋”机制建设，流动人口婚育证明电子化试点工作有序开展。截至2015年9月底，流动人口流入育龄妇女信息登记管理率为98.15%，流出育龄妇女信息掌握率为97.12%，流动人口免费计划生育四项手术覆盖率为96.78%。③

(六)重点人群健康服务

1.儿童健康服务

截至2015年年底，宁波市39家开设儿科的医院中拥有儿科执业医师

---

① 郭旭，陈慧敏，付建珍. 宁波市康复医学发展概况及前景展望[C]. 浙江省物理医学与康复学学术年会暨浙江省康复医学发展论坛，2013.

② 宁波市卫计委2016年工作总结和2017年工作计划[EB/OL]. (2017-03-09)[2018-11-18]. http://wjw.ningbo.gov.cn/art/2017/3/9/art_111_1040211.html.

③ 宁波市卫生计生委. 2015年宁波市卫生计生工作总结[EB/OL]. (2015-12-15)[2018-11-18]. http://www.nbwjw.gov.cn/art/2015/12/25/art_111_59125.html.

(不含中医、中西医结合)1007 名,仅占全市执业医师总数的 0.05%;2015 年,全市每千名儿童拥有 0.87 个儿科医师,落后于 2008 年美国每千名儿童拥有 1.46 个儿科医生的比例。①

为有效缓解儿科"看病难"问题,宁波市卫计局要求全市二级以上综合医院开设儿科,方便患儿就近诊治;同时,以推进市级医院儿科建设为重点,调整优化全市儿科布局,推进市中心城区儿童医疗资源的均衡发展,要求各地因地制宜制订实施方案,及时应对儿童季节性疾病就诊高峰。②

宁波市已初步形成了由综合医院儿科、儿童专科医院、基层医疗卫生机构组成的复合型儿童医疗卫生服务体系,不断提高儿童医疗服务水平。

2017 年,宁波市深化医改先行先试实施方案的首个配套文件《关于印发宁波市加强儿童医疗卫生服务改革与发展实施方案的通知》正式印发,提出:一要创新落实儿科分级诊疗制度。一方面,探索以市妇儿医院为龙头,通过"科室托管+标准化管理"的模式,与其他市级医院组建儿科服务联盟,强化资源统一调配,快速提升儿科服务能力;另一方面,以县域为单位,通过重点托管、对口支援等方式,强化儿科医疗服务联合体建设,推动儿科医疗资源向规范化、连锁化、品牌化方向发展。二要促进儿童心理和康复服务体系建设。整合卫计、教育、民政、残联等部门的现有资源,加强儿童常见心理疾病的早期发现与干预,促进市、县、社区各级康复体系建设,推进残疾儿童基本康复救助,全面实施残疾儿童基本康复服务与补贴制度。三要优化儿童发展的全周期健康管理。加强儿童相关的公共卫生机构建设,按照胎儿期、婴儿期、幼儿期、学龄期、青春期等儿童发展各个阶段的不同特点,规范开展儿童健康管理。四要加强儿科发展财政投入。各级财政对同级医疗机构按每儿科门(急)诊人次 8 元,每住院床日 15 元的标准,根据儿科服务绩效给予专项补助,并向儿童医院和儿科、儿童康复工作适当倾斜。③

2. 老年人健康服务

2016 年年末,全市养老床位数达到 59907 张,每百名老人拥有养老床位

---

① 陈敏,陈琼,马蝶翼. 儿科医生荒,何日能缓解[N]. 宁波日报,2016-06-27(3).

② 破解儿童看病难,宁波放大招!儿科医生护士待遇、儿科医疗服务价格都将调整[EB/OL]. (2017-04-28)[2018-11-18]. http://www.nbwjw.gov.cn/art/2017/4/28/art_140_979042.html.

③ 宁波市出台《关于加强儿童医疗卫生服务改革与发展的实施方案》[EB/OL]. (2017-02-13)[2018-11-20]. http://wjw.ningbo.gov.cn/art/2017/2/13/art_1852_903056.html.

4.3张,高于全国、浙江省每百名老人拥有养老床位的平均水平。宁波市居家养老服务网络进一步拓展,社会化养老服务体系逐渐完善。全市已累计建成居家养老服务中心(站)2662个,覆盖95%的城乡社区[①],启动居家和社区养老服务改革试点、长期护理保险制度试点。

为进一步提高凸显以健康为核心的养老服务的质量,2014年宁波市政府出台《关于进一步鼓励民间资本投资养老服务业的实施意见》,明确了促进医养融合发展的相关政策,鼓励医疗资源进入养老领域。宁波市卫生部门通过规划调整,让医疗卫生服务机构与养老机构"比邻而居",鼓励社区卫生服务中心、公立医院盘活富余医疗资源,以开设老年康复病房等多种方法来提高医养结合型养老服务的供给量。[②] 截至2017年,宁波市养老机构医疗卫生服务覆盖率已达81%。[③]

二、宁波市健康服务存在的问题

(一)健康服务资源与服务能力供需矛盾依然较为突出

宁波市经济发展水平已相当于中上等发达国家水平,城乡居民生活水平不断提高,健康服务需求快速增长,现有医疗卫生服务资源配置滞后于社会经济发展,医疗卫生服务资源配置还有很大发展空间。

城乡间卫生服务资源配置仍存在差距。宁波市区每千人口床位数达到7.66张,而其余各县市则均未达到5张,尤其是象山、宁海的配置水平较低,分别为3.04张和2.96张;部分三级医院虽有分院设置于城郊或新城,但仍主要集中于中心城区。

医疗资源的结构布局不合理,一些专科的临床资源短缺的矛盾十分突出,难以满足群众的医疗需求。随着宁波市慢性病流行趋势的发展及老龄化趋势日益凸显,居民对慢性病诊疗、康复疗养、老年护理等健康需求也随之不断增长。但目前宁波市的心脑血管病、肿瘤、康复护理及针对老年人群体的专科医疗资源极其匮乏。

宁波市三级甲等医院数量虽占优势,但在医疗技术水平、医学教学、医学相关学术科研等方面与深圳、厦门等其他计划单列市及周边的杭州、温

---

① 宁波市民政局2016年工作总结[EB/OL].(2017-02-20)[2018-11-20]. http://www.nbmz.gov.cn/cat/cat195/con_195_39926.html.

② 余建文,曹玮.医养结合,期待深度牵手[N].宁波日报,2016-05-12(5).

③ 宁波市人民政府.2018年政府工作报告[EB/OL].(2018-01-23)[2018-11-20]. http://gtog.ningbo.gov.cn/art/2018/1/23/art_21_877805.html.

州、苏州等地相比仍存在较大差距，与宁波本市的社会经济发展水平也不相符合。首先，分级诊疗的逐步推进，将对公立高等级医院应承担的疑难病的医疗服务水平提出更高要求，但受制于高端人才不足、公立医院补偿机制不到位等因素的影响，宁波市公立医院所提供的医疗服务品质尚不能够满足当前人民群众的需要，重大疾病、疑难疾病患者人群外流的现象仍然明显。其次，由于此类医院医生仍需承担大量常见病诊疗服务，限制了其开展基层医疗卫生机构人才培养、医学科研、医疗教学、援外支边等任务的执行能力，限制了宁波市高等级综合医院的发展能力，也成为宁波市向全国大城市第一方阵迈进不得不考虑的一块绊脚石。

随着“双下沉、两提升”工作的深入推进，基层医疗卫生机构服务水平显著提升，居民就医体验显著提升。但基层医疗卫生机构卫技人员总体素质不高的问题仍然存在，加之基本药物制度的实施造成了一定的“缺医少药”，部分基层卫生服务机构医疗设备配置不全，使得基层医疗卫生机构的服务水平影响了居民的就医意愿。

随着居民收入水平的不断提高及对健康的日益重视，部分高收入群体产生了高端医疗卫生服务需求。但现阶段宁波市民营医疗卫生发展相对缓慢，服务环境、专业人员素质、医疗服务技术水平等均无法满足相应的需求，加之公立医院“公益性”的要求，使得特需人群的需求被抑制。

国际化医疗卫生服务能力较为薄弱。宁波市提出了以主动融入国家“一带一路”建设战略为依托，以打造世界一流强港为牵引动力，把宁波市建设成“一带一路”的海陆连通枢纽和重要支点的战略目标。随着港口经济圈建设的不断推进，宁波市的对外开放与交流工作将逐渐增多。这一新常态的出现对宁波市医疗卫生服务体系提出了新的要求。当前宁波市医疗机构国际化程度仍处于初级水平，主要是以李惠利医院东部院区和宁波市第一医院国际医疗保健中心为窗口，开展较少的国际医疗卫生服务。此外，宁波市公共卫生机构缺乏有效的国际合作，在宁波市大力开展港口经济建设的过程中尚不能够提供公共卫生方面的有效保障。

（二）以健康促进为中心的整合型、连续式健康服务模式仍未真正建立

传统的医疗卫生服务防治分家只有转变为预防为主、防治结合、促进健康的新型健康服务，并贯穿于健康状态变化的全过程中，方可应对当今慢性病“井喷”且患者低龄化、人口老龄化趋势不断加重等现象带来的严峻挑战，这也是实现全民健康的必要手段。

当前宁波市的健康服务已围绕着健康促进这一中心的服务模式做出一定努力，但总体在健康服务发展理念、健康服务资源投入、健康服务供给等方面仍缺乏创新，真正实现以健康促进中心的服务模式仍需较大努力。首先，医疗卫生事业经费投入及医疗保险资金中对预防保健性等健康促进类服务投入比例较低，在一定程度上了抑制了居民对此类服务的利用。其次，凸显健康促进核心思想的家庭医生签约服务虽然在签约率上处于全省前列，但个性化健康管理服务开发不足、基本公共卫生服务与基本医疗服务间结合度欠佳，加之签约居民对于家庭医生和专科医生的认识存在误区，对于家庭医生服务职责、内容和方式认识不清等，导致这一服务利用程度不高。最后，公共卫生服务形式缺乏创新，各类传染病防治工作成效显著，但慢性病防治的效果并不明显。

在应对慢性病负担不断加重及老龄化趋势越发加重等健康服务挑战方面，仍然存在综合(专科)医院、基层医疗卫生机构及公共卫生服务机构缺乏有效协作机制的局面，未能有效向居民提供可覆盖疾病发生发展全周期的集预防、治疗、康复、长期护理为体系的连续式服务。慢性病防控工作存在明显的条块分割，在横向层面上未有效做到预防、干预、治疗及管理的整合，在纵向层面上亦缺乏基层机构与上级医院服务间的纵向整合的局面。此外，基层公共卫生服务也未能有效整合形成合力，各服务项目间缺乏有效信息交流。居民在疾病发生发展不同周期中所寻求或接受的健康服务过程信息未能充分整合，导致以居民健康需求为导向的健康服务模式未能建立，极大地影响了各类健康服务供给的效率及效果，也影响了居民利用健康服务的获得感。

(三)合理的就医秩序尚未形成

现阶段宁波市主要依靠经济杠杆的调节作用，即通过实施不同等级机构医疗服务差异化定价、医保差异化支付等手段助推分级诊疗的落实。但宁波市居民经济收入水平较高，且部分人群的就医习惯和对基层医疗机构的不信任并不会因为医保差额支付而有所改变。数据显示，2015 年前三季度宁波市基层医疗机构门急诊人次数占全市医疗机构门急诊总人次数比例为 52.43%，较上年略有下降。因此，分级诊疗模式的建立仍需要长期的努力。

从总体上分析当前分级诊疗工作推进缓慢的原因，一是基层医疗卫生技术人员素质仍不能取得居民的高度信任，且城乡间医疗服务能力的差距仍然较大。二是不同层级医疗机构的医保报销额度和比例差距不大，对患者分级诊疗激励作用有限。三是不同等级医疗机构医疗服务价格相近，不足以对患者就诊流向选择造成很大影响。四是大多数街道、乡镇双向转诊标准缺乏、路径不畅，转诊信息化平台建设相对滞后。另外，患者自由就医习惯难以在短期内改变，健康知识和科学就医意识相对薄弱，有公信力的健康知识宣传平台缺乏，也是分级诊疗工作推进缓慢的重要原因。①

（四）中医药服务能力仍需进一步提升

随着中医药发展上升至国家战略层面及浙江省、宁波市等各级政府相继出台了一系列中医药发展鼓励和扶持政策，宁波市中医药服务能力近年来已明显提升，治未病门诊的开设亦体现了以人民健康为中心的健康服务理念。但相对于健康服务事业总体快速发展及市民对中医药服务快速增长的需求还需加紧努力，在中医药服务投入、科技攻关、人才培养、发展规模、基层中医药服务创新等方面均存在进一步改善空间，尤其是中医药服务在慢性病防治、亚健康状态调理、身体机能康复等领域应有的特色仍未能有效体现。

此外，公立医疗系统以外的市场化中医养生保健服务亟待规范。其一，相关从业人员素质令人担忧，由于缺乏相关从业资格或人员培训标准，部分未接受过中医专业知识系统培训的人员通过足疗店、美容院的超范围经营进入这一服务领域开展拔罐、刮痧、推拿、按摩等服务，严重影响了服务质量，甚至有可能使原有的健康问题加重。其二，中药膏方质量参差不齐，膏方医师技术水平欠佳，膏方加工企业质量控制不足。

（五）儿童、老年人健康服务模式有待创新

近年来随着宁波市妇女儿童医院北部院区的建成及市内多家二级医院儿科门诊的设立，宁波市儿童看病难问题获得了一定程度的缓解。但随着宁波市社会经济水平的快速发展，以及全面二孩政策的实施，儿童医疗服务需求增长迅速，宁波市儿童医疗卫生服务资源数量供给不足、地区间发展不平衡，且服务能力与服务水平与同级城市相比仍存在一定差距。

在为儿童提供全方位、全周期健康管理及健康促进服务方面仍须积极做出努力。近年来，宁波市儿童人群中的主要健康问题表现为肥胖率及近视率不断增加，体适能水平有所下降，意外伤害、心理健康问题亦不容忽视。而现有的儿童健康保健服务仍主要集中于龋齿、营养不良性疾病防治方面，

---

① 何伟．宁波发展蓝皮书(2016)[M]．杭州：浙江大学出版社，2016：219．

这与儿童健康发展的实际需求已不相匹配，在儿童体重管理、体适能提升等方面服务能力明显不足。

此外，尽管当前宁波市每百名老人拥有养老床位已超全国及浙江省平均水平，但仍不能较好满足老年人的需求，且受限于养老机构与医疗机构间的双向转诊服务机制尚未建立，养老机构内医疗、康复护理服务资源严重匮乏等原因，机构养老服务中的医疗服务能力在应对老年人健康需求方面仍有较大差距。

社区居家养老服务体系的不断完善，有效增加了养老服务的供给量，但在服务内容及服务模式上同样存在解决老年人健康问题能力不足的短板。采用社区居家养老形式的老年人多为慢性病高危人群及慢性病稳定期患者人群，对慢性病预防及治疗服务需求强烈，而当前社区居家养老服务内容多集中于生活照顾或精神照料层面，服务机构与社区卫生服务机构交流不足，不能有效整合基本公共卫生服务、中老年人健康管理及慢性病规范化管理服务，影响了社区居家养老服务中健康服务的能力。

第三节　国内外健康服务优化实践与启示

健康城市是世界卫生组织为应对城市化问题给人类健康带来的挑战而倡导的一项全球性行动。目前，世界范围内已有3000余个城市开展了健康城市行动，我国也有多个城市对健康城市的建设进行了探索，并总结了一定的经验。健康服务的供给直接影响到居民为追求健康而消费相应专业服务的可及性，因此，健康服务的优化是大多数城市健康城市建设过程的重要组成部分。

一、国外健康服务优化的实践

（一）美国

在管理型、整合型医疗卫生保健服务模式的探索中积累了一定经验，在强化疾病预防，推进健康管理以及降低医疗成本等方面显示出了良好的发展前景。

强调以健康为中心、医学为先导的基本理念。具体体现为：注重对疾病的预防与健康管理，包括开展预防接种、健康教育、健康体检、健康与疾病风险因素评估等服务，对服务的个体和群体进行有针对性的健康指导和干预；

二是注重为患者提供全程、连续的医疗照护服务，从首诊到入院治疗再到康复随访，建立了全面的健康服务体系；三是注重尊重和回应患者的喜好、需要与价值观，强调生活质量、有效寿命和成本效用，鼓励患者参与到自身健康保健与健康管理之中。

努力建设以整合、协同化为模式的服务体系，在服务提供和费用支付方面追求筹资支付体系和服务提供体系的整合，在服务的供方和需方关系方面追求双方利益的整合，在服务提供与运行方面追求点对点的精细化整合。

开展以精细化、现代化为特征的医院管理，在医疗质量安全管理、医疗服务流程管理、医务人员的绩效考核方面均进行了精细化的改革。①

（二）新加坡

重视国民健康管理服务的提供。新加坡成立有专门机构即健康促进局，负责开展国民疾病预防与健康教育工作。

重视对健康管理等预防保健服务的投入。健康促进局财政预算占政府保健促进相关预算开支的3%～4%，且政府承诺医疗保健促进相关开销还会相对增加。

公立医院实行管办分开，并促进医院间的有序竞争。新加坡于20世纪80年代就已对公立医院进行治理机制改革，成立了新加坡医疗有限公司，公立医院注册为公司法人，但所有权仍归属政府，以实现管办分开。改革后的公立医院在人才招聘、薪酬分配以及资源调配等方面具有经营自主权。此外，新加坡通过重组两大公立医院集团、将私立医院纳入医疗保障体系、加强医疗机构信息公开等方式促进医院间的有序竞争，以提高医疗服务质量。

实行严格的分级诊疗。除急重症疾病外，患者首先要到路程多在10分钟以内的社区医院就诊，超出社区诊疗能力的患者将被转入高级别医院进行诊疗，且在大医院经过治疗后，将被转入社区医院进行康复治疗。②

重视医养结合服务。为应对人口老龄化，新加坡在全岛依托六大公立综合医院，集结基层医疗（普通/专科诊所和门诊中心）、急症医疗（综合及专科医院）、亚急症医疗（社区医院）、长期护理（养疗院、退休村）、安宁护理（临终关怀所）等形成6大区域健康城。在每个健康城中，各机构独立运营并互

---

① 马伟杭，张俊华，晏波．美国管理型、整合型医疗卫生保健服务模式初探[J]．中国卫生人才，2012(1)：78-80.

② 廖晓诚，杨宜勇．新加坡与中国医疗卫生事业发展比较[J]．中国经贸导刊，2014(31)：50-53.

相合作，共同预防、诊断、治疗疾病，提供一体化连续性的医养服务。①

（三）以色列

以色列卫生保健系统主要包括六大各自独立的部分。一是预防与环境卫生服务；二是社区服务，包括精神病护理、老年护理、幼儿护理以及家庭护理；三是初级医疗服务，主要由疾病基金提供；四是主要由疾病基金提供的社区专家医疗保健；五是医院内的专家门诊；六是由综合医院、精神病专科医院、长期护理医院提供的医疗服务，以及其他一些补充性服务。以色列政府着重建立高效的转诊和协同医疗体系，建立资源共享机制，提高资源利用率。以色列医疗机构责任分明，相互之间的患者流向比较合理。以色列社区医疗保健发达，遍布全国各大区，注重疾病的预防与保健，引导公民树立新健康观念，充分发挥公民在医疗保健中的能动作用，强调公民应对个人健康负责。②

二、我国城市健康服务优化的实践

（一）北京

北京市在《健康北京"十二五"发展建设规划》中提出以"公共卫生服务全覆盖、医疗服务水平提升"为主要目标的健康服务优化建设任务。北京的主要做法如下。

其一，面向全人群的基本公共卫生服务不断加强。提升传染病防控能力，加强公共场所、职业环境危险因素监测和监督管理，增强市民公共卫生安全感。推广健康体检服务，落实员工定期体检制度，社区卫生服务中心（站）、药店和计划生育服务站为市民提供免费基础测量服务以及基本卫生保健知识咨询服务。引导居民主动管理健康，加强对重点人群的个体化健康指导和服务，降低人群健康危险因素的流行率。

其二，面向重点人群的基本公共卫生服务项目不断扩充。推进母婴安全行动计划，提供孕产妇系统保健服务包。普及避孕节育、优生优育和生殖保健服务，提高出生人口素质。完善出生缺陷防治网络，加强妇女宫颈癌和乳腺癌筛查服务。为0～6岁儿童提供多项基本保健服务，促进儿童健康成长。免费提供3～4岁、7～9岁儿童龋齿检查和防治服务。建立中小学生健

① 李春梅. 健康城：医养结合的新加坡模式[J]. 中国勘察设计，2016(6)：52-55.

② 邓艳萍. 以色列的国民健康服务体系. 以色列发展报告(2016)[M]. 北京：社会科学文献出版社，2016：178.

康档案，每年免费为学生体检，开展视力检查与用眼指导，努力控制儿童和青少年超重和肥胖问题。合理增加精神卫生服务床位和人力资源，构建三级精神卫生服务网络，适应精神心理问题的挑战。

其三，扩大医疗资源规模，优化区域医疗卫生资源配置，健全各级各类医院分工协作机制，推广家庭医生服务，发展信息化技术，增加全国重点专科数量，提升远郊区县和薄弱地区的医疗服务能力，扩大临床诊疗路径及优质护理服务的实施范围，提高医疗服务效率及服务质量，纾解群众“看病难”的问题。增加政府卫生投入，提高医疗保障水平，调控医药费用水平和结构，化解群众“看病贵”的问题。

其四，加强中医药防治科技攻关，并在基层医疗卫生服务机构建立“中医健康指导室”，为城乡居民提供个性化的中医医疗、养生保健处方等服务。①②

（二）杭州

2011 年，杭州市印发《健康杭州“十二五”规划》，将优化健康服务作为建设健康杭州的任务之一。启动重点慢性病干预控制行动，完善医疗和养老保障体系，基本做到“老有所养、病有所医”。杭州的主要做法如下。

完善医疗卫生服务网络。通过合理设置各级各类医疗机构布局，统筹城乡协调发展，科学调控医疗卫生资源配置。建立覆盖城乡、功能完善、反应灵敏、运转协调的医疗救治网络。完善疾病预防控制体系及三级卫生执法监督体系。推进中医院、妇幼保健院等机构规范化建设。

加强社会心理服务工作。充分发挥各方力量，强化心理卫生工作的部门合作、沟通和协调，健全社会心理服务网络体系，开展公众心理健康知识的宣传普及及心理行为问题预防工作，并强化重点人群心理行为干预。

加强养老服务政策保障，加快养老机构建设力度。研究和制定养老相关政策，鼓励和支持企业、组织和个人投资养老服务设施的基本建设和养老产业的开发。加强和重视慢性病防治、康复、专科疾病防治、老年护理等领域的发展，建立和发展老年护理、康复中心、临终关怀等机构。

推进医药重点项目发展。坚持公共卫生服务均等化，基本公共卫生服

① 北京市人民政府. 健康北京“十二五”发展建设规划[EB/OL].[2017-12-16]. http://zhengwu. beijing. gov. cnghxxsewgh/t1192812. htm.

② 王鸿春. 北京健康城市建设研究报告(2016)[M]. 北京：社会科学文献出版社，2016：10-16.

务普惠城乡居民、高标准落实。统筹推进城乡一体化发展，推进县乡卫生一体化建设与一体化管理。强化医疗服务规范化管理，加快卫生信息化建设。实施药品、医疗器械监管基础工程。

强化社会康复服务管理。加强社会化康复体系建设，提高康复服务能力，使全市有康复需求的残疾人普遍得到康复服务，实现残疾人“人人享有康复服务”的目标。①

（三）苏州

苏州市在“十二五”期间成立了健康城市研究所，开展了健康城市科学诊断；并根据科学诊断结果，制定了“十二五”期间健康城市十大行动，其中之一便是优化健康服务行动。苏州的主要做法如下。

不断深化医药卫生体制改革，完善四级医疗卫生服务网络，全市城乡社区卫生服务覆盖率达到 100%，基本建成“15 分钟健康服务圈”。

推进城乡基本公共卫生服务，创设母婴阳光工程、重性精神病免费服药和困难人群高血压患者免费服药等一批特色公共卫生服务项目，人均基本公共卫生服务经费达 60 元。建立全科医师培训基地，开展全科医师规范化培训，推进家庭责任医师制度。

调整完善医疗资源的规划布局，鼓励社会资本办医。截至 2014 年年底，全市共有登记注册的卫生机构 3063 个，按常住人口计算，每千人口卫生床位数为 5.21 张，每千人口执业（助理）医师 2.39 人，注册护士 2.39 人。

加强疾病预防控制，传染病总发病率降低到 112.33/10 万，建成两个国家级慢性病防控示范区。开展母婴阳光工程，实施出生缺陷社会化干预，推行一站式免费婚检，婚检率提高至 95.96%，出生缺陷发生率降低至 5.52‰。

积极推进卫生信息化建设，建成社区影像远程会诊中心、社区临床检验集中检测中心，实施医疗自助服务进家庭，完善医疗便民服务“一卡通”和集约式预约挂号 12320 平台建设，有效缓解了“看病难”等问题。

实施老年人免费健康体检，加快推进养老服务，居家养老服务实现全覆盖，社区养老服务形成网络，机构养老服务初具规模，千名老年人拥有各类

① 杭州市发展和改革委员会，杭州市建设健康城市工作领导小组办公室. 关于印发健康杭州“十二五”规划的通知：杭发改规划〔2011〕534 号[EB/OL]. (2011-07-27)[2018-03-16]. http://www.hangzhou.gov.cn/art/2017/1/17/art_1256297_5249358.html.

养老床位 40 张。①

三、国内外健康服务优化实践对宁波的启示

随着医学模式的转变，大健康的观念正影响着健康服务体系的发展，健康服务的内涵不断扩展，健康服务模式不断创新，因此应充分动员社会各界力量参与，增加健康服务优化发展的活力，以满足人民群众日益增长的多层次、多样化的健康服务需求。

（一）推动健康理念的更新是推进健康服务优化的前提

理念是实践的指南，对健康理念的不断更新将促进健康服务实践的不断发展。因此，要实现健康服务优化，首先要求政府、健康服务机构、健康服务技术人员等更新健康理念，深入理解和落实现代生物—心理—社会医学模式对健康服务的要求，实现由以疾病为中心向以健康为中心、以治疗为主向以预防为主的理念的转变，由此指导健康服务实践的转变。

从健康危险因素的角度来看，影响人民群众健康的新老传染病、慢性非传染性疾病和心理不健康状态日益增多，而这些疾病或状态的主要危险因素来自不健康的生活方式，如酗酒、吸烟、不合理饮食、缺少锻炼等，还有精神压力、不安全性行为、吸毒等。从经济投入—产出效益的角度看，在单纯的医疗技术上增大投入并不能降低这些疾病的发病率或患病率，而从源头入手，增加对上述疾病或状况的一级、二级预防措施的投入，则可减少疾病的发生或减缓疾病的发展，有效降低医疗成本，减轻疾病负担。从国内外经验来看，这也是各个国家和地区医疗卫生发展的潮流。因此，在健康服务的投入和供给中应当贯彻落实预防为主、防治结合的理念。这不仅是转变健康服务的发展方向，有效降低健康服务成本的客观需要，也是满足社会全体成员健康需求，提升城市人口健康水平的根本途径。

（二）建立政府主导的体制机制是确保健康服务优化发展的主渠道

随着健康服务内涵的不断扩大，与健康服务有关的部门除卫生计生部门外，还涉及民政、环保等诸多部门，职责交叉，加之健康服务具有福利性、供需刚性等特点，使得政府在健康服务的优化发展及有效提供中承担着重要的责任和职能。

一是承担提供公共卫生服务的基本责任。公共卫生事业属于公共服务

---

① 王鸿春. 中国健康城市建设研究报告（2016）［M］. 北京：社会科学文献出版社，2016：198-199.

和社会管理职能，必须依靠政府组织推动，依靠政府制定并落实预防、控制、救治和有效应对措施。

二是承担普及基本医疗服务、完善医疗保障制度的重要责任。这方面主要包括发展医疗卫生事业，健全基本医疗保障体系，加强医疗机构运行管理，并负责保障医学科研和教学的实施及医疗技术水平的先进性，平抑医疗市场价格，为群众提供基本医疗保障，维护人民群众身体健康。在坚持发挥政府主导作用的同时，注意发挥市场机制的作用，同时承担医疗市场的监管责任，维护群众经济利益。

三是加大健康事业的经济投入，建立稳定的经费保障机制。

四是制定中长期的健康规划，以规划指导实践。

五是普及健康教育，提高群众卫生知识水平和健康意识，改变群众不良生活习惯和生活方式，预防和减少疾病发生。①。

（三）科学发展规划是引领健康服务优化发展的指挥棒

科学化建设在诸多城市的健康城市建设中都有一定体现，无论是成立专家指导委员会抑或是建立健康城市研究所，从开展健康城市诊断到制定发布健康城市建设行动计划，都体现了科学指导的灵魂。此外，健康服务大多属于公共产品或准公共产品，且当前健康服务存在着不能适应人民群众健康服务需求的变化、服务公平性不足等问题。因此，在建设健康城市及对健康服务体系、机制进行优化的过程中，应注重通过科学方法制定地区内的相应规划，以引领健康服务的优化发展。

首先，通过制定发展规划或行动计划等，对需要从长远着手的事物设定发展路径，并尽早实施。其次，坚持以人为本，以需求为导向科学制定各类基本服务包，如家庭医生服务包、儿童保健服务包等，提高各类服务对其目标人群的服务覆盖程度及服务利用度，倡导健康公平。再次，科学制定服务标准或规范等，保障并不断提高健康服务的质量。最后，针对辖区范围内的重点健康问题，制定实施相应专项计划，科学解决对辖区范围内人民群众健康水平造成影响的主要威胁。②

---

① 陆杰华，江捍平．深圳人口与健康发展报告(2011)[M]．北京：社会科学文献出版社，2011：328.

② 郑继伟．区域视角下的健康发展战略选择[M]．北京：科学出版社，2013：58-59.

（四）建设合理的健康服务体系结构是健康服务优化发展的重要组成部分

基于健康服务的重点应向以疾病预防为中心转移，借鉴发达国家重视健康管理及社区卫生服务、实施严格的分级诊疗制度的经验，健康服务体系应向层级清晰、分工明确、有效协作的目标不断改善，逐步建立健全三级服务网络。结合健康服务体系现状，宁波市应进一步加强对基层医疗卫生服务机构的能力建设与服务功能优化，使其有效承担基本医疗、健康管理、预防保健、社区康复等职责，充分发挥其在分级诊疗中的“守门人”作用，逐渐将其打造为开展健康服务的主战场。同时，也要充分发挥高级别医疗机构的作用，与基层医疗卫生展开更为紧密的互动与协作，创新医疗联合体内的服务供给模式，不断提高服务质量与服务效率。

此外，应借鉴国内外先进地区关于医院管理方面的先进经验，宁波市在改善健康服务体系的过程中还应结合市级情况积极探索更为高效和合理的医院管理方式，逐步向着专业化、精细化管理的方向进行调整与创新。

第四节　宁波健康服务优化策略

宁波市健康服务优化发展应坚持以人为本，坚持政府主导并动员全社会参与，紧密结合宁波市经济社会发展现状及宁波市居民健康服务需求，把握健康领域发展规律，推动宁波市健康服务业从以疾病治疗为中心向以健康促进为中心转变，构建整合型、社会管理式健康服务体系，逐步提升健康服务质量，为市民提供丰富优质、公平可及、系统连续的健康服务。

一、宁波市健康服务优化发展目标

（一）总体目标

健康服务水平明显提升，助力“健康宁波”建设。到 2020 年，以人民群众健康为中心的、覆盖全人群与全生命周期的，预防为主、防治结合、中西医并重的整合型、连续性健康服务体系基本建成。健康服务资源配置逐步优化，健康服务产品不断丰富，健康服务质量稳步提升，人民群众多样化的健康需求得到基本满足。在健康服务的有效提供与利用之下，居民主要健康指标得到显著改善。打造“健康服务宁波模式”，提升宁波市在健康服务创新领域的影响力与服务能力，助力宁波进入“全国大城市第一方队”及建设成为“一带一路”的重要海陆连通枢纽。

（二）具体目标

健康服务模式：以积极创新的态度，促进健康服务不断向着预防为主、防治结合、中西医并重的发展方向进行优化调整，至2020年初步建成“以健康为中心”的健康服务模式。

健康服务投入：政府财政投入力度进一步加大，保证卫生事业费与政府财政经常性支出同步增长，并逐年提高，到2020年达到8%，个人卫生支出占全市卫生总费用的比例降低至30%以下。充分调动社会力量的积极性，积极引导社会资本进入健康服务领域，扩大健康服务筹资的来源，并鼓励对新型健康服务的投资。

健康服务资源：健康服务资源配置进一步趋于优化，城乡间、地区间资源的均衡化水平明显提高，基层医疗卫生机构健康服务资源逐年增加，以健康促进为重点的发展性健康服务资源明显增长，到2020年宁波市每千常住人口执业（助理）医师数达到3.2人，每千常住人口公共卫生人员数达到0.83人。

健康服务关键领域改革：在公立医院综合改革、社会力量办医、多元化医疗保险制度、家庭医生签约服务与分级诊疗制度建设等方面取得显著进展，使健康服务机构、卫生技术人员、人民群众共享改革成果。

健康服务类别：通过不断的科技创新与政策支持等，促进护理康复、中医医疗保健、健康管理、体育健身、健康信息、健康养老、健康保险、健康旅游等多样化健康服务的全面发展，满足全社会多元化健康需求。

健康服务水平：分级诊疗模式基本建立，家庭医生服务签约率显著提升，到2020年达到全人群的50%，居民电子健康档案规范化建档率达到90%。医疗卫生服务质量水平逐步提升，省级及以上医学重点专科或重点实验室数逐年增加。国际化健康服务能力有一定提升，满足宁波市民利用境外先进健康服务技术的需求，同时提升宁波市作为“一带一路”重要港口枢纽的相关卫生保障及医疗旅游服务能力。基本公共卫生服务实现全覆盖，常见慢性病社区规范化管理率明显提高，到2020年儿童国家免疫规划疫苗接种率保持在95%以上，糖尿病管理人群血糖控制率达到60%。中医药服务能力显著提升，到2020年100%的基层医疗卫生机构能够提供中医药服务，其中90%开设治未病门诊。注重于服务家庭的新型优生优育服务模式基本建立，以家庭为单位开展生育支持、科学幼儿养育支持、青少年健康发展支持服务，孕产妇及3岁以下儿童系统管理率稳定在99%。健康养老服务供给量增加，服务模式逐渐适应老年人的健康需求，至2020年每百名老年人拥有养老床位数达到5张。

二、宁波市健康服务优化发展任务

（一）实施健康服务体系优化发展工程

1.探索建立社会管理式健康服务体系

建立健全由政府、各类健康服务机构或组织、健康保障体系共同参与的社会管理式健康服务体系，充分调动社会力量的积极性和创造性，强化部门间协作，从人民群众的健康需求出发，推进健康服务供给侧结构性改革，进一步调整、优化健康服务资源配置，补齐发展短板，能够向社会提供不同层次的健康服务，同时使得政府、健康服务机构或组织、健康保障体系共享收益、共担风险。①

首先，考虑到大部分健康服务具有一定的福利属性，因此应重视发挥政府应有的作用。政府要更好地发挥在健康服务领域的政策规制、规划布局、标准规范制定和行业监管等方面的主导作用，切实遵循“以人为本”的原则，把维护人民健康权益放在第一位，不断增加健康服务，特别是把基本医疗卫生服务的供给作为政府的重要职责和工作重点，加强健康服务中公共产品、准公共产品的提供。②

其次，由于健康服务仍然具有商业化服务的一般属性，因此政府可逐渐弱化自己作为健康服务的直接提供者的角色，并进一步改革阻碍健康服务业发展的体制机制，推动健康服务提供向包含公共部门、私人机构、非营利组织等多元化主体的方向发展，构建服务直接生产者、服务的组织安排者、消费者等合理分工的新型服务提供机制，真正形成社会共治型的健康服务体系。对于纯公共产品性质的健康服务，由政府举办的公立医疗卫生机构代替政府履行提供义务，也可通过政府购买社会的服务向居民进行分配；对于准公共产品属性的健康服务，可通过居民自行购买、政府提供补贴的方式，按市场原则购买所需产品或服务；对于私人消费属性的健康服务，政府除向弱势群体提供部分补贴外，严格按照市场原则进行交换。

---

① 杨鑫，李丽洁，邓砚．我国社会管理式健康服务的研究[J]．中国医药科学，2016(6)：209-212.

② 代涛．健康服务业内涵、属性分析及政策启示[J]．中国卫生政策研究，2016(3)：1-5.

最后，加强健康服务体系与健康保障体系间的有效协作，充分发挥健康保障体系在调控健康服务模式，提高健康服务可及性，反馈健康服务领域相关经济信息、医疗行为监督与医疗费用控制中的作用。这其中要重点探索健康保障体系在健康管理与健康促进类服务中的支付机制，通过保费的杠杆促使健康服务机构更加主动地提供健康管理与促进类服务。

2.探索建立医、防、康、养整合型健康服务体系

严格把握健康的发展规律，围绕宁波市城乡居民的健康需求，从资源布局与体系功能调整入手，强调预防为主，加强医防结合，加快对服务体系内部各机构间、各服务环节间的有效协作性的建设，不断进行服务体系内的调整与优化，构建连续、协调、整合、高效的医疗卫生服务体系①，能够为人民群众提供覆盖不同健康状态发展阶段的连续性的健康服务。

首先，以加强医防结合为目的，着手建立专业公共卫生机构、综合和专科医院、基层医疗卫生机构“三位一体”的重大疾病防控机制，以推进居民健康信息在各类医疗机构的整合和共享为关键点来探索建立信息互联互通机制，提高各类健康信息利用率，并推进慢性病等重大疾病的防、治、管整体融合发展，实现医防结合。

其次，以基层医疗卫生机构为支点，以推进家庭医生签约服务为契机，通过对居民健康需求的仔细梳理及自身服务能力的不断提升，将现有“六位一体”式服务中的工作形式、工作流程、工作内容等进行调整与优化，围绕着居民健康需求的变化，将防、治、康、养加以有效衔接，实现为社区居民提供连续性健康服务的目标。

再次，为应对老龄化带来的挑战，应探索建立有效的“治疗—康复—长期护理服务链”，依据居民需求合理增加政府的投入及鼓励社会力量对康复、长期护理、慢性病管理等健康服务资源的投入，并建立各类机构间的有效协作机制。畅通服务利用者在上述三个环节中的转诊通道，确保其所接受服务的连续性，并提高康复、长期护理机构的运作效益。

（二）实施公共卫生强化发展工程

坚持以满足需方为导向，以增进健康公平为出发点，进一步强化公共卫生体系建设，继续高标准实施各类公共卫生服务项目，围绕影响居民健康水

---

① 中共中央国务院印发《“健康中国2030”规划纲要》[EB/OL].(2016-10-25)[2017-12-16].http://www.nhfpc.gov.cn/xcs/wzbd/201610/21d120c917284007ad9c7aa8e9634bb4.shtml.

平的主要问题不断丰富和拓展服务内容，全面加强疾病防治、妇幼健康促进、卫生综合保障、心理健康促进等公共卫生服务能力的建设，实现关口前移、重心下沉，加快形成惠及全民、保障全面、持续提升的健康促进体系。

1.创新基本公共卫生服务理念

注重基本公共卫生服务理念的更新与创新，不断探索服务模式的转变，逐渐建立主动干预、连续服务、有效管理的基本公共卫生服务机制。根据宁波市经济社会发展状况、存在的主要公共卫生领域问题以及各级财政的承受能力，不断调整与扩大基本公共卫生服务类别与项目，依据需求增加与完善相应服务内容，创新服务供给形式，并稳步提高基本公共卫生服务项目和居民健康体检的经费标准。

2.提高疾病防治能力

积极加强影响宁波市居民健康重大疾病的防控机制建设，依据不同人群、不同病种探索设计精细化疾病防控办法，重点预防控制艾滋病、结核病等重大传染病和肥胖、高血压、糖尿病、心脑血管疾病、恶性肿瘤、精神疾病等慢性非传染性疾病。

在传染病防治领域，深入开发传染病智能直报系统大数据管理功能，有效提高传染病疫情预测和预警报告工作效率，继续规范实施国家免疫规划预防接种工作，进一步加强艾滋病、结核病综合干预防治工作，提升港口区域内传染病防治能力，有效预防控制传染性疾病的暴发和流行。

在慢性病防治领域，要积极开发利用现有各类健康体检、疾病定期筛查、行为危险因素专题调查的数据与信息，尝试开展常态化社区诊断工作，提高以社区为范围的慢性病防治的精准性。重视健康管理在慢性病防治中的“关口前移”作用，逐渐推进社区居民营养干预、运动指导、心理行为干预等生活方式管理服务的提供，重视对各类慢性病高危人群的个体化健康指导，提高患者人群自我管理的技能。依据慢性病发生发展的规律及特点，梳理现有不同年龄段慢性病防治服务功能，探索建立围绕生命周期各阶段展开的连续性慢性病健康管理服务模式。

3.提高卫生综合保障能力

继续加强公共场所、核与辐射、生活饮用水、学校卫生、医疗卫生、职业卫生等领域的危险因素监测和监督管理工作，积极开展重点职业健康风险评估，降低职业健康损害。建立完善联防联控和群防群治的机制，全面提升对各类突发公共事件的应急处置与救治能力。做好大型集会活动和人群密集场所的公共卫生安全保障工作。最大限度减少突发公共卫生事件的发生，有效控制和处置事件的发展，增强市民公共卫生的安全感。

4. 提高心理健康促进能力

进一步加强结构合理、职责明确、功能健全的精神心理卫生防治网络体系建设，关注居民心理健康，加强重点人群的心理行为干预，将防治工作重点逐步转移至社区，不断提高居民的精神健康水平，预防和减少精神障碍的发生，同时积极开展精神疾病患者的救治救助与康复服务工作，最大限度满足城乡居民对精神卫生服务的需求。

5. 促进公共卫生领域的国际化合作

进一步在医院感染防控、蚊媒病毒现场检测技术、流感等重点传染病监测技术等领域加强与国外高校、科研院所的合作与交流，吸收借鉴国际公共卫生工作的经验，有利于宁波应对港口经济圈建设过程中国际交流进一步增多、公共卫生服务能力的挑战加大的问题。

（三）实施医疗卫生服务质效提升工程

要进一步推进医疗卫生资源均等化，以常住人口规模和服务半径科学规划，调整区域健康服务资源配置，实现人人享有均等化的基本医疗卫生服务，全面提升医疗卫生服务能力，整合医疗卫生服务体系，不断提高服务效率，为市民提供优质高效的医疗卫生服务。

1. 促进医疗服务资源的合理配置与共享

加强对县域内综合性医院的投入，均衡宁波市城乡医疗服务资源配置。通过建立“双下沉、两提升”的长效机制，推动市级优质医疗资源下沉和高水平医务人员下沉，或加强县级医院与省级医院的合作，提升县域医疗卫生机构服务能力。继续利用信息化手段、推进医疗联合体建设，进一步推进市域内、县域内医疗技术资源共享，努力实现优质医疗卫生资源配置的均衡化。

加强市级医学中心、重点专科等项目建设，努力打造省级医学中心，并推动宁波市积极融入长江经济带区域医疗卫生体系的协同发展，促进该区域内城市间优质医疗服务资源的共享，逐渐带动宁波市医疗卫生服务整体水平的提升。

严格控制城市公立综合医院的总体规模和单体规模，合理增加妇产、儿童、肿瘤、康复等专科资源，从而适应居民健康服务需求不断调整优化的空间布局，实现综合医院发展模式由数量增长向质量提升的转变。

2. 推进分级诊疗体系建设

进一步明确不同层级、不同类别、不同举办主体医疗卫生机构在分级诊疗体系中的功能定位与权责分工，不断整合服务网络，改革运行机制和激励机制，加强医疗保险体系在分级诊疗中的调控作用，促进成熟、完善的分级诊疗体系的建设，逐渐形成基层首诊、双向转诊、上下联动、急慢分治的合理就医秩序，提高医疗卫生服务体系工作效率。

三级医疗机构要逐步减少普通门诊，重点提升危急重症、疑难病症诊疗能力。二级医疗机构作为县域内诊疗服务体系“龙头”要通过深入加强临床专科建设，提升综合服务能力，发挥常见病、多发病诊疗服务功能。基层医疗卫生机构逐步实现从疾病治疗到健康管理的转变。

促进医疗卫生资源合理流动与上下联动，推广医联体建设、运行的经验，进一步扩大医联体的建设范围，充分利用区域性医疗卫生信息平台、云医院平台，加强各机构间的协同性和联动性，做好合理双向转诊工作。通过提高基层医疗服务能力，提升服务质量，吸引居民基层首诊。完善预约诊疗服务机制，逐步将专家门诊预约权限放至社区，并畅通患者健康信息上转通道，提高上转效率。在一定服务半径内加强三级医院与基层机构、专科医院及提供康复、护理等延伸医疗服务机构之间的下转通道建设，做好稳定期与恢复期患者人群的下转分流工作，缩短三级医院平均住院日，提高优质医疗资源使用效率。

以高血压、糖尿病、肿瘤、心脑血管疾病等慢性病为突破口推行分级诊疗，对诊断明确的患者提供社区为主的健康管理和诊疗咨询服务，逐渐推行急慢分治的就医格局。

3.提升基层医疗卫生服务能力

基层医疗卫生服务能力的提升既是落实分级诊疗中基层首诊制度的必需举措，同时也符合推动医疗卫生服务向以健康为中心转变的需要。要把握“患者是中心、人才是关键”这两个重点，提升基层医疗卫生服务机构的能力。

“患者是中心”要求基层医疗卫生服务机构要转变服务理念，将健康管理服务作为核心，注重疾病预防、治疗、康复服务的连续性供给，满足居民健康全过程、生命全周期的服务要求，并以基层为切入口，实现医疗卫生机构整体联动、医疗卫生服务科学接序。

“人才是关键”要求将医疗卫生人才培养的重点放在基层。通过继续加强全科医生规范化培训、家庭医生服务技能培训来提升基层医务人员素质，改革薪酬分配制度，激励优秀人才留在基层。通过落实医师多点执业、医联体内优秀医务人员下沉基层，为基层培育特色专科、培养专病特色团队人才等，满足居民对基层高服务水平的期盼。

此外，还应进一步合理放宽基层医疗卫生机构的用药权限，通过促进社会化力量开设第三方检验、病理、影像等技术平台，拓展基层机构医学技术服务能力等途径进一步拓展基层医疗服务机构能力。

4. 完善家庭医生签约服务

从提高家庭医生签约率及签约后服务利用率两个层面入手，继续深入推行和完善契约式家庭医生制服务，充分发挥家庭医生作为居民健康"守门人"的作用。

通过探索综合医院专科医生推介、跨行政区域自主选择家庭医生、社区宣传栏积极公示家庭医生服务项目及服务效果等多种途径努力提升全人群家庭医生制服务签约率。

而在提高家庭医生制服务利用率方面，首先要从服务优化设计角度入手，充分结合居民健康需求及医疗卫生事业的发展实际，不断调整优化家庭医生服务包，包括针对不同人群设计若干类别基本服务包等，提高家庭医生服务应对居民健康需求的精准性。其次，从家庭医生角度而言，要不断提高其技术水平与服务能力，并酌情调整有效的适合家庭医生群体的薪酬激励机制。从签约居民角度而言，应通过多种途径努力纠正许多居民存在的"家庭医生即是私人医生，应随叫随到""家庭医生只能提供医疗服务"等认识误区，积极引导居民形成对家庭医生制服务的正确认识。从信息建设角度，应积极开发适于家庭医生使用的、功能模块能够"化繁为简"的全科医生信息工作平台，提高健康管理服务的效率，减轻家庭医生的工作负担。

5. 创新医院管理模式

加快政府在医院管理领域的职能转变，减少对公立医院的直接管控，从直接管理变为行业管理。成立宁波市公立医院发展中心，承担公立医院发展规划、重大项目决策、院长聘任、财政投入、运行监管和绩效考核等权责，履行政府的办医职能。

探索建立以医院管理委员会为核心的法人治疗结构，逐渐形成产权清晰、权责明确、办管分开、科学管理的现代医院管理体系。尝试建立有效的医院内部决策机制，落实院务公开，强化民主管理；推动实施精细化管理，加强医院内部管理。试点公立医院院长选拔任用制、院长任期目标责任考核制与问责制，将考核结果与院长的薪酬、任免等挂钩。推进人事分配制度改革，调动医务人员的工作积极性。完善多方监管机制，加强对医院经济运行和财务活动的会计监督和审计监督、建立医院信息定期公示制度、发挥医疗行业协会的行业自律作用。强化医院综合目标考核，探索建立由卫生行政部门、医疗保险经办管理机构、社会评估机构、群众代表和专家参与的公立医院质量监管与绩效评估制度。[①]

6. 推进医疗服务质量管理

探索建立贴合宁波市医疗服务实际的质量管理与控制体系，建设医疗服务质量管理与控制信息化平台并分设不同类别的医疗服务控制中心。扩大临床路径管理范围与优质护理服务范围，推进合理用药，保障临床用血安全，规范诊疗行为，优化诊疗流程，加强医疗服务人文关怀，增强患者就医获得感。

7. 推进医疗服务国际化

为外籍人士提供更好的医疗服务，是城市国际化的重要内涵，也是宁波建设国际港口名城的题中应有之义。

结合宁波市医疗资源布局特点、城市发展规划及国际医疗保健需求，以李惠利医院东部院区和市第一医院国际医疗保健中心为窗口，鼓励和支持民营医疗机构积极参与涉外医疗服务，在外籍人士就诊的主要医院内培训一批具有双语服务能力的工作人员或志愿服务队伍，打开涉外医疗门户。

推动宁波市医疗机构与国外高等医学院校、医疗机构开展联合办医、联合科研和学术交流，拓展境外学习培训渠道，提高领军人物和高层次人才的国际视野和综合素质，或引入国外知名医疗机构和国际化医院管理团队，简化外籍医疗人士行医注册程序，探索建设国际性远程会诊系统，大力推进国际化医疗卫生服务体系建设。

（四）实施中医药服务特色化发展工程

充分发挥中医治未病、保健康复及“简、便、验、廉”的特色优势，强化中医药在常见病、慢性病防治中的优势作用，促进中医药适宜技术的广泛应用，不断提升中医药健康服务能力。

1. 加强特色中医药服务科技研发与临床优势培育

加强中医药在宁波市居民主要健康问题领域内的科技研究、产品或技术研发，并加快成果转化速度，不断促进中医药服务能力的提升。实施优势中医临床科室培育工程，在部分条件成熟的综合医院临床科室强化中西医结合服务，不断提高临床疗效，提升中医药在优势病种领域内的临床诊疗服

---

① 蔡一华. 杭州健康城市建设实践与发展研究[M]. 杭州：浙江科学技术出版社，2013：159.

务能力。大力发展中医非药物疗法，充分发挥其在社区常见病、高发病治疗与保健中的“简、便、廉”的优势，满足居民日益增长的中医保健服务的需求。

2.完善中医服务体系

要充分发挥中医治未病、保健康复及“简、便、验、廉”的特色优势，完善中医预防保健—临床诊疗—康复服务体系，按照中医药在治未病中应发挥的主导作用、在重大疾病治疗中的协同作用、在疾病康复中的核心作用的要求，为居民提供可覆盖健康发展全过程的中医药服务。

完善三级中医服务体系，探索建立中医医疗服务联合体，推进优质中医药服务资源共享，实现中医药服务的上下联动。

加快“中医基层化、基层中医化”的建设，在基层医疗卫生机构中建立中医综合服务区，推广中医基层适宜技术，传播中医药文化，培育符合基层需要的中医药人才，所有基层医疗卫生机构都能够提供适宜居民需求的中医药服务。

3.发展中医治未病服务

进一步加强中医医院和基层医疗卫生机构治未病科室的建设，发挥中医药在防病、调理和养生等方面的特色作用，以健康管理的理念探索治未病服务路径，为群众提供中医健康咨询评估、干预调理、随访管理等治未病服务。重视非药物疗法在治未病服务中的应用，充分发挥其在常见病、多发病和慢性病防治中的独特作用。完善中医药相关医保政策，动态调整医保目录，将治未病中医药服务收费项目及时纳入医保支付范围。

4.支持发展中医药养生保健服务

鼓励社会资本进入中医药养生保健服务领域，提供中医体质辨识、经络按摩、传统运动、情志调摄、中药保健等服务。制定出台社会化中医药养生保健服务机构和人员的准入条件、服务规范等，并加强对此类机构的监管。鼓励中医医疗机构、中医医师为中医养生保健机构提供保健咨询和调理等技术支持。探索建设中医药养生基地。

(五)实施重点人群健康服务强化工程

以妇女儿童、老年人、残疾人等重点人群的健康问题得到有效解决为发力点，实施重点人群健康服务强化工程，不断提高服务能力，改进服务质量，有效促进人群健康水平的提升。

1.创新发展计划生育与妇幼保健服务

在继续实施母婴安全计划，倡导优生优育的基础之上，对计划生育与妇幼保健服务模式不断创新,提升妇女儿童的健康水平,促进人口健康发展。

计划生育服务向着更加注重服务于家庭的模式转变,充分考虑家庭因素对健康生育行为的影响,构建以生育支持、幼儿养育、青少年发展为主题的家庭发展政策框架,以家庭为基本单位开展人口均衡发展、健康发展促进工作,提高人口素质。

实施育龄妇女健康素质提升工程与母婴安全工程,加强婚前医学检查、孕前优生检测与孕产妇健康管理服务的整合,为育龄妇女免费提供从备孕至分娩的生育全过程的基本医疗保健服务,构建孕前、孕期、新生儿各阶段的出生缺陷防治体系。此外,要进一步提升孕产妇和新生儿危急重症救治能力,提高妇女常见病筛查率和早诊早治率。

实施健康儿童工程。其一,加强儿科资源投入与服务能力建设,充分考虑宁波市现有儿科医疗资源分布特点,结合分级诊疗服务推进、家庭医生签约等工作,构建职责明确、有效分工协作的全市儿科诊疗服务体系,较快速地提升区域内儿科医疗服务能力。探索建立区域内儿童危急重症救治中心或儿童专病中心,提升宁波市儿童危急重症救治能力。其二,依据儿童健康水平及主要健康问题变化特点有针对性地加大儿童重点疾病防治力度,并提升儿童生命周期不同阶段服务的连续性,如加强儿童早期发展服务的供给,酌情扩大新生儿疾病筛查种类,推进学龄期儿童的健康监测工作与合理促进营养、提升体质健康水平等工作。

2.加快发展健康养老服务

不断完善以居家为基础、社区为依托、机构为支撑的,功能完善、规模适度、覆盖城乡的社会化养老服务体系,提高养老服务供给能力。深入推进养老服务向促进老年人健康的方向发展,逐渐实现健康老龄化。

开展健康老年医疗卫生服务体系建设,鼓励发展老年康复医院、老年保健院、老年护理员、临终关怀医院等机构。加强养老服务和医疗服务资源布局规划衔接,进一步健全医养结合机制,促进医疗资源进入养老机构、社区和居民家庭。在机构养老服务方面,通过强化养老机构内医疗、康复、护理、保健功能建设,在条件适合的养老机构内设置医疗服务机构,通过推进养老机构与医疗机构之间高效转诊等形式提升健康养老服务能力。在社区、居家养老服务方面,通过深入推进家庭医生签约,促进医疗机构以将预防、医疗护理、康复服务延伸至社区养老服务中心等形式开展健康养老服务。

拓展老年人健康养老服务内容,促进慢性病防治与管理服务、中医药服务同养老服务的紧密结合。依据健康状态对老年人群提供分层分类服务,努力使老年人享受到发病前期或稳定期生活照料与健康管理、急性期住院治疗、恢复期康复护理的全程化健康养老服务。

3.重视发展残疾预防与康复服务

对宁波主要致残疾病及其他致残因素开展积极防控，将残疾预防服务与基本公共卫生服务及医疗服务有效结合，探索制订不同人群在不同生命周期内不同残疾问题的预防服务行动计划，提升残疾预防服务的覆盖率。

继续实施残疾人精准康复服务行动，依据残疾康复需求有针对性地加强康复资源建设。继续加强残联、民政与医疗卫生部门的协作，合作共建残疾康复机构，畅通医疗机构与残疾人专业康复机构双向转诊通道，总结推广家庭医生社区康复服务试点经验，提高残疾人康复机构的服务水平。

（赵凌波，王幸波）

第七章 健康城市治理策略——培育健康人群

健康城市发展战略的最终目标是显著提升人群健康水平和生活品质，实现人民健康与经济社会协调发展、有机统一。这就决定了提高人群健康水平、培育健康人群将是整个健康城市建设策略的核心内容，所有工程项目的最终目的都是实现人群健康水平的稳步提高。精心培育健康人群是创建健康城市的重要内容，主要包括建立全民健康教育体系、提高公众的健康意识、培养正确的健康观念、提升市民健康素养；实施慢性病系统干预工程，减轻慢性病疾病负担；实施重点人群健康关怀工程，促进人人健康公平等。本章从健康人群概念、宁波市健康人群现状、国内外健康人群培育实践及启示和宁波市培育健康人群的任务四个方面进行阐述。

第一节 健康人群相关概念界定

健康人群由世界卫生组织首次提出，但并无明确概念界定。课题组在文献研习的基础上，结合宁波市健康城市创建的具体情况，对健康人群的解读如下：健康人群概念的核心是人群的健康，用统计学指标来反馈与评价。

一、健康人群的含义

世界卫生组织在推行健康城市行动战略的过程中不断完善健康城市的概念。1992 年，世界卫生组织在 1988 年健康城市最初版概念的基础上，明确提出“健康城市应该是由健康的人群、健康的环境和健康的社会有机结合发展的整体"。至此,"健康人群"的提法首次出现。世界各地纷纷响应世界卫生组织的号召,从培育健康人群、创造健康环境和构建健康社会等角度开展健康城市建设。健康城市建设关注的焦点是人们的健康。建设健康城市的出发点和落脚点都是以人为本,以健康为终极目标。查阅中外文献,尚未找到关于健康人群的明确界定。纵观国内其他地区健康城市实践,大家不谋而合地从健康的人这一角度去理解健康人群。本课题组认同这种观点,即健康人群概念的核心是人群的健康。

对人群健康有许多不同的解释。Vail 认为,人群健康包括影响人们健康的工作和生活环境支持和保证人们做出健康选择的条件,以及促进和维持健康的服务。有学者提出了一个更为广泛的定义:人群健康是密集人群的健康集合,不仅指大量人群的健康总值和均值,还应反映整个群体的特定社会体验的平均健康状况。美国联邦委员会对人群健康的定义是:人群健康指被健康状况指示者所测量的人群的健康。① 虽然他们对人群健康概念的描述或理解不尽相同,但有一个共同的特点,即人群健康研究对象是特定人群整体,关注决定某人群群体健康的多种因素,如生物、行为、环境、社会因素。

孙振球在《社区医学》中对人群健康的定义是:人群健康也叫居民健康,是用统计指标来反映一个群体的健康状况。如用人口统计指标、疾病统计指标和生长发育统计指标来评价人群健康所处的状态。② 通常认为,一个健康的人群应该身体发育平均水平比较高,平均期望寿命比较长,传染性疾病发病率比较低,慢性疾病患病率比较低,死亡率低。郑继伟等以个体健康定义为蓝本,将人群健康初步定义为整个人群在躯体、心理、行为和生活方式、社会道德方面的良好状态。③

要实现培育健康人群的目的,概念的界定应该切实可行且可操作。致力于增进人群健康,不能仅仅停留在以往关注的生长发育、疾病发生与死亡等常规健康水平指标,还需涵盖人群的健康意识、健康观念、健康素养及健康相关行为习惯等更多方面。综上,课题组基于社区医学的逻辑架构,结合多位学者的观点,拟用一套统计指标体系来反映人群健康。该体系包括人

---

① 李忠阳,傅华.健康城市理论与实践[M].北京:人民卫生出版社,2007:20.

② 孙振球.社区医学[M].北京:人民卫生出版社,2001:15.

③ 郑继伟.区域视野下的健康发展战略选择:以浙江为例的实证研究[M].北京:科学出版社,2013.

群健康水平及健康文化两个方面。人群健康水平包括生命安全、患病情况、体质情况和居民死亡的主要原因;健康文化包括健康观念、健康知识掌握水平及健康行为养成等。

二、健康人群的内容

人群健康是以生物现象为基础的社区现象。对人群健康状况的评价是用统计指标来实现的。通过统计指标来评价人群健康状况,可以深刻地反映健康受社会因素、自然因素和遗传因素的影响。课题组基于对人群健康的理解,构建了一套健康人群指标体系,由 2 个一级指标、18 个二级指标组成(详见表 7-1),用来反映和评价人群健康。

表 7-1 健康人群指标体系

一级指标	二级指标	单位	指标属性	指标类型
1.健康生活方式	1.1 居民健康素养总体水平	%	正向	约束性
	1.2 居民基本健康知识知晓率	%	正向	约束性
	1.3 经常参加体育锻炼人口比例	%	正向	预期性
	1.4 成人吸烟率(分性别)	%	负向	预期性
	1.5 人均每日食盐摄入量	g	中性	预期性
	1.6 人均每日食用油摄入量	g	中性	预期性
2.健康水平	2.1 人均期望寿命	岁	正向	预期性
	2.2 婴儿死亡率	‰	负向	约束性
	2.3 出生缺陷发生率	‰	负向	预期性
	2.4 低出生体重儿百分比	%	负向	预期性
	2.5 孕产妇死亡率	1/10 万	负向	约束性
	2.6 5 岁以下儿童死亡率	‰	负向	预期性
	2.7 法定报告甲乙类传染病发病率	1/10 万	负向	预期性
	2.8 中小学生体质监测合格率	%	正向	预期性
	2.9 国民体质监测合格率	%	正向	预期性
	2.10 恶性肿瘤死亡率	1/10 万	负向	预期性
	2.11 心脏病死亡率	1/10 万	负向	预期性
	2.12 脑血管病死亡率	1/10 万	负向	预期性

第二节　宁波健康人群现状

课题组基于宁波市健康人群指标体系对宁波市健康人群的现状进行梳理，数据来源为《中国卫生和计生统计年鉴》《浙江省卫生和计生统计年鉴》《宁波统计年鉴》《宁波卫生和计生统计年鉴》及学术期刊公开发表的论文等。

一、宁波市健康人群的基本情况

(一)健康水平

从生命安全、患病情况、体质情况和居民死亡主要原因四个方面来描述宁波市人群健康水平。

1. 生命安全

(1)平均期望寿命

据《宁波卫生和计生统计年鉴》，2015 年，宁波平均期望寿命为 81.24 岁，比 2010 年的 79.43 岁提高了 1.81 岁，高于全国(76.34 岁)及浙江省(78.22 岁)的平均水平，与世界最高水平日本(86.8 岁)和我国最发达地区上海(82.75 岁)还有不小的差距。

(2)婴儿死亡率

2016 年，宁波市婴儿死亡率为 1.66‰，比 2010 年下降了 56.2%(见表 7-2)，远远低于全国或浙江省的平均水平，这是一个不易取得的成绩。业界通常认为，婴儿死亡率在 4‰以下时，降低的难度就非常大了。婴儿死亡率的下降对提高平均期望寿命的贡献很大。

(3)孕产妇死亡率

2016 年，宁波市孕产妇死亡率为 6.47/10 万，低于全国平均水平，但是与 2010 年相比，未降反升，增加了 28.9%(见表 7-2)。

(4)5 岁以下儿童死亡率

2016 年，宁波市 5 岁以下儿童死亡率为 2.29‰，在 2010 年基础上的降幅为 54.4%(见表 7-2)，远远低于浙江和全国平均水平。

(5)出生缺陷发生率

浙江省是我国高出生缺陷发生率地区之一，近年来浙江省出生缺陷产生率明显高于全国平均水平。宁波市出生缺陷发生率接近全国平均水平，总体呈现上升趋势。2009 年上升明显，由 2008 年的 13.70‰上升到 14.84‰，2010

年更是上升到了17.36‰(见表7-3)。五年来,出生缺陷发生率居前5位,病种基本没有变化,依次为先天性心脏病、肢体畸形、唇腭裂、消化泌尿和脑积水。

表7-2 宁波市主要健康指标及比较

地区	婴儿死亡率/‰		孕产妇死亡率/(1/10万)		5岁以下儿童死亡率/‰	
	2010年	2016年	2010年	2016年	2010年	2016年
宁波	3.79	1.66	5.02	6.47	5.02	2.29
浙江	4.33	2.82	7.44	5.73	6.07	4.00
全国	13.1	7.5	30.0	19.9	16.4	10.2

数据来源:《2017中国卫生和计划生育统计年鉴》。

表7-3 2006—2010年宁波市出生缺陷发生率及比较 单位:‰

地区	2006年	2007年	2008年	2009年	2010年
宁波	13.76	13.67	13.70	14.84	17.36
浙江	18.9	20.8	24.0	26.8	27.2
全国	14.6	14.8	14.0	14.9	15.0

2.慢性非传染性疾病患病情况

近年来,伴随着快速工业化、城镇化、人口老龄化,以及随之而来的生产生活方式快速变化,宁波市慢性病发病人数快速上升。2001年,宁波市慢性病患病率为19.9%。① 据周妮等的调查,宁波市江北区2013年慢性病患病率为27.2%,其中男性为32.2%,女性为22.7%。② 由表7-4和7-5可见,宁波市慢性病患病率一直高于浙江省和全国的平均水平,而且呈上升趋势。

表7-4 2001—2013年宁波市居民慢性病患病率及比较 单位:%

地区	2001年	2003年	2008年	2013年
宁波	19.9(王仁元)	—	—	27.2(周妮)
浙江	—	17.77	24.99	—
全国	—	12.33	15.74	24.52

① 王仁元,谢亚莉,许国章,等.宁波市城区居民慢性病流行病学调查[J].中国公共卫生,2002,18(2):169-170.

② 周妮,元国平,岑焕新.宁波市江北区居民慢性病患病现状及其影响因素[J].中国公共卫生,2014,30(1):20-21.

表 7-5 2001 年与 2016 年宁波市重点防治慢性病患病率 单位:%

年份	高血压	糖尿病	冠心病	脑卒中
2001	16.7	2.7	4.2	1.2
2016	29.84	4.47	3.91	2.85

数据来源:王仁元,谢亚莉,许国章,等.宁波市城区居民慢性病流行病学调查[J].中国公共卫生,2002(2):169-170.

3.体质状况

(1)中小学生体质监测合格率

宁波市中小学生体质健康状况令人担忧。十多年来,中小学生体质健康测试无论是合格率还是优秀率均处于浙江省靠后位置,而且学龄越高,体质越差。表 7-6 为 2014 年浙江省各地区高校大一新生体质监测情况。

表 7-6 2014 年浙江省大一新生体质监测情况①

地市	平均分	比上一年/%	平均分排名	地市	合格率/%	比上一年/%	合格率排名
杭州市	73.33	+2.75	1	杭州市	93.85	+3.84	1
衢州市	72.74	+2.74	2	衢州市	93.48	+4.71	2
嘉兴市	72.20	+2.49	3	金华市	92.21	+3.87	3
舟山市	72.16	+3.61	4	嘉兴市	92.16	+3.34	4
金华市	71.96	+2.39	5	绍兴市	92.09	+5.71	5
丽水市	71.92	+2.33	6	丽水市	91.88	+3.77	6
绍兴市	71.81	+3.53	7	舟山市	91.87	+6.00	7
宁波市	71.68	+3.44	8	湖州市	91.75	+5.16	8
湖州市	71.68	+3.13	9	宁波市	91.56	+6.00	9
温州市	70.83	+3.38	10	温州市	90.06	+6.17	10
台州市	70.48	+2.90	11	台州市	89.28	+5.35	11

(2)国民体质监测合格率

浙江省体育局《2014 年浙江省全民健身活动状况调查公报》和《2014 年

① 浙江省教育厅办公室.关于公布 2015 年全省高校学生体质健康状况抽测结果的通报:浙教办函〔2015〕191 号[EB/OL].(2015-09-25)[2017-02-08]. http://www.zjedu.gov.cn/news/144314955659911305.html.

浙江省国民体质监测公报》的监测数据显示，浙江省经常参加体育锻炼的人数比例达到了35.8%，全省国民体质合格率为90.4%，与2010年基本持平，而国民体质综合指数位居全国第二。在浙江省内，宁波人的总体体质合格率高达95.7%，位居全省第一(见表7-7)。

表7-7 2014年浙江省国民体质监测情况及比较 单位:%

排序	地区	总体	男性	女性	乡村	城镇
1	宁波	95.7	95.0	96.4	95.4	95.8
2	嘉兴	94.3	92.8	95.8	94.3	94.3
3	温州	93.5	93.1	94.0	90.8	95.3
4	舟山	92.5	93.4	91.6	92.6	92.3
5	衢州	91.9	91.7	92.1	88.6	94.1
6	杭州	91.6	89.8	93.4	91.9	91.5
7	湖州	90.6	90.1	91.1	88.4	91.9
8	台州	87.4	87.5	87.2	89.0	86.3
9	绍兴	86.3	84.1	88.4	84.9	97.1
9	金华	86.3	86.1	86.5	85.1	87.0
11	丽水	84.1	85.9	82.4	78.2	87.9

4.居民死亡主要原因

慢性非传染性疾病是影响人群健康的主要问题。宁波居民病伤死因的前两位分别是恶性肿瘤和脑血管病。在死因构成中，恶性肿瘤一直稳居第一位，达到三成以上。心脏病和脑血管病合并为心脑血管病，居民死亡有60%左右是由恶性肿瘤和心脑血管病造成的。恶性肿瘤、脑血管病和心脏病三类疾病的死亡率均随着时间的推移呈上升趋势，心脏病从2008年起到2014年，由第五位上升到第四位。从性别角度分析，男性恶性肿瘤死亡率明显高于女性，脑血管病和心脏病的死亡率二者比较相近，详见表7-8。

表 7-8 2002—2014 年宁波居民病伤死亡主要原因

年份	恶性肿瘤					脑血管病					心脏病				
	死因构成比/%	死因顺位	死亡专率(/10 万)			死因构成比/%	死因顺位	死亡专率(/10 万)			死因构成比/%	死因顺位	死亡专率(/10 万)		
			合计	男	女			合计	男	女			合计	男	女
2002	31.66	1	165.63	216.03	114.16	16.55	2	86.57	89.79	83.29	7.61	5	39.8	39.55	40.06
2003	28.84	1	188.03	252.1	122.4	17.08	2	111.33	112.05	110.6	6.31	5	41.14	41.64	40.63
2004	—	—	—	—	—	—	—	—	—	—	—	—	—	—	—
2005	31.48	1	177.83	237.88	118.07	18.29	2	103.33	107.92	98.76	6.72	5	37.98	36.51	39.45
2006	35.66	1	188.62	256.46	121.36	18.56	2	98.18	99.31	97.05	6.99	5	36.95	36.41	37.48
2007	33.82	1	192.35	260.41	125.08	20.32	2	115.58	117.18	113.99	7.45	5	42.40	43.94	40.87
2008	33.95	1	197.44	266.17	129.63	19.71	2	114.62	121.37	107.96	8.17	4	47.50	47.96	47.05
2009	34.42	1	195.50	262.57	129.44	18.41	2	104.54	108.07	101.05	8.04	4	45.66	44.96	46.35
2010	34.65	1	197.09	261.09	133.61	18.37	2	104.50	108.23	100.83	8.40	4	47.76	49.67	45.87
2011	35.43	1	197.91	266.29	130.89	18.15	2	101.41	103.25	99.61	7.73	5	43.21	44.01	42.42
2012	33.20	1	197.32	264.28	131.85	17.67	2	105.05	108.49	101.67	8.88	4	52.79	56.09	49.57
2013	33.95	1	196.21	262.34	131.72	17.09	2	98.74	104.65	92.98	9.57	4	55.32	54.29	56.33
2014	34.81	1	202.26	269.73	136.66	16.38	2	95.14	96.80	93.52	9.61	4	55.86	58.38	53.40

数据来源：历年《宁波统计年鉴》。

(二)健康的生活方式

健康与生活方式密切相关。健康生活方式包括健康相关知识和态度、健康素养以及健康相关行为。随着医疗卫生水平的改善以及人们生活水平的提高,疾病谱早已发生改变,威胁人们健康的疾病由传染性疾病逐渐转向慢性非传染性疾病。世界卫生组织明确指出不良生活方式是导致慢性非传染性疾病的主要原因。具体而言,饮食不合理、缺乏运动、吸烟、酗酒等不良生活方式,导致了高血压、心脑血管疾病、糖尿病等疾病患病率的急剧上升。不良生活方式很大程度上是因人们缺乏健康相关的知识和素养造成的。

1.居民健康素养

宁波市居民健康素养处于浙江省较高水平,2013 年首次监测结果为 16.27%①,同期浙江省的平均水平为 12.23%②;2015 年为 15.44%③。宁波市居民健康素养主要特点有:城市居民高于农村,男性略高于女性,年轻人高于老年人,文化程度越高健康素养水平越高,机关事业单位人员高于其他职业人群。

(1)三个方面健康素养水平

2015 年,宁波市居民三个方面的健康素养水平分别为:基本知识和理念素养水平为 24.99%,健康生活方式与行为素养水平为 19.02%,基本技能素养水平为 22.88%。三个方面健康素养水平在不同社会人口学特征人群中呈现的特点与健康素养总体水平一致,如表 7-9 所示。

(2)六类健康问题素养水平

2015 年,宁波市居民六类健康问题素养水平由高到低依次为:安全与急救素养为 56.98%,科学健康观素养为 42.79%,健康信息素养为 25.52%,传染病防治素养为 20.79%,基本医疗素养为 11.97%和慢性病防治素养为 11.23%。六类健康问题素养水平在不同社会人口学特征人群中呈现的特点与健康素养总体水平一致,如表 7-9 所示。

---

① 徐倩倩,陈国崇,王潇怀,等.宁波市 2013 年居民健康素养调查结果[J].浙江预防医学,2015(10):1064-1066.

② 李英华,毛群安,石琦,等.2012 年中国居民健康素养监测结果[J].中国健康教育,2015(2):99-103.

③ 徐倩倩,谷少华,梅秋红,等.2015 年宁波市 15～69 岁城乡居民健康素养监测结果[J].现代预防医学 2016(20):3722-3725.

表 7-9 2015 年宁波市居民健康素养水平分布

人口学特征	组别	调查人数/人	健康素养总体水平/%	三个方面健康素养/%			六类健康问题素养水平/%					
				基本知识和理念	健康生活方式与行为	基本技能	科学健康观	传染病防治	慢性病防治	安全与急救	基本医疗	健康信息
性别	男	2849	15.56	24.00	18.81	22.97	42.84	20.63	11.62	56.61	10.74	25.96
	女	2955	15.32	25.96	19.23	22.80	42.74	20.95	10.84	57.35	13.19	25.07
年龄	15～24 岁	274	15.18	22.88	20.47	25.17	44.04	20.78	11.66	61.66	11.51	29.40
	25～34 岁	928	20.15	29.42	23.91	26.66	49.75	21.67	14.38	64.35	15.73	30.18
	35～44 岁	1009	16.73	30.10	20.26	24.21	46.67	23.85	11.74	59.27	11.78	25.69
	45～54 岁	1416	12.81	22.41	15.96	19.75	36.36	20.08	9.90	49.31	10.58	22.35
	55～64 岁	1532	10.33	15.78	11.62	16.26	32.43	15.52	6.88	45.93	8.84	17.76
	65～69 岁	645	6.74	13.57	10.18	13.61	28.50	13.49	5.72	41.23	9.14	13.99
文化程度	不识字/少识字	298	3.71	6.60	5.00	7.44	19.23	7.42	4.69	23.06	4.20	6.72
	小学	1247	6.89	11.63	10.30	11.67	26.87	16.03	4.68	37.60	6.63	12.22
	初中	1766	9.68	19.28	12.98	17.41	34.69	20.69	8.67	51.15	8.84	19.42
	高中/职高/中专	1144	13.89	23.73	17.44	23.71	42.99	20.26	10.47	61.06	10.52	26.00
	大专/本科及以上	1349	24.53	35.87	28.55	31.22	55.66	23.70	16.32	67.24	17.66	35.48

续表

人口学特征	组别	调查人数/人	健康素养总体水平/%	三个方面健康素养/%			六类健康问题素养水平/%					
				基本知识和理念	健康生活方式与行为	基本技能	科学健康观	传染病防治	慢性病防治	安全与急救	基本医疗	健康信息
职业	机关事业单位人员	673	27.29	40.55	30.12	34.36	57.48	25.40	16.47	68.57	20.44	36.14
	学生	128	17.05	21.73	22.59	29.40	45.68	26.32	14.23	63.60	13.61	33.04
	农民	1166	8.30	13.04	10.03	12.53	24.15	15.85	5.12	38.85	8.48	11.95
	工人	1041	11.38	18.57	15.63	15.94	37.89	19.75	9.37	49.28	8.30	19.89
	其他企业人员	1411	17.01	29.36	20.60	26.82	47.95	21.57	12.24	63.73	13.11	29.44
	其他	1386	12.62	23.19	16.38	19.65	40.47	18.04	10.46	55.36	9.42	23.22
地区	城市	4094	16.43	26.97	20.18	23.99	44.58	21.43	12.29	58.66	12.62	28.04
	农村	1710	12.91	19.92	16.05	20.06	38.21	19.14	8.53	52.68	10.30	19.08
合计		5804	15.44	24.99	19.02	22.88	42.79	20.79	11.23	56.98	11.97	25.52

(3)2015 年与 2013 年居民健康素养监测主要结果比较

将 2013 年与 2015 年的两次监测结果相比较，宁波市居民健康素养在以下几个方面呈现相同的分布趋势：25～34 岁年龄段的居民健康素养水平最高，35 岁后健康素养水平随年龄增长而降低；居民文化程度越高，健康素养水平越高；机关事业单位人员健康素养水平显著高于其他职业人群，农村居民健康素养水平低于城市居民。不同的是，2013 年监测结果显示女性健康素养略高于男性，2015 年监测结果显示男女健康素养水平基本持平（见表 7-10）。

比较两次监测结果可以发现：三个方面的健康素养中，居民的基本知识和理念健康素养水平均为三方面中最高，健康生活方式与行为健康素养水平均为三方面中最低。六类健康问题中，居民安全与急救素养水平均为最高（均在 55％以上），其次为科学健康观（均在 40％以上），再次为健康信息素养（均在 25％左右）和传染病防治素养（在 22％左右），慢性病防治素养水平和基本医疗素养水平较低。宁波市不同性别、年龄、文化、职业及地区的调查对象，在三个方面及六类健康问题的健康素养水平分布情况与总体的健康素养水平分布情况一致（见图 7-1 和表 7-10）。

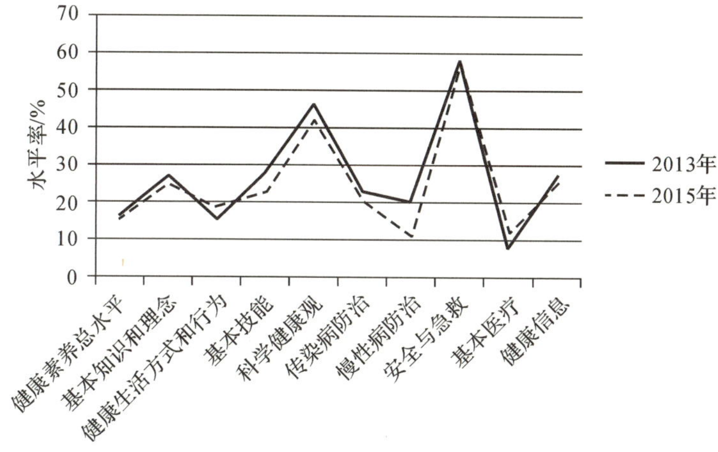

图 7-1　2013 年与 2015 年宁波市居民健康素养监测主要结果比较

表 7-10 2013 年和 2015 年宁波市居民健康素养监测主要结果比较

单位：%

人口学特征	组别	健康素养总体水平		三个方面健康素养						六类健康问题素养水平											
				基本知识和理念		健康生活方式与行为		基本技能		科学健康观		传染病防治		慢性病防治		安全与急救		基本医疗		健康信息	
		2013	2015	2013	2015	2013	2015	2013	2015	2013	2015	2013	2015	2013	2015	2013	2015	2013	2015	2013	2015
性别	男	14.81	15.56	26.05	24.00	14.48	18.81	25.40	22.97	46.23	42.84	22.65	20.63	20.80	11.62	56.28	56.61	8.56	10.74	27.01	25.96
	女	17.83	15.32	28.45	25.96	16.64	19.23	30.40	22.80	45.94	42.74	23.53	20.95	19.04	10.84	60.57	57.35	7.32	13.19	28.21	25.07
年龄	15～24 岁	17.23	15.18	28.29	22.88	18.98	20.47	27.63	25.17	53.98	44.04	18.79	20.78	20.37	11.66	68.7	61.66	7.37	11.51	33.31	29.40
	25～34 岁	26.62	20.15	39.11	29.42	22.69	23.91	38.88	26.66	58.10	49.75	29.17	21.67	28.30	14.38	67.13	64.35	12.53	15.73	36.80	30.18
	35～44 岁	15.87	16.73	30.54	30.10	14.87	20.26	29.44	24.21	48.89	46.67	27.22	23.85	21.54	11.74	65.22	59.27	7.76	11.78	27.45	25.69
	45～54 岁	12.12	12.81	20.72	22.41	11.74	15.96	22.28	19.75	34.39	36.36	19.90	20.08	17.02	9.90	46.38	49.31	6.89	10.58	20.63	22.35
	55～64 岁	7.47	10.33	13.48	15.78	8.42	11.62	17.76	16.26	29.22	32.43	18.81	15.52	9.78	6.88	37.57	45.93	4.56	8.84	17.44	17.76
	65～69 岁	8.19	6.74	13.42	13.57	6.01	10.18	19.46	13.61	30.79	28.50	13.31	13.49	10.70	5.72	42.68	41.23	4.32	9.14	18.59	13.99
文化程度	不识字/少识字	1.04	3.71	7.41	6.60	4.18	5.00	3.53	7.44	18.20	19.23	12.38	7.42	7.71	4.69	28.39	23.06	1.60	4.20	6.14	6.72
	小学	2.42	6.89	9.75	11.63	3.51	10.30	11.37	11.67	18.17	26.87	17.28	16.03	4.04	4.68	34.35	37.60	2.72	6.63	13.16	12.22
	初中	5.62	9.68	13.19	19.28	7.48	12.98	15.27	17.41	35.10	34.69	18.42	20.69	11.92	8.67	52.81	51.15	4.29	8.84	17.16	19.42
	高中/职高/中专	18.56	13.89	30.38	23.73	16.83	17.44	33.99	23.71	55.19	42.99	25.63	20.26	21.11	10.47	63.77	61.06	8.57	10.52	32.10	26.00
	大专/本科及以上	36.84	24.53	53.75	35.87	32.26	28.55	50.15	31.22	71.03	55.66	31.28	23.70	39.1	16.32	78.77	67.24	15.63	17.66	47.38	35.48

续表

人口学特征	组别	健康素养总体水平		三个方面健康素养						六类健康问题素养水平											
				基本知识和理念		健康生活方式与行为		基本技能		科学健康观		传染病防治		慢性病防治		安全与急救		基本医疗		健康信息	
		2013	2015	2013	2015	2013	2015	2013	2015	2013	2015	2013	2015	2013	2015	2013	2015	2013	2015	2013	2015
职业	机关事业单位	34.11	27.29	54.47	40.55	27.25	30.12	48.45	34.36	70.44	57.48	31.50	25.40	33.26	16.47	71.68	68.57	18.04	20.44	47.01	36.14
	学生	15.05	17.05	26.10	21.73	14.92	22.59	26.25	29.40	48.15	45.68	23.39	26.32	20.10	14.23	62.47	63.60	5.87	13.61	24.7	33.04
	农民	1.57	8.30	9.04	13.04	3.61	10.03	7.87	12.53	19.66	24.15	15.70	15.85	5.26	5.12	28.92	38.85	3.25	8.48	10.35	11.95
	工人	13.64	11.38	18.97	18.57	15.31	15.63	25.81	15.94	37.65	37.89	27.25	19.75	15.07	9.37	60.66	49.28	9.08	8.30	29.66	19.89
地区	城市	26.14	16.43	38.70	26.97	21.85	20.18	38.80	23.99	58.89	44.58	28.09	21.43	28.92	12.29	69.96	58.66	10.87	12.62	34.2	28.04
	农村	8.78	12.91	18.49	19.92	10.73	16.05	19.48	20.06	36.38	38.21	19.27	19.14	13.14	8.53	49.55	52.68	5.75	10.30	22.4	19.08
合计		16.27	15.44	27.21	24.99	15.53	19.02	27.82	22.88	46.09	42.79	23.08	20.79	19.95	11.23	58.36	56.98	7.96	11.97	27.59	25.52

注：①2013 年居民健康素养监测样本量为 1790；

②2013 年与 2015 年居民健康素养监测使用的调查问卷在内容及题量上均有差别。

2.健康相关行为

(1)经常参加体育锻炼

2008 年 7 月,朱银潮等对宁波市常住人口健康相关行为进行了抽样调查。① 作者随机抽取了江东区、奉化市和余姚市 3 个市(区)的 4651 名常住人口进行问卷调查。问卷采用宁波市第四次卫生服务调查中的《家庭健康询问调查表》,内容包括个人基本情况、健康状况和相关行为三部分。

该调查回收有效问卷 4650 份,问卷有效率为 99.9%。其中,男性 2319 人,女性 2331 人;未婚者占 13.2%,平均年龄为 49.0 岁;文化程度分布为小学及以下的占 47.1%,初中占 29.5%,高中或中专占 16.3%,大专及以上占 7.0%。

该调查采用"锻炼达标率"反映人群参与运动情况。参考美国 CDC/ACSM 1995 年推荐的运动量标准,"锻炼达标"是指每周至少 3 次,每次进行至少 30 分钟的中等强度的体育锻炼。

调查结果表明,宁波市常住人口锻炼达标率为 13.1%,不同年龄组锻炼达标率不同,呈现两头高中间低的现象(见表 7-11)。男性和女性市民的锻炼达标率无显著性差异。每周参加体育锻炼次数分布:6 次及以上的占 8.5%,3~5 次的占 6.1%,1~2 次的占 5.2%,不足 1 次的占 1.5%,从不锻炼的占 78.7%。走、慢跑、太极和瑜伽等是市民最常参加的锻炼项目。不能保证每周参加体育锻炼的原因为:没有时间锻炼;从事体力活动,不需要额外运动;不愿意运动;身体不好;等等。

表 7-11 2008 年宁波常住人口锻炼达标率

类别		锻炼达标率/%	χ^2	p
年龄组/岁	15~	27.0	189.76	0.000
	25~	4.5		
	35~	7.9		
	45~	9.3		
	55~	15.8		
	65~	20.0		

① 朱银潮,许国章,张涛,等.浙江省宁波市市民健康相关行为现状[J].中国健康教育,2010,26(8):622-623,629.

续表

类别		锻炼达标率/%	χ^2	p
城乡	城市	33.0	414.47	0.000
	农村	8.0		
慢性病	患有慢性病	17.1	17.47	0.000
	无慢性病	12.1		

数据来源:朱银潮,许国章,张涛,等.浙江省宁波市市民健康相关行为现状[J].中国健康教育,2010,26(8):622-623,629.

调查发现,慢性病患病与否成了一个健康相关行为的影响因素,这也提示了很多市民只有在患病之后才开始意识到健康生活方式的重要性而开始培养有益健康的行为和摒弃不良生活方式,"预防为主"的健康观尚未落到实处。

2012年年底,课题组在宁波市江北区做过一次居民慢性病相关知识态度行为抽样调查。调查对象来自江北区7个街道、1个镇,共计2485名,其中男性1137人,占47.7%,女性1248人,占52.3%。本次调查使用自行设计的《居民慢性病相关知识态度行为调查表》,发放问卷2585份,回收有效问卷2385份,有效率为92.3%。调查对象基本情况见表7-12。

表7-12 2012年宁波市江北区慢性病相关知识态度行为调查对象基本情况

类别		城市		农村		合计	
		例数	构成比/%	例数	构成比/%	例数	构成比/%
性别	男	543	45.3	594	49.9	1137	47.7
	女	651	54.3	597	50.1	1248	52.3
年龄	15～	52	4.4	83	6.9	135	5.7
	25～	153	12.9	247	20.6	400	16.8
	35～	838	70.8	771	64.2	1609	67.5
	65～	141	11.9	100	8.3	241	10.1
文化程度	研究生及以上	14	1.1	5	0.4	19	0.8
	大专及本科	391	31.8	148	12.8	539	22.6
	中专/高中及以下	826	63.1	1001	86.7	1827	76.6

续表

类别		城市		农村		合计	
		例数	构成比/%	例数	构成比/%	例数	构成比/%
婚姻	未婚	101	8.5	111	9.3	212	8.9
	已婚	1016	85.7	1014	84.6	2030	85.1
	离异	29	2.4	37	3.1	66	2.8
	丧偶	40	3.4	37	3.1	77	3.2
职业	农民	6	0.5	273	23.5	279	11.7
	工人	287	23.5	437	37.6	724	30.4
	经商/服务业	202	16.5	138	11.9	340	14.3
	干部职员/专业技术人员	254	20.8	103	8.9	347	15.0
	下岗或待业	68	5.6	62	5.3	130	5.5
	离退休人员	405	33.1	150	12.9	555	23.3
人均月收入	<1000	24	2.0	92	7.7	116	4.9
	1000～2999	523	44.1	761	63.5	1284	53.8
	3000～4999	431	36.3	276	23.0	708	29.6
	≥5000	209	17.6	69	5.8	278	11.7

调查结果显示，调查对象最常参加的锻炼项目是走路，无论是在市区还是农村"走路"都达到6成以上（详见表7-13）。宁波市江北区居民每周运动3天以上的达38.2%，其中城市为51.8%，农村为24.5%，二者差异有统计学意义（详见表7-14）。

表7-13 2012年宁波市江北区居民调查前一个月内的运动情况

项目	城市		农村		χ^2	p
	人数	构成比/%	人数	构成比/%		
走路	549	68.9	238	62.1	13.06	0.005
骑车	99	12.4	69	18.0		
跑步	85	10.7	31	8.1		
其他运动	64	8.0	45	11.8		
合计	797	100.0	383	100.0		

表 7-14 2012 年宁波市江北区居民调查前一个月内的运动情况

运动频次	城市		农村		χ^2	p
	频数	构成比/%	频数	构成比/%		
不运动	491	41.1	862	72.4	244.128	0.000
每周运动 1 天	24	2.0	17	1.4		
每周运动 2 天	61	5.1	20	1.7		
每周运动 3 天	92	7.7	33	2.8		
每周运动 4 天	31	2.6	20	1.7		
每周运动 5 天	103	8.6	42	3.5		
每周运动 6 天	41	3.4	20	1.7		
每周运动 7 天	351	29.5	177	14.8		
调查总人数	1194	100.0	1191	100.0		

“十二五”期间宁波市借助体育创强平台，加强政策保障，在健身设施、健身指导、健身服务和国民体质监测等方面加大投入，亲民、便民、利民的全民健身服务体系进一步完善。群众体育组织发展迅速，体育社团组织日渐多元，全市每年举办各类群众性赛事活动 3000 余场，大型群体活动 300 项以上，参加总人数达到 100 万余人次。市本级有体育中心、蓝天健身中心、老年体育活动中心 3 个综合性全民健身中心；县(市)区级大中型体育场馆数量达到 21 个；全市城乡社区和行政村的体育健身设施已经实现了全覆盖，成功打造“15 分钟健身圈”。体育强县(市)区达标率达到 80%以上，体育强镇(乡)、体育先进街道均 100%达标。北仑区跻身全国 20 个全民健身示范试点城市(区)之列，成为全国唯一入选的县级区和浙江省唯一入选单位。市卫生计生委、市体育局和市总工会联合开展机关、企事业单位工间操活动。2015 年，全市经常参加体育锻炼人数比例达到 40.87%；国民体质测试总体合格达标率 92.1%，位居全省第一。

(2)成人吸烟

吸烟情况。吸烟指从抽第一支烟开始，累计吸烟达 100 支，并且现在仍在吸。① 朱银潮等在 2008 年的宁波市常住人口健康相关行为调查中，对市

① 朱银潮，许国章，张涛. 浙江省宁波市市民健康相关行为现状[J]. 中国健康教育，2010，26(8)：622-623，629.

民吸烟问题也进行了调查。结果显示，调查对象的吸烟率为27.6%，男性吸烟率为53.0%，女性吸烟率为2.4%。其中吸烟量高于20支/日者占18.5%，已戒烟的人占2.6%，戒烟成功比例为8.7%。15～19岁年龄组吸烟率最低(0.4%)，40～44岁年龄组最高，为35.9%，平均吸烟年龄为23.5±7.5岁。吸烟者平均每天吸烟的支数为20.5±11.5支。不同文化程度的吸烟率也不同(P<0.05)，初中文化程度的吸烟率最高(31.3%)，大专及以上文化程度的最低(16.1%)，详见表7-15。

表7-15 2008年宁波常住人口吸烟情况

类别		吸烟率/%	平均吸烟量/(支/日)
年龄组	15～	7.9	12.4
	25～	23.7	16.8
	35～	33.1	19.8
	45～	33.1	23.3
	55～	28.7	21.9
	65～	27.5	18.9
	χ^2	125.49	F=11.69
	p	0.000	0.000
城乡	城市	20.6	16.5
	农村	29.4	21.2
	χ^2	29.05	F=5.01
	p	0.000	0.000
慢性病	患有慢性病	24.0	19.5
	无慢性病	28.6	20.8
	χ^2	8.45	F=1.44
	p	0.000	0.150

数据来源：朱银潮，许国章，张涛．浙江省宁波市市民健康相关行为现状[J]．中国健康教育，2010，26(8)：622-623，629．

65岁之前，吸烟行为流行率随着年龄增大呈现"n"形曲线分布。25～35岁年龄组人群吸烟率快速增长，在35岁达到了顶峰。基于我国的烟草文化，不同年龄段的人群所处的社会环境和扮演的社会角色不同，吸烟行为不同。另一方面也说明，学生时代建立起来的健康生活方式并不是很牢固。

随着社会环境、社会角色、经济能力等方面的变化，原先健康的生活方式极容易被不健康的生活方式取代。我们需要对在校学生的健康知识、信念和行为等进行强化训练。45 岁左右的中青年人群应该是目前健康促进干预的主要目标人群。

二手烟暴露情况。吸烟的危害对象并非止于吸烟者，二手烟暴露者同样面临健康危害。2011 年 4 月，李辉等对宁波市所辖 11 个县市区居民烟草使用和二手烟暴露情况进行了调查。① 调查发现，65.34％的不吸烟者每周都有几天要被迫吸入二手烟，28.22％的不吸烟者几乎每天都接受二手烟。《2010 年全球成人烟草调查中国报告》中得出的不吸烟者暴露于二手烟的比例为 72.4％，67.3％的人表示有人在自己家中吸烟，显示宁波市二手烟暴露率和家中二手烟暴露率均低于全国平均水平。从二手烟暴露场所看，全面禁烟的工作场所比例很低，且酒吧、餐厅等娱乐公共场所的二手烟接触可能性很高。

《宁波市爱国卫生条例》规定禁烟场所为 29 类。市区公共场所均有禁止吸烟标志，建成区没有任何烟草广告。宁波市开展无烟单位（医院、学校）创建活动，截至 2015 年年底共创建省级无烟单位 90 家，市级无烟单位 776 家。

二、宁波市健康人群存在的问题

宁波市居民的健康水平、健康素养及健康相关行为养成等方面均处于国内、省内较高水平，但是与创建健康城市所倡导的健康人群的目标还有一些差距，归纳起来主要有以下方面。

（一）慢性非传染性疾病负担沉重

慢性病具有患病人数多、医疗成本高、患病时间长、服务需求大的特点。宁波市慢性病疾病负担沉重表现在两个方面：一是近年来慢性病患病率持续上升，受累人数越来越多，对人群健康危害的范围越来越广；二是由慢性病造成的死亡在人群所有死亡原因中占比越来越高（见表 7-8）。宁波市疾病预防控制中心慢性病监测数据显示，2013 年死亡的 3.7 万人中，肿瘤、循环系统病（主要为脑血管病和心脏病）、慢性呼吸系统疾病成为慢性病死亡的前三位死因。慢性病导致的死亡已占到总死亡原因的 82％。宁波市慢性

① 李辉，张涛，王永，等．宁波市居民二手烟暴露情况分析［J］．中国健康教育，2014，30(7)：583-584．

病在疾病负担中所占比重达到70%，已经成为宁波居民的最主要死因。①

(二)重点人群健康水平亟须提高

平均期望寿命、婴儿死亡率、孕产妇死亡率和5岁以下儿童死亡率等指标常常被用来反映一个国家或地区的人群健康水平。2014年年底，宁波市平均期望寿命为81岁，婴儿死亡率为3.26‰，5岁以下儿童死亡率为2.42‰，孕产妇死亡率为7.2/10万，均处于全国领先水平。其中婴儿死亡率和5岁以下儿童死亡率已经达到或接近发达国家的水平。不过，有一个问题不容忽视，那就是孕产妇死亡率由2010年的5.02/10万上升为2014年的7.2/10万，政府需要寻找原因，对症处理。

还有一个要注意的问题是，宁波市出生缺陷发生率总体呈上升趋势，2009年开始出现了一个明显上升，2010年继续升高。孕产妇这一重点人群的健康对于全市人口素质有着重要的影响，做好这一人群的健康保健工作，做好优生优育、孕期产期检查等工作是非常重要的一件事情。再者，全市中小学生体质状况亟待改善。宁波市已经持续10年中小学生体质监测合格率、优秀率排名倒数。由此可见，中小学生的健康问题不容忽视。

(三)市民健康意识和健康素养亟待提高

市民健康保健、疾病预防等健康意识不强。朱银潮等的调查显示，慢性病是人们采取健康生活方式的重要影响因素。已经患慢性病的人们跟尚未患病的相比，更需要积极参加运动锻炼，戒烟、戒酒。

健康素养总体水平偏低，亟待提高。2015年全省居民健康素养监测结果显示，全省居民健康素养水平为15.44%，意味着每100个15～69岁的人群中，有15个人具备了基本的健康素养，了解基本健康知识和理念，掌握健康生活方式和行为内容并具备基本的健康技能。根据2010年全市人口普查数据，宁波市15～69岁常住人口共计626万人，那么据此估计，全市15～69岁的人群中具备健康素养的人数大约有94万人。2013年，宁波市也进行了覆盖6个县区的居民健康素养调查工作，经宁波市“六普”人口标化后得出全市居民健康素养水平为16.27%。两次监测结果相比波动不大，我市居民健康素养水平仍稳定在较低水平，亟待提高。

慢性病健康素养亟待提高。从科学健康观、传染病防治、慢性病防治、

---

① 程志华，李辉，龚清海，等. 宁波市慢性病防控综合管理模式的实践与探讨[J]. 中国公共卫生管理，2015，31(3)：379-380.

安全与急救、基本医疗、健康信息等六类健康问题素养来看，2013 年和 2015 年的监测结果都显示：宁波市居民安全与急救素养均为最高（2013 年为 58.36％，2015 年为 56.98％），其次为科学健康观（2013 年为 46.09％，2015 年为 42.79％），再次为健康信息素养（2013 年为 27.59％，2015 年为 25.52％）和传染病防治素养（2013 年为 23.08％，2015 年为 20.79％），水平率较低的均为慢性病防治素养（2013 年为 19.95％，2015 年为 11.23％）和基本医疗素养（2013 年为 7.96％，2015 年为 11.97％）。

慢性病的疾病负担已达 70％，防治任务非常重。如此低的慢性病健康素养对于做好慢性病防治是一个很不利的制约因素。

（四）市民健康行为形成率亟待提高

调查显示，宁波市成人吸烟率和二手烟暴露情况处于全国平均水平以下，但仍是一个较高的状态。大量研究已经表明，烟草造成的健康危害是非常大的，宁波市的控烟任务依然任重道远。同时，市民吸烟这一危害健康行为也是亟待改善的一个现象。另外，市民健康行为与慢性病发生与否呈正相关。那些患了慢性病的人更愿意采取健康行为，比如运动健身、戒烟等。以上这些都是健康促进工作中需要解决的问题。

第三节　国内外健康人群培育实践与启示

世界卫生组织指出“健康城市应该是由健康的人群、健康的环境和健康的社会有机结合发展的整体”。人群健康是“大健康”的核心，是建设和谐社会的本质要求。梳理国内外健康城市建设实践，寻找各地培育健康人群的思路、策略和措施，为宁波市开展该项工作提供借鉴。

一、国外健康人群培育的实践

（一）欧洲

20 世纪 90 年代后期，欧洲各国在前期健康城市建设的经验积累上，一致认为环境和经济的可持续发展的最终目的仍然是全体居民更好更健康地生活。因此，欧洲建设健康城市的重点逐渐转移，把“人人公平健康”作为建设健康城市过程中最为重要的内容，各地纷纷把体力劳动者、妇女、儿童、青年、老年、少数民族、流动人口和失业人群作为关注的焦点。人人公平健康是指城市的每位居民都有享受城市的卫生资源和保健服务的权利。人人公平健康不是单一的有限的目标，而是一个长期逐步改善人们健康的过程，人人公平健康不是指所有人的疾病得到治愈，也不是每个人都绝对的拥有一切卫生资源，它是在考虑个体差异的前提下所达到的相对公平状态。

欧洲地区城市在培育健康人群的过程中主要做法如下：一是在顶层设计阶段制定专门的政策或规划向重点人群倾斜。如波罗的海制定了对抗药物成瘾的计划。哥本哈根为低收入人群提供特殊的卫生保健，有选择性地帮助部分市民，以降低哥本哈根健康的不一致性。英国特伦特河畔斯托克区针对有不满 5 岁孩子的家庭展开 5 个保证发展项目，以降低卫生服务的不公平性和保障全体居民健康。英国格拉斯哥市建立“健康食品项目”，为 6 万名小学和幼儿园学生提供免费的水果，为 18 岁以下及 60 岁以上的人群提供免费游泳福利，采取政府采购的形式为 1 万名患者提供免费体检。欧洲国家在建设健康城市的过程中尤其关注失业人群。布尔诺市针对不适应社会的年轻人开展短期培训项目，提高他们的实践技术和竞争力，缓解目标群体社会变态现象。二是建立全民健康教育体系。各地培育健康人群采取的措施都是结合当地的客观情况，因地制宜地采取办法。比如，土库市健康城市办公室从合理营养、体力活动促进等多种方面为大众提供专业指导，为市民提供互动的健康文字信息、录像带等不同类型的展览材料；非政府组织则积极组织大量民众为改善邻里关系而积极活动，从而逐步形成全民参与健康城市建设的氛围。格拉斯哥和哥本哈根则把“人人健康”落实在工作实践中。大部分的行动由社区健康工作者展开，这种工作方法确保了工作能够反映出当地固定的需要并且能获得支持，使该地区得到发展。他们在市民中开展戒烟、日常饮食和体育锻炼课程，预防烟酒成瘾，并组织网络行动的志愿者工作组，吸引了大多数市民的积极参与。欧洲很多城市还定期组织专家队伍深入流动人口聚居区和社区进行健康知识的讲座，以提高流动人口的健康素质。①

（二）日本

日本是亚太地区开展健康城市运动比较早的国家。继 20 世纪 80 年代世界卫生组织在欧洲启动健康城市项目后，日本的一些城市积极地加入到这一运动的行列。

日本健康人群培育实践可归纳为国家和地方政府两个层面。一是国家

① 李忠阳，傅华.健康城市理论与实践[M].北京：人民卫生出版社，2007：317.

层面通过颁布政策和立法来引领方向和给予行动保障。以健康问题为中心，日本每十年推出一份“国民健康营造计划”。第一个计划的重点是疾病的早期发现。第二个计划为应对日本超高龄化社会而提出，重点内容是“活力八十(岁)健康计划”。第三个计划叫作“健康日本 21”，行动目标为减少青壮年期的死亡，延长健康寿命，提升生活质量。为了保障健康促进的落实，2002 年 8 月，日本出台《健康促进法》，明确规定各级政府实施国民健康促进计划的责任和义务，把实施健康促进从行政命令上升到法律层面。二是地方政府层面与民间组织紧密合作，结合本地现实情况创新性地落实国家“国民健康营造计划”。其中比较著名的项目有市川市的“健康饮食宣传员项目”和“社区居民控烟项目”。市川市市长专门任命了 18 个 60 岁以内的人作为健康饮食的宣传员，深入社区，上至老人下至儿童，对他们进行健康饮食方面的宣传。另外，该市还定期组织一批社会力量，深入到禁烟区域活动，宣传吸烟的危害。

为了在生命早期预防生活习惯病、为今后的健康促进日标制定收集科学数据，市川市于 2005 年开展了肥胖、高血压和高脂血症的预防性检测诊疗活动。在遵循自愿原则的基础上，对该市小学五年级至初中三年级的所有学生进行身体检查，检查项目包括身高、体重、BMI、血压、腹围和血液检查(总胆固醇、HDL-C、LDL-C、中性脂肪和血糖值)。市川市将上述结果作为该市制定学生健康促进策略的重要依据，并对发现的指标异常的个体进行个别行为指导和治疗。此外，市川市还开展了一个“健康学校项目”。该项目主要通过亲子健康教育，鼓励孩子们在营养、膳食和体力活动等健康行为上做出聪明的选择，促进他们身心健康成长。市政府的教育主管部门、64 所中小学和幼儿园，以及社区和家长代表都要参与其中。

2006 年 8 月，袋井市启动了一项名为“挑战健康！Smile 活动”的大型市民健康促进活动，旨在帮助市民形成良好的生活习惯。“Smile”是一系列健康行为的英文首字母缩写。市民参与的方式也很简单，只要在活动开展期间到附近的公民馆、学校、市政府办公地、保健中心或大型集会场所领取一张 Smile 卡片，写下自己的个人行为转化目标，并估计可能需要的时间，在 2007 年 1 月以前把填写完整的卡片交给工作人员即可。2008 年 3 月活动结束时，袋井市政府选择那些在改善个人生活习惯上取得显著进步的市民给以奖励。①

---

① 郑继伟. 区域视角下的健康发展战略选择[M]. 北京：科学出版社，2013：. 301.

(三)加拿大

1987 年，加拿大正式启动健康城市项目，主要从硬件环境角度出发来保障人群健康。首先，为了控制土地使用密度，同时保障居民健康，各行政当局设立了严格的分区制。城市规范地分为生活区、商业区、工业区和机构区；并依据分区制，将市区土地划分为不同的地带，对各自的使用和开发方向做一些明确的规定，如建筑物的用途、面积、地点甚至外观等方面进行限制。其次，政府注重交通规划。比如蒙特利尔的建筑协会在做交通规划时，考虑到交通高峰期，取消原设计的方形城市形状，改为对角线式的街道。蒙特利尔、温哥华、多伦多等城市均选择公交优先的交通设计，这样大大减少了人们对私人汽车的依赖，最大限度地减少了城市交通对人们健康的影响。最后，加拿大是较早开展健康住宅建设的国家，将健康住宅引入日常生活。健康住宅的构造方法和材料都力图为使用者提供舒适、低维护、经济的居所。健康住宅是一套完全独立自给自足的可持续建筑，利用太阳能供电，不需要空调、自然采光、废水经过过滤和生化处理后再排出，家中设办公室以减少交通污染等。①

二、我国培育健康人群的实践

(一)上海

上海市主要是通过开展健康场所建设来培育健康人群。健康场所建设就是应用生态学模型的系统方法，通过创造社会与物质的支持环境，促使人们不良行为的改变来提高人群的健康水平。上海在个体、家庭、学习和工作场所、社区、城市各个层次开展健康促进工作，开展健康社区、健康学校、健康医院建设。在乡镇、街道、村庄、学校、医院、单位，健全组织，充分进行社会动员，整合社区资源、推行多部门合作，开展“健康保健进万家”活动——健康知识进家庭、健康技能进家庭、健康服务进家庭；“五个人人”健康市民行动——人人知道自己血压、人人掌握救护技能、人人参加健身活动、人人参与无偿献血、人人养成健康行为。

“五个人人”健康市民行动具体内容如下：

一是“人人知道自己血压”。基层爱卫办协同卫生等部门充分利用社区卫生服务中心(站)、社区人口和计划生育综合服务站、社区居委会活动室等资源，配备血压计、听诊器等设备，组织和发动医务人员和志愿者，全面开展

① 周向红.加拿大健康城市实践及其启示[J].公共管理学报，2006，3(3)：71-72.

为 35 岁以上市民和外来人员免费测量血压的活动。

二是"人人掌握救护技能"。基层爱卫办配合红十字会、民防办、消防等部门，通过讲座、知识问答、现场演练等多种形式，向市民普及急救知识。同时，积极组建街道、乡镇的救护志愿者队伍，通过他们向社区居民培训救护知识，提高社区居民自救、呼救的能力。

三是"人人参加健身活动"。基层爱卫办积极配合体育部门，大力开展以团队形式的健身活动，广泛发动市民参与体育锻炼，普及科学健身知识。

四是"人人参与无偿献血"。基层爱卫办密切配合区县血液管理办公室，初步形成联动机制，深入社区和单位宣传无偿献血的意义，倡导献血健康、光荣的理念，弘扬"人人为我、我为人人"的社会公德，构建和谐社会风尚。

五是"人人养成健康行为"。各区县围绕"迎世博、讲卫生、建健康城市"的主题，着力开展形式多样的主题宣传活动，强化志愿者队伍建设，发放各类宣传材料，引导市民从自身做起，自觉养成健康的公共行为。比如，市爱卫办与市足协等部门合作，在 2007 年中超上海申花队主场开展主题宣传活动，倡导市民不随地乱扔垃圾和文明观赛。①

（二）北京

北京以健康知识教育为先导，引领市民参与健康行动，提升人群健康水平。

其一，普及健康知识是健康行动的首要任务。充分利用电视、广播、报纸、网络等大众媒体宣传报道健康知识，促进人群健康水平提高，给市民传递正确的健康知识、理念。多渠道、大规模、大力度的媒体宣传使全民健康教育活动取得了非常好的效果，北京市民的健康意识有了很大提高。

其二，引领市民参与健康行动是健康促进行动的基本方法。全市各级政府、各部门针对北京市民主要的健康问题和威胁，有的放矢地开展了健康知识普及行动、合理膳食行动、控烟行动、健身行动、保护牙齿行动、保护视力行动、健康知己行动、恶性肿瘤防治行动和母婴健康行动九大健康行动。

其三，改善健康环境、延长健康寿命是健康促进行动的最终目标。健康环境的改善是一项社会系统工程，需要政府各部门、全社会的共同努力。围绕健康城市建设目标，北京市各部门先后开展了健康北京绿化行动、健康北

---

① 张浩，李光耀. 上海市建设健康城市的实践与探索[J]. 上海预防医学，2008，20(1)：2-3.

京控烟行动、健康北京灭蟑行动、阳光长城慢病防控计划、垃圾分类达标活动以及35项大气减排项目。在社区、学校、医院广泛开展健康促进场所的创建活动，形式多样的创建活动既调动了广大群众参与的积极性，也使居民生活与工作的环境不断改善。①

(三)苏州

苏州大力开展健康教育，培育健康人群。苏州市以“人人享有卫生保健”为目标，做好各类人群的健康保护。

一是提高出生人口素质。启动出生缺陷社会化干预工程，实施免费婚前体检，建立市级产前筛查实验室，有序推进避孕节育知情选择、计划生育随访、出生缺陷干预、生殖道感染综合防治等生殖健康服务。

二是关注妇女儿童健康。苏州在江苏省内率先建成爱婴市，实行免费婚检制；启动苏州市特困妇女儿童健康援助行动，建立了母子医疗保健中心、儿童发展中心、妇女儿童避救中心等一批公共卫生服务项目；在市区全面启动少年儿童大病医疗保险。2006年，启动苏州市百万妇女乳腺癌普查工程。实行外来孕产妇限价分娩制。

三是重视老年人健康。苏州对全市70岁以上老年人实行免费体检，由财政资金支付110元/人的体检费用，将养老服务事业列入政府实事工程，制定系列养老扶持政策。

四是培育健康生活方式。围绕市民、青少年、农民、职业和新苏州人五类重点人群实施“健康教育五进”工程；深入社区、工厂、单位、学校和农村，开展生活常识、公共卫生健康知识以及心理健康知识的健康教育。

五是广泛开展全面健身运动。加强社区体育常识宣传普及，建设全面健身工程、健身点，拓展群众体育的网络覆盖面。②

三、国内外健康人群培育对宁波的启示

城市居民的健康状况很大程度上取决于他们的生活条件和生活方式，以及水的供给、卫生设施、营养、食品安全、卫生服务、住房条件、工作条件、教育、生活方式、人口的变迁以及收入等健康决定性因素。因此，必须采用系统的、综合的方法来解决城市化进程中产生的健康问题。

---

① 王鸿春.北京健康城市建设研究报告(2015)[M].北京：社会科学文献出版社，2015：19.

② 张月林.现代健康城市发展研究：苏州健康城市建设范例[M].北京：光明日报出版社，2013：114.

(一)坚持政府主导,强调部门协作

从利益关系上来说,建设健康城市的大目标是维护人的基本健康权益。现阶段人群健康领域所面临的挑战和问题变得非常复杂化、多样化,仅仅依靠卫生部门无法妥善解决,需多部门共同协作。这种大的结构系统的协调,只有政府才能胜任。应对日益复杂的健康问题,需要政府在资源调拨上做出统筹决定,调动多部门合作,宏观处理不断加大的社会差距和社会不平等。加拿大多伦多在健康城市建设过程中,发生了“容易说不容易做”的情况,就是因为部门利益难以协调,另外行政机构更迭导致了健康城市项目停滞。

强调这个的原因是基于我国国情,只有政府出面和牵头,才能真正实现多部门合作,广泛动员社会参与,在人力和物力得到保障的基础上全方位开展健康城市建设。健康城市运动正是由世界卫生组织倡导解决城市健康问题的健康促进活动。这种大规模的健康促进活动对于营造执行性环境、提高居民整体健康水平是非常重要的。目前看来,不管在上海还是苏州,健康城市建设的推进都由政府负责,政府专门成立领导机构,并由一名主管副市长领导,参与建设的部门多达 20 多个,如教育、卫生、体育、环保、环卫、市政、公安、财政、水务、规划、工商、旅游、交通、绿化等。①②

地方主政者及相关行政部门在培育健康人群中发挥着关键的作用,包括地方政府的投入;制定相关的法律法规和公共政策,切实保护公众的健康权益;制定规划,构建平台,让社会多方参与。没有政府的承诺,就难以形成多部门参与和合作,难以进行社会动员,也难以取得预期的城市环境和健康状况的改变。为了保证政府承诺的长期性,不妨借鉴国外的一些做法,制定全民的健康促进法,从法律上为健康城市项目的开展提供保障。

(二)健康促进要有针对性,狠抓落实,社会动员是关键

很多慢性病从表面上看与个人生活方式和行为习惯密切相关,因而常被称为“生活习惯病”。其实,很多慢性病更应被看作是“社会病”,因为任何一种慢性病的发生和发展都与行为生活方式、社会心理因素、政治经济因素在内的多种因素有关。举例来说,吸烟是导致多种慢性疾病的直接原因,戒

① 李忠阳,傅华.健康城市理论与实践[M].北京:人民卫生出版社,2007:210.

② 张月林.现代健康城市发展研究:苏州健康城市建设范例[M].北京:光明日报出版社,2013:105.

烟就可以大大减少慢性疾病的发生。但是，这种行为与生活方式的改变却在很大程度上受到物质和社会环境的制约。社会文化习俗、同伴压力、烟草广告、心理应激、社会经济环境、戒烟的卫生服务都与人们的吸烟行为密切相关，这些都是导致多种慢性疾病的不良生活方式背后的社会原因。因此，通过对健康影响因素的重新定位与理解，目前普遍倾向于认为健康的影响因素包括生物学因素、行为生活方式因素、环境（物质环境和社会环境）和卫生服务因素，这些因素呈多层面相互交织状态，影响着个体和群体的健康。社会经济与物质环境因素是对人群健康起着根本决定性作用的社会背景因素，这些因素又间接影响着个体心理行为方式和生物因素，成为“原因背后的原因”，那些仅仅针对个体危险因素而忽视其背后隐藏的社会背景因素的干预措施，往往收效甚微。举例来说，20 世纪 70 年代前后，为了减少日益沉重的成人期慢性疾病负担，健康教育开始大规模进入欧美国家的学校。但是，经过一段时间的实施以后，发现单纯的健康教育并没有达到预期的效果。为了切实保障人群健康，提高人群健康水平，需要建立大卫生、大健康的观念，全社会凝心聚力，以健康促进为抓手，把培育健康人群工作落到实处。健康城市建设正是健康促进领域的一项重要实践。

健康促进就是针对健康的多种决定因素而采取切实行动，涵盖多层面的疾病预防和干预手段。健康促进包括通过健康教育和增权来提高个人的自我保健能力，通过社区干预和社区发展来改变人群的健康行为和生活方式，也包括从政策、制度和立法等方面入手去改变社会的结构性因素等。健康促进远远超出了通过信息传播和行为干预，帮助个人和群体采纳有利于健康行为和生活方式的健康教育，它要求调动社会、政治和经济的广泛力量，改变影响人们健康的社会和物质环境条件，从而促使人们做出有利于健康的选择，维护和提升其自身健康水平。健康促进强调的是社会、部门以及个人对促进人类健康应承担的义务和责任。让社区和人群成为促进与维护自身健康的主体，这就是健康促进的精髓之一。人们为促进自己的健康而付出的实际行动，往往比单纯增加医疗服务的投资更为有效。通过亲身参与改善生活环境和食品卫生的行动、尝试健康的生活方式，人们可以更好地理解影响他们健康的因素，并努力去做出一些改变，从中取得的良性结果又反过来增强他们控制自身健康的信心和能力，最终提高健康水平和生活质量。公众对健康城市的参与不同于对一般活动的参与，也不是简单的环境保护，积极参与意味着更有效地提高自己的生活质量。因此，在具体实践过程中，一方面人们要转变思想和观念，提高健康与环境意识；另一方面，应积极使用资源节约和环境友善的生活方式。生活方式是个人的事情，因此不能采取强制手段予以扭转。培养健康生活方式已经成为健康城市建设中的共识，只不过采取的是宣传教育而非强制性的手段。不良的生活方式很大程度上是人们缺乏相关知识所造成的，在发达国家也是如此。[①] 唯有通过有效的社会动员，使人们能积极参与其中，才能实现通过改变生活方式从而改善人群健康水平的目的。

第四节　宁波健康人群培育策略

培育健康人群工程旨在着眼全民健康、立足群体干预，通过有效整合部门和社会服务资源，在加强全民健康促进的同时，重点围绕儿童、妇女、老年人、残疾人和流动人口等社会特殊群体以及重大传染病、慢性病等当前和潜在的健康问题，实施有针对性的健康服务与管理，以整体提升全人群健康水平。

一、培育健康人群的目标

采取分别针对全人群和重点人群的行动策略，全面提升全市人群健康水平。到 2020 年，全面形成“健康促进型”社会，基本实现人们更长寿、更幸福、更安全、更健康的和谐画面，具体指标如下：

(1)人均期望寿命达到 82 岁；

(2)孕产妇死亡率控制在 7/10 万以下；

(3)法定报告甲乙类传染病发病率控制在 178/10 万；

(4)国民体质监测合格率达 92%；

(5)市民健康素养水平达 24%；

(6)市民健康行为形成率达 92%；

(7)经常参加体育锻炼人口比例达 40%；

(8)15 岁以上成人吸烟率降低到 25%；

(9)主流媒体健康栏目数达 35 个；

(10)每万常住人口拥有公共图书馆藏书量 12000 册。

① 宋言奇.世界健康城市建设的新趋势[J].国外社会科学，2008(4)：119-120.

二、培育健康人群的任务

针对全人群和重点人群采取不同的干预方式以促进健康。对于全人群而言，重点在于防患于未然。通过健康政策引导、健康文化塑造、健康知识和技能传播等方式，多管齐下，提高人们的健康知识和技能水平、树立正确的健康信念、采纳健康生活方式，进而把防病的关口前移到健康危险因素干预，切实做好疾病的零级预防。针对孕产妇、儿童、流动人口、老年人和慢性病高危群体及病人，有针对性地采取措施，切实保障他们的健康。

（一）促进全人群健康

通过实施健康素养提升工程、全民健身工程和市民控制吸烟工程，牢固树立“每个人是自己健康的第一责任人”的理念，全面推进健康教育和促进，使维护和增进健康成为全社会的自觉意识、内在需求和共同行动，全面提高人们的健康知识、健康信念和健康行为，最终促进全人群的健康。

1. 提升市民健康素养

健康素养是指个人获取和理解基本健康信息和服务，并运用这些信息和服务做出正确决策，以维护和促进自身健康的能力。目前，居民健康素养水平指标已成为衡量国家基本公共服务水平和人民群众健康水平的重要指标之一，并已纳入《国家卫生城市标准(2014 版)》。大量研究表明，健康素养和人均期望寿命、生命健康质量高度相关。健康素养是健康的直接反映和重要决定因素，提高人民健康素养是提高全民健康水平最根本、最经济、最有效的措施之一。

(1)完善健康教育体系

一是在不断完善原有的健康教育体系和网络的同时，建立健康素养和行为生活方式监测制度，为开展健康教育与促进工作提供依据。仿照公共卫生监测，由宁波市健康教育所牵头，建立一套健康素养和行为生活方式监测系统，定期收集全市所有中小学、高校和社区卫生服务中心所辖市民的健康素养和行为生活方式信息。学校和社区卫生服务中心每年度分别采集学生和市民的健康素养和行为生活方式信息，并通过系统报送到区健康教育所，区健康教育所汇总辖区信息后上报到市健康教育所。这些信息在全市范围内共享共建，可以为针对性开展健康教育、慢性病防治等提供基础数据。

二是进一步加强学校健康教育。依《健康浙江 2030 行动纲要》要求，将健康教育纳入国民教育体系，把健康教育课作为所有教育阶段素质教育的重要内容。加大健康教育师资培养力度，将健康教育纳入在职教师职前教育和职后培训内容，鼓励学校利用社会教育资源，建设一支专兼结合的健康教育师资队伍。持续开展健康促进学校创建，深入实施千万学生饮食放心工程，加强学校卫生工作。

三是建立健康知识和技能核心信息发布制度。自媒体时代，人们接触信息具有方便、快捷、渠道多元、量大、真假难辨等特点。健康信息甄别能力是当下市民亟待提升的。虚假的健康信息轻则损害健康，重则害人性命。为了做好健康信息传播工作，职能部门要加强健康科普信息和医药广告的监测与监管，加大虚假信息打击查处力度，同时要建立一个权威的健康信息发布平台，利用微博、微信等新媒体手段，定期发布关于健康生活方式的知识和技能的核心信息，满足百姓获取健康信息的迫切需求，不断净化虚假健康信息滋生的土壤。

(2)倡导健康生活方式

健康生活方式的培养不能一蹴而就。生活方式是人们的自由选择，不能强行干预，需通过政策引导、环境支持、健康教育和健康文化塑造等多措并举的手段进行。借鉴发达国家和地区的经验，把健康融入所有政策。比如在经济条件允许的地方，可以试行中小学学生牛奶补贴、全脂和低脂奶销售差异性销售补贴政策。通过主流媒体健康信息发布平台，借助多种多样的健康教育活动，营造健康文化氛围。依《健康浙江 2030 行动纲要》要求，实施临床营养干预，二级以上医疗机构全面配备营养师。加强对学校、幼儿园、养老机构等营养工作指导。通过健康大篷车进社区、进工厂、进机关等活动，深入推进以减盐、减油、减糖、健康口腔、健康体重、健康骨骼为重点的全民健康生活方式行动，广泛宣传合理膳食、适量运动、戒烟限酒、心理平衡等健康科普知识，开展家庭和高危个体健康生活方式，强化指导和干预。

(3)加强自我健康管理

要积极创新建立自我健康管理新模式，倡导市民自我参与的理念，强化“自我健康第一责任人”的意识，提高参加各类健康促进活动的积极性和主动性。加强自我保健管理，学会一套自我管理和日常保健的方法，改变不合理的饮食习惯和不良的生活方式，促进科学就医和合理用药习惯的形成，不断提高自我健康管理的能力。

2. 推进市民健身

在现代社会，身体活动不足是造成慢性病流行的重要原因。缺乏身体活动是造成人类死亡的第四位危险因素，占全球死亡归因的 6%，仅次于高血压(13%)、吸烟(9%)和高血糖(6%),高于超重和肥胖(5%)。同时,身体活动不足也是造成高血压、糖尿病、心脑血管疾病等慢性非传染性疾病的重要危险因素。

规律运动对人类身心健康的益处已备受肯定。规律运动在生理方面不只可以促进心肺耐力,预防心血管、高血压、骨质疏松等慢性病,在心理方面还能降低忧虑、增进安适感与促进生活品质;对整个社会而言,亦可减少民众的疾病罹患率、缩短疗程,直接减少医疗费用的支出与医疗资源的耗费,使社会成本大大降低。此外,经常保持运动较容易达到理想与标准的身材、健美的体态,是感性、自我肯定与健康活力的一种表现。规律的运动不仅能延年益寿,还能让人们在年纪渐老时,体能保持较年轻的状态。

近年来,宁波市民参与健身的人群比例呈上升趋势,势头良好。今后要进一步完善以体育行政部门为龙头,以各级体育社团、体育俱乐部为主体,以各级社会体育指导员、体育服务志愿者为骨干的全民健身组织网络。

(1)继续加强体育设施建设

积极支持和引导社会资本投资建设各类体育健身训练场馆和设施,推动市奥体中心等体育场馆建设,在新建公园绿地融入健身元素打造健康主题公园,建设健康步道、健康广场、健康主题公园、健康教育馆等支持性健康环境,扩大公共体育场馆公益性开放,建立健全覆盖城乡社区居民的全民健身公共服务体系。推进青少年体育健身俱乐部、社区体育健身俱乐部和晨晚练健身站点建设,扩大农村体育俱乐部的覆盖面。到2020年,力争实现县(市)级全民健身中心全覆盖,乡镇(街道)、行政村综合体育健身场地设施拥有率达70%,城市居民人均体育用地面积达3.5平方米以上,公共体育设施开放率达100%,每万人拥有体育场地数5个以上。

(2)开展丰富多彩的运动健身活动

要积极倡导"体育生活化"理念,以"元旦万人长跑""龙腾狮跃闹元宵大联动""全民健身日系列活动"等市本级传统品牌为引领,丰富各类全民健身活动。推行全民健身进机关、企事业单位、城乡社区、农村、学校,推动健身活动普遍化、常态化。大力支持开展登山攀岩、健步走、自行车、球类、户外定向等健身休闲项目,继续开展海钓、滩涂运动、皮划艇、游艇等赛事活动,继续打造"月光经济系列赛事""宁波系列马拉松"等全民健身新优项目。到2020年,每千人拥有社会体育指导员2人以上,全市经常参加体育锻炼人口比例达50%以上,国民体质监测合格率达95%以上。

(3)进一步加强体质监测

今后需加强成年人和中小学生的体质监测工作，利用大数据分析体质监测的现状、寻找问题并不断改进。特别是要逐步解决宁波市中小学生体质监测数据常年落后于浙江省内其他地区的问题，切实提升学生们的健康水平。

3. 开展市民控制吸烟

烟草危害是当今世界最严重的公共卫生问题之一。吸烟增加罹患心脏病、卒中、癌症、严重肺部疾患和其他慢性病的风险。吸烟越多，危险性就越大。不过，烟草的健康危害既包括吸烟者还包括二手烟暴露者。宁波市目前烟草流行水平仍然较高，一半以上的成年男性在吸烟，每 100 个市民中有 65 个是二手烟暴露者。因此，宁波市今后控烟任务还很重。

(1)进一步加强公共场所控烟专项监督

以医疗卫生机构、各级各类学校、党政机关全面禁烟为先导，积极推进宾馆(饭店)、商场、工厂、娱乐场所等其他各类公共场所禁控烟工作，大力推进无烟环境建设，逐步降低法定禁烟区域二手烟暴露率。其中特别需要加强的是宾馆、娱乐场所等控烟难点的专项监督工作。

(2)提高烟草危害知识宣传力度

全面禁止烟草广告，严格监督，一旦发现，严厉查处。今后要通过多种宣传媒体和形式，广泛宣传烟草危害相关知识，提高全社会的控烟意识，避免和减少烟草烟雾危害。特别要发挥互联网这一新媒介的作用，利用微博、微信等互动平台，强化宣传效果。

(3)开展吸烟行为干预

吸烟者依靠个人毅力戒烟，成功的概率非常小。很多烟民无法成功戒烟的重要原因之一是缺乏科学专业的干预与指导。今后宁波市二级以上综合医院均需开设戒烟门诊和咨询热线，指导吸烟者科学戒烟，逐步降低市民吸烟率。到 2020 年，医疗卫生机构、学校、党政机关等重点机构控烟率保持在 100%，全市总人群吸烟率下降至 20%以下，烟草相关疾病发病率明显下降。

(二)保障重点人群健康

为全面提升宁波市人群健康水平，需要重点关注好老年人、孕产妇、儿童、残疾人和流动人口等弱势人群，慢性病高危人群等重点人群的健康关怀工作。

1.“母婴安全”行动

要全面做好优生优育工作，稳步调整完善生育政策，保持适度的生育水平。积极开展婚育新风进万家活动，弘扬科学婚育文化，推进人口长期均衡发展。加强妇幼保健和计划生育服务机构规范化和标准化建设，进一步建立完善三级妇幼卫生与计划生育服务网络组织体系，做到人员、经费、装备和工作用房四配套。进一步做好孕产妇和儿童保健系统管理工作，实施免费婚前医学检查和孕前优生检测，免费开展围产期保健、孕产妇产前筛查和农村孕产妇免费补服叶酸项目，免费开展先天性苯丙酮尿症、甲状腺功能低下、听力障碍和先天性心脏病等新生儿疾病筛查项目，提高儿童白血病、先天性心脏病等疾病的医疗保障和救助水平。到2020年，全市孕产妇系统管理率达97%以上，婚检率达95%，孕产妇死亡率小于4.5/10万，出生缺陷率下降到6‰，婴儿死亡率小于2.8‰。

2.老年人健康关怀行动

建立健全新型老年卫生服务体系，加强市—县(市、区)—镇(街道)—社区(村)四级老年医疗卫生服务机构建设，加强医养结合机制建设，不断提高老年人医疗保险补助标准及补偿水平。到2020年，社区老年人健康管理率达70%，对60周岁以上老年居民，开展每年一次的免费健康体检，逐步增加老年疾病相关检查项目；对患有高血压、糖尿病、恶性肿瘤等慢性病的老年居民实施社区规范服务与管理，逐步实行基本药物免费治疗政策。

3.实施残疾人健康关怀行动计划

逐步将残疾人基本康复项目纳入基本公共卫生服务项目和基本医疗保险支付范围，并适当提高保障水平。加强医疗机构和城乡社区卫生服务机构康复服务能力建设，配备必要的康复专用设备、康复专业人员和无障碍设施。到2020年，残疾人社区康复服务覆盖率达95%以上。

4.流动人口卫生服务强化行动

要积极将外来人口的公共卫生服务纳入全市公共卫生服务体系之中，实施流动人口健康管理项目，建立流动人口健康服务与管理机制。切实加强流动人口儿童免疫规划管理、结核病控制工作，建立完善的流动人口和贫困人口的孕产妇母婴安全管理机制，确保流动人口和贫困人口的母婴安全。实施外来人口公共卫生服务常态化管理，孕产妇保健管理、住院分娩，儿童生长发育监测、体检和免疫接种等方面的市民待遇政策。

5.系统干预慢性病

发达国家经验表明，慢性病可以有效预防和控制。控制慢性病最有效的方法是开展系统管理。因此，有必要运用健康管理中的疾病管理策略，来探索慢性病综合防治模式，建立科学、规范、高质量的慢性病管理网络。

(1)坚持35岁以上人群首诊测血压制度

实行35岁以上人群首诊测血压制度是及时发现血压、血糖、血脂偏高等慢性病高风险人群的有效抓手。参合农民、参保居民(职工)、退休人员和学生等人群健康体检工作应把慢性病核心指标作为必查项目,其中对40岁以上人群开展体检测血糖服务。这些要求需继续落实。

(2)完善慢性病监测

为了提高高风险人群的发现率,全市要建立健全慢性病和死因监测报告制度,组织开展辖区脑卒中、冠心病急性事件、糖尿病、恶性肿瘤发病及死因登记报告。建立健康危险因素监测制度,定期组织开展慢性病及危险因素、居民营养与健康等专题调查。加强慢性病监测信息和调查资料分析,掌握慢性病流行规律及特点的基线信息。

(3)深化双向转诊制度

首先与医保部门积极沟通与协商,争取医保政策的支持。尽早推动社区首诊制度试行。其次是加强社区卫生服务机构和大医院的联系。在新医改的大背景下,夯实社区全科医生和家庭签约医生的队伍,为慢病的双向转诊奠定基础。今后要通过定期举行交流活动、建立结对制度等方式加强双方的联系,打通两者之间的双向转诊通道,共同构建社区慢性病防治平台,逐步实现慢性病管理"确诊治疗在医院、随访管理在社区"的格局。

(4)明确具体工作任务

要积极开展国家、省级慢性病综合防控示范区的创建,以全民健康生活方式为抓手,大力推进健康促进活动。建立健全慢性病监测网络,着力构建慢性病综合防控长效机制,培养一批健康生活方式指导员、健康管理师,指导慢性病自我健康管理小组开展活动。开展减盐行动,发放限盐勺等健康支持性工具,推广低钠盐。加快推进居民家庭健康档案的信息化管理,开展社区诊断,确定重点目标人群、高危人群和优先领域,加强高血压、糖尿病等社区常见慢性病患者规范管理,遏制发病率快速上升趋势,降低死亡率。到2020年,高血压、糖尿病等常见慢性病规范化管理率均达到70%以上,50%的县市区成功创建国家、省级慢性病综合防控示范区。①

(张秀娟,孙峰)

---

① 程志华,李辉,龚清海,等.宁波市慢性病防控综合管理模式的实践与探讨[J].中国公共卫生管理,2015,31(3):379-380.

第八章 健康城市治理策略——发展健康产业

健康产业是21世纪的朝阳产业，具有涉及领域广、吸纳就业人数多、拉动消费作用大等特点。健康产业涉及维持健康、修复健康和促进健康的整个产业链，主要分为健康制造产业和健康服务产业两大领域。[①] 随着社会的发展和科技的进步，人们对健康生活品质的追求不断升高，这给健康产业的发展带来了机遇，同时也带来了挑战。重视健康产业的发展，既有助于国民经济的增长，更是满足人民群众日益增长的健康需求的保障。世界银行数据显示，一些发达国家健康产业占GDP比重达到或超过10%，其中美国达到16%，加拿大、日本等国超过10%，一些发展中国家达到6%～8%，而我国健康产业仅占GDP的4%～5%；从从业人数数量来看，美国健康产业领域的从业人数占4%，英国则达到6%。目前，宁波市健康产业发展具有一定基础，但发展空间仍较大。

第一节 健康产业相关理论和发展经验

根据世界卫生组织的定义，健康是一个人在身体、精神和社会等方面都处于良好状态。传统的健康观是“身体没病就是健康”，但现代人对健康的认识更为全面，所持有的健康观是整体健康，健康的内涵涉及身体健康、心

① 焦旭祥. 从文献研究看健康产业的概念与分类[J]. 浙江经济，2013(16)：32-34.

理健康、社会适应良好和道德健康四大领域，这就是所谓的“大健康”概念。与健康的概念相对应，“健康产业”不仅仅指传统的医药卫生产业，而是与人的整体健康相关的所有产业的统称。

一、健康产业的内涵

（一）国际上对健康产业的内涵界定

迄今为止，国际上尚没有针对健康产业的权威定义，关于健康产业的内涵多是学术界达成的一种共识。例如：美国经济学家保罗·皮尔泽提出了保健产业（wellness industry）的概念，并对传统的医药卫生业[也被称为“疾病产业（sickness industry）”]和保健产业做了区分。他认为，疾病产业是在人体健康出现问题之后，相应的组织或机构为其提供健康服务或健康产品，帮助其减轻病痛或恢复健康；而保健产业是人体尚处于健康状态时，为其提供维持或促进健康的一系列健康服务或健康产品，帮助其保持健康状态、抵御疾病、延缓衰老等。保健产业与传统医药卫生产业最主要的区别是保健产业更注重预防健康问题的产生，以提高生命质量，并非健康问题出现之后进行治疗、修复。保罗·皮尔泽对保健产业的界定，涵盖卫生服务领域、健康保险领域、保健食品领域、保健药品领域、健康信息领域、健身行业、健康产品的销售业等。[①] 贝恩德·埃贝勒则认为，只要是围绕“积极生活方式”提供产品和服务，都可纳入健康产业的范畴，并针对如何在健康产业发展浪潮中把握商机、占据一席之地提出建议。[②]

一般认为，健康产业（也称为医疗行业或卫生经济）是一个提供产品和服务的经济体系的集聚和整合。该体系可为患者提供预防、治疗、康复和姑息治疗等，包括维护和重建健康的商品和服务的生产和商品化。

（二）我国对健康产业的内涵界定

21 世纪以前，我国主要采取狭义的健康产业定义，即健康产业主要指卫生、医疗、保健、护理四方面的服务。2007 年，健康教育由我国商务部引入健康产业范畴。2009 年，以健康检查与咨询、身体养护等为主体的体检、美容美发等健康相关行业也被纳入健康产业范畴。如今，受到“大健康”观念的

---

① 保罗·皮尔泽. 财富第五波：未来十年世界与中国财富大趋势[M]. 路卫军，庄乐坤，译. 北京：中国社会科学出版社，2011.

② 贝恩德·埃贝勒. 健康产业的商机[M]. 王宇芳，译. 北京：中国人民大学出版社，2010.

影响，很多学者又将医疗器械生产、医疗旅游产业、休闲健身、营养保健等纳入健康产业。可见，健康产业的内涵是随着人们健康意识的提高而不断扩充的。

我国尚没有关于健康产业的明确定义，但国家政府部门关于健康产业的内涵界定在不断明晰（见表 8-1）。目前，一般认为，健康产业是指与维持健康、修复健康、促进健康相关的一系列有规模的产品生产、服务提供和信息传播等相关产业的统称，主要涉及卫生服务业、康复服务业、体育健身休闲业等，以及为其提供支撑的保健食品和药品业、医疗器械、健康设备、健身休闲用品等健康制造业。

（三）浙江省对健康产业的内涵界定

浙江省向来非常重视群众的生命质量，健康产业起步较早、发展较快，在相关领域已形成一定的产业基础，对健康产业的内涵界定也不断明确（见表 8-2）。

为积极响应国家“健康中国 2020 战略”的要求，浙江省政府于 2011 年提出“健康浙江”发展战略，并于 2013 年完成了《“健康浙江”发展战略研究报告》。2012 年，浙江省卫生厅、发改委等五部门联合制定《关于印发浙江省全民健康推进工程实施方案的通知》，提出“加快发展健康服务产业”所涉及的内容。2014 年，浙江省政府办公厅在发布的《浙江省人民政府关于促进健康服务业发展的实施意见》中进一步扩展健康服务业的内涵。2015 年，浙江省发改委发布《浙江省健康产业发展规划（2015—2020 年）》，明确了健康产业的内涵界定。

表 8-1 国务院关于健康产业的内涵界定

时间	文件	涉及的主要内容	意义
2012 年 3 月	《国务院关于印发“十二五”期间深化医药卫生体制改革规划暨实施方案的通知》(国发〔2012〕11 号)	“积极发展商业健康保险,完善商业健康保险产业政策,鼓励商业保险机构发展基本医保之外的健康保险产品,积极引导商业保险机构开发长期护理保险、特殊大病保险等险种,满足多样化的健康需求”;“大力发展非公立医疗机构。积极发展医疗服务业,扩大和丰富全社会医疗资源”;“完善医药产业发展政策,规范生产流通秩序,推动医药企业提高自主创新能力和医药产业结构优化升级”	对健康产业涉及的一些内容作出重要阐述
2012 年 7 月	《国务院关于印发“十二五”国家战略性新兴产业发展规划的通知》(国发〔2012〕28 号)	“推动覆盖城乡社区的数字化健康管理系统建设,加强城乡居民健康管理的日常化、实时化、动态化,带动家庭用健康监护设备、健康信息管理、远程医疗服务等相关产品发展,培育健康产业新业态”	拓展了“健康产业”的内涵,要求生物医学工程产业的路线图将“健康服务”纳入重大行动
2012 年 12 月	《国务院关于印发服务业发展“十二五”规划的通知》(国发〔2012〕62 号)	健康服务业包括“基本与非基本医疗卫生服务、多层次的医疗保障体系、医疗护理、健康检测、卫生保健、中医医疗保健、康复护理、健康管理教育与培训、健康咨询、健康保险、康复医疗服务等诸多方面”	进一步明确“健康服务业”的内容
2013 年 9 月	《国务院关于促进健康服务业发展的若干意见》(国发〔2013〕40 号)	健康服务业以维护和促进人民群众身心健康为目标,主要包括医疗服务、健康管理与促进、健康保险以及相关服务,覆盖面广,产业链长	对“健康服务业”进行界定

注:①国务院. 国务院关于印发“十二五”期间深化医药卫生体制改革规划暨实施方案的通知:国发〔2012〕11 号[EB/OL]. (2012-03-14)[2017-11-16]. http://www.gov.cn/zwgk/2012—03/21/content_2096671.htm.

②国务院. 国务院关于印发“十二五”国家战略性新兴产业发展规划的通知:国发〔2012〕28 号[EB/OL]. (2012-07-09)[2017-11-16]. http://www.gov.cn/zwgk/2012—07/20/content_2187770.htm.

③国务院. 国务院关于印发服务业发展“十二五”规划的通知:国发〔2012〕62 号[EB/OL]. (2012-11-01)[2017-11-16]. http://www.gov.cn/zwgk/2012—12/12/content_2288778.htm.

④国务院. 国务院关于促进健康服务业发展的若干意见:国发〔2013〕40 号[EB/OL]. (2013-09-28)[2017-11-16]. http://www.gov.cn/xxgk/pub/govpublic/mrlm/201310/t20131018_66502.html.

表 8-2 浙江省相关部门关于健康产业的内涵界定

时间	部门	文件	涉及的主要内容	意义
2001 年 12 月	浙江省人民政府	《浙江省卫生现代化建设纲要（2001—2020 年）》（浙政发〔2001〕79 号）	“适度发展民营医院和盈利性医疗机构，规范和引导社会力量参与卫生事业，促进多种所有制医疗机构有序竞争，共同发展”；“加强中医药基础理论创新，实现重大疾病防治的突破”	指出社会办医和中医药发展方向
2012 年 4 月	浙江省卫生厅、发改委等五部门	《关于印发浙江省全民健康推进工程实施方案的通知》（浙卫发〔2012〕91 号）	“构建健康服务产业链和产业体系。鼓励社会资本大力发展健康服务产业，加强健康管理、养生保健、商业健康保险、健康文化、老年护理、康复医疗、心理咨询等特色服务产业，满足群众多层次服务需求”	将“加快发展健康服务产业”纳入主要任务之一
2013 年	浙江省人民政府	《“健康浙江”发展战略研究报告》	“积极推进包括非公医疗、医药产业、健康服务产业、食品产业发展，以提升浙江医药技术与健康服务水平，助推产业结构优化升级”	明确提出了健康产业的发展方向
2014 年 5 月	浙江省人民政府办公厅	《浙江省人民政府关于促进健康服务业发展的实施意见》（浙政发〔2014〕22 号）	“公立医院综合改革、社会资本办医、多元化医疗保险制度建设等方面取得显著进展”；“运用现代科技与服务，促进健康保险、护理康复、健康养老、中医医疗保健、体育康复、健康管理、健康信息、健康旅游等多样化健康服务全面发展”；“依托优质医疗集聚区、医药产业集聚区、重点生态功能区及中医药、体育健身、休闲旅游资源等，因地制宜发展各类健康服务业”；“民办医疗、健康管理、健康保险、健康信息等服务业优化发展，药品、医疗器械、康复器具、保健食品、健身产品等研发、制造与流通规模不断壮大，形成一批具有国际竞争力的健康产业领军企业与知名品牌”	进一步扩展健康服务业的内涵

续表

时间	部门	文件	涉及的主要内容	意义
2015年12月	浙江省发改委	《浙江省健康产业发展规划(2015—2020年)》(浙发改规划〔2015〕882号)	健康产业包括健康服务和健康生产，选择医疗服务、健康养老、健康管理、健康信息、健康旅游和文化、医疗装备和器械、药品和健康食品、体育健身等八大领域，作为今后一段时期浙江省健康产业的发展重点	明确了健康产业的内涵界定

注：①浙江省人民政府. 浙江省卫生现代化建设纲要(2001—2020年)：浙政发〔2001〕79号[EB/OL]. [2017-11-16]. http://www.zjda.gov.cn/jgzw/cydt/wjcx/200705/t20070518_4983.html

②浙江省卫生厅，发改委，财政厅，妇儿工委办，残联. 关于印发浙江省全民健康推进工程实施方案的通知：浙卫发〔2012〕91号[EB/OL]. (2012-04-26)[2017-11-16]. http://www.doc88.com/p-6611187225694.html.

③浙江省人民政府办公厅. 浙江省人民政府关于促进健康服务业发展的实施意见：浙政发〔2014〕22号[EB/OL]. (2014-05-30)[2017-11-16]. http://www.zj.gov.cn/art/2014/5/30/art_32431_161703.html.

④浙江省发展和改革委员会. 浙江省健康产业发展规划(2015—2020年)：浙发改规划〔2015〕882号[EB/OL]. (2015-12-24)[2017-11-16]. http://www.zjdpc.gov.cn/art/2016/1/6/art_90_1618514.html

表 8-2 浙江省相关部门关于健康产业的内涵界定

时间	部门	文件	涉及的主要内容	意义
2001 年 12 月	浙江省人民政府	《浙江省卫生现代化建设纲要（2001—2020 年）》（浙政发〔2001〕79 号）	“适度发展民营医院和盈利性医疗机构，规范和引导社会力量参与卫生事业，促进多种所有制医疗机构有序竞争，共同发展”；“加强中医药基础理论创新，实现重大疾病防治的突破”	指出社会办医和中医药发展方向
2012 年 4 月	浙江省卫生厅、发改委等五部门	《关于印发浙江省全民健康推进工程实施方案的通知》（浙卫发〔2012〕91 号）	“构建健康服务产业链和产业体系。鼓励社会资本大力发展健康服务产业，加强健康管理、养生保健、商业健康保险、健康文化、老年护理、康复医疗、心理咨询等特色服务产业，满足群众多层次服务需求”	将“加快发展健康服务产业”纳入主要任务之一
2013 年	浙江省人民政府	《“健康浙江”发展战略研究报告》	“积极推进包括非公医疗、医药产业、健康服务产业、食品产业发展，以提升浙江医药技术与健康服务水平，助推产业结构优化升级”	明确提出了健康产业的发展方向
2014 年 5 月	浙江省人民政府办公厅	《浙江省人民政府关于促进健康服务业发展的实施意见》（浙政发〔2014〕22 号）	“公立医院综合改革、社会资本办医、多元化医疗保险制度建设等方面取得显著进展”；“运用现代科技与服务，促进健康保险、护理康复、健康养老、中医医疗保健、体育康复、健康管理、健康信息、健康旅游等多样化健康服务全面发展”；“依托优质医疗集聚区、医药产业集聚区、重点生态功能区及中医药、体育健身、休闲旅游资源等，因地制宜发展各类健康服务业”；“民办医疗、健康管理、健康保险、健康信息等服务业优化发展，药品、医疗器械、康复器具、保健食品、健身产品等研发、制造与流通规模不断壮大，形成一批具有国际竞争力的健康产业领军企业与知名品牌”	进一步扩展健康服务业的内涵

二、健康产业的分类

国际上根据个人和群体的健康需求，将现代健康产业划分为很多领域。

根据国际标准产业分类法，健康产业一般包括：医院的活动、医疗和牙科实践活动、其他人类健康活动。其中第三类涉及护士、助产士、物理治疗师、科学或诊断实验室、病理科诊所、住宅卫生设施或其他专职医务人员相关的验光、水疗、医疗按摩、瑜伽疗法、音乐疗法、作业疗法、语言疗法、手足病疗法、顺势疗法、脊椎按摩疗法、针灸等领域的活动。

根据全球行业分类标准和行业分类标准，健康产业被划分为两大类：医疗保健设备与服务；制药、生物技术和相关的生命科学。其中医疗保健设备与服务业包括提供医疗器械、医疗用品和保健服务的企业和实体，例如医院、家庭医疗保健提供者和疗养院等。后者则包括研发生物技术、制药和其他各种科技服务公司。

国际上对健康产业进行分类的其他方法会采取更广泛的定义，还包括与健康有关的其他关键活动，如卫生技术人员的教育和培训、健康服务提供的规范和管理、传统和补充医学领域，以及医疗保险的管理等。我国对健康产业的分类一般采取三种视角：一是从三次产业划分的角度，从“大健康”的概念去理解，认为健康产业是与健康紧密相关的农业、制造、服务与产业体系；二是从产业链的角度，根据其维持健康、修复健康和促进健康的作用，分别将健康产业划分为前端、传统和后端产业；三是从服务模式和服务需求的角度，健康产业可分为医疗性和非医疗性服务产业两大类①。

（一）根据产业性质分类

从三次产业划分的视角，健康产业应包括健康农业、健康服务业和健康制造业三大类，另外还涉及一些健康产业的新业态。其中健康农业涉及有机农业和中药材种植等领域；健康服务业主要涉及预防、医疗、康复三大领域，健康制造业涉及药品、保健食品、健康用品的生产制造等领域(见图 8-1)。

宫洁丽等认为②，健康产业是涉及医药产品、保健用品、营养食品、医疗器械、休闲健身、健康管理、健康咨询等多个与人类健康紧密相关的生产和服务领域的新兴产业。健康产业包括制造经营和健康服务两项活动。制造

---

① 焦旭祥.从文献研究看健康产业的概念与分类[J].浙江经济，2013(16)：32-34.

② 宫洁丽，王志红，翟俊霞，等.国内外健康产业发展现状及趋势[J].河北医药，2011(14)：2210-2212.

经营是指产品的生产经营，例如药品、保健品、中药材、医疗器械、医用材料、化妆品、食品饮品、设备等。健康服务是指医疗服务、健康管理、休闲健身、营养保健、人才服务、咨询服务等领域的服务。王波等①指出，广义的健康产业主要是指与人身心健康相关的产业的统称，是一个涉及制造业、服务业等门类广泛的产业类型。多数城市在健康产业规划中也根据产业的性质对健康产业进行分类，例如：秦皇岛市通过生命健康服务业、生命健康制造业、生命健康农业三大板块，打造大健康产业链。②《成都市健康产业发展规划(2010—2017)》(成办发〔2010〕23号)指出：健康产业包括健康服务产业和健康制造经营产业，主要是指与人身体健康有关的、与医药产销及医疗服务直接相关的产业。其中健康服务产业包括医疗服务、养生康复、健康管理、休闲健身、营养保健、咨询服务、人才服务、培训考试等；健康制造经营产业涵盖医药用品、保健食品、保健用品、绿色食品、体育健身用品、医疗器械、中药材、医用材料、原料中间体、制造设备、包装材料、化妆品等。③

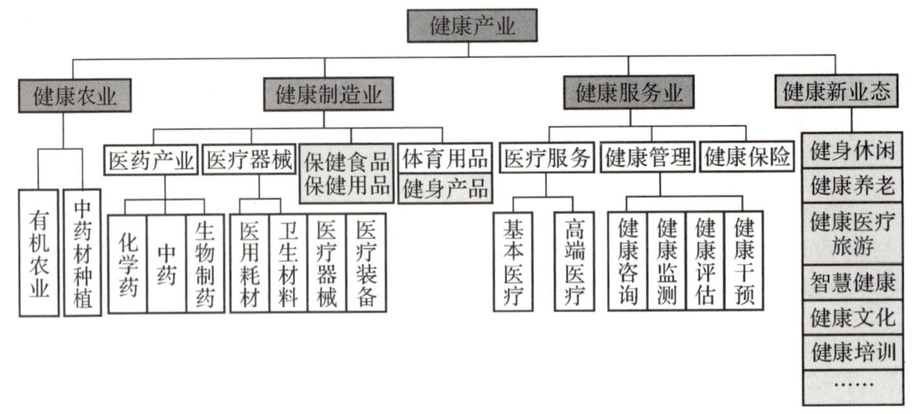

图 8-1 健康产业划分

(二)根据产业链结构分类

在“大健康”的概念下，“健康产业”不是特指某一产业，而是以维持健

① 王波，甄峰，沈丽珍，等.健康产业发展与健康城规划探析——以秦皇岛市南戴河国际健康城为例[J].规划师，2012(7)：36-40.

② 孙也达.秦皇岛着力推动大健康产业发展[N].河北日报，2018-01-23(10).

③ 成都市人民政府办公厅.成都市健康产业发展规划(2010—2017)：成办发〔2010〕23号[EB/OL].(2010-06-10)[2017-12-21].http://www.chengduinvest.gov.cn/detail.asp?ID=9314.

康、修复健康、促进健康为目的的各相关产业共同组成的一个完整的产业链或产业体系(见图 8-2)。根据在产业链中的位置,各相关产业可以划分为前端、传统和后端产业。其中医疗卫生相关产业属于传统产业,主要功能是修复健康;保健品业、健康体检和管理业、健康教育业等是医疗卫生向前延伸的产业,主要功能是维持健康状态,属于前端产业。健康食品涉及种植、加工、销售等环节,属于影响健康的最前端产业;体育健身、美容、养身等产业是为了进一步促进健康,属于更高层次的健康追求,是健康产业链中的后端产业;而健康产业的运行需要信息、资金等支持因素的流动,因此还有与之相适应的信息传递、文化支撑、理财和保险服务等,这些应归属于健康产业体系中的辅助性产业。

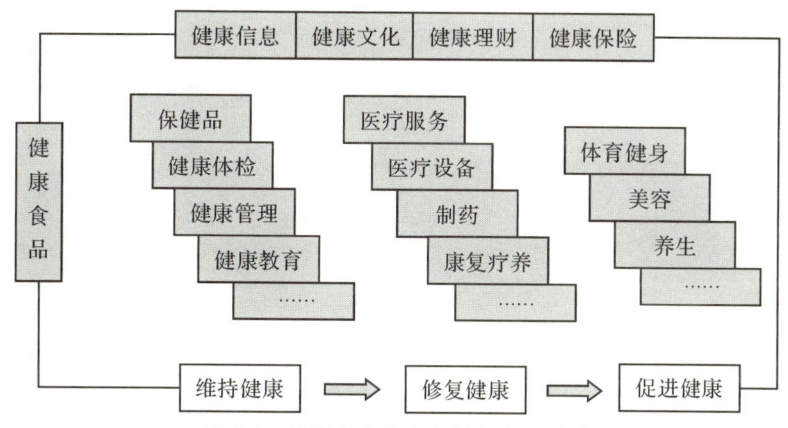

图 8-2 健康产业的产业链和产业体系

资料来源:胡琳琳,刘远立,李蔚东.积极发展健康产业:中国的机遇与选择[J].中国药物经济学,2008(3):19-26.

(三)根据健康消费需求层次分类

从健康消费的需求层次角度,健康产业可分为医疗性健康产业和非医疗性产业两大类,并以医疗性产业为核心,向外围的二环、三环、四环扩散,形成四大基本产业集群(见图 8-3):一环(核心层)是医疗产业,包括医疗服务、医药、医疗器械等;二环(紧密层)是保健品产业,包括保健食品和用品的产销等;三环(扩展层)是健康管理服务产业,包括健康体检、健康咨询、健康教育、调理康复等等;四环(支撑层)是生活方式支持产业,以体育健身、文化娱乐、养生旅游、美容养生、健康饮食等为主体。其中医疗产业对于消费者来说是被动消费,由疾病或不良健康状况决定,偏重于治疗;保健品产业、健康管理服务产业、生活方式支持产业属于主动消费,偏重于预防;保健品消费则介于被动和主动之间。王晓迪、郭清①认为，在“大健康观”的背景下，健康产业应包括与健康直接或间接相关的所有产业群，可分为医疗相关产业和健康相关产业。其中医疗相关产业以治病和修复健康为主旨，包括医疗服务、医药、医疗设备、体外诊断技术等产业；健康相关产业以维持和促进健康为目的，包括保健品产业、健康体检和管理、健康保险和信息、中医养生、体育健身、健康文化和传媒等相关产业。高汝熹等将健康医学产业定义为：既包括了预防、治疗和康复等一系列过程的以医院为主体的健康服务产业，也包括了医药和医疗器械等制造业和产品服务于健康需求的产业。

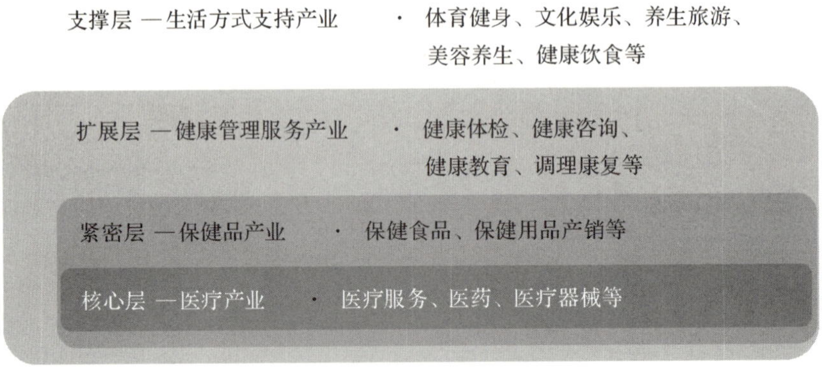

支撑层 —生活方式支持产业 · 体育健身、文化娱乐、养生旅游、美容养生、健康饮食等

扩展层 —健康管理服务产业 · 健康体检、健康咨询、健康教育、调理康复等

紧密层 —保健品产业 · 保健食品、保健用品产销等

核心层 —医疗产业 · 医疗服务、医药、医疗器械等

图 8-3 健康产业层次划分

三、国内外健康产业的发展经验与启示

（一）生命健康产业

生命健康产业主要涉及卫生服务、医疗康复设备、生物医药、生物农业、健康食品等领域。近十年来，全球生命健康产业发展迅速，年产值增长率高达 25%～30%，是全球经济年均增长率的 10 倍。

1. 波士顿高度集聚的医疗产业集群

波士顿是全球著名的医疗、医学教育、科研中心，医疗产业是该地区的主导产业之一。过去 20 年间，波士顿的医疗卫生产业产值不断增长，其中 2008 年医疗产值突破 250 亿美元（见图 8-4），从业人数近 11 万，占该地区从

① 王晓迪，郭清. 对我国健康产业发展的思考[J]. 卫生经济研究，2012(10)：10-13.

业人口总数的 30%左右。这主要得益于波士顿高度集聚的医疗卫生产业集群。①

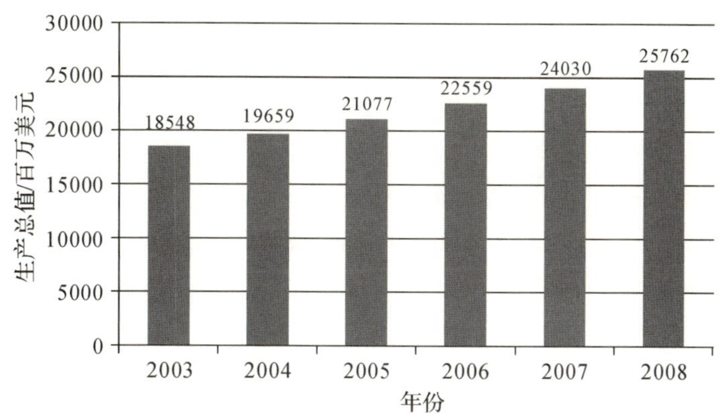

图 8-4　波士顿医疗卫生产业生产总值情况

资料来源：Bureau of Economic Analysis, U. S. Department of Commerce.

波士顿以医院、大学医学院和科研机构为中心，形成了高度集聚医疗产业集群。该市长木地区由于汇集了许多著名的医院及大学，已成为国际著名的长木医疗产业区（Longwood Medical and Academic Area，LMA），这里被称为波士顿地区的医疗高地。长木医疗产业区面积仅有 213 英亩（约为 0.86 平方千米），却集聚了麻省药学院、哈佛大学公共卫生学院、三大附属教学医院及研究、治疗中心等 24 家医院和大学，拥有超过 4.36 万名的医疗人员和 1.92 万名学生，每年有 103 余万住院病人，年门诊收入超过 36 亿美元。

波士顿的医疗集聚，已成为政产学研协同发展的典范。

首先，科研机构集聚。哈佛大学、麻省理工学院等著名大学医学院及科研机构在该地区集聚，这一方面有利于医疗卫生人才的聚集，为该地区医疗产业的发展提供充足的智力保障；另一方面又为医疗产业提供源源不断的创新成果，进一步促进医疗技术的不断提升。此外，医院与这些研究机构在长期合作中形成的信任关系，有利于创新和知识的传播与扩散。

其次，政府支持。一是对科研项目的经费支持和政府采购，波士顿是全美获得 NIH（National Institutes of Health）资助最多的地区，例如 2012 年波士顿各大医院、大学、研究机构共有 3700 项研究获得 NIH 资助，资助总金额

① 翁媛媛，高汝熹，车春鹂. 美国健康医疗服务产业研究及对上海市的启示[J]. 华东经济管理，2010(10)：10-14.

达到 17.8 亿美元；二是为市场主体提供优惠政策支持，主要涉及税收、融资，例如政府设立“经济开发鼓励项目”，减免州和地方的税收等；三是建立有效的公共信息交流和服务平台，畅通公共服务渠道，例如生物谷官方网站、网络期刊等。

再次，“政产学研”融合。“政产学研”的有机融合和良性互动为该地区医疗产业的健康可持续发展提供重要保障。政府高度重视医疗产业的发展，提供政策、资金和技术等方面的大力支持。一流的医学院校和科研机构培养出大批一流人才，孕育出领先的科研成果，而企业可直接为医疗人才提供发展空间，并将科研成果产业化，推动科技的应用、发展和创新。

2.深圳营造良好的产业发展环境

深圳市高度重视生命健康产业的发展，将生命健康产业列为重点培育的未来产业之一。2012 年、2013 年该产业规模分别达到 250 亿元、300 亿元，其中生命信息、高端医疗等行业具有全球竞争力，在全国处于引领地位。

深圳市生命健康产业的竞争力主要来自于良好的产业发展环境。

首先，注重打造良好的政策环境。政府部门为生命健康产业的发展提供良好的政策环境，以扶持产业的培育。深圳是国家综合配套改革试验区，在政策上具有独特的先行先试优势，率先出台了《深圳国家创新型城市总体规划(2008—2015)》、生物和新一代信息技术等产业振兴发展规划及配套政策，为生命健康产业发展提供了良好的政策环境。2013 年《深圳市政府工作报告》明确提出：深圳将启动未来产业培育计划，在生命健康等领域抢抓新的机遇。同年，深圳市出台《深圳市生命健康产业发展规划(2013—2020年)》，对生命健康产业的发展目标、重点领域和主要任务做出明确规定。此外，深圳市发改委等部门多次发文明确指出要对生命健康产业重点领域予以资助，这些大大激发了深圳生命健康产业企业的创新意识。

其次，注重发挥优势产业的支撑作用。深圳市是首批国家生物产业基地和全球重要的电子信息产业基地，这些为生命健康产业的发展打下了坚实基础。深圳市在高端医疗、生命信息等领域，有不少行业龙头。其中，华大基因已成为全球最大的基因组研发与科技服务机构，其新一代测序能力与超大规模生物信息计算分析能力全球第一。先健科技在介入医疗领域、北科生物在个体化生物治疗领域均有全球竞争力。此外，和顺堂、健康元、第一健康、中航健身会等企业在各自领域内也处于全国引领地位。

再次，注重打造产业集聚效应。在高新区，深圳已形成了较为完善的“生物部落”。拥有华因康、西门子等多个生物医疗龙头企业；作为国家发改委首批三个国家生物产业基地之一，坪山国家生物产业基地目前共引进企业30余家，入驻企业总投资超100亿元，2013年上半年实现产值19.14亿元。

最后，注重提升自主创新研发能力。深圳市注重源头创新布局，截至2013年年底，在生命健康相关领域，已拥有各级各类创新载体208家，并已初步建成以各高校和研究院为主体的生命科学研究与技术研发支撑体系。

（二）健康管理产业

健康管理是以现代健康观和中医“治未病”思想为指导，运用医学、管理学等相关学科的理论、技术和方法，对个体或群体健康状况及影响健康的危险因素进行全面连续监测、分析、评估和干预，实现以促进人人健康为目标的新型医学服务全过程。[①] 实践证明，在健康管理领域多投入1元，卫生费用就可相应减少3～6元，再加上健康增加所带来的生产效率提高，实际效益更大。

1. 美国模式

美国是全球最先开展健康管理服务的国家，已有30～40年的历史。最初起源于不断上涨的医疗费用。目前，健康管理在美国已形成一套完整的、科学的、多方共赢的健康服务体系，该体系将“政府—医院—医生—保险公司—投保人”等利益集团组成一个医疗服务网络。通过健康管理服务，参保人的健康水平得到有效提高，医疗支出大大降低，保险公司从中获得利润；政府获得了卫生费用降低，全民健康水平提高的宏观效益；参保人既可获得低廉的医疗服务，又可享用良好的健康管理服务；医院和医生则通过健康管理组织获得数量庞大且稳定的病源。由此，从政府到医疗机构，从保险公司到投保人，形成一个良性循环。目前，60%的美国人参加健康管理服务。实践证明，90%的个人和企业在接受健康管理后，卫生费用降低了10%，与之相反，未接受健康管理的个人或企业，卫生费用增加了90%。

（1）宏观政策保障

美国政府积极倡导全民参加健康管理服务，并制定政策为健康管理指明发展方向，使健康管理取得实效。20世纪90年代，美国政府制定全民健康管理计划——“健康人民”，旨在改善全民的健康状况。该计划每十年一次，现已进入第二个十年，即“健康人民2010”，该计划提出延长健康寿命和

---

① 王陇德.健康管理师基础知识[M].北京：人民卫生出版社，2013.

消除健康差距两大目标。

(2)财政保障

保险机构与医疗集团的合作，为健康管理服务提供财政保障。美国的健康管理费用主要由保险公司筹集，保险公司通过降低参保人的患病风险，减少赔付，从而从参保费用中获得健康管理服务费用。此外，保险机构与医疗机构合作，强调疾病预防的重要性，一方面控制了卫生费用的增加，另一方面提高了服务的质量。

(3)健康管理策略

美国的健康管理主要涉及六大方面：需求管理、生活方式管理、疾病管理、灾难性病伤管理、残疾管理和综合性人群管理。其中需求管理主要涉及指导个人合理利用卫生服务；生活方式管理关注个人的生活方式可能带来的健康风险和产生的医疗需求，帮助个人做出最佳的健康行为选择；疾病管理和灾难性病伤管理是指为某种疾病的患者或患癌症等灾难性病伤的患者提供医疗服务；残疾管理是指对残疾人根据伤残程度提供其管理服务；综合性人群健康管理是针对人群健康提供健康管理服务。

(4)应用领域

健康管理的应用领域主要包括三种：医疗保险、个人或团体职工健康管理及新药研发。

第一，医疗保险。商业保险公司提供的保险产品通常包含丰富的预防保健服务，如疾病筛查、全面体检、牙齿护理等，参保人如果接受这些服务，费用可部分甚至全额报销；也会推出多种形式的健康促进服务，鼓励参保人员采取相应的健康促进活动(如戒烟、健身、减压)，并给予达标人员物质奖励。有些保险公司还会与专业健康管理机构、健身俱乐部签约，对参保人员提供价格折扣。

第二，企业、医疗机构和健康管理公司。在美国，多数企业均会接受健康管理公司提供的专业化健康管理服务，这不仅可以维护员工的健康，减少患病概率，降低医疗费用，还可明显提高员工的工作效率。

第三，新药的研发。通过疾病危险性评价技术来评估新药的疗效。

2. 日本模式

日本也非常重视健康管理，早在 1959 年开始开展健康管理实践，其宗旨是提高全民健康水平。日本的健康管理服务已纳入制度化、法律化管理，涉及人群非常广泛。据统计，在日本 2 亿多的人口中，有 60 多万人在做健康管理服务。目前，日本人的平均期望寿命达到 84 岁，居世界第一。

(1)健康管理服务规范纳入法制化管理

日本健康管理服务的一个重要特点是纳入了法制化管理,这为健康管理的有效实施提供了重要保障。通常日本居民一方面是健康管理服务的享用者,另一方面也是健康管理服务的志愿者。

(2)健康管理服务内容涵盖健康维护的各个环节

健康管理服务内容广泛,涵盖了健康调查、体检和体检后评估、健康增进活动和健康教育等。

健康调查:通过调查,找出应关注的健康问题并提供有针对性的健康管理方案。这一工作由市、町、村组织实施。

健康体检:通过一年一度的健康体检,为居民建立健康手册,记录有关健康状况,并做出诊断和健康筛选。体检项目除一般检查项目外,还包括一些化验项目及与健康相关的生活方式调查、指导。这一工作通常由市、町、村政府或农业协会、驻地医院、诊所和保健所负责实施。

体检后评估:分为个体评估和群体评估,个体评估主要是对检查结果异常者采取进一步的治疗康复措施,群体评估主要涉及健康结果发布和健康信息咨询等,该工作主要由地市、町、村诊所和医疗机构负责实施。

健康增进活动:面向大众,围绕如何保持和增进健康开展健康促进活动。

健康教育:贯穿健康管理的各个环节,通过传播健康知识,使人们自觉养成良好的健康行为生活方式。

(3)多种活动载体为健康管理服务开展提供支持

日本注重通过多种国民健康活动载体来推动健康管理的实施。例如:过去10年间,日本实施了“新健康开拓战略”,旨在帮助国民养成“运动一生”的生活习惯。对于少年儿童,通过体育课堂和体育小组活动加强运动;对于成人,鼓励大家多走路、多运动。日本政府还增加了各地区的综合健身设施,普及运动知识。目前,日本又实施了21世纪世界健康推进计划,日本各健康管理机构和医院均全力配合实施该计划。此外,日本还计划通过高科技手段开发“个人健康管理系统”,例如通过PC机来管理血压、体温等健康数据。

(三)健康养老产业

健康养老产业是指为老年人身体和心理健康提供的健康服务或产品的产业体系总称。该产业是21世纪的新兴产业。随着我国老龄化程度不断加深,健康养老产业的需求日益旺盛,我国养老服务体系面临巨大挑战。

1. 日本的健康养老产业

日本是全球老龄化程度最高、老龄化速度最快的国家。日本的健康养老产业起步较早,目前已基本建立较为成熟的健康养老产业体系,以满足老年群体日益增长的健康养老需求。在养老产业体系中,从事老年护理的人数已突破100万,成为日本最具发展前景的行业之一。

(1)养老政策的大力支持

随着人口老龄化的加剧,传统的家庭养老和政府养老模式已不能适应老年群体的养老需求。日本政府将老龄工作纳入社会经济发展规划中,不断革新健康养老政策、制度,并不断修订完善养老法律法规体系,已先后颁布了《国民年金法》《老人福利法》《老人保健法》《护理保险法》等重要的法律,促进养老产业的市场化、产业化发展,为养老产业体系的健康可持续发展提供重要保障。值得关注的是,日本的《介护保险法》通过市场化运作,对老年护理业的良性发展发挥了重要作用。

(2)医养结合实现专业化养老服务

日本养老服务产业最大的特征在于"医养护融合"的专业性养老服务。根据老年人的健康分级,为老年人提供不同类型的介护服务(见图8-5)。日本的养老院一般均内设医疗机构,提供长期护理、康复和简单急救等服务。养老院与周边医疗机构开展合作,严重疾病由合作的医疗机构解决。关于内设医疗机构的管理,多数养老机构也会外包给合作的医院进行管理,提高了养老服务和医疗服务的专业化效率。

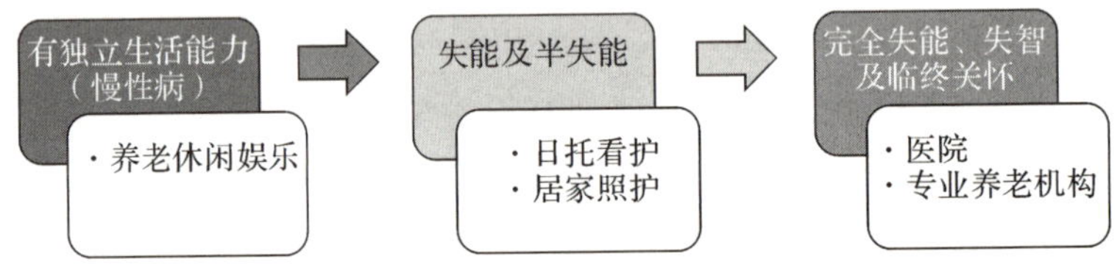

图8-5 日本养老服务业对老年消费群体的等级划分

(3)注重养老服务的专业化水平

日本对养老机构的硬件设施配置有严格的要求,并且管理人员和护理人员必须经过严格的培训,持证上岗;多数大学开设老年福利等专业,为养老产业的发展不断输送人才。

2. 中国台湾地区的健康养老产业

早在1993年台湾即已进入老龄化社会,开始探索养老产业发展路径。经过20多年的发展,台湾已基本构建多层次的健康养老服务体系,该体系包括居家式、社区式和机构式三种养老服务模式。

(1)行之有效的法规政策保障产业的健康发展

台湾不断完善养老相关规定,明确了养老行业的准入标准、收费标准、硬件配置标准、人员素质标准等相关问题。完善相关的政策制度,鼓励社会办养老机构、企业进入养老行业,促进养老资金、人才、技术等问题的有效解决。

(2)不同的养老模式对应差异化服务内容

台湾不同的养老服务模式所提供的服务内容也不尽相同。其中居家式养老服务主要包括配餐、照料、医疗护理、急救,以及必需的家政服务;社区式养老服务主要包括日间照护、居家照护、家庭访视等服务。台湾的养老机构包括老年公寓、赡养机构、养护机构、长期护理机构等多种类型,根据养老机构的类型,机构式养老服务内容有所差异。

(四)医疗旅游产业

医疗旅游是以医疗、护理、康复与休养为主题的新型旅游服务。选择"医+旅"消费模式的旅游者数量逐年递增,据统计,全球医疗旅游人数已上升到每年数百万以上,医疗旅游已成为全球增长最快的新的健康产业。2000年,全球医疗旅游的总产值不足百亿美元,五年之后该产值实现翻一番,达到200亿美元,成为一项新兴产业,主要以泰国、印度等国家为代表。据估计,2007年,全球约有290万人到印度、泰国、马来西亚、印度尼西亚和新加坡5国进行观光旅游兼治疗,这五个国家的医疗旅游总产值达34亿美元。专家预计,因为中医的优势和吸引力,我国有望成为下一拨医疗旅游的热门国家。

1. 泰国的医疗旅游

自1997年起,泰国政府开始重视医疗旅游业的发展。2004年之后,泰国政府开始实施五年一轮的医疗旅游业发展规划,力争成为"亚洲健康旅游中心"。目前,泰国已成为亚洲医疗旅游的中心。据统计,2005年全球有86万名外国人到泰国治疗,为泰国创汇近9.9亿美元。目前,全球已有100多个国家的患者曾到泰国就医。

泰国医疗旅游的特点主要包括:①政府重视:从国家层面制定医疗旅游规划,全面扶持和引导该产业的发展。采取医疗、旅游相结合的营销策略,以增强其竞争力。在泰国政府支持下,泰国医院除了与旅行社合作,承接医疗旅游团之外,有些医院还自行成立旅行社,完整规划所有医疗旅游的行程,并依不同病患的需求提供医疗旅游配套服务。②完善而低廉的医疗服务。相比一些发达国家，泰国医疗服务价格更加低廉。例如：在美国，近视激光矫正术（双眼）一般需要花费三四千美元，而在泰国只需一半的价钱。③医疗服务竞争力较高。泰国医疗服务领域中的传染病、骨科疾病、美容整形等在国际上得到普遍认可。④人才培养目标明确。掌握一门或几门外语成为医疗机构招聘的参考要素之一。

2.新加坡的医疗旅游

新加坡拥有较为完善的医疗体系，是医学专业人员开会和培训的汇集之地、健康顾问和健康管理的基地以及临床实验中心。为了维持国际一流的医疗健康体系，新加坡努力吸引国际患者，将医疗与旅游相结合，加快推动医疗旅游业发展。根据新加坡旅游局统计，2006 年大约有 55.5 万名国际游客到新加坡医疗旅游，并且这一数量在逐年上升。

新加坡发展医疗旅游的特点：①政府大力扶持。政府将其国家定位为由临床医疗中心与经济医疗中心构成的国际医疗保健中心，加大医疗旅游的支持力度，扶持医疗旅游产业的发展，吸引国际患者前来。②国际领先的医疗水平。在医疗保健技术方面，新加坡拥有较为先进的医学人才队伍和医疗设备，在医疗保健制度方面，新加坡是拥有全球最优质的医疗保荐制度的国家之一。③安全开放的环境。新加坡拥有安定的社会环境、多元的文化环境，这些为国际交流提供了保障。④建有医学研发和教育培训中心。新加坡是亚洲的生物医学研发中心、医学学术交流和培训中心、健康顾问和健康管理基地等。

第二节　健康城市建设与健康产业发展的协同关系

从经济学视角来看，产业是区域发展的经济基础。对于健康城市建设来说，只有发展健康产业，才能为居民提供良好的健康服务、放心的食品和清洁的饮水，以及其他健康产品。因此，健康产业是健康城市建设的重要支撑，并且有助于健康人群的培育、健康环境的营造、健康社会的构建和健康服务的优化，健康产业与健康事业具有一定的协同关系。

一、发展健康产业对健康城市建设的意义

（一）健康产业发展对健康城市建设具有重要的支撑和促进作用

根据世界卫生组织的定义，健康城市是指不断创造和改善自然和社会

环境，并不断扩充可利用资源，使人们在享受生活和充分发挥潜能方面能够相互支持的城市。其目的在于呼吁城市在自身发展过程中，通过政府、社会和市民的共同努力，持续改进和消除威胁市民健康的各种因素，让城市成为健康人群、健康环境和健康社会有机统一的发展整体。这一定义不但关注城市生态环境，也关注资源的优化配置、社会的风气，以及人与自然的和谐相处等。而如何优化城市资源的配置，从经济学的角度，需要考虑三方面的问题，即：城市发展什么？这是产业规划方面的内容。如何发展？这是经济增长方式方面的议题。如何消费？这是经济消费方式的问题。从健康城市建设的视角来看，也就是需要考虑：如何培植健康产业？如何通过发展经济来营造良好的环境？如何通过倡导健康消费的观念来培育健康人群？可见，健康产业的发展与健康城市的打造具有协同关系，并对其起到重要的支撑和促进作用。

余红剑等指出，发展健康产业对健康城市创建具有重要意义，主要表现为：第一，可为居民提供更好的健康服务；第二，可带动上下游相关产业的发展；第三，有助于优化产业结构和人才结构；第四，可丰富居民的物质和文化生活。[①]

（二）健康产业发展是健康城市建设的重要内容之一

建设健康城市，是转变城市发展模式、引领经济转型升级，实现科学、可持续发展的新战略，已成为世界各国城市发展的新趋势。健康城市建设是一项复杂的系统性社会工程，主要涉及政治、经济、文化、环境、生物化学和物理因素、社区生活、个人行为等多个领域，可归纳为环境、社会、人群和产业四大方面。可见，健康产业应是健康城市建设的重要内容之一。

我国多数城市将发展健康产业作为健康城市建设的一项主要内容来抓。例如：广州市颁布的《关于印发广州市建设健康城市规划（2011—2020年）的通知》中将“发展健康产业”作为一项主要任务推进，提出建设符合市场运行机制的医疗产业化发展模式、大力发展医药制造和医疗器械产业、大力发展基于优质医疗服务的养老服务业、努力拓展休闲产业的发展空间等建设内容。杭州市在《关于印发健康杭州“十二五”规划的通知》中也将“发展健康产业”作为建设的主要任务之一，提出要加快疗休养产业建设、规范

---

① 余红剑，郭清，罗毅，等. 健康城市创建至健康产业发展研究[J]. 健康研究，2014，34(5)：490-492.

养生保健行业、推动绿色循环经济、发展健康会展产业等任务内容。武汉市在《武汉市人民政府办公厅关于印发健康武汉全民行动计划(2011—2015年)》中，将“健康产业发展行动”作为一项重点行动计划来抓，提出要大力培植和发展健康服务产业、振兴中医药产业等行动内容。长春市在《长春市建设“健康城市”三年(2010—2012年)行动规划》中将“发展健康产业”作为健康城市建设的主要目标之一，提出要积极培育生物医药、运动营养等具有高产优势的健康产业、重点领域，进一步提高健康产业在全市产业体系中的位置，全面提升健康产业的发展水平，通过发展健康产业提高群众健康素质。

二、健康事业与健康产业的协同关系

健康城市建设是为了打造健康产业和健康事业双轮驱动的健康促进型社会，而健康产业与健康事业应是相辅相成的关系。

(一)健康产业与健康环境

环境是城市的外部条件，人和环境是对立统一的整体，既相互作用、相互制约，又相互依存、相互适应。城镇化的快速发展，导致诸多生态破坏、环境污染的问题，严重影响了居民的生活质量和身心健康。健康环境是健康城市的客体性要素。1994年世界卫生组织提出的健康城市指标就明确指出：为市民提供清洁、安全的环境；为市民长期提供安全可靠的食品、饮水、能源，有效的垃圾清除系统。而这些目标需要发展健康产业得以实现。

1. 环保产业的发展可有效支撑健康环境的营造

环保产业是指在国民经济结构中，以防治环境污染、改善生态环境、保护自然资源为目的而进行的技术产品开发、商业流通、资源利用、信息服务、工程承包等活动的总称。[①] 环保产业在德国被称为“环境产业”，在日本被称为“生态产业”或“生态商务”。环保产业涉及领域非常广泛，根据不同的要求和视角，有多种分类方式。

在我国，环保产业一般分为环保设备的生产和流通、资源的综合利用和环境服务三大方面。环保设备主要包括大气污染和水污染治理设备、噪声控制设备、环保监测设备等。资源的综合利用主要包括废水、废气、废渣的综合利用，废旧物资的回收利用等。环境服务主要指为环境保护、污染控制等提供技术支持等相关服务。

有学者把环保产业分为自然资源开发与保护产业、清洁生产型产业、污

---

① 耿香玲.经济学视域中的健康城市建设[J].常熟理工学院学报，2006(3)：60-64.

染源控制型环保产业、污染治理型环保产业等四大类。总体来说,环保产业主要致力于环境质量的提高和不良生态环境的改善,为人类生产、生活提供健康场所。这些内容与健康环境的发展目标相一致。可以说,环保产业是维护和改善生态环境的物质和技术基础,是健康环境得以营造的产业支撑。

2.循环经济的发展可大力促进健康环境的营造

循环经济是一种全新的经济发展模式,即物质循环流动型经济。该模式中经济活动可以形成“资源—产品—再生资源”的反馈式流程。

循环经济提倡从源头上削减污染、保护环境,使所有的物质和能源都在不断循环的经济中得到充分合理利用,把生产活动对环境的影响降到最低。其基本特征是低开采、高利用、低排放。从这个层面上来说,循环经济本质上是一种生态经济,对健康环境的营造具有重大意义。

随着城市化进程加快,城市经济发展与生态环境破坏和自然资源短缺之间的矛盾日益突出。循环经济的发展可有效突破该矛盾的制约,通过提高资源的利用效率,使有限的资源得到充分利用。循环经济观要求遵循“3R原则”:资源利用的减量化(reduce)原则,即尽量减少资源的投入;产品的再使用(reuse)原则,指尽可能延长产品的使用周期;废弃物的再循环(recycle)原则,指尽量减少废弃物的排放,促进资源的再回收利用。另外,借助高科技,不断开发新型能源,例如太阳能、风能等,促进新的、清洁的、可再生资源的利用。党的十六届五中全会通过的“十一五”规划建议明确提出:要把节约资源作为基本国策,发展循环经济,保护生态环境,加快建设资源节约型、环境友好型社会,促进经济发展与人口、资源、环境相协调。这说明,发展循环经济已成为健康城市不可或缺的主题。

此外,健康产业本身就属于绿色产业。虽然健康产业的发展在一定程度上需借助自然资源来实现,但健康产业不需要耗费巨大的资源和能源,对环境污染小。尤其是体育健身等产业,可借助自然环境来促进人们身心的健康,往往不需要消耗较多资源。另外,健康旅游等产业的发展,还将促进环境的改善、资源的有效利用。

(二)健康产业与健康社会

健康的社会应能为市民提供社会保障,健康产业的发展关乎社会的稳定与和谐,对健康社会的构建意义重大。

1.健康产业的发展可提供大量的就业机会

健康产业分布广泛,涉及的子行业多,很多健康产业都是劳动密集型产业，能够吸收就业，稳定社会。据统计，2015 年 1—8 月，美国健康产业所提供的工作岗位数占所有岗位数的 10.7%，有 1520 万人在医院、诊所、家庭护理中心等机构从事与健康相关的工作。① 另外，美国劳工统计局预测，至 2020 年，美国医疗行业将增加 560 万人就业，成为全美就业需求最大的行业。② 在我国，2012 年年底，全国卫生人员数达到 911.57 万余人，其中卫生技术人员 667.55 万余人、管理人员 37.3 万人、工勤技能人员 65.36 万人。③ 据此保守估计，目前我国健康产业从业人员应有 2000 万之多。

2. 健康产业的发展可强有力地促进社会和谐

首先，健康产业的发展是提高全民健康福祉的重要保障。目前，国际上仍有不少国家，包括发展中国家的偏远地区，贫困人群因缺医少药，一些传染病、地方病仍然盛行，有些国家和地区甚至陷入人道主义危机。据统计，每年发展中国家仍有 1300 万名 5 岁以下儿童因缺医少药而死亡。因此，医疗、医药产业的发展可有效控制各类疾病的流行，减少患者的疾病痛苦，提高患者的生命质量，促进家庭的幸福安康。其次，健康管理等健康产业能有效控制社会卫生总费用。随着社会经济发展，慢性病、老年病等严重威胁人类的健康，我国慢性病经济负担严重，2011 年慢性病卫生支出已占卫生总费用的 68%。健康体检、健康管理等健康产业提倡对疾病的预防控制，这一方面可最大限度地延缓和控制疾病的发生，另一方面可节省大量的卫生支出。

（三）健康产业与健康服务

1. 健康产业发展可有效促进健康服务水平的提高

健康服务业以维护、修复和促进人群健康为宗旨，涉及医疗护理服务、健康管理服务、健康教育与促进服务、健康信息与保险等服务，是现代服务业的重要组成部分，也是发展的薄弱环节。《国务院关于促进健康服务业发展的若干意见》指出：加快发展健康服务业，是深化医改、改善民生、提升全民健康素质的必然要求，是进一步扩大内需、促进就业、转变经济发展方式

---

① Yangtao. 全美就业报告公布健康产业表现抢眼[EB/OL]. (2015-09-06)[2017-11-20]. http://www.bioon.com/industry/enterprisenews/614504.shtml.

② 健康产业拯救美国就业[J]. 健康管理，2012(3)：60-61.

③ 国家卫生和计划生育委员会. 2012 年我国卫生和计划生育事业发展统计公报[EB/OL]. (2013-06-19)[2017-11-20]. http://www.moh.gov.cn/mohwsbwstjxxzx/s7967/201306/fe0b764da4f74b858eb55264572eab92.shtml.

的重要举措。[①] 我国的健康服务水平与一些发达国家相比仍处于劣势地位。大力发展生命健康技术产业，提高药品、医疗器械、康复辅助器具、保健用品、健身产品等的研发制造技术水平，可为健康服务水平的提高起到支撑作用。例如21世纪基因工程、分子诊断、干细胞治疗、3D打印等一系列重大技术的应用，极大地推动了健康服务技术的进步、水平的提高。此外，“互联网+”时代和健康信息技术的广泛应用，推动了传统健康服务模式的转变，催生了远程诊疗、智慧医疗、个体化治疗等新型健康服务业态，为健康服务的发展注入新的活力。

2. 健康产业的发展可丰富健康服务的内涵

健康产业的出现，丰富了健康服务的内涵，已不同于以往所说的医疗服务。健康产业包括健康制造业和健康服务业，其中健康服务业是以医疗服务为中心的前移和后延。过去，人们通常认为，健康服务即医疗、护理服务。随着社会的发展和人们健康需求的不断增长，一些新的健康服务业兴起，健康服务的内涵也不断得到扩充。例如：随着老龄化社会的出现，健康养老产业也随之兴起；随着信息技术的进步，健康信息及相关产业也逐步发展起来；随着人们健康需求的提高，健康管理、健康保险行业也逐渐得到重视。

（四）健康产业与健康人群

1. 健康产业的发展可满足人们日益增长的健康需求

研究表明，在决定人类健康的因素中，生活方式占60%，环境占15%，遗传因素占15%，医疗服务占10%。可见，健康不能只依靠医院和药物来解决，还需健康支持技术和健康产品。因此，大力发展保健品、健康体检、健康教育、健康管理等健康产业有助于人们疾病的预防和健康状态的维持；大力发展健康食品的生产和销售等健康产业能够减少诸如急慢性食物中毒等不良食源性疾病的发生；大力发展体育健身、养生、美容等健康产业能促进人们实现更高层次的健康。

2. 健康文化产业的发展有助于保障市民的身心健康

随着经济社会的发展，生活节奏不断加快，人们面临来自社会、家庭等多方面的压力，如果这些压力得不到释放，就会产生各种身心疾病。研究表

① 国务院. 国务院关于促进健康服务业发展的若干意见：国发〔2013〕40号[EB/OL]. (2013-09-28)[2017-11-20]. http://www.gov.cn/xxgk/pub/govpublic/mrlm/201310/t20131018_66502.html.

明，我国抑郁障碍患病率 3.59%，焦虑障碍 4.98%。① 为了广大市民的身心健康，必须大力发展健康文化产业，倡导大家积极参与文化娱乐、健康旅游、体育健身等活动。可见，现阶段健康人群的培育需要繁荣的健康文化产业的支撑。据统计，随着人们经济水平的提高，人们对精神文化的追求日益增长，文化消费已成为全球消费热点。在一些西方国家，文化产业已成为国民经济的支柱产业，其占 GDP 的比重达到 5%～50%不等。

3. 健康消费行为的养成有助于健康危险因素的控制

消费行为是市民主要的经济行为，引导市民养成健康的消费习惯有助于健康危险因素的控制。根据美国疾病控制中心的研究结果，如果能控制影响健康的行为危险因素，如吸烟、酗酒、不合理膳食、缺乏锻炼、滥用药物等，就能避免 40%～70%的早死、1/3 的急性病和 2/3 的慢性病发生。② 而这些行为因素均与消费行为相关，因此，要改善市民的健康素质，必须重视健康消费行为的养成。而改变消费观念、调整消费结构则是控制行为危险因素的重要路径。例如：在饮食方面，要避免大吃大喝和铺张浪费；要改变饮食结构，减少高脂肪和高热量食物的摄入量，不吸烟、少喝酒。在行的方面，提倡步行或使用自行车，增加体育锻炼时间。

此外，健康消费行为还涉及保健行为的养成。例如：购买营养保健品、健康服务和健康类图书及音像制品等。2004 年，美国全国经济研究所的一份报告就提出过这样的观点：美国健康消费的兴起是由于收入的增加，当收入增加时，消费行为的边际效用快速减少而增长寿命的价值增加。根据研究的模型，当人们越富有时，消费随之增加，而健康消费所占的比重就会增大，同样的，当人越来越富有时，对消费而言最具有价值的渠道就是“购买”额外的生命年数。

第三节　宁波健康产业发展现状

宁波健康产业的发展已具备一些先发优势，在生命健康产业、健康管理业、保健护理业、体育休闲旅游业等领域成长起来一批企业，引领了宁波健

---

① 代丽丽. 生活和工作节奏加快导致心理压力普遍增加抑郁患病率达 3.59%[N]. 北京晚报，2017-04-07.

② 耿香玲. 经济学视域中的健康城市建设[J]. 常熟理工学院学报，2006(3)：60-64.

康产业的发展。当前，国家以及省内关于健康产业发展的政策环境较好，尤其是“健康中国 2020”战略明确了健康产业的发展方向和重点领域，为宁波健康产业带来新的发展机遇。

一、发展基础和机遇

（一）健康产业市场容量较大，孕育新的发展机遇

1. 疾病负担日趋加重

恶性肿瘤与慢性病患病率和死亡率居高不下①(见表 8-3 和表 8-4)。2014 年宁波市恶性肿瘤、脑卒中和冠心病急性事件发病率分别为 385.87/10 万、280.07/10 万和 36.79/10 万，分别较 2011 年增加了 85.58/10 万、56.25/10 万和 9.46/10 万；恶性肿瘤、脑血管疾病和心脏病死亡率分别为 206.97/10 万、113.68/10 万和 68.39/10 万，其中脑血管疾病和心脏病死亡率分别较 2010 年增加了 4.48/10 万和 13.86/10 万。导致慢性病的危险因素，例如烟草滥用、高盐高脂饮食、久坐生活方式等处于高流行状态或者进行性上升趋势，很多可控的危险因素基本处于失控状态。在未来 20～30 年内，如果不采取积极有效的控制措施，癌症和慢性病的发病率和死亡率还将持续上升，慢性病患者人数会出现井喷，并带来沉重的负担。

表 8-3　2011 年和 2014 年浙江省和宁波市慢性疾病急性事件发病情况

项目	浙江省		宁波市			
	2011 年发病率/(1/10 万)	2014 年发病率/(1/10 万)	2011 年发病率/(1/10 万)	2014 年发病率/(1/10 万)	增加发病率/(1/10 万)	增长率/%
恶性肿瘤	298.64	348.80	300.29	385.87	85.58	28.50
脑卒中	318.81	369.32	223.82	280.07	56.25	25.13
冠心病	33.81	48.87	27.33	36.79	9.46	34.61

① 宁波市卫生和计划生育委员会课题组. 补短板激活力助推宁波健康城市建设[J]. 宁波通讯，2016(19)：60-61.

表 8-4 2010 年和 2014 年浙江省和宁波市慢性疾病死亡情况

项目	浙江		宁波			
	2010 年发病率/(1/10 万)	2014 年发病率/(1/10 万)	2010 年发病率/(1/10 万)	2014 年发病率/(1/10 万)	增加发病率/(1/10 万)	增长率/%
恶性肿瘤	178.17	189.08	207.56	206.97	−0.59	−0.28
脑血管疾病	113.21	114.84	109.20	113.68	4.48	4.10
心脏病	72.27	82.99	54.53	68.39	13.86	25.42

传染病防控形势依然严峻。宁波市法定报告传染病总发病率虽然呈下降趋势，但部分重大传染病的防治情况不容乐观。2014 年，肺结核患者发病数占甲、乙类传染病报告数的第一位，死亡数占甲、乙类传染病死亡报告数的第二位。宁波市艾滋病报告疫情呈逐年上升趋势。截至 2014 年 9 月底，宁波市已累计报告艾滋病感染者/患者 2599 例，死亡登记 170 例。2014 年前三季度，全市新报告艾滋病感染者/患者 417 例，比 2013 年同期(364 例)上升 14.6%，并且经性传播已发展为感染艾滋病的最主要途径(95%)。

精神卫生问题日益突出。截至 2014 年 6 月底，宁波市共检查出严重精神障碍患者 30622 人，管理率 85.4%，但仍有近 4600 名重性精神病患者未接受规范治疗。

2. 人口老龄化和高龄化加剧

近年来，宁波市跑步进入老龄化社会，宁波老年人口以不低于 4%的平均速度增长，截至 2013 年年底，宁波市老龄化率达到 20.5%，全面进入中度老龄社会，到 2016 年年底，户籍老年人口占总人口的 22.4%，[①]分别比全国(16.7%)、浙江省(20.96%)的老龄化水平高出 5.7 和 1.44 个百分点。宁波市 70 周岁、80 周岁、90 周岁以上的老年人口分别为 52.6 万、19.9 万、2.2 万，其中 80 周岁以上高龄老人占比达 15.1%。预计到 2020 年，户籍老年人口将突破 160 万人，老龄化率将超过 25%；到 2022 年，老龄化系数将突破 30%，首次达到国际重度老龄化程度标准(30%)，宁波市将进入重度人口老龄化时期。人口老龄化带来的社会问题与日俱增，老年人口对养老、医疗服务的需求快速增加，养老保险、医疗保险等社会保障面临巨大压力，也迎来新的发展机遇。

---

① 杨静雅. 我市老年人较上年增长 4.9%[N]. 宁波日报，2016-02-05(A5).

3. 收入水平逐年提高

根据经济发展规律，当某地区人均 GDP 达到 1500 美元时，该地区的健康产业将会崛起，达到 5000 美元时，健康产业会蓬勃发展。这主要是因为随着人们生活水平的提高，人们对健康的关注度越来越大，也会更多地向健康投资。

如表 8-5 所示，2016 年宁波市人均(常住人口)GDP 达 110656 元(约 17500 美元)，达到中上等国家水平。宁波城镇和农村人均可支配收入分别达到 51560 元和 28572 元，可见，宁波市民的收入已达到较高水平。据统计，2016 年，宁波市城镇和农村人均医疗保健支出分别达到 1363 元和 1073 元。

表 8-5　2010—2016 年宁波市居民人均收入、支出情况　　单位:元

项目	2010 年	2011 年	2012 年	2013 年	2014 年	2015 年	2016 年
城镇人均可支配收入	30166	34058	37902	41729	44155	47852	51560
农村人均可支配收入	14261	16518	18475	20534	24283	26469	28572
城镇人均生活消费支出	19420	21779	23288	24685	27893	29645	31584
农村人均生活消费支出	9794	11253	12699	13915	16228	17800	19313
城镇人均医疗保健支出	713	1107	953	990	1217	1357	1363
农村人均医疗保健支出	694	998	1026	991	1105	1161	1073

数据来源:宁波市统计局统计年鉴。

高收入水平意味着市民会更加关注健康相关问题，市民对健康服务、健康产品、健康文化，以及健康生活方式的需求会更加迫切，这为宁波健康产业的发展创造了良好的机遇和环境。

(二)健康产业体系基本形成，并已形成优势领域

近年来，宁波健康产业发展迅速，健康产业体系已基本形成，主要包含四大主体产业:生命健康产业、保健护理业、健康管理业、美容美体业等。其中生命健康产业在宁波市起步较早，发展时间较长，已具备一定规模，而健康管理业、保健护理业、体育休闲旅游业起步较晚，目前尚处于探索发展阶段。

1. 生命健康产业

生命健康产业是宁波市确定的八大战略性新兴产业之一，产业发展已具备一定规模，并且涌现出一些成长较快、发展前景较好的龙头企业，发挥着重要的引领作用。如图 8-6 所示，2011 年以来，宁波生命健康产业的产值逐年增长，至 2014 年年底，纳入统计的规模以上生命健康产业企业共计 340

家，实现产值 171.8 亿元，利润 12.3 亿元，[①]尤其在体外诊断产品、磁共振成像系统、婴儿培养箱、口腔医疗设备、天然产物、化学药品制剂等领域具有较大的优势及市场竞争力，已形成了数家上市企业和一批高新技术企业、创新型初创企业为代表的企业群体，启动建设了若干个专业园区和一批公共技术服务平台。

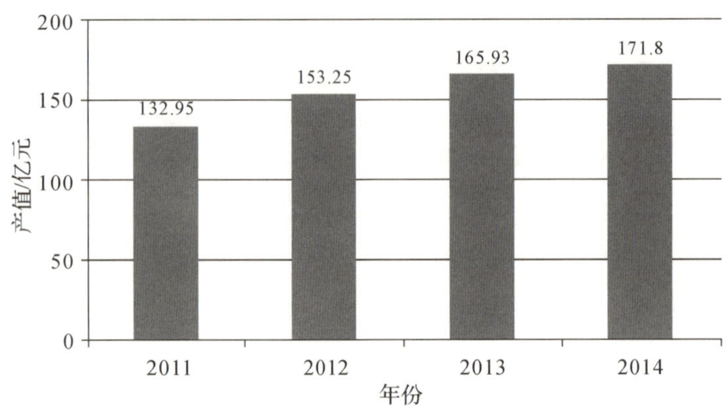

图 8-6　2011—2014 年宁波市生命健康产业产值

产业基地和园区发展态势较好，基地集聚效应初显。2013 年，鄞州、余姚 2 个产业基地产值达 70.6 亿元，占全市的 42.6%。宁波生物产业园加快"人才、团队、基金、项目"高端要素集聚，日渐成为众多国内外同行垂青之地。截至 2015 年年底，该园区已集聚国家、省级"千人计划"和市级"3315 计划"专家 10 名，共有落户相关企业 16 家，项目 24 个，计划总投资额近 30 亿元，已初步集聚了新药研发、生物诊断、新型疫苗和医疗器械四大关键产业。[②] 宁波杭州湾新区生命健康产业园已经成为长三角地区以医疗器械、生物制药、健康食品和保健品产业为核心的重要生命健康产业基地。

行业龙头企业发挥引领作用。目前，宁波市医疗器械生产企业共计 305 家，年产值过亿的企业共有 7 家，超过 5000 万的企业有 14 家。[③] 并且，涌现出海尔施、美康等有代表性的体外诊断龙头企业；以鑫高益磁共振成像系统

---

① 李一中. 宁波发展新型健康产业集群研究[J]. 宁波经济：三江论坛，2015(9)：20-22.

② 宁波生物产业园动作连发 聚焦四大关键产业[EB/OL]. (2016-01-07)[2017-11-20]. http://www.zyzhan.com/news/detail/51662.html.

③ 余剑伟. 浅议加快宁波市医疗器械产业发展的对策[J]. 决策与信息旬刊，2015(7)：19-20.

为代表的民族医疗设备规模企业，占据国内市场份额的40%左右，并出口到十多个国家；蓝野生产的口腔数字观察仪、戴维生产的婴儿保育设备系列产品、君安药业生产的放射性密封籽源等优势产品在全国也具有较高的市场占有率。此外，在疫苗类生物制品生产领域，浙江省共有4家生产企业，而宁波就拥有2家（卫信生物药业、荣安生物药业），其中浙江卫信生物药业有限公司是省内疫苗类生物制品的龙头企业。在食品健康领域，王龙集团生产的安全高效食品防腐剂山梨酸、山梨酸钾占到全球市场份额的40%；绿之健药业生产的花青素、立华制药生产的白芍总苷等植物提取物具有较高的市场占有率。在生物农业领域，纽康生物技术公司是我国领先的从事昆虫化学信息素（性诱剂）研发、生产和服务的高技术企业；巨高兔业和天童猕猴场是省内著名的实验用兔、猕猴供应基地。①

创新企业群体不断发展壮大（见图8-7）。2013年，宁波市认定公布的生命健康产业"810实力工程"企业共有13家，产业产值达到56.0亿元，同比增长31.1%。高成长企业10家，共实现产业产值41.1亿元，同比增长32.6%。规上高新技术企业41家，实现产业总产值89.6元，同比增长20.6%。

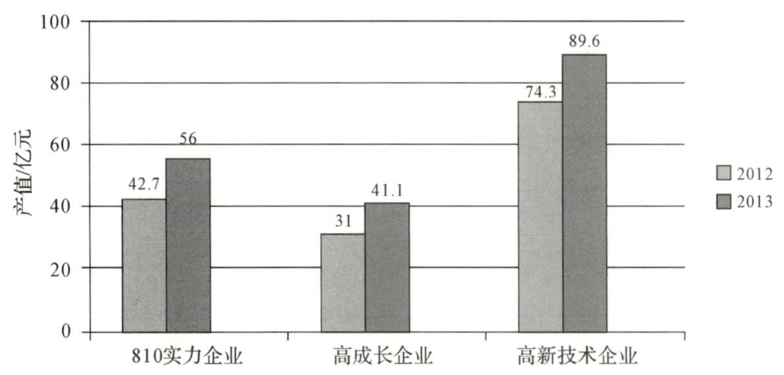

图8-7 2012年和2013年宁波市生命健康骨干企业产值

近年来，宁波市卫生类健康服务业也得到长足发展（见表8-6）。目前，宁波市已形成以社区卫生服务机构（乡镇卫生院）为网底，各级各类公立医院为骨干，社会办医疗机构为补充的医疗服务网络，卫生服务品质不断提升，卫生资源总量逐年增加，资源配置结构得到调整和优化。社会办医力度持续加大，编制下发《宁波市社会办医指南》，至2014年年末，宁波市社会办

① 宁波市发改委．宁波市生命健康产业"十二五"发展规划[EB/OL]．(2011-09)[2017-11-20]. http://www.nbdpc.gov.cn/cat/cat172/con_172_16002.html.

医核定床位占全市医疗机构总核定床位的比例达到18.72%。

表8-6 2010—2016年卫生类健康服务业基本情况

项目	2010年	2011年	2012年	2013年	2014年	2015年	2016年
机构数/个	2377	4221	4035	4032	4077	4069	4115
从业人员数/人	50326	55424	58863	61543	64657	68205	71638
卫技人员/万人	43094	46652	49188	51510	54109	56624	59351
床位数/张	26097	27127	28290	29356	30852	32871	34577
千人技术人员/人	7.51	8.10	8.51	8.88	9.27	9.65	10.04
千人床位数/张	4.55	4.71	4.90	5.06	5.28	5.60	5.85

2.健康管理业

宁波健康管理业自2002年兴起，但由于政策环境、市民认知度等方面的影响，该行业规模较小，发展空间有限。2005年，国家劳动和社会保障部正式推出“健康管理师”这一新职业，自此，宁波的健康管理业迎来新的发展空间，相关企业不断增加，规模也不断扩大，例如：宁波美康国宾健康管理中心、全人健康管理有限中心公司、联合基因宁波健康管理中心等，这些企业的出现使健康管理正式走进市民生活。2009年5月，宁波海曙区白云社区卫生服务中心建立全省首家社区健康管理基地，这也是在上海长桥街道、张堰镇之后，中华医学会设立的全国第三家社区健康管理基地，标志着宁波健康管理服务正式走入宁波社区，走在了全国的前列。① 2012年11月，宁波市江东区首家健康管理中心正式开放，市民可在中心免费享受所有服务。2013年国务院明确将健康管理与促进纳入健康服务业，对健康管理行业的发展起到巨大推动作用。

总体来说，宁波的健康管理业较其他城市发展较快，在全国处于较为领先的地位。但由于健康管理理念近些年来才被人们逐渐认识和接受，我国健康管理市场尚处于萌芽和起步阶段。目前宁波市健康管理业也基本处于商业化运作阶段，且大部分健康管理公司仍处于市场初探期。当前宁波的健康管理公司的业务范围主要集中在高端体检和特色专业健康服务，如宁波慈铭健康体检中心、宁波健康城体检中心提供疾病检测、健康评估、健康促进、健康管理等一条龙服务。部分医院着手考虑在未来几年建立与门诊部相同级的健康管理部门以适应整个宁波未来健康管理市场的发展需要。

① 孙德斌.宁波市健康服务产业发展研究[D].宁波：宁波大学，2011.

3. 保健护理业

首先是妇幼保健业。2016 年，宁波市新生儿数量为 51100 人，出生率为 8.68‰，可见，幼儿保健市场需求广阔。同期户籍人口中女性有 297.57 万人，随着经济社会的发展，女性对自身保健的重视程度加深，女性保健需求也在逐步扩大。

妇幼保健机构是专门针对婴幼儿、儿童和女性的保健护理机构，近年来，妇幼健康服务水平进一步提高，国家级妇幼健康优质服务示范县（市）区创建取得实质性成效，妇幼健康优质服务“宁波品牌”已初步形成。完成所有乡镇（街道）妇幼保健星级门诊建设，切实改善妇幼健康服务的规范性、公平性与可及性。母婴安全保障体系建设进一步完善，在全省率先推广以乡镇社区为平台、以“关口前移”“重心下移”“签约服务”“分级管理”“全面覆盖”为特点的孕产妇儿童保健系统管理模式。宁波市妇幼保健院（所、站）数量仍然保持在 11 家的水平，市区 6 家，下辖地市县各 1 家。近年来，门诊人次数增加较为明显，2016 年门诊人次数较 2010 年增加 56 万（见表 8-7）。

表 8-7　2010—2016 年宁波市妇幼保健院（所、站）基本情况

项目	2010 年	2011 年	2012 年	2013 年	2014 年	2015 年	2016 年
机构数/个	11	11	11	11	11	11	11
门诊人次数/万人次	142	167	171	160	178	183	198
床位数/张	—	—	529	514	557	562	562
住院人数/万人	1.7	2.3	2.6	2.6	2.9	2.8	3.2
平均住院日/天	5.9	5.8	6.1	2.6	6.1	6.0	5.8
病床使用率/%	—	—	80.3	82.5	88.15	82.72	90.54

但是目前，宁波市妇幼保健工作的重点仍在常见病、多发病的诊疗方面，以及在孕妇、婴儿的一般保健上，随着人们健康需求的提高，妇幼保健领域应进一步扩展业务，为全市妇女儿童提供更好、更全面的健康服务。

其次是老年保健护理业。随着宁波市养老服务需求的快速增加，宁波市养老机构也如雨后春笋一样快速成长起来。截至 2013 年年底，宁波市共有各类养老机构 233 家，床位数达到 37937 张，平均每百名老人养老床位数 3.2 张，其中医用床位 9654 张，占 25.4%。目前发展中国家的千名老人养老床位数为20～30张，发达国家达到50～70张[①]，我国则在30.2张左右[②]。可见，宁波市千名老人养老床位数已经高于发展中国家水平和全国平均水平，位于北京、南京[③]、杭州之后，上海、长春之前。与2013年全国36城市养老床位排名[④]情况比较，继续保持全国前列，说明宁波市养老机构建设已取得较好成绩。

但需要关注的是，虽然目前宁波市养老机构发展迅速，但是针对老年人专业的养老护理业起步较晚，发展也相对滞后。截至2011年，宁波共有失能老人3.23万，按每3名失能老人配备1名护理人员计算，共需要护理人员11000名。然而作为老年人主要护理机构的养老机构工作人员仅有2660余人，医生117名，护理人员108名，护工1216名，远远满足不了现实需求。此外，宁波老年护理人员队伍呈现"三高""两低"的特点，即持证率低、文化水平低、技能水平低，而年龄偏高、流失率高。

最后是保健品业。保健品指调节人体生理功能和促进人体健康的有特定功用的用品总称。目前市场上常见的保健品种类主要有保健食品、保健药品、保健器械、保健护肤品等。保健食品主要用于调节身体机能，不以治疗疾病为目的。常见的保健食品有饮品、酒品、茶叶等。保健药品可配合治疗使用，但有用法用量的规定，如目前带"健"字批号的药品；保健器械主要是辅助锻炼身体的一些器材，如健身器材、按摩器材等。在长期发展过程中，宁波市保健品业已形成如下三个特点[⑤]。

一是宁波市保健品市场需求较大。宁波市作为东部沿海城市，经济发展基础较好，市民对保健品需求大且质量要求较高。近年来，保健品销售额逐年攀升。据调查，宁波市30岁以上的人群中，78.7%的人群有过使用保健品的经历，36.2%的人有长期使用保健品的习惯，57.8%的人认为若经济条件允许会选购适合自己需要的保健品，68.3%的人认为购买适合自己身体状况的保健品非常有必要。

---

① 郑文文.城市机构养老比较研究[D].福州：福建师范大学，2011.

② 陈炜伟，安蓓.全国养老床位数达到669.8万张[EB/OL].(2016-03-11)[2018-05-11]. http://news.xinhuanet.com/2016-03/11/c_1118302639.htm.

③ 韩振，施忆.南京提高社保水平2013年新增养老床位5000张[EB/OL].(2013-12-20)[2018-05-11]. http://js.people.com.cn/html/2013/12/19/276344.html.

④ 李慧.国内36城市养老床位排行榜[J].瞭望东方周刊，2014-01-05.

⑤ 王廷，徐平澜，戴明权.宁波市健康产业发展现状及思考[J].中国食物与营养，2012(1):76-79.

二是宁波市保健品业涉及种类繁多，生产企业也不少，但总的来说，该行业尚未形成较强的竞争力。多数企业规模小、产品优势不明显。

三是宁波市保健品销售渠道不断拓宽，保健品零售途径已呈现多元化发展，在各大商场、超市、专卖店等均有保健品销售，方便市民购买。

4.体育休闲旅游业

一般认为，体育休闲旅游业是为了满足人们休闲度假、观光探险、健康与娱乐的需要，提供以参与性或观赏性体育项目为主要服务内容的专业性旅游经济活动和部门的总和①。由于市民生活方式的巨大改变，体育休闲旅游活动已经成为宁波普通市民日常生活的重要组成部分，体育休闲旅游活动的内容和质量也日益受到人们的关注和重视。另外，由于具备区位优势、丰富的资源条件以及政府的大力扶持，宁波具备发展体育休闲旅游业的良好前景。但目前宁波市该产业尚处于起步阶段。

宁波体育休闲旅游项目种类多样，从业人员众多，市民参与积极性较高，市场潜力巨大。一般来说，对体育竞技类项目有爱好的人多会选择综合体育馆，进行羽毛球、篮球、乒乓球等体育项目训练；对于容貌、身材等特别关注的人多会选择健身馆、美容馆、茶馆、食疗馆、舞蹈馆、瑜伽馆，例如宁波美日健身、威迪斯健身等；生活节奏快、工作压力大的人多会选择到足疗中心、桑拿按摩中心缓解工作压力，消除各类疲劳；户外活动爱好者则选择自驾汽车、摩托车旅行、登山、攀岩、海滨旅游等活动。近几年来，宁波市休闲健身市场出现连锁化、品牌化、专业化和规模化经营的趋势，休闲健身的活动区域也逐渐从室内走向室外，休闲健身的活动内容从传统常见项目向低碳环保的绿色项目拓展，如将传统种植业转变为体验式项目，近年来，以“休闲、劳作、收获”为主旨的东钱湖“十里四香”“湖岸菜畦”等大型开心农庄风靡甬城。

(三)健康产业发展平台已初步搭建，营造良好的发展环境

1. 政策环境

近年来，宁波市非常重视健康产业的发展，为健康产业的发展营造了良好的政策环境。2011 年，宁波市出台《宁波市生命健康产业“十二五”发展规划》，将生物医药、高端医疗器械、食品健康产业、生物农业作为“十二五”期

① 顾兴全，于可红. 杭州市体育休闲旅游发展前景研究[J]. 浙江体育科学，2005(5)：88-91.

间宁波市重点发展的生命健康产业，并提出“到2015年，行业总产值达到300亿元以上，年均增长25%”等发展目标。2013年，宁波市出台《关于加快培育和发展战略性新兴产业的实施意见》，将生命健康产业作为八大战略性新兴产业之一，提出“以发展新药开发、生物研发试剂、生物诊断、新型疫苗和医疗器械为方向，加快引进国际国内一流的生物产业研发项目和应用技术。以中试基地和宁波生物产业创新中心建设为契机，吸引国内外生物技术龙头企业和国家级生物医药科研院所入驻，加速形成一批细分领域的科技型企业”。同年9月，宁波市颁布《宁波市生命健康产业三年行动计划(2013—2015年)》，明确锁定生物制药、医疗及健身器械、健康食品和生物农业四大重点领域，力争到2015年，产业总产值达到350亿元，实现规模倍增。2015年12月，为进一步加快宁波市生命健康产业发展，宁波市人民政府颁布《关于促进生命健康产业创新发展的指导意见(2016—2020)》，提出要重点聚焦医疗器械、生物医药、中药及保健品三大领域，通过政策引导、平台支撑、协同创新和示范应用，做大做强优势行业，做优做精细分领域，提升产业影响力和市场竞争力。

2.社会氛围

(1)公共服务平台

根据《宁波市生命健康产业“十二五”发展规划》《宁波市生命健康产业三年行动计划》的总体思路和发展目标，针对宁波市生命健康产业发展现状、存在的问题和发展机遇，整合生命健康产业相关文献数据资源和公共服务资源，近年来宁波市科技信息研究院启动了宁波市生命健康产业公共服务平台的建设，主要定位于生命健康产业科技信息资源服务、公共技术服务、数据深加工咨询服务等服务功能，通过多种服务方式，实现资源共享，为宁波市的生命健康产业发展提供一个良好的创新环境和强有力的科研支撑，促进科技服务能力和竞争力的提升。

(2)产学研合作平台

2011年4月，由宁波海泰科迈医疗器械有限公司和浙江大学合作成立海泰科迈—浙大医疗器械研发中心。该中心整合浙江大学科技创新资源，针对“海泰科迈”提出的研发项目进行技术攻关，提升产品的竞争力并促进成果的产业化。该中心的研究重点领域为微创手术器械、医用生物材料和新型电子医疗仪器等①。

---

① 周骥，徐炳炳. 宁波生命健康产业新增产学研合作平台[N]. 宁波日报，2011-04-30(2).

2016年1月，宁波市人民政府发展研究中心联合浙江医药高等专科学校，共同成立宁波市首个生命健康领域的专门智库——生命健康产业研究所。该研究所立足生命健康产业发展，充分整合各方资源，着力增强社会服务能力，联合优势资源进行技术攻关，以提升产业发展水平。从顶层设计角度研究生命健康产业政策规划，为宁波生命健康产业发展注入新的活力，并提供决策支持，促进该产业的健康快速发展。其研究主攻方向为医疗器械、生物医药、中药及保健食品、养老健康四大领域。

3. 智慧健康

"互联网＋"时代带来产业转型发展的机遇。以移动互联网、云计算、大数据、物联网为代表的信息经济，正极大改变现有的生产模式、消费模式和社会关系，成为各地抢占未来制高点的重点。据麦肯锡的研究，2013—2025年，互联网将推动我国GDP增长率提升0.3～1.0个百分点，2025年产业规模将达14万亿元。"互联网＋"的加速应用，有利于宁波加快传统优势制造和特色服务业的改造升级，更有利于直接嫁接新技术和新模式，聚焦领域、超前布局，形成经济新增长点。

近年来，宁波市"互联网＋健康医疗"取得实质性进展。目前宁波市已完成市、县(市)区两级区域卫生信息平台对接，打通了信息共享通道，可实时进行医疗卫生数据的交换。建成妇幼保健、传染病、血液等专项业务管理信息系统，实现单项业务的全市协同。我国首家云医院——宁波市云医院服务平台上线运营，线下实体机构正式开业，设立"云诊室"13个，提供面向患者、家庭和机构/团体的网上诊疗服务和健康咨询等服务，通过与线下实体医院的业务联动，实现线上、线下一体化诊疗服务。同时，云医院与本地连锁药店等第三方机构实现互联，通过线上处方流转，方便居民就近取药或享受配送服务。

二、面临的困难和挑战

近年来宁波市健康产业有了长足发展，但同时也面临一系列困难和挑战，存在诸多问题亟待解决。

(一)对健康产业的整体认识有待提高

首先，市民的健康意识有待提高。虽然宁波市居民人均收入水平在全国处于较为先进的地位，但是全民的健康意识并未与收入水平相匹配。2014年国家卫计委印发了《全民健康素养促进行动规划(2014—2020年)》(国卫宣传发〔2014〕15号)，明确要求2020年实现全国居民健康素养水平提高到 20%，东部地区提高到 24%。2015 年度宁波市居民健康素养监测结果显示，居民健康素养水平为仅 15.44%，居民在慢性病防治、基本医疗等方面的健康素养处于较低水平，其中基本医疗健康素养水平仅为 11.97%。值得关注的是，由于受内因、外因等多方面因素的影响，居民健康知识向健康行为的转化率较低。调查显示，虽大部分市民了解亚健康状态的危害，但因工作繁忙、生活压力大等原因忽视对自身的健康管理，仅有 1/3 的人群会定期体检①。与此同时，吸烟、酗酒、不合理饮食习惯等不良生活方式导致的疾病和亚健康人群比例呈明显上升趋势。

市民的健康意识会直接影响健康产业的发展。第一，市民的健康意识和水平会直接影响健康消费行为。例如：目前宁波市民对营养健康知识的认知度较低，不能正确认识保健品的功效，进而影响正确的健康消费行为，导致保健品使用不当，延误疾病的最佳治疗时机。第二，市民的健康意识会直接影响健康产业市场的份额。例如：市民健康保险意识不足，健康保险业发展就会相对滞后，目前宁波市健康保险产品体系尚不健全，健康保险产品主要集中于医疗、养老保险等，而关于长期护理、失能等相关保险尚未发展起来。

其次，政府对健康产业发展的重视和支持力度不足。宁波市政府尚未充分认识到健康产业对经济增长和社会发展的巨大作用。目前，宁波市所发布的有关健康产业的发展规划或文件多是有关生命健康产业的，而对其他健康产业例如健康保健、保健护理、健康管理等产业的发展还未出台相关的政策文件。有健康测算显示，在医疗保障方面投入 1 元钱，就会得到 8 元的收益。宁波市应尽快出台健康产业的发展规划等，为宁波市健康产业体系的协调发展、满足市民多样化的健康需求提供政策保障。

再次，企业对健康产业发展潜力的认识尚不足。目前宁波市多数健康相关企业仍处于市场初探阶段，未做好充足准备。健康产业格局处于点状、局部的发展态势。健康产业品牌效应尚未形成，未能成为吸纳产业金融资本和智力资本的磁场。

（二）健康产业发展规范有待健全

健康产业属于新兴产业，国家尚未建立完善的健康产业发展规范。

① 姜碧莹，王悦．宁波健康管理服务需求分析与应用研究[J]．管理观察，2014(29)：189-190.

首先,政府监管措施不完善。健康产业内涵丰富,相关行业较多,行业管理涉及多个政府行政部分,例如:市场监督管理局、贸易局、物价局、民政局等。然而各部门监管具有标准不一致、统一协调能力有限、政策细则不明确、健康产品和服务多样等特点,导致监管执行困难,监管缺位现象时有发生。

其次,行业规范和标准缺乏。健康产品和服务关乎居民的健康和生命安全,制定严格、明确的行业规范和标准尤为重要。但是目前仅有医疗卫生行业有相对完善的规范和标准体系,其他行业尚未形成统一的、与国际接轨的标准体系和运行良好、监督有力的产业监督认证体系,或仅有指导性的规范或标准,例如《美容美发业管理暂行办法》①《健康体检管理暂行规定》等,但由于缺乏评估机构实施评估行为,这些规范和标准也就失去了实际的指导价值。② 行业规范体系的缺失,导致市场上健康产品和服务项目质量参差不齐。例如:目前宁波市逐渐兴起一些体检公司、健康咨询公司、健身会所等均提供健康管理服务,但因健康管理行业标准和规范的缺失,以及行业学会等的指导,市场相对混乱,服务内容和标准不统一,品牌企业和产品都尚未确立。

最后,人员准入、培养培训机制不健全。健康产业的特点决定了该行业从业人员必须具备一定的专业知识和技能,相关行业必须有行业准入标准。但目前宁波市健康服务产业中,仅有医疗卫生行业技术人员的职业准入、培养培训机制较为健全,其他健康服务产业,尤其是健康管理、健康保险等属于新兴产业范畴,起步较晚,尚缺乏明确的职业准入标准和培养培训标准,从业人员良莠不齐。

(三)健康产业格局尚需调整

健康产业集聚效应不明显。产业集群(industrial cluster)是指在特定区域中,具有竞争与合作关系,且在地理上集中,有交互关联性的企业、专业化供应商、服务供应商、金融机构、相关产业的厂商及其他相关机构等组成的群体。从产业经济学角度来说,产业集群可对集群内企业的发展产生积极的推动作用:首先,企业之间实行高度分工协作,生产效率极高,可产生外部

---

① 商务部.美容美发业管理暂行办法[EB/OL].(2004-11-12)[2017-11-20].http://www.mofcom.gov.cn/aarticle/b/d/200411/20041100304493.html.

② 祁义霞.宁波健康服务业专业化发展的路径研究[J].中国农村卫生事业管理,2015(10):1233-1235.

经济效益;其次,集群内企业地理位置临近,容易建立相互信赖的关系,可节约空间交易成本;再次,集群内企业可形成激烈的竞争,迫使企业不断进行技术革新和管理创新,提升整体竞争力。虽然目前宁波市已初步形成以杭州湾新区、宁海县为代表的健康产业集聚区,但是总体来说,宁波健康相关企业多数是在市场导向下自发形成、发展起来的,集聚水平尚不高,龙头企业的引领作用不明显。宁波健康产业多分散在不同区域,以制造业为主,规模较小,产业链深度开发能力较低,普遍存在产业链过短、位置过低的现象。产业规模有限,竞争力不足,全市真正有区域影响力和知名度的优势企业较少,导致产业主体难以通过核心技术、战略联盟取得市场标准的制定权和定价权。为解决这方面的缺陷,要促进产业集群式发展,发挥产业集聚效益。

健康产业内部结构尚需调整。首先,各健康产业群发展水平不均衡。医疗服务、生物医药、高端医疗器械、生物农业等产业体系发展较为成熟,也积累了一定的优势,但是健康管理、保健护理、心理咨询等市场开发不足,健康产品和服务同质化现象严重。这一方面是因为高技术高水平人力资源不足,从业人员良莠不齐,不足以支撑相关产业的发展;另一方面,高质量健康服务覆盖面较窄,例如目前宁波市多数健康管理机构仅针对高端消费人群提供高端健康管理服务,导致市民健康消费的巨大潜力未被充分释放。其次,卫生资源配置结构尚待优化。目前,宁波市卫生资源,尤其是优质资源短缺且分布不均衡,存在较为突出的城乡不协调、区域不协调现象。三级医院多集中在中心城区,无法较好地适应城市化推进的总体布局,周边市县医疗资源总量不足,人均拥有量偏低。宁波有68.75%的三级医院分布在老城区。2016年,宁波海曙区、江东区和江北区每千人口(常住)拥有卫技人员20.8人,是宁波全市平均水平(10.04人)的2倍多,每千人口(常住)拥有医疗床位数13.2张,也是全市平均水平(5.85张)的2倍多,严重影响了健康的公平性。

多元办医结构尚未形成。从卫生机构的举办主体来看,2016年,宁波市拥有民营医疗机构2545家,约占全市医疗机构总数的62%;然而,民营医疗机构床位数为6167张,仅占全市床位数的17.8%;所承担的门诊量、住院人数不足宁波市的20%。可见,宁波市民营医疗机构的作用未得到充分发挥。

(四)健康产业技术尚需提高

健康产业是21世纪的朝阳产业,我国各省市均十分重视该产业的发展,将其列为优先发展的战略地位。目前,国家发改委已认定了22家国家生物产业基地，我国已有80多个地区（城市）提出建设生物医药科技园。

在如此的竞争形势下，宁波市健康产业在市场品牌、技术革新等方面均将面临严峻的考验和挑战。健康产业属于知识、技术密集型产业。但宁波在该领域的科技支撑力量较弱，投入较少，研发人员更显不足。据调查，全市生命健康企业研发投入大都不足3%，相当一部分企业在1%以下。行业内省级以上工程技术中心只有6家，多数企业没有自主知识产权。由于没有本土的985、211大学，宁波市尚无在全国有影响力的健康产业相关学科，高层次专业技术人才，特别是在相关领域有影响力的带头人和有实力的创新团队缺乏。多数基本的技术服务项目如DNA测序、蛋白质测序、基因重组等都要依靠上海、江苏的平台和公司。这些均导致宁波市健康产业相关技术开发不足。例如：健康医药领域偏重低附加值制造，缺乏基因药物、生物工程育种等技术含量较高的医药产品；健康食品高技术开发应用不足，产业组织化、市场化程度较低，尚难以适应大众对功能性健康食品的需求。对于医疗服务领域，截至2015年，宁波市仅有7家三甲医院，低于厦门的9家、深圳的11家、大连的17家、青岛的21家，位居计划单列市的末位。① 优质专科（学科）和重点专科不突出，尚缺乏科学合理的学科发展规划，医疗机构发展同质化明显，特色不突出。

第四节 宁波健康产业发展的目标和任务

“十三五”时期是宁波市高水平全面建成小康社会的决胜阶段，是协调推进“四个重点”战略布局的关键时期，也是按照中央和省部署打造“省医学中心”和“全国大城市第一方队”城市建设的重要战略机遇期。新时期经济社会发展对公共健康保障体系建设提出了更多、更高的新要求，宁波市委、市政府从维护全民健康和实现经济社会长远发展出发，在《宁波市国民经济和社会发展第十三个五年规划纲要》中明确提出，要推进“健康宁波”建设，这是对更好地满足广大市民的健康新期盼做出的制度安排，凸显了党和政府对保护市民健康的高度重视和坚定决心。健康产业是推动“健康宁波”建设的重要内容，根据《“健康中国2030”规划纲要》、《浙江省健康产业发展规划（2015—2020年）》（浙发改规划〔2015〕882号），结合宁波市健康产业发展

① 宁波市委政研室、宁波补短板创优势对策研究[J]. 宁波通讯，2016(9)：22-26.

基础和发展趋势，宁波市提出健康产业发展的目标和主要任务。

一、总体思路

坚持“健康＋”的发展理念，以转型升级为主线，以打造“健康宁波”为目标，以居民多层次、多元化的健康需求为引擎，从大健康视野出发，坚持以项目为抓手，以科技和人才为支撑，集聚产业发展要素，大力发展生命健康产业、健康养老产业、健康管理产业与健康信息产业等四大产业，着力推进健康旅游和体育健身等产业的发展，将宁波打造成为浙东地区健康产业核心增长极，率先建成健康产业和健康事业双轮驱动的健康促进型社会，为宁波全面建成小康社会、进入“全国大城市第一方队”奠定健康基础。

二、发展目标

（一）总目标

“健康宁波”取得实效。预计到2020年，覆盖全生命周期、内涵丰富、特色鲜明、布局合理、结构协调的健康产业体系基本建成，健康产业和健康事业双轮驱动的健康促进型社会基本建成。健康产业成为支撑宁波经济社会发展的重要支柱产业，宁波总体发展水平走在全国前列。

（二）具体目标

产业规模：健康产业核心竞争力、影响力、渗透力和辐射力显著增强，与相关产业的融合发展不断推进，成为国民经济重要的支柱产业。健康产业总规模突破1862亿元。

产业特色：在全国率先建成覆盖城乡、功能完善、方便可及的医疗服务和健康管理体系，以宁波生物产业园、宁波杭州湾产业集聚等区块为支撑，以差异化、高端化、规模化发展为目标，发展壮大医疗器械、生物医药、中药及保健品产业集群，形成一批具有全国竞争力的领军企业、知名品牌和关键技术，在体外诊断、数字诊疗、移动医疗、高值医用耗材、微创介入器械等重点领域，突破一批核心关键技术，并实现产业化及规模应用。在新型疫苗、靶向药物、慢性病防治药物、创新中药等领域，获得新药（仿制药）证书或生产批件3～5种，药物临床试验批件5～8种。获得国家保健品生产批文10～15件。在医疗器械和生物医药领域，研发投入经费占销售收入的比重达到5.0％以上。宁波在健康养老、健康旅游、健康信息等领域的发展水平全国领先。

产业布局：健康产业集聚效应凸显，打造一批健康产业集群，促进产学研的深入融合。医疗服务产业、健康养老产业等产业结构不断优化，满足人们多样化、个性化的消费需求，促进健康公平的实现。建成一批健康产业信息服务平台和一批健康产业人才培养培训基地。

三、主要任务

（一）大力发展生命健康产业

1. 生命健康制造业

（1）医疗器械方面。大力开发体外诊断产品，重点开展重大临床检验仪器与设备、新型检测技术、智能化便携化新型检测设备，以及诊断原辅料和临床免疫诊断、分子诊断等体外诊断试剂的开发，形成一批具有自主知识产权的创新产品，促进产业结构调整和优化升级，提升市场竞争力。根据医学诊疗技术发展的重大需求，围绕诊疗设备数字化、智能化、自动化、精准化、个性化的发展趋势，支持优势整机制造企业牵头，联合产业链上下游单位，重点面向基层医疗机构和家庭市场需求，开展中高端医疗影像、高性能治疗及康复设备、数字口腔设备、微创植（介）入器械、移动医疗、智能化可穿戴式医疗设备等新产品的研发以及重点产品的应用示范和产品性能的评价研究。以整机研制带动核心关键技术、材料突破，促进现有装备升级，提高数字诊疗产品的核心竞争力①。

（2）生物制药方面。围绕化学药、生物药、疫苗等领域，重点支持行业龙头企业和创新型企业，通过招商引智、成果转让和技术创新，建立符合国际规范要求的质量标准体系。加快发展治疗恶性肿瘤、代谢性疾病、心脑血管疾病、精神类疾病等仿制药研发及工艺创新。持续支持达格列净、托法替布、泊马度胺、维格列汀、索非布韦等化学创新药的原料药及制剂开发。大力发展满足肿瘤、糖尿病、抑郁症、类风湿等疾病防治需求的抗体类药物、蛋白质类药物。重点推进四价流脑多糖疫苗、b 型流感嗜血杆菌结合疫苗和四价流脑结合疫苗的研发及产业化，提高产品安全性和有效性。支持发展昆虫信息素等生物农药，多肽类兽用冻干粉针、水产疫苗、动物疫苗的研发及产业化。针对药品对包装材料质量及稳定性的要求，重点支持药品与包材相容性研究，发展预灌封注射器和卡式瓶等高端药品用玻璃包装容器。

---

① 宁波市人民政府办公厅. 关于促进生命健康产业创新发展的指导意见（2016—2020）：甬政办发〔2015〕201 号［EB/OL］.（2015-10-30）［2018-11-18］. http://gtog.ningbo.gov.cn/art-10/30/art_693_297897.html.

(3)中药和保健品方面。围绕心脑血管治疗、抗衰老、抗类风湿等现代中药,重点支持企业与科研院所协同创新,开展道地中药材种质资源保护与开发利用,中药材新品种选育、规范化种植,以及创新中药的临床和产业化研究、名优中药大品种的二次开发,提升产品质量和水平。重点推进松葛降尿酸颗粒抗高尿酸血症及鸡矢藤治疗痛风中药临床与产业化研究,天然植物来源(有效部位)的新药开发和产业化;浙贝、浙麦冬、铁皮石斛、金线莲等道地中药材的品种选育和GAP种植技术研究与示范。围绕延长海洋生物和天然植物产业链,部署海洋生物、天然植物种(养)植—提取纯化—保健品开发创新链,开发形成系列产品生产线,提升产业附加值。研制具有免疫调节、抗氧化、增强骨密度、改善睡眠、辅助降血脂、辅助降血压、辅助降血糖等功能的新型保健食品,重点支持铁皮石斛、浙麦冬、姜黄、玛卡、白芍、茶多酚、千层塔、益母草等中药标准提取物的研究与保健食品的开发。围绕海洋生物活性多肽、糖氨聚酸、膳食纤维等功能成分,重点发展抗衰老、健脑益智、降脂降压的海洋功能(保健)食品。

2.医疗服务业

(1)加快推进社会办医体系建立。社会办医体系的职能主要是满足区域居民的多层次医疗服务需求,弥补基本医疗服务的薄弱环节。重点扶持四类机构:老年相关疾病专科和产科、儿科、护理、康复等医疗机构,以及独立设置的放射影像、临床检验、医用消毒品供应中心等服务机构;境内外知名品牌医疗实体资本举办或参与举办的医疗机构;上规模、高层次的综合医院和特色明显、医疗技术优势突出的专科医院;在城市新区、郊区、海岛、卫星城市等医疗资源配置相对薄弱区域举办的医疗机构。按照国务院《关于促进社会办医加快发展的若干政策措施》有关要求,贯彻落实市政府《关于进一步鼓励和引导民间资本举办医疗机构的若干意见》,保障非公立医疗机构在市场准入、社会保障、土地、投融资、税费减免优惠等方面与公立医疗机构同等待遇的政策。加大项目推介力度,加快引进、落地和启用一批社会办医重点项目。探索发展混合所有制医疗机构,开展公建民营、民办公助、公私合作等不同产权制度下的经营管理改革试点。积极引导和扶持社会办医走规模化、特色化、差异化的发展道路。争取到2020年,在全市建成和发展一批有一定规模、有一定社会影响、有一定品牌特色的社会办医疗机构,每千常住人口社会办医床位不低于1.5张。

(2)大力扶持中医药健康服务业发展。完成市县两级公立中医医院迁(扩)建项目,扩大中医药服务供给。推进县级中医医院综合能力提升工程,重点加强对疑难复杂疾病的处理能力。进一步完善基层中医药服务网络，力争使所有的社区卫生服务中心（乡镇卫生院）均设置独立的中医药综合服务区，其中80%成功创建三星级以上中医门诊；100%的社区卫生服务站和80%的村卫生室能提供中医药服务；实现全国基层中医药工作先进单位县（市）区满堂红。积极推广应用基层中医药适宜技术200项，突出中医"治未病"服务，开展中医健康体检和中医健康干预服务，发挥中医在常见病、慢性病诊疗中的优势。依托中医药临床研究基地、重点实验室、重点学科等创新平台，创建一批中医特色专科品牌。加强中医药的文化传承和科普宣传，大力扶持中医药健康服务业。

（3）大力发展第三方医疗服务。积极推动社会资本进入医疗康复服务领域，大力发展专业医学检验中心、卫生检测中心、影像中心和病理中心、制剂中心、消毒中心等第三方服务机构。支持第三方服务上市企业做大做强，更好地发挥资本市场投融资平台作用，促进行业整合，加快吸纳优质资产和优势项目。鼓励骨干企业加强与国内外知名机构的技术合作与交流，进一步延伸产业链、提升价值链。推动医疗机构、科研院所开展药学研究、临床试验等生物医药研发服务外包。大力发展医疗设备第三方服务、医疗信息化外包、健康服务云平台等第三方服务。积极发展第三方医疗服务评价、健康管理服务评价、健康市场调查和咨询服务、医药科技成果转化服务和专利信息服务等相关第三方服务机构①。

（二）全面促进健康养老产业

1. 健康养老服务

（1）完善社会养老服务供给体系。按照资源整合、方便可及、功能完善、实用有效等原则，完善社区居家养老服务体系建设，力争所有街道及50%的乡镇建有区域性居家养老服务中心，以发挥其资源调配、信息平台、人员培训等枢纽作用，引导发展成为"区域性枢纽式为老服务综合体"。积极推进社区嵌入式小型养老机构建设，辐射周边社区提供日间照料、康复护理、家庭照护培训、"喘息服务"等项目。鼓励并支持养老相关企业发展社区居家为老服务项目，提供助餐、助浴、住行、助医等服务；推进社区居家养老服务站点实体化、连锁化、品牌化运作。重点扶持社会力量举办养老机构，重点

① 浙江省发展和改革委员会.浙江省健康产业发展规划（2015—2020年）[EB/OL].(2015-12-24)[2017-11-20].http://www.zjdpc.gov.cn/art/2016/1/6/art_90_1618514.html.

发展以收治失能、半失能、高龄等老年人为主的护理型养老服务机构。积极推进养老机构的公建民营改革。大力提高机构养老服务质量，加强风险评估，对养老护理员实行准入制。支持和规范老年地产发展，支持社会力量参与老年住宅、老年公寓等老年生活设施建设。结合智慧城市建设，利用宁波81890服务中心等信息服务平台，建立网络互联、信息共享的社区养老服务机制，促进社区养老服务管理信息化、智能化。

(2)推进医养结合发展。大力推进“养医护区域协同体”建设，支持各类综合医院、社区卫生服务机构、康复医院、老年病医院、护理院等医疗机构与养老机构、居家养老服务机构等机构合作，建立“绿色通道”“对口支援”“双向转诊”等协同运作机制，促进医养护的无缝对接，为老年人提供治疗期住院、康复期护理、稳定期生活照料等一体化的养老服务。推动100张床位及以上的护理型养老机构和助养型养老机构单独设置卫生所(医务室)，条件具备的可申请设立护理院；推动100张床位以下的护理型养老机构和助养型养老机构单独设置卫生所(医务室)，或与周边医院、社区卫生服务机构合作。加快推进面向养老机构的远程医疗服务试点，推动有条件的二级以上综合医院开设老年病科，增加老年病床数量，做好老年慢病防治和康复护理。加快基层医疗卫生机构资源整合，鼓励利用闲置低效医疗床位开发养老护理床位。积极探索长期照护经费保障机制，加强医疗卫生服务支撑，推进医养融合发展。

2.健康养老产品

全面放开养老服务市场，围绕老年人的衣、食、住、行、医、文化娱乐等需求，鼓励和支持相关企业开发符合老年人特点的老年用品器具、体育健身、健康服务、精神慰藉、法律维权、文化娱乐等。鼓励养老服务与家政、健身、旅游、文化、教育、金融等相关领域展开互动，重点培育一批带动力强的老年服务和产业研发龙头企业与知名品牌，促进养老服务产品的研发设计、信息咨询、产品制造、商贸流通、物流配送等上下游产业集聚发展，形成一批产业链长、覆盖领域广、经济社会效益显著的产业集群。积极引导超市、商场等设立老年用品专区专柜。

(三)逐步推进健康管理与健康信息

1. 健康管理

(1)积极发展社区健康管理。打破高端健康管理服务的发展趋势，拓展健康管理服务人群。构建科学规范的健康管理体系，建立人人均能参与的健康管理规范体系。积极利用社区家庭医生签约服务机制，强化全人全程健康管理理念，创新签约服务模式，为签约对象制订个性化健康服务菜单。鼓励签约医生利用所在单位的云医院、网络平台、健康咨询热线、手机及电视终端等多种途径，为签约居民提供便捷的健康咨询互动服务。积极探索“4CH8”的社区健康管理模式，不断充实和丰富健康管理做法，最终达到全人群、终身管理的健康管理目标。

(2)鼓励社会资本投入健康管理。鼓励和支持社会资本发展健康体检、专业护理、康复、心理健康、母婴照料和残疾人康复护理以及环境消毒与病媒控制等专业的健康服务机构；鼓励和支持专业健康体检机构向全面的健康管理机构发展。发展以商业保险机制为支撑，以健康风险管理为核心的健康管理新型组织，积极开展健康咨询、未病管理与治疗等形式多样的健康管理服务。加强心理健康管理，鼓励举办各类心理咨询机构和心理治疗诊所、门诊部以及精神康复机构等心理健康服务机构。积极引进国内外知名的专业性健康体检机构和品牌，提升全省专业化服务能力和健康体检市场发展水平。

(3)不断丰富健康保险产品。鼓励提供多样化、多层次、规范化的健康保险产品。积极支持保险机构开发与重大疾病保险、特定疾病保险等基本医疗保险相衔接的健康保险产品，鼓励研究长期护理保险、失能收入损失保险、医疗责任险等多样化保险产品。探索建立政府、社会、个人多方筹资的长期护理保险制度。全面推进并规范商业保险机构承办城乡居民大病保险。加大政府购买服务力度，按照管办分开、政事分开的要求，引入竞争机制，通过招标等方式，鼓励有资质的商业保险机构参与提供各类医疗保险经办服务。不断提高市民健康风险意识，鼓励市民购买商业健康保险产品。

2.健康信息

(1)搭建智慧健康服务体系。坚持“一体两翼”的发展战略，以建设智慧健康云为主体，加快云医院建设和健康大数据的应用，整合卫生计生现有信息系统，创新人口健康信息化建设模式，引领全国人口健康信息化发展。到2020年初步建成宁波市“智慧健康云”，构建基于大数据的卫生计生决策体系、区域协同卫生服务体系和智慧健康服务产业体系。一是完善卫生计生专网，构建大数据和云平台，加强数据中心支撑工作，提升安全保障服务能力。二是完善公共卫生、计划生育、医疗服务、医疗保险、药品管理、综合管理等六大业务应用，重点构建公众健康云、医疗云、计生公卫云和管理云的新业务体系。三是探索建立“互联网＋健康医疗”的新型医疗卫生计生服务生态系统，创新发展云医院，创新医疗健康服务模式。四是构建大健康生态系统，拉动智慧健康产业升级，提升智慧健康产业水平。

(2)创新健康信息服务业态。以信息化为手段，规范服务秩序，优化服务流程，提升服务效率，积极完善网上预约挂号、在线咨询、交流互动、网上支付、远程培训等健康信息服务业务。加快健康大数据开发，加快大数据、云计算、物联网、移动互联等信息技术在医疗服务、健康管理、养老服务等健康服务领域的应用。探索发展便携式健康数据采集设备，充分利用穿戴式植入式智能设备、移动终端、固定终端等终端设备，提供个性化健康管理、健康养老信息服务，不断培育健康信息服务新业态。积极引导上级医疗机构面向下级医疗机构和农村地区开展基层检查、上级诊断等远程医疗服务。

(四)积极鼓励健康旅游与体育健身

1. 健康旅游

(1)大力发展中医药文化旅游。依托优良的自然环境和中医药资源优势大力发展中医药文化养生旅游。鼓励优质医疗机构、旅游服务机构和旅游休闲基地(目的地)的合作，积极开发中医药养生旅游等健康旅游产品和服务，不断开拓国内外健康旅游市场。鼓励具有中医药文化底蕴的旅游基地通过不断完善服务设施、充分挖掘中医药和民族医药文化，通过中医医疗机构、中医药博物馆、中医经络按摩馆、太极运动馆、养生馆、药膳馆、情志调摄馆等，开展中医特色治疗、康复理疗、针灸推拿、药膳、情志养生等服务项目。积极运用现代营销理念，努力建成以“中医治未病、康复理疗、养生保健、药膳食疗”为核心的中医药文化养生示范基地。继续鼓励和支持宁波现有中医药文化养生基地，例如慈溪市鸣鹤古镇、易中禾仙草园和香泉湾等的发展，争做浙江中医药旅游和养生康体旅游中的排头兵。

(2)加快疗休养基地和度假区产业建设。积极利用宁波市山、海、湖、森林、温泉等自然资源优势，建设形成以“三江”(甬江、奉化江、姚江)、“五湖”(东钱湖、九龙湖、日湖、月湖、慈湖)为主要特色的疗休养产业群。通过资源深度开发、休闲设施完善配套，建设一批养生康复示范项目，打造一批特色鲜明、配套完善、管理先进的健康养生基地。推动养生度假区建设，探索创建健康旅游目的地，建设一批健康旅游业战略产品、精品线路和重点工程。不断丰富养生保健服务项目，积极运用新技术、新材料拓展养生服务领域和范围。充分发挥宁波市丰富的山地、地热、海岛等资源优势，着力拓展运动休闲、温泉浴场、生态步道等养生服务新项目；发挥绿色有机农产品的优势，鼓励发展食疗养生保健；加大养生保健服务市场开放力度，引进国外养生保健机构，积极引入国外先进的养生保健理念和服务标准，大力发展水疗(SPA)、瑜伽、泰式按摩、韩式汗蒸、芬兰浴等养生保健项目。争取每年发展疗休养行业协会会员单位10家，疗休养机构增加50%，疗休养人次每年增加一倍，满足国内外和本地疗休养人群的需要。

2. 体育健身

(1)拓展体育健身休闲产业。要进一步完善以体育行政部门为龙头，以各级体育社团、体育俱乐部为主体，以各级社会体育指导员、体育服务志愿者为骨干的全民健身组织网络，加强公共文化体育设施建设，加强国民体质监测。积极支持和引导社会资本投资建设各类体育健身训练场馆和设施，推动市奥体中心等体育场馆建设，在新建公园绿地融入健身元素打造健康主题公园，建设健康步道、健康广场、健康主题公园、健康教育馆等支持性健康环境，扩大公共体育场馆公益性开放，建立健全覆盖城乡社区居民的全民健身公共服务体系。加大政府购买体育健康服务的力度，开展医保卡年度结余可部分用于特定场所体育健康消费试点项目。到2020年，每千常住居民拥有社会体育指导员2人以上，县(市)级全民健身中心全覆盖，乡镇(街道)、行政村综合体育健身场地设施拥有率达到70%，城市居民人均体育用地面积3.5平方米以上，公共体育设施开放率达到100%，每万人拥有体育场地数5个以上。

(2)丰富体育健身休闲项目。要积极倡导“体育生活化”的理念，以“元旦万人长跑”“龙腾狮跃闹元宵大联动”“全民健身日系列活动”等市本级传统品牌为引领，丰富各类全民健身活动。推动健身活动普遍化、常态化，营造条件，鼓励全民健身进机关、进企事业单位、进社区、进学校，大力支持开展登山攀岩、健步走、自行车、球类、户外定向等健身休闲项目，继续开展海钓、滩涂运动、皮划艇、游艇等赛事活动。继续打造“月光经济系列赛事”“宁波系列马拉松”等全民健身新优项目。到2020年，全市经常参加体育锻炼人口比例达到42%以上，国民体质监测合格率达到92%以上。

四、对策措施

(一)完善顶层政策设计

组织相关专家和部门尽快制定健康产业发展规划，明确健康产业作为全市战略性新兴产业的地位、方向、空间布局和重大任务举措。完善健康产业政策体系，根据宁波市经济社会发展趋势，立足市民健康需求，构建结构合理、特色明显、竞争力强的多样化健康产业，避免盲目开发、重复建设。探索建立健康产业相关的行业标准规范，完善监督机制，确保健康服务和产品质量。真正使健康产业成为拉动内需的新的增长点，经济结构和产业结构战略性调整的重要撬动点，科技进步和创新的重要支撑点，保障和改善民生的重要着力点。

（二）搭建产业融合平台

产业层面的健康服务业机构有集聚的内在动力和必要性，越是集聚越有辐射力。当前宁波健康产业业态是在市场需求导向下自发形成的，未形成规模化、集约化优势。健康产业发展要整合宁波各医院、高等院校、研究所以及相关企业，选择集中分布区域，因地制宜推动健康产业集群发展。充分发挥区域湖、海、森林、温泉等自然资源优势和临近上海的区位优势，打造生命健康产业、健康养老产业、医疗旅游产业集群等。以培育现代产业集群为目标，重点建设宁海生物医药产业园、宁波医疗器械产业园、杭州湾新区医疗器械产业园、余姚生命健康产业园等专业园区。加强要素引领，引导人才、资金等向园区集聚，完善园区基础设施，优化产业集聚环境。在人员聘任、借贷融资、税收政策、土地供给等方面给予重点支持。引导中小企业做精做专，使其快速融入产业链，加快发展。

（三）坚持科技创新驱动

积极建设健康产业人才孵化器，大力支持新产品、新技术研发，创设平台或条件，引进或培养高新技术人才队伍，对新产品和新技术研发领域给予税收优惠支持。根据主要技术类别建设专业的企业孵化器和企业加速器，实现高新健康技术转化，促进健康技术小微企业和高成长性企业成熟。积极实现健康产业孵化器、加速器与其他创新服务组织（如创新驿站、创新工场、风险投资基金等）的耦合对接，建构体系完整、功能完备的健康产业创新服务网络。

（四）创新人才管理政策

进一步对接国家、省级人才引进计划，完善人才政策体系。探索构建更为灵活、有效的人才政策，争取使人才进得来、留得住。研究实施高层次人才团队引进措施，可考虑将海内外专业公司、专业技术直接引进，并提供发展平台。支持建立企业研究所、院士工作站和博士后科研工作站等。大力推进“人才流动”，探索推动医护人员等在不同层级、不同性质的医疗、康复、养老机构之间有序流转。逐步推进医师多点执业，为民办机构提供技术支持。

(五)促进居民健康消费

通过多形式、多途径,普及健康知识,帮助广大市民树立正确的健康意识,养成良好的行为和生活方式,引导公众进行合理的健康消费和健康投资。鼓励社会资本以健康信息为载体,利用电视网络等媒体平台,多途径、多形式地有效宣传、推广宁波健康产业品牌,打造宁波健康产业相关品牌的高地形象,提高其影响力,以吸引更多的消费者,促进健康产业良性发展。

(贾让成,董晓欣)

第九章 智慧健康云构建策略

在宁波市启动的智慧城市十大应用体系建设中，智慧健康云建设是首个启动的重大试点项目，其建设目标是通过建设统一的医疗专网、数据中心、居民健康档案和电子病历、市民健康卡（社保卡），整合各类医疗机构产生的诊疗信息与居民的健康数据，形成覆盖全体居民、全生命周期的智慧健康云系统，满足人民群众多样化的医疗卫生服务需求，促进宁波智慧健康产业的发展，大力助推宁波市健康城市建设。本章从智慧健康云入手，对宁波智慧健康云建设现况、存在问题及其建设任务与实现路径进行探讨分析。

第一节 智慧健康云相关概念界定

明确智慧健康云相关的概念、内容，有利于我们了解宁波智慧健康云建设的现状、存在问题及主要建设任务，从而提出相应的实现路径。

一、智慧健康云的含义

发展智慧健康是为顺应我国经济社会的发展和新医改的迫切需求，有利于大大提高卫生资源的配置效率，加大公共卫生服务供给。IBM 在《智慧的城市在中国》白皮书中，对于智慧城市给出了如下定义：能够充分运用信息和通信技术手段，感测、分析、整合城市运行核心系统的各项关键信息，从而对包括安居、医疗、环保、公共安全、城市服务等活动在内的各种需求，做出智能的响应，为人类创造更美好的城市生活。①

李兰娟院士认为：随着第四代无线网络、物联网、云计算、数据挖掘等技术的高速发展，我们可以通过各种设备采集个人健康信息、感知健康；可以动态记录个人健康信息，从婴儿保健到成人保健，建立系统化、标准化的居民电子健康档案，通过云平台的数据汇总，进行健康分析、疾病预警和决策支持，从而经历一条从 e-health（电子健康）到 m-health（移动健康）再到 i-health（智能健康）的发展之路。②

综上分析，我们可以对所强调的智慧健康可以做如下理解：其是在新一代信息技术和知识经济加速发展的背景下，以智慧基础设备为支撑，以云计算、大数据、网络技术、智能技术和健康技术为支持，改进传统的医疗模式，以系统化的智慧应用、模块化的功能整合、信息资源的深度挖掘使用为手段，为人类健康提供服务功能的复杂动态系统。③

随着"健康中国"战略的推进，以大健康、大卫生、大医学为高度，满足人民群众不断增长的健康需求，智慧健康保障体系需要拓展更多与健康相关的内容，实现健康产业的发展。

因此，在智慧医疗系统的基础上，我们应该更重视系统所累积的大数据的作用，同时借助先进技术手段更好地提升服务，使信息、服务和健康三者有机结合，产生一个全新的概念，即"智慧健康云"。具体来说，"智慧健康云"是健康信息化服务的一种新模式和新手段，是"云计算"在卫生信息化领域的落地与延伸，是以居民电子健康档案为基础，利用强大的云计算能力和大数据平台整合医疗健康信息，实现资源的无缝对接以及优化整合，为人们提供智慧的医疗健康信息化服务。④ 这一新模式的实现将会给人们的生活带来极大便利，为人们能更好地管理自己的健康提供了机会。

2015 年，国务院办公厅正式印发《全国医疗卫生服务体系规划纲要(2015—2020 年)》，纲要明确指出，未来 5 年，我国将开展健康中国云服务计划，积极应用移动互联网、物联网、云计算、可穿戴设备等新技术，推动惠及

---

① 智慧的城市在中国[EB/OL]. (2014-03-26)[2017-11-06]. http://www.ibm.com/smarterplanet/cn/zh/smarter_cities/overview/.

② 郭清. 智慧健康管理[J]. 健康研究，2011，31(2)：81-85.

③ 张博文，金新政. 智慧健康服务模式研究[J]. 智慧健康，2016(6)：27-31.

④ "云联盟"中的智慧医疗健康[EB/OL]. (2014-07-14)[2017-10-21]. http://zj.rmlt.com.cn/2014/0714/291160.shtml.

全民的健康信息服务和智慧医疗服务，推动健康大数据的应用，逐步转变服务模式，提高服务能力和管理水平。[①] 这一国家层面的决策将使得健康产业与智慧产业的结合迎来前所未有的发展。宁波作为在智慧产业发展方面走在前列的城市，有着更好的发展优势，因此更应把握发展时机，积极推动智慧健康产业发展。

二、智慧健康云的内容

智慧健康以人为本，发展智慧健康离不开居民群体的健康数据采集、整合和分析利用。[②] 在本研究中，我们着重把研究重点放在三个领域——智慧医疗、智慧社区、智慧养老，而这三个领域也是智慧健康云所汇集的海量健康信息的基层来源。

（一）智慧医疗

智慧医疗，英文简称 WIT120，作为智慧城市的一个重要组成部分，是医疗信息化的升级发展，旨在利用先进的互联网及物联网技术来改善疾病预防、诊断和研究，并最终让医疗生态圈的各个组成部分全部受益。在理想的智慧医疗体系中，通过打造居民个人健康档案区域医疗信息平台，以“医疗云数据中心”为载体，跨越原有医疗系统的时空限制，为各方提供高效的医疗大数据服务，并能有效利用最先进的物联网技术，实现患者与医务人员、医疗机构、医疗设备之间的实时互动。

智慧医疗由三部分组成，根据应用层面的不同，分为智慧医院系统、区域卫生系统和家庭健康系统。[③]

（二）智慧社区

智慧社区是新形势下社会管理创新的新理念、新模式。智慧社区充分利用移动互联网、物联网、云计算、智能终端等现代信息技术，通过对各类与居民健康密切相关信息的自动感知、实时传送、及时处理和信息资源的整合共享，实现远程智能医疗、智能家居、居家养老、智能安防等业务，为居民提

---

① 国务院办公厅．关于印发全国医疗卫生服务体系规划纲要（2015-2020 年）的通知：国办发〔2015〕14 号[EB/OL]．(2015-03-06)[2017-06-30]．http://www.gov.cn/zhengce/content/2015-03/30/content_9560.htm.

② 倪荣，居斌，江涛，等．从数字卫生迈向智慧健康[J]．中国卫生信息管理杂志．2013(2)：105-108.

③ 物联中国．浅析智慧医疗（一）：三大系统组成[EB/OL]．(2013-09-15)[2017-11-10]．http://www.50cnnet.com/content-34-56762-1.html.

供安全、便利、舒适的智慧化生活环境，让居民的生活更智慧、更健康。①

智慧社区涉及范围较广，主要包含七个生活要素：吃、住、行、游、购、娱、健，其中智慧社区的健康管理是我们的研究范围。

1. 健康管理概念

健康管理(health management)是以预防和控制疾病发生与发展、降低医疗费用、提高生命质量为目的，对与个体或群体生活方式相关的健康或危险因素，借助健康信息采集、健康检测、健康评估、个性化健康管理、健康干预等手段持续加以改善的过程和方法。其宗旨是调动个人及集体的积极性，有效地利用有限的资源来达到最大的健康效果。

目前，相对狭义的健康管理是指基于健康体检结果，建立健康档案，给出健康状况评估，并有针对性地提出个性化健康管理方案(处方)，据此，由专业人士提供一对一咨询指导和跟踪辅导服务，使客户从社会、心理、环境、营养、运动等多个角度得到全面的健康维护和保障服务。

2. 智慧社区健康管理服务

智慧社区的健康管理服务是社区卫生服务机构的一项重要工作内容，是面向社区医疗服务的连续健康管理，能够为社区居民提供有效的连贯的多方位的健康保健服务，其每隔一定时间后，重新评价服务对象的健康状态以及健康干预和控制的效果，调整健康管理的计划和改善措施，以达到预期的效果，在社区卫生服务中发挥着越来越重要的作用。基于智慧社区的健康管理服务如图 9-1 所示，具有如下功能。

(1)健康数据检测收集。智慧社区健康管理服务在健康感知领域(如健康小屋)，让居民足不出户就能借助健康感知设备实现身体指标检测、慢性病连续监测、传染病监测与管理、区域内特殊人群(如婴幼儿、老人、老病号等)的健康监测数据收集。②

(2)社区诊疗、健康查询咨询服务。将个人电子病历和健康监测数据进行关联，建立社区诊疗服务。医护人员可以方便地调阅社区居民的临床诊疗信息(如门诊、住院、健康等)、检验检查信息及健康档案信息，以这些历史记录作为诊疗依据，制订更有针对性的医疗方案。同时可以将社区居民实时采集的健康检测数据存储到个人/家庭健康档案，并进行趋势分析，形成

---

① 建设智慧社区，享受智慧生活[J]. 信息系统工程，2014(11)：10-11.

② 张菁华. 基于 WCF 面向社区医疗服务的连续健康管理系统设计[D]. 北京：中国科学院大学，2014.

连续的个人/家庭健康记录，向居民提供查询和健康咨询。

(3)双向转诊。通过区域医疗信息网络平台，下级医疗机构(如社区服务中心)收集诊断、治疗有困难的病人病史，完成病史摘要，把病人、病历转至上级医院(如区域中心医院)，并可以预约挂号到医院就诊，达到“病人未转、信息先行”；[①]上一级医院对诊断明确、经过治疗病情相对稳定和进行康复治疗的病人，转至下一级医疗机构(如所在辖区社区服务中心)进行继续治疗和康复。

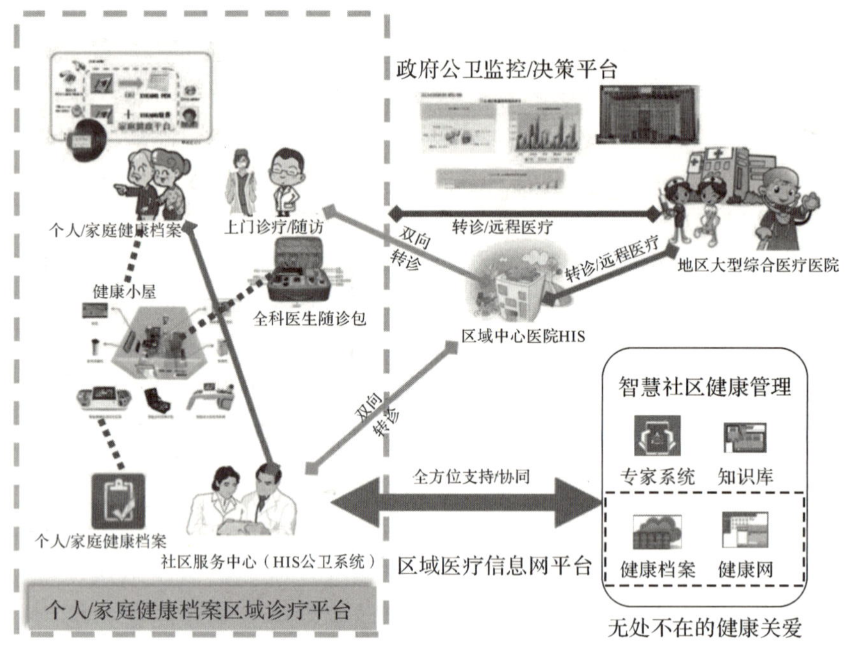

图 9-1 基于智慧社区的健康管理服务

(三)智慧养老

目前，全球老龄化形势越来越严峻，养老资源匮乏；养老机构、行业缺乏规范化管理机制；养老模式单一，让社会养老问题雪上加霜。随着信息技术、通信技术、互联网和云计算技术的快速发展，智慧养老成为新一代养老模式，这一说法最早由英国生命信托基金提出，又被称为“全智能老年系

① 智慧社区医疗和养老[EB/OL].(2012-02-15)[2017-06-30]. https://wenku.baidu.com/view/2a3c3c7827284b73f242501f.html.

统”，指利用先进的互联网、云计算、物联网、可穿戴设备等新一代信息技术手段，构建面向家庭养老、社区居家养老和机构养老的物联网系统与信息平台，整合政府、社会及社区家庭的资源，并在此基础上提供实时、快捷、高效、低成本的智能化养老服务①。

传感设备实时监控老人身体状况，采集健康数据，记录位置信息并实时上传，然后通过实时推送方式将健康数据推送至亲属手机中，并定期生成健康报告反馈给相关的健康管理机构，汇总各终端数据推送至网络终端，并分析老人的健康状况，提出健康建议。智慧健康让老人有尊严地活着，让居家养老、社区养老成为可能。

智慧养老的关键点在于无障碍感知老人身体特征，智慧分析老人各层次需求，快速便捷地按需提供服务，大幅降低现有养老服务价格，准确有效地对服务进行客观评价与监管。②

第二节　宁波智慧健康云建设现况和存在的问题

健康城市建设对智慧健康云发展提出了明确目标，要求建立实用共享的医药卫生信息系统，并建立既覆盖所有医疗卫生机构，又覆盖全体居民，能实现全生命周期、全健康问题管理的智慧健康云平台，为深化医疗改革提供重要支撑。智慧健康云建设也是深化医药卫生体制改革的一项重要任务，是提高医疗卫生服务质量、缓解群众“看病难、看病贵”的有效抓手。我国智慧健康云的建设是基于电子病历、电子健康档案、智慧医院等信息化建设，根据智慧城市的现状和需求，对城市智慧健康云进行调整和完善的过程。

一、宁波智慧健康云建设现况

智慧健康云是宁波市先行先试的重点智慧应用系统，也是“智慧浙江”的首批试点项目，以健康数据中心和全市医疗专网为基础，以健康数据采集交换平台、数字健康档案平台、电子病历为卫生数据资源中心，构架了医卫协作应用、综合卫生管理应用、公众服务三大应用，建立了面向行政管理、医

① 刘妍. 智慧养老将成为养老新模式[N]. 西安日报. 2016-02-15(A03).

② 智慧养老并非空谈逐渐成为趋势[EB/OL]. (2012-02-23)[2017-11-06]. http://www.ck365.cn/anli/12/58633.html.

卫协同、患者服务的全方位、立体式智慧健康云大平台。宁波市和鄞州区的区域卫生信息平台双双获得国家四级甲等平台的荣誉，宁波成为全国唯一一个在市、区两级均获得我国区域平台最高等级荣誉的城市。

目前，宁波市智慧健康云已建成横向联通市级医疗卫生服务机构、纵向联通各县(市)区卫生管理机构的智慧健康网络，在全国率先开展"宁波云医院"建设，成为全国"互联网＋健康医疗"领域的主导模式之一。2016 年，"宁波云医院"荣获"智慧化产品与服务"数字化转型领军大奖和《健康报》首届"互联网＋医疗健康"优秀案例。2017 年，获"信息社会世界峰会(WSIS)奖"e-health(电子卫生)类别大奖，成为我国唯一获得全球信息化领域的最高级别奖项的项目。

"宁波云医院"利用云计算、物联网、传感器、大数据等技术，建设覆盖宁波的网上医疗服务和业务协作云平台(即宁波云医院平台)，以居民健康档案为核心，整合优质医疗资源，实现"足不出户看云医、不出社区看名医、医生网上做随访、公共卫生云路径、我的健康我管理"五大功能。居民登录云医院，就可以获取预约挂号、咨询、诊疗等服务，云医院还与连锁药店等第三方机构合作，云医院医生开出的处方可以直接传送到合作药店，病人可以就近上门取药或要求提供配送服务。借助"在线医疗服务平台""协同医疗服务平台""健康管理服务平台"三大平台，将家庭医生签约服务从线下延伸至线上，实现医疗服务由医院内向医院外延伸，由疾病诊治向疾病预防和病后康复延伸，满足市民多层次、多样化的健康服务需求。①

目前，全市共建成 50 家远程医疗服务中心、240 个基层云诊室，其中二级以上医院均开设了远程医疗服务中心。在全国率先建设"宁波云医院"，目前已开设高血压、糖尿病、心理咨询等专病专科云诊室 25 个，注册医生达 1629 人，注册患者 4.1 万人，2016 年在线咨询 10 万余人次，面向慢病人群和稳定期用药人群配送药品 7409 人次。②

二、宁波智慧健康云建设存在的问题

宁波市第十三次党代会提出了宁波市今后五年的奋斗目标，同时明确了未来五年十个"一流"的主要任务。在卫生与健康领域，党代会报告指出，

---

① 宁波市卫生和计划生育委员会. 宁波云医院建设周年新闻发布会举行[EB/OL]. (2015-09-09)[2017-11-06]. http://gzjk.nbws.gov.cn/f/title/info?id=1991&typeId=184.

② 宁波市卫计委 2016 年工作总结和 2017 年工作计划[EB/OL]. (2017-03-09)[2017-11-18]. http://www.nbwjw.gov.cn/art/2017/3/9/art_111_1040211.html.

要加快健康城市建设，努力建设全方位、全周期保障人民健康的机制，推进医疗、医保、医药、医防、医养“五医联动”改革，鼓励支持社会办医，打造省医学中心。① 虽然宁波智慧健康云建设取得了较大成果，但与群众的期盼和党代会提出的要求相比，仍然存在诸多亟须解决的问题。

一是资源统筹和整合利用不足。目前仍存在着重复建设、多头管理、多头采集、多系统并行等问题，“信息孤岛”“信息烟囱”现象依然存在，业务协同和数据共享亟待加强，在全民健康医疗数据交换共享，提高身份识别、系统认证、信息通信、支付结算等基础服务能力，面向移动互联网的全流程医疗咨询服务有待进一步提高。

二是相关政策法规和标准建设滞后。健康医疗大数据应用发展所需要的标准、法规亟须建立，在与健康医疗行业有关的信息管理、个人隐私保护、行业与市场的有效监管等方面的政策法规问题日益凸显，集中体现为术语代码类标准不健全，相关标准执行不到位，数据质量良莠不齐。

三是“互联网＋健康”服务有待进一步拓展。在利用物联网、移动互联网、大数据、人工智能等技术，以智慧健康云平台为依托，创新线上线下健康医疗服务模式，建立覆盖全生命周期的集预防、治疗、康复和健康管理于一体的全民健康服务体系方面有待进一步拓展。不断优化和拓展云医院功能，提升健康医疗服务水平，推进人工智能和可穿戴设备的融合试点应用，进一步提升云医院在精准预防、智能导诊、辅助决策、健康管理中的作用，为全民提供触手可及的健康医疗服务。

四是健康医疗大数据研究与应用迫在眉睫。麦肯锡预测：到 2020 年，健康医疗数据将达到 35ZB，相当于 2009 年的 44 倍，在智慧健康云建设过程中我们需要重点关注，如何充分挖掘这些健康医疗大数据，发挥健康医疗大数据的价值，为居民、医疗服务机构和服务人员等提供有价值的数据。利用大数据技术对智慧健康云数据进行分析，可以为疾病预测与预防、辅助决策、健康管理等领域提供服务。目前，宁波还没有成立从事健康医疗大数据研究的专门机构，研究并实现传统医疗健康服务数据与基于互联网、移动互联网和物联网采集的医疗服务、社交互动、可穿戴设备、气候、环境、体育健身场所和器材等数据的整合；研究并推进智慧健康云数据在治理、疾病预测和治疗、科研、健康管理、健身、教育培训等领域的应用，提升居民健康水平；

① 唐一军. 勇立潮头 勇争一流 为建设国际港口名城打造东方文明之都而奋斗——在中国共产党宁波市第十三次代表大会上的报告[N]. 宁波日报，2017-03-02(A1，A3-4).

研究建立基于健康医疗大数据的卫生计生决策体系、区域协同医疗卫生服务体系、区域公共卫生监测管理体系和智慧健康服务产业体系。

五是信息安全防护体系亟待完善。随着新兴信息技术与医疗健康服务的深度融合，平台的网络安全防护难度骤增，信息安全监管制度和体系亟须进一步加强。形成宁波市智慧健康云平台安全管理、宁波市健康医疗大数据保护等标准体系和授权管理机制，形成宁波智慧健康信息安全等级保护体系。需要建立和完善健康服务行业相关的法律法规的制定，加强健康服务行业监管，确保健康医疗大数据的共享、分析、挖掘、应用和服务有法可依。

第三节 国内外智慧健康云建设的实践与启示

近十几年以来，美国、英国、加拿大、澳大利亚等一些发达国家先后提出了“卫生保健全面信息化”的卫生发展战略，开展了国家和地方级的以公民电子健康档案和公民电子病历数据共享为核心的智慧健康云建设，以提高本国或区域的医疗服务质量，扩大医疗服务范围，减少医疗费用，降低医疗风险，提高公民的健康水平。

一、国外智慧健康云建设的现状与启示

随着物联网、大数据、云计算等信息技术的发展，美国、英国、日本等一些发达国家先后提出了健康医疗全面数字化的发展战略，不断推进以居民电子健康档案和居民电子病历数据共享为核心的智慧健康云建设，以提高服务质量和效率，扩大服务范围，减少服务费用，降低风险，提高全体公民的整体健康水平。

（一）美国

美国智慧健康云建设大致可分为三个阶段：第一阶段是以医院信息系统为主的建设阶段，目的是提高医院管理和服务效率，但各医疗机构的数据不能共享，存在信息孤岛现象；第二阶段是基于智慧健康云的数据共享建设阶段，以区域智慧健康云建设为重点，通过制定智慧健康云信息标准、法规，建立统一的智慧健康云数据，实现区域智慧健康数据云共享；三是政府参与建设阶段，通过经济激励措施重点推进以居民健康档案和居民电子病历为

重点的智慧健康云建设，实现医疗服务体系整体服务质量和效率的提升。①

2004年，美国提出要在10年内完成建立全体美国公民的电子健康档案，为推动这一计划的实施，专门成立了国家卫生信息技术协调办公室，负责全国区域智慧健康云的统筹协调工作，并陆续推出了一系列国家层面的政策，如《联邦政府智慧健康云5年战略规划》(2008—2012)版和(2011—2015)版，进一步将数据共享、多方协作、患者参与、个人隐私与安全、改善个人健康列为战略目标，成为现代美国区域智慧健康云建设的重要里程碑。②

2009年，美国通过《卫生信息技术促进经济与临床健康法案》，其中包括电子病历激励计划、先进的智慧健康云战略研究计划、国家卫生信息交换合作协议计划等多个计划，为激励共享和使用健康医疗数据的积极性，法案提出了对"有意义使用"的健康医疗数据的医院和医生给予一定的奖励措施。2011年到2014年共拨款12亿美元用于健康医疗数据"有意义使用"的奖励。凡使用经认证的信息技术，将健康医疗系统以符合相关法律和标准的形式与其他系统互联，实现健康医疗数据的共享交换，并改善健康医疗服务质量的医生和医院都会被认为进行了"有意义使用"。

(二)英国

英国实行的是政府提供的全民医疗体制，从1998年开始实施电子健康档案的建设，由政府主导推广电子健康档案的应用，先后发表了一系列的报告，清晰地阐述了国家智慧健康云战略的建设。为实现这一目标，英国政府与多家跨国巨头合作，先后共计投入约60亿英镑，计划利用10年时间搭建一个覆盖全国的智慧健康云的网络，搭建智慧健康云服务平台。平台为每名患者分配一个身份识别号，记录患者基本人口统计资料、责任全科医师、过敏史、处方、病历和手术及其操作概要等关键临床资料；平台统一技术标准，用来记录患者更详细的临床信息，包括既往病史、健康评估、诊断结果、治疗方案、护理及康复计划等。病患在平台上可以选择医疗服务机构和预约服务，查阅个人的健康电子档案，办理相关业务等；医生也可以通过该平台查阅就诊病人的健康电子档案，为病人提供网上诊疗服务，提供电子处方、医学影像共享和远程咨询等服务。

---

① 李亚子，陈荃，雷行云，等．美国卫生信息化建设经验与启示[J]．中国数字医学，2015，10(7)：20-24.

② ONC. Federal health information. technology strategic plan 2011-2015[R]. Washington，D. C.，2011.

这是当时世界上耗资最大的智慧健康云建设项目，共惠及英国 5000 万人口，覆盖了近 3 万家医疗服务机构和约 100 万名医务人员，成为欧洲国家级智慧健康云建设的典型代表。①

（三）日本

日本在电子健康档案方面的发展得益于政府重视和早起步，且建设成效十分显著。早在 1995 年，政府就投入 8 亿日元开始研究开发电子健康档案；2001 年，政府投入 200 亿日元用于资助电子健康档案系统的安装实施；2003 年，政府又投入 250 亿日元资助区域化电子健康档案的建设；2005 年，政府牵头成立标准化的电子健康档案促进委员会，指导推进数据共享和信息标准化建设；2006 年，政府投入 8800 万日元对该系统进行升级并免费在全国推广使用，同时政府批准医疗机构可以向病人提供个人的健康数据并可适当收取服务费。②

（四）韩国

在智慧健康云建设过程中，韩国同样采取了国家主导的建设思路。2005 年，韩国卫生和福利部提出了到 2010 年公立医疗服务机构居民健康档案实现共享的目标。该目标要求"在任何时间、任何地点以安全的方式获得健康档案和医疗决策支持，以改善医疗质量、医疗安全和医疗效率"③。

韩国在建设智慧健康云的过程中主要抓以下两个方面。第一是制定信息标准。由政府投入经费，成立了国家卫生信息标准委员会，用于智慧健康信息标准的研究和制定。第二是电子健康档案管理系统的开发。2005 年，政府成立了电子健康档案研发中心，主要负责智慧健康云平台的基础架构、标准的研发工作。

除以上几个国家在智慧健康云研究与建设方面的例子外，世界各国也都在进行智慧健康云的相关研究与建设，从国际智慧健康云建设与推广应用的发展情况来看，在不同社会制度和医疗体制之下，各国都非常重视智慧

---

① 胡红濮，代涛，刘硕，等. 英国卫生信息化建设经验及启示[J]. 中国数字医学，2015(7)：10-14.

② 中国医院协会信息管理专业委员会. 中国医院信息化发展研究报告（白皮书）[EB/OL]. (2016-09-20)[2017-10-16]. https://wenku. baidu. com/view/3d443d8b01f69e314232943b.html.

③ 王双彪. 新一轮医改背景下加快推进医院信息化建设探讨[J]. 中国医学教育术，2016，26(5)：563-566.

健康云的共建共享工作，这是因为通过智慧健康云平台的共享能提高健康服务的效率质量，提高健康服务方便性，也能降低服务成本，并代表世界智慧健康服务的发展方向。越来越多的国家已经认识到开展国家级及地方级的区域智慧健康云共享的核心内容是建立居民健康档案。但在智慧建康云建设与实施的过程中，仍然面临很多挑战，各国的智慧健康云建设的模式和实践，为宁波市建设区域智慧健康云提供了宝贵经验。

二、我国卫生健康云建设的现状与启示

我国智慧健康云建设经历了从无到有，从局部到全局的过程，智慧健康云逐渐成为健康城市建设不可缺少的部分。进入 21 世纪后，部分信息化建设起点较高的医院在原有数字化医院建设的基础上，开始了智慧医院建设的尝试。国家和部分地方政府也相继提出了关于智慧健康云的设计方案和实施规划，出台了一系列的文件，为智慧健康云的建设提供了宏观指导。

（一）我国卫生健康云建设政策制定情况

2012 年，国家住房和城乡建设部正式发布了《国家智慧城市试点暂行管理办法》和《国家智慧城市（区、镇）试点指标体系》两个文件，并于 2013 年 1 月公布了首批 90 个智慧城市试点名单。在智慧城市建设推进中，部分城市提出了关于智慧健康云的建设理念和实施方案，这为智慧健康云这一抽象的概念提供了实践平台，积累实施经验，推动了智慧健康云在我国健康医疗行业的应用与发展。

2013 年 10 月，国务院发布《关于促进健康服务业发展的若干意见》（国发〔2013〕40 号），意见明确指出要“逐步扩大数字化医疗设备配备，探索发展便携式健康数据采集设备，与物联网、移动互联网融合，不断提升自动化、智能化健康信息服务平台”①，该意见为智慧医院的发展奠定了坚实的政策基础。

2014 年，国家卫生计生委提出了国家卫生及计生资源整合的顶层设计规划——“4631-2 工程”，尝试建立电子健康档案数据库、电子病历数据库和全员人口个案数据库，系统打造覆盖全国的全方位、立体化的智慧健康云平台。该工程中，“4”代表 4 级卫生信息平台，分别是国家级人口健康管理平

---

① 国务院. 国务院印发《关于促进健康服务业发展的若干意见》：国发〔2013〕40 号[EB/OL].（2013-10-14）[2017-05-24]. http://politics.people.com.cn/n/2013/1014/c1001-23196616-2.html.

台、省级人口健康信息平台、地市级人口健康区域信息平台及区县级人口健康区域信息平台；“6”代表 6 项业务应用，分别是公共卫生、医疗服务、医疗保障、药品管理、计划生育、综合管理；“3”代表 3 个基础数据库，分别是电子健康档案数据库、电子病历数据库和全员人口个案数据库；“1”代表 1 个融合网络，即人口健康统一网络；“2”代表人口健康信息标准体系和信息安全防护体系。依托现有的中西医协同公共卫生信息系统、基层医疗卫生管理信息系统、医疗健康公共服务系统，实现全方位、立体化的国家卫生计生资源体系的建设。①

同年，卫生计生委专门成立了智慧健康云项目组，制定出台智慧医院评价指标体系总体框架和智慧医院评价指标，着重从能力建设、应用管理和成效评价等三个方面来评估智慧医院的建设水平和应用水平。2015 年 11 月，首批 12 家智慧医院试点单位公布，中日友好医院、北京大学第三医院、浙江大学附属第一医院、浙江省人民医院、温州医科大学附属第一医院等医院入围。②

（二）上海市

上海的医疗智慧健康云工作在全国起步较早，基本形成了打破“孤岛”“烟囱”，实现“互联互通，共享互用”的区域卫生发展框架。根据《上海市卫生信息化三年行动计划（2013 年—2015 年）》，重点建设“一个中心、两级平台、两个基础、一张卡、四大重点”③，其中的两级平台指的是建立“1＋19”架构的市区两级平台，即 1 个上海市卫生局的主数据中心、17 个区中心卫生信息中心、1 个所有三级医院的医联数据中心、1 个公共卫生数据中心，实现所有医疗卫生机构信息的交换和共享，进一步支撑业务协同。目前，上海市 500 多家公立医疗机构已被全部纳入区域智慧健康云体系，未来还将把 3000 多家民营医疗机构也全部吸纳进来，形成互联互通的区域智慧健康云体系。

---

① 尹聪颖. 国家卫生、计生资源整合顶层设计规划——“4631-2 工程”[EB/OL]. (2014-07-24)[2017-11-06]. http://www. cn-healthcare. com/article/20140724/content-458908. html.

② 中国医院协会信息管理专业委员会. 中国医院信息化发展研究报告(白皮书)[EB/OL]. (2016-09-20)[2017-10-16]. https://wenku. baidu. com/view/3d443d8b01f69e314232943b. html.

③ 上海市卫生和计划生育委员会. 关于印发上海市卫生信息化三年行动计划(2013 年—2015 年)的通知：沪卫计〔2013〕11 号[EB/OL]. (2013-10-15)[2017-09-26]. http://www. wsjsw. gov. cn/zhgl2/20180815/57927. html.

早在2011年3月，上海就已启动"基于市民电子健康档案的智慧健康云工程"("健康信息网")，核心是市民健康管理。市级平台通过对医疗卫生服务过程中所有数据的动态采集和居民健康记录的不断更新，建立并维护上海市就医人群中3000多万份居民电子健康档案，实现档案的自动建档、自动更新，所形成的健康档案数据库是目前国内最大的区域个人健康信息数据库。①

（三）杭州市

2011年，杭州市正式出台了《杭州智慧城市建设总体规划》，规划中提到建设智慧健康云工程，深化医药卫生体制改革，为全市居民建立电子健康档案，提高医疗水平和服务质量。

建设完成了覆盖杭州市的智慧健康云网络，高速的网络保障了数据传输的实时、畅通和安全。建设了以居民的电子病历和健康档案为核心的智慧健康数据云，为全市的医疗服务、公共卫生等提供全面、精确的数据支撑。通过规范整合各级医疗服务机构和卫生管理机构的各类信息系统，利用云技术建设了智慧医疗信息平台，实现了全市的医疗资源共享、数据交换、信息传输等各类服务。建设了卫生信息业务应用平台，向全市市民、各级医疗机构和卫生管理机构提供各类服务。建设了卫生信息业务应用平台，向全市市民、各级医疗机构和卫生管理机构提供各类服务，为居民提供便捷、全程、廉价的医疗卫生服务，缓解"看病难、看病贵"的问题，建立卫生惠民网站，为居民提供健康信息及健康咨询服务。②

国内外各城市智慧健康云建设的经验，给宁波的智慧健康云建设提供了很好的经验与启示。宁波的智慧健康云建设需要政府主导，明确发展目标，统筹规划，合理布局，进行宏观规划和顶层设计，加强各级医疗卫生信息机构建设，出台智慧健康云建设标准与政策，整合多方力量，打破行业、领域壁垒，从宏观上统筹智慧医疗建设与发展，避免重复建设和短期行为。做好各项业务应用系统的需求分析、统筹设计和智慧健康资源的整合利用，建立共享的基础数据资源库，形成跨机构、跨区域数据统一、互联互通、共享协作的智慧健康云平台，在人才引进、教育培训、资金支持方面给予便利和扶持，为智慧健康云建设创造良好的环境。

---

① 郭平．大数据深化医疗信息化[N]．计算机世界．2014-01-20(38)．

② 孙文德，沈风桂，张伟忠．杭州智慧医疗建设现状及对策建议[J]．现代城市．2013(4)：34-37．

第四节 宁波智慧健康云建设的主要任务与实现路径

医药卫生体制改革给智慧健康云的发展指明了方向，以解决广大群众“看病难、看病贵”问题为抓手，以提高医疗卫生服务质量、服务效率为目标，建立覆盖所有医疗卫生机构，覆盖全体居民、全生命周期、全健康问题的智慧健康云平台，消除信息“孤岛”、信息“烟囱”，真正实现智慧健康的数据的实用共享，最终为深化医药卫生体制改革提供重要支撑。智慧健康云是一个集物联网、云计算、大数据于一体的系统，要注重顶层设计，避免重复投资和信息孤岛，宁波智慧健康云的建设是基于电子病历、电子健康档案、智慧医院等信息化建设，根据智慧城市的现状和需求，对城市智慧健康云进行调整和完善的过程。

一、夯实智慧健康云发展基础

（一）构建基于物联网技术的智慧健康专网

这是整个智慧健康云建设与应用成功的基石。在现有的卫生计生网络的基础上，做好网络体系统一规划，完善和改造区域网络体系结构，整合市本级卫生行政部门与各直辖医疗卫生单位之间的网络，实现网络骨干节点、中心节点、普通节点之间的信息通畅，实现市与各县市区的卫生行政部门之间的两级网络互联互通，社区卫生服务中心和其下属的社区卫生服务站之间的互联互通，并满足医疗数据特别是影像资料在传输过程中对网速的要求，提升全市网络信息安全保障能力。将各种信息采集设备、医学传感器、全球定位系统、移动终端等设备通过互联网与所有资源连接在一起，进而实现资源与数据的共享，同时智慧健康云网络环境应能满足开展视频会议、远程会诊等视频业务的需要。

（二）打造统一权威、互联互通的智慧健康云平台

以智慧健康专网、智慧健康数据中心为依托，统一健康数据的交换和共享，积极吸收社会力量参与，建设具有统一标准、互联互通、授权分级管理、实时对接、充分共享的智慧健康云服务平台，消除信息孤岛、信息烟囱，实现全市智慧健康数据的深度挖掘与统计分析，支撑智慧健康数据的跨区域、跨部门、跨业务领域实时共享和业务协同，为全市的健康服务提供可靠保障。

1. 建设医院信息服务平台

建设基于电子病历的医院信息平台，推进以电子病历管理和医院运营管理为重点的医院信息化建设，促进医疗卫生计生领域各业务应用系统的互联互通和信息共享。按照医院临床、科研、教学的要求，构建医院临床数据中心，满足医护人员病历浏览、科研分析、临床教学等一体化操作的应用需求，提升医疗服务工作效率和质量。按照医院精细化管理的要求，建设医院运营数据中心，科学分析日常运营管理数据，有力提升医院运营管理水平。

2. 建设云医院

搭建线上云医院平台，为居民提供在线健康咨询和健康管理服务，为医生搭建有效的医患沟通交流平台，为患者提供云诊室，远程门诊、会诊等服务，为医疗卫生计生机构提供在线随访、在线公共卫生、远程医疗、双向转诊等服务。云医院利用线下实体机构作为法律主体和线上服务支撑实体，提供第三方医学诊断及健康体检服务。同时，云医院将作为连接医院、基层医疗卫生计生机构、居民之间的纽带，参与支持分级诊疗、家庭医生服务工作，为重构新型医疗卫生计生服务生态系统创造条件。

3. 建设移动健康服务平台

利用“互联网＋健康”的理念，改造传统的窗口服务、诊间服务和自助机服务，建设医院通、掌上云医院，进一步拓展智慧健康云服务平台，实现个人、家庭、社区、医院等多个环节的服务整合，通过智能移动终端向大众提供个性化的健康管理服务和更为精准的医疗卫生计生服务，建设更为完善的公众健康服务应用体系。

通过自助、手机 NFC 支付、居民健康卡支付、第三方移动支付等多种支付手段，有机结合有卡支付和无卡支付，满足卫生计生业务对多元化、多渠道、多层次金融支付服务的需求，充分发挥移动金融的便捷性，提高就医效率。

二、推进智慧健康大数据挖掘与应用

智慧健康大数据包括健康医疗大数据和个人健康大数据。健康医疗大数据是指在人的全生命周期中，由免疫、体检、治疗等健康医疗活动所产生的大数据；个人健康大数据指从可穿戴设备或其他终端设备上持续收集到的实时动态的人体健康数据，涉及健康保障、养生保健等多方面的聚合。智慧健康大数据涵盖的人群广，涉及的数据全，个人健康、医药服务、疾病防控、健康保障、食品安全、养生保健等多方面数据都需要进行统一汇聚。[①] 而健康医疗大数据又是国家重要的基础性战略资源，它的应用发展将带来健康医疗模式的深刻变化。[②]

利用大数据技术，将人们在医疗活动或其他终端设备上采集到的各种健康数据、各种生命体征的指标，补充完善到每个人的人口信息数据库和电子健康档案数据库中，并将人们的数据传输到智慧健康云服务平台上，进行健康大数据的深度挖掘统计分析和及时处理，让人们实时了解自己的健康状况，获得健康指导，从而推动覆盖全生命周期的预防、治疗、康复和健康管理的一体化健康服务的发展，让各类需求者足不出户获得健康服务。

(一)逐步推进智慧健康大数据开放共享

1.统筹推进三大数据库建设

在已有的全员人口信息数据库的基础上，提升优化，持续推进全员人口信息数据库建设，重点建设全员人口信息的预警监测和实时动态管理功能；统一标准，完善电子健康档案数据库，支撑智慧健康跨区域、跨部门的信息共享和业务协同，不断提升区域公共卫生和基层医疗卫生应用服务水平，满足居民个人健康档案信息查询需求，增强自我健康管理能力，提高全民健康意识；全面推进电子病历数据库建设，依托现有的医院信息系统平台，以电子病历数据库为核心，实现医院内部信息资源的有效整合，并通过区域信息平台，最后实现居民基本健康信息和检查检验结果在各医疗机构之间的信息实时更新以及互认共享。[③]

2.统筹完善智慧健康云六大业务应用系统

基于公共卫生、计划生育、医疗服务、医疗保障、药品供应、综合管理等六大业务应用领域已开展的信息管理工作，对各项业务领域的信息资源和系统应用进行有效的统筹完善。依托智慧健康云服务平台，建立标准统一、数据集成、互联互通、实时协同、开放共享的业务系统，促进医疗、医保、医药

---

① 王朝君.掘金健康大数据[J].中国卫生，2016(9)：78-79.

② 国务院办公厅.关于促进和规范健康医疗大数据应用发展的指导意见：国办发〔2016〕47号[EB/OL].(2016-06-24)[2017-11-10]. http://www.gov.cn/zhengce/content/2016-06/24/content_5085091.htm.

③ 国家卫生计生委，国家中医药管理局.关于加快推进人口健康信息化建设的指导意见：国卫规划发〔2013〕32号[EB/OL].(2013-12-09)[2017-11-06]. http://www.nhfpc.gov.cn/guihuaxxs/s10741/201312/09bce5f480e84747aa130428ca7fc8ad.shtml.

信息实时联动，实现人口健康和健康医疗大数据各类基础业务应用系统的协同共享。充分利用云计算、大数据、物联网等新技术，提高智慧健康信息数据采集的及时性和准确性，提高信息数据统计分析和应用能力。

3. 构建基于云计算技术的智慧健康云计算数据中心

云计算数据中心是决定整个智慧健康云建设与应用是否成功的关键。传统数据中心与云计算数据中心的区别在于应对的业务模式不同。数据中心是海量数据集中而形成的集成 IT 应用环境，是各种业务系统所要求的源数据的提供中心，是进行数据深度处理、数据有效存储和数据实时交换的中心。[①] 对于云计算而言，数据中心要求其基础设施具有良好的弹性、扩展性，可自动化，进行数据迁移，实现多租户和对虚拟化的支持，应着重从高密度低成本服务器、海量存储设备和高性能计算设备等方面提高云计算数据中心的数据处理能力。

在三大数据库建设的基础上，加强基础资源信息数据库和健康医疗大数据中心建设，采用分级建设、逐步推进、分区域部署的原则，建成广域的、互联互通的智慧健康云计算数据中心，实现医疗机构、医护人员、就医人员、医疗设备、药品耗材、应急救治、健康管理、产业发展和健康信息服务等健康医疗基础数据和公共信息资源的集聚整合。同时，建成规范统一的健康医疗大数据资源目录体系，按照一数一源、多元校核的原则，实现数据集中、权威监督、授权分级、分域管理，在依法加强安全保障和隐私保护的前提下，稳步推动人口健康医疗大数据资源的共享。[②]

4. 构建智慧健康云大数据分析平台

通过大数据技术，按照统一标准规范，动态采集人口健康信息，实现电子健康档案和电子病历两大数据库的数据共享和功能融合。通过智慧健康云计算数据平台，融合海量多源异构信息，实现基于主题的分析处理，探索面向医疗卫生计生领域的大数据研究工作，为公众、社会、管理提供更加完善的健康管理、医疗监管、医疗协同、疾病监测和辅助决策等大数据服务。

---

① 肖家立，黄泉源，梁家乐. 全面推进新一代数据中心发展[J]. 价值工程，2012(3)：161.

② 国家卫生计生委. 关于印发“十三五”全国人口健康信息化发展规划的通知：国卫规划发〔2017〕6 号[EB/OL]. (2017-02-21)[2017-11-20]. http://www.nhfpc.gov.cn/guihua-xxs/s10741/201702/ef9ba6fbe2ef46a49c333de32275074f.shtml.

(二)加强智慧健康大数据保障体系建设

1.健全统一的智慧健康云和智慧健康大数据标准体系

标准化是信息交换的前提,缺乏相关信息标准,信息难以实现互通。系统涉及信息采集、网络通信、信息处理、终端接口、功能结构等多个环节,需要制定和完善标准体系,确保健康数据的准确、有效。数据标准规范是数据信息在采集、处理、交换、用户访问、传输过程中的统一规范,是实现智慧健康云数据资源共享和信息系统协同发展的基础。① 在基于国家标准、省级标准、行业标准的基础上,同时兼顾各个标准之间的兼容性、一致性、可扩展性,补充完善宁波市标准规范,建立完善统一的疾病诊断编码、临床医学术语、检查检验规范、药品应用编码、信息数据接口和传输协议等相关标准。② 修定完善基础资源信息、三大数据库数据标准和技术规范,形成一套符合宁波自身实际的智慧健康云和智慧健康大数据标准体系,主要包含数据标准、接口规范的建设。

2.构建智慧健康云安全防护体系

我们在享受云计算、大数据、物联网给我们带来的便利时,也面临着传输过程中出现的信息泄露、数据被盗或被破坏等一系列信息安全问题,在构建智慧健康云时,行业企业应从应用需求出发,推动云安全标准化工作,促进云安全产业链各方自律,并开展交流合作,推进云安全技术创新与产业发展,保障云计算更好地发展,促进国家和政府相关部门制定相关产业政策和法律法规。结合健康产业的信息安全要求,制定并出台智慧健康产业云服务相关标准。

贯彻执行国家信息安全等级保护制度,加快推进涉密信息系统分级保护和非涉密信息系统等级保护的建设和测评,推进国产密码应用示范,提升卫生计生敏感数据防泄密的监测、防治、预警能力。完善网络与信息安全信息通报机制。加强智慧健康专网建设,强化重要信息系统、云平台、基础信息网络和个人隐私安全保护。

建立宁波市智慧健康云平台安全管理规范、宁波市人口健康信息保护指南等标准体系和授权管理机制,从数据安全和内容安全两个维度进一步完善智慧健康信息安全等级保护体系。建立和完善智慧健康服务相关的法

① 李林林.关于高校信息标准建设的若干思考[J].黑龙江教育(高教研究与评估),2007(5):79-80.

② 廖晶蓉.云南构建医疗健康云框架:规范医疗大数据建设[N].昆明日报,2016-11-15.

律法规及运行机制，加强互联网健康服务监管，确保智慧健康大数据的共享、挖掘、分析、应用和服务有法可依、有章可循。

按照信息系统安全等级保护要求，配置信息安全相关设施设备，部署外联区域防火墙设备，落实访问控制措施。完善数据中心备份系统，建设区域容灾中心，提供智慧健康云系统的异地容灾服务。

三、建立健全“互联网＋健康”服务新模式

“互联网＋健康医疗”服务模式是借助互联网等技术，结合医疗行业发展现状，吸收社会力量参与，通过跨界融合、依法依规、真诚合作，在确保患者个人信息安全的前提下，将线上线下的医疗资源进行整合，推动医疗资源的均衡发展，让优质医疗资源在更大范围辐射，充分发挥引领作用。①

（一）发展智慧健康信息便民惠民工程

智慧健康信息便民惠民是“互联网＋健康医疗”行动的目的，也是服务新模式的价值所在，依托智慧健康大数据，利用移动互联网、物联网、云计算、可穿戴设备等新技术，推进惠及全民的健康信息服务和智慧医疗服务，改变人们传统的就医模式，如健康在线咨询、网上预约分诊、移动支付和检验检查结果在线查询②、智慧医保等，给老百姓带来智能便捷的应用服务，不断增强“自主健康”服务体验，促进自我健康管理。

（二）智慧医疗行动

智慧医疗是医疗信息化的升级发展，旨在利用先进的互联网、物联网、云计算等技术来改善疾病预防、诊断、治疗和研究，并最终让医疗生态圈的各个组成部分全部受益，有效实现以患者为中心，患者、医务人员、医疗机构、医疗设备四方联动的医疗服务模式。③ 探索新的互联网健康医疗服务模式，实现“线上预约、线下诊断、主动引导、服务推送”的服务新模式，建设健康医疗服务集成平台，提供远程会诊、远程影像、远程病理、远程心电诊断服

---

①　张芝子，李伟，吴洋，等.“互联网＋健康医疗”服务新模式分析[J]. 价值工程，2017(8)：57-58.

②　中国大力推进网上预约分诊和检验结果查询等应用[EB/OL]. (2016-06-24)[2017-07-06]. http://www.chinanews.com/gn/2016/06-24/7916619.shtml.

③　张芝子，李伟，吴洋，等.“互联网＋健康医疗”服务新模式分析[J]. 价值工程，2017(8)：57-58.

务，健全检查检验结果互认共享机制。[①] 联合区域内二、三级医院以及其他的医疗卫生机构组成一个利益共同体，实现医疗信息共享和业务协同。健全基于互联网、大数据技术的分级诊疗信息系统，延伸放大医疗卫生机构服务能力。

四、构建宁波智慧健康云建设保障体系

智慧健康云建设与智慧城市建设的其他子系统一样，同样存在着建设周期长、涉及应用面广、投入大、难度大等问题。因此，构建智慧健康云建设保障体系极其重要。从保障体系所涉及的具体内容来看，要突出关注以下几个方面的内容。

（一）创新智慧健康云的领导体制

智慧健康云建设涉及居民健康的方方面面，在具体推进的过程中不能一蹴而就，需要政府、行业、基层形成合力，不断创新。

政府统筹规划，做好基础保障工作。市政府在智慧城市建设过程中，对智慧健康建设进行同步规划，同时结合国家对于全民健康业的发展要求，从政策保障和资金支持方面确保智慧健康工作的顺利开展。另外，政府着重就公共基础设施建设、建设标准规划制定等方面做好保障。

产业协同创新，技术支撑。智慧健康产业与医疗行业、健康服务行业互联网行业、物联网行业、电子行业等多行业密切相关，其产品和服务也是多种技术的融合体，因此相关的各行业应充分发挥本产业优势，协同发展，在不断挖掘需求、创新引导方面下功夫。

基层应用推广，普惠于民。作为智慧健康云的数据端，医院、社区、家庭、个人等基层都是智慧健康云的受惠方，但目前由于多方面条件的制约，我们还无法对居民的健康状况进行全监控，因此也无法进行有效完整的数据收集，也使智慧健康云不能发挥其应有的效用。因此，要借助有效的管理体制，逐步推广智慧医疗、智慧养老、智慧社区中的各项应用，并借助社会力量和政府资金支持，让百姓真正受惠于这些应用。

（二）大力推进健康物联网产业发展

物联网的发展，不仅为智慧健康医疗服务带来了新的发展机遇，也产生

---

① 国家卫生计生委.关于印发“十三五”全国人口健康信息化发展规划的通知：国卫规划发〔2017〕6 号[EB/OL].(2017-02-21)[2017-11-20]. http://www.nhfpc.gov.cn/guihua-xxs/s10741/201702/ef9ba6fbe2ef46a49c333de32275074f.shtml.

了新的服务模式——健康物联网。健康物联网就是利用移动网络、人体传感器、大数据和云计算等技术，借助健康状态监测和调控技术，实现对人体的健康状况进行网络化监测、诊断、监控、治疗评估和健康咨询等功能，进而达到维持和促进健康，预防和治疗疾病，增进身心稳态水平。健康物联网适合全人群，尤其适合慢病人群、亚健康人群、病后康复等特殊人群和实现特殊能力标准的人群。

物联网基础平台由市政府统一建设，为健康物联网建设提供良好的基础支撑。在高层次人才引进、创新创业引导、健康产业布局等工作推进时大力关注健康物联网产业的发展和人才的培养，同时可以通过政策引导，引入国际先进企业和技术落户宁波，为健康物联网产业的发展提供有力支撑。

（三）有序引入社会资本，完善投融资体系

智慧健康云建设应用是惠及全民的公益性、民生性项目，其所带来的社会效益远大于经济效益。在建设初期，政府借助资源投入和政策引导，并以行政手段指导各医疗机构加以推动，能较快推进各项工作的开展。从长远看，我们还应重视智慧建设的经济性。但是医疗健康领域和其他的消费领域还是有所不同，它不是一个正常市场化的领域，它要比绝大多数产业承担更大的社会责任，国家对它的监管也非常严格。另外，不管是传统医疗还是智慧医疗，医疗产业和部分养老等健康产业还是由财政资金进行投入，因此资金的流向主要还是在政府相关部门。所以智慧健康云平台的建设与其他智慧应用的建设还是存在着一定的差别，不适宜进行完全的市场开放。

因此，构建由政府主导并支持、行业企业及研究机构共同参与、市场主推的建设模式，创新智慧建设商业模式，打造并培育一批具有自主知识产权和国际核心竞争力的智慧健康企业，创造一批拥有核心技术和知识产权的“智慧健康产品”①。依靠市场化运作、社会化投资推进各项智慧建设，并由此形成一批智慧应用产业集群，带动产业转型升级。

目前，在智慧健康产业投入的资金主要集中于软件系统（如手机端APP、系统集成方案等）和硬件设备（多为小型智能硬件设备、可穿戴设备等）。在这一过程中，政府投资主要应用于医疗、养老等社会事务的保障，对于健康产业的延伸功能的实现，适度创新财政性资金投资机制，试点探索各

---

① 阎勤，赵全军，童明荣，等. 智慧城市建设保障体系：理论、框架与要素[J]. 宁波经济：三江论坛，2013(7)：8-11.

种投资模式，鼓励财政性资金与社会资本合资开发建设智慧基础设施、智慧民生项目、智慧产品等智慧公共物品①；对于可完全市场化、产业化的项目，政府财政资金可主要用于产业发展，同时引导、吸引社会资本参与，组建专业化的科技型企业，引导推动智慧健康产业发展。

五、智慧健康云建设应用推广

智慧健康云建设的目标是形成超大规模的健康信息云，通过有效的云计算，对每位居民的健康指标参数进行分析比较，形成智慧化的医疗方案，为居民的健康生活和精准医疗提供强大的信息支撑。而居民个体准确的健康信息来源则显得尤为重要。

宁波的医疗卫生服务事业取得了长足进步，但与其他城市一样，还是存在着许多问题，区域卫生服务质量和水平发展不均衡，宁波云医院已开始上线运行，但在区域协同诊疗服务方面还不能达到预期效果。另外，目前对来自于社区及家庭的个人健康信息的收集及传输等还需要不断地推广普及。如果云资源不能进行有效利用，缺乏对全市医疗数据资源和居民完整健康信息的整合和挖掘，对政府健康事业的决策就不能形成有力的辅助支持。

所以我们要以强大的云计算和物联网技术为载体，打破时空限制，对以往的医疗卫生体系、养老服务、社区健康等进行整合升级，拓展城市健康服务的公众感知度，加深服务，让百姓对更多的公共卫生服务触手可及，增强百姓的获得感和满足感。

其一，以居民健康卡为居民信息收集整合的“身份证”，确保居民信息的唯一性和准确性。在云医院建设运行过程中，以国家卫计委“居民健康卡”工程为依托，以智慧健康云资源整合、共享为基础，为市民提供医疗机构一卡通式就诊服务。根据国家卫计委的计划，2020年前，我国将普及居民健康卡，实现人口信息、电子健康档案和电子病历数据库全覆盖。

其二，以提供更加人性便捷的市民就诊服务为核心，以智慧健康云为载体，双向优化便民服务，深度挖掘医疗资源的利用效益。一是基于多终端的智慧自助预约挂号、咨询服务，实现就诊服务流程优化；以智慧健康云中的市民健康档案资源共享为基础，提供双向转诊服务，简化流程，真正实现诊疗下沉、社区首诊、层级转诊的有序就医新格局。二是以智慧健康云为平

---

① 赵全军，夏以群．加快创建智慧城市需要深入研究解决的若干问题[J]．宁波经济：三江论坛，2012(1)：9-12.

台，对全市各级医疗机构及各类医生资源进行整合、优化，基于市民个人健康档案信息的分析和感知，为市民提供最优诊疗服务选择路径，合理调配市民就诊流向。以平台优质专家资源为核心，通过健康档案与病历报告的云共享及专家远程视频会诊，实时提供区域医疗远程会诊服务，全面提升区域医疗服务质量，真正落实“社区首诊”便民就医。

其三，以物联网技术为依托，把对健康人群和患病康复人群的指导与服务延伸到社区和家庭，为市民提供个性化、智能化和专业化的家庭健康服务。推广区域远程智能健康监测，实现监测对象体征监测数据的云共享，并借助大数据技术，建立动态健康模型，在体能运动、康复指导、慢病防护、营养指导等方面提供全方位的个性化健康指导。基于健康监测中发现的突发情况构建配套应急服务体系，利用云平台资源，为特殊人群提供远程实时监护和危情急救呼叫服务，借助监护报警、监测数据云共享、卫星定位及急救调配，实现对危重病情信息及最佳急救时限的有效掌控。

其四，以云平台为依托实现对医院各类人员专业技术水平和服务质量的有效跟踪测评。市民通过云平台可以实时对就诊质量和医疗机构的整体服务管理水平等进行评价，一方面通过对公众感知数据的分析和深度挖掘，对运营系统运行的准确性和可行性进行评价；另一方面也基于测评数据和日常运行记录，构建医疗机构医疗行为监管网络系统，通过对医疗行为的全过程记录及动态监管，实现对医疗机构行为监管的系统化和常态化。

（沈萍，阮焕立，童亚琴）

参考文献

[1] Alliance For Healthy Cities. Evaluation of Healthy City[EB /OL]. [2018-04-22]. http://www. alliance-healthycities. com/index. html.

[2] CLARK D. Urban World/Global City [M]. London : Routledge, 1996.

[3] GOLDSTEIN G. WHO Healthy Cities: A global programme[R]. Paper presented at a consultation on the Healthy Cities Programme, Nairobi, Kenya, 1999.

[4] GUIMARÃES R. STAR, a qualitative evaluation process of the Health Cities[J]. TERRAE,2004, 1(1):52-59.

[5] HANCOCK J, DUHL L. Healthy cities: promoting healthy in the urban content[M]. Copenhagen: WHO Europe,1986.

[6] KAWACHI I,KENNEDY B P,LOCHNERK,et al. Social capital,income inequality,and mortality[J]. American journal of public health,1997(9):1491-1498.

[7] ONC. Federal Health Information. Technology Strategic Plan 2011-2015[R]. Washington,D. C. ,2011.

[8] Regional Office for Europe of World Health Organization. Twenty steps for developing a Healthy Cities Project [R]. 3rd ed. Copenhagen: Regional Office for Europe of World Health Organization, 1997.

[9] WHITEHEAD M. The concepts and principles of equity in health[J]. International journal of health services,1992,22(3):429-445.

[10] 2017年宁波市国民经济和社会发展统计公报[EB/OL].(2018-02-06)[2018-11-18]. http://nb. zjol. com. cn/system/2018/02/06/021649182. shtml.

[11] 白书忠,武留信,丁立,等. 我国健康服务业与健康管理的创新发展[J]. 中华健康管理学杂志, 2015(2):89-93.

[12] 保罗·皮尔泽.财富第五波[M].路卫军,译.北京:中国社会科学出版社,2011.

[13] 鲍云洁,陈琼.宁波开建临床特色重点专科首批专科名单出炉[EB/OL].(2013-08-20)[2018-11-18]. http://news.cnnb.com.cn/system/2013/08/20/007820821.shtml.

[14] 北京市人民政府.健康北京"十二五"发展建设规划[EB/OL].[2017-12-16]. http://zhengwu.beijing.gov.cn/ghxx/sewgh/t1192812.htm.

[15] 贝恩德·埃贝勒.健康产业的商机[M].王宇芳,译.北京:中国人民大学出版社,2010.

[16] 卜秋,刘俊宾.苏州市健康城市建设实践与思考[M]//王鸿春,解树江,盛继洪.健康城市蓝皮书:中国健康城市建设研究报告(2016).北京:社会科学文献出版社,2016:192-207.

[17] 蔡一华.杭州健康城市建设实践与发展研究[M].杭州:浙江科学技术出版社,2013.

[18] 蔡玥,孟群.2015—2020年我国居民预期寿命测算及影响因素分析[J].中国卫生统计.2016(33):3-4.

[19] 常春.健康教育与健康促进[M].2版.北京:北京大学医学出版社,2010.

[20] 陈家应,龚幼龙,严非.卫生保健与健康公平性研究进展[J].国外医学(卫生经济分册),2000(4):153-158.

[21] 陈健尔,张莉娜,张涛等.宁波市居民慢性病流行状况调查[J].中国慢性病预防与控制,2006(14):289-290.

[22] 陈磊,俞科爱,黄旋旋.宁波市空气质量变化趋势及影响因素分析[J].浙江气象,2015,36(2):32-36.

[23] 陈柳钦.健康城市建设及其发展趋势[J].中国市场,2010(33):50-63.

[24] 陈敏.基层老百姓看病方便了医院服务满意度提高了——宁波实施卫生"双下沉、两提升"工程综述[N].宁波日报,2016-08-15(A7).

[25] 陈敏.抢救传承中医,宁波在行动[N].宁波日报,2016-08-10(3).

[26] 陈敏.双向转诊,慢慢热起来[N].宁波日报,2016-11-21(12).

[27] 陈敏.我市成为国内首个传染病智能直报区[N].宁波日报.2016-10-25(1).

[28] 陈敏,陈琼,马蝶翼.儿科医生荒,何日能缓解[N].宁波日报,2016-06-27(3).

[29] 陈秋霖.以五大发展理念指引健康中国建设[N].内蒙古日报,2015-11-07(1).

[30] 城市化与健康[J].世界卫生组织简报,2010(4):241-320.

[31] 陈炜伟,安蓓.全国养老床位数达到669.8万张.[EB/OL].(2016-03-11)[2018-05-11]. http://news.xinhuanet.com/2016－03/11/c_1118302639.htm.

[32] 陈炜伟.中国城镇化率升至58.52%[N].人民日报(海外版),2018-02-05(1).

[33] 陈钊娇,许亮文.国内外建设健康城市的实践与新进展[J].卫生软科学,2013(4):214-216.

[34] 陈钊娇,许亮文.健康城市评估与指标体系研究[J].健康研究,2013,33(1):5-9.

[35] 成都市人民政府办公厅.成都市健康产业发展规划(2010—2017):成办发〔2010〕23 号[EB/OL].(2010-06-10)[2017-12-21].http://www.chengduinvest.gov.cn/detail.asp? ID=9314.

[36] 程志华,李辉,龚清海等.宁波市慢性病防控综合管理模式的实践与探讨[J].中国公共卫生管理,2015(31):379-380.

[37] 代丽丽.生活和工作节奏加快导致心理压力普遍增加 抑郁患病率达3.59%[N].北京晚报,2017-04-07.

[38] 代涛.健康服务业内涵、属性分析及政策启示[J].中国卫生政策研究,2016(3):1-5.

[39] 邓艳萍.以色列的国民健康服务体系.以色列发展报告[M].北京:社会科学文献出版社,2016.

[40] 杜仕林.健康公平的法律本质解读[J].河北法学,2009 (8):66-69.

[41]弗雷德里克·E.博得斯顿.管理今日大学:为了活力、变革与卓越之战略[M].桂林:广西师范大学出版社,2006.

[42] 傅华.现代健康促进理论与实践[M].上海:复旦大学出版社,2003.

[43] 傅华,玄泽亮,李洋.中国健康城市建设的进展及理论思考[J].医学与哲学,2006(1):12-15.

[44] 耿香玲.经济学视域中的健康城市建设[J].常熟理工学院学报,2006(3):60-64.

[45] 宫洁丽,王志红,翟俊霞,等.国内外健康产业发展现状及趋势[J].河北医药,2011(14):2210-2212.

[46] 龚幼龙,严非.社会医学[M].上海:复旦大学出版社,2012.

[47] 顾兴全,于可红.杭州市体育休闲旅游发展前景研究[J].浙江体育科学,2005(5):88-91.

[48] 郭平.大数据深化医疗信息化[N].计算机世界.2014-01-20(38).

[49] 郭清.智慧健康管理[J].健康研究,2011,31(2):81-85.

[50] 郭旭,陈慧敏,付建珍.宁波市康复医学发展概况及前景展望[C].2013浙江省物理医学与康复学学术年会暨浙江省康复医学发展论坛.2013.

[51] 国家环境保护部.关于发布国家环境保护标准《环境空气质量指数(AQI)技术规定(试行)》的公告[EB/OL].(2012-02-29)[2017-12-16].http://www.zhb.gov.cn/gkml/hbb/bgg/201203/t20120302_224146.htm.

[52]国家统计局. 2011 年城镇化率达到 51.27%[EB/OL](2012-08-17) [2018-05-29]. http://finance.sina.com.cn/china/20120817/140012880832.shtml.

[53] 国家统计局. 2016 中国统计年鉴[EB/OL]. (2016-12-20)[2018-05-29]. http://www.stats.gov.cn/tjsj/ndsj/2016/indexch.htm.

[54] 国家卫生和计划生育委员会. 解读《"健康中国 2030"规划纲要》[EB/OL]. (2016-12-26)[2017-12-26]. http://news.xinhuanet.com/health/2016-10/26/c_1119791234.htm.

[55] 国家卫生和计划生育委员会. 2012 年我国卫生和计划生育事业发展统计公报[EB/OL]. (2013-06-19)[2017-11-20]. http://www.moh.gov.cn/mohwsbwstjxxzx/s7967/201306/fe0b764da4f74b858eb55264572eab92.shtml.

[56] 国家卫生计生委. 关于印发"十三五"全国人口健康信息化发展规划的通知:国卫规划发〔2017〕6 号[EB/OL]. (2017-02-21)[2017-11-20]. http://www.nhfpc.gov.cn/guihuaxxs/s10741/201702/ef9ba6fbe2ef46a49c333de32275074f.shtml.

[57] 国家卫生计生委,国家中医药管理局. 关于加快推进人口健康信息化建设的指导意见:国卫规划发〔2013〕32 号[EB/OL]. (2013-12-09)[2017-11-06]. http://www.nhfpc.gov.cn/guihuaxxs/s10741/201312/09bce5f480e84747aa130428ca7fc8ad.shtml.

[58] 国务院办公厅. 关于促进和规范健康医疗大数据应用发展的指导意见:国办发〔2016〕47 号[EB/OL]. (2016-06-24)[2017-11-10]. http://www.gov.cn/zhengce/content/2016-06/24/content_5085091.htm.

[59] 国务院. 关于进一步加强新时期爱国卫生工作的意见:国发〔2014〕66 号[EB/OL]. (2015-01-13)[2017-12-16]. http://www.gov.cn/zhengce/content/2015-01/13/content_9388.htm.

[60] 国务院. 国务院关于促进健康服务业发展的若干意见:国发〔2013〕40 号[EB/OL]. [2013-09-28][2017-11-16]. http://www.gov.cn/xxgk/pub/govpublic/mrlm/201310/t20131018_66502.html.

[61] 国务院. 关于促进健康服务业发展的若干意见:国发〔2013〕40 号[EB/OL]. (2013-09-28)[2017-12-18]. http://www.gov.cn/zwgk/2013-10/14/content_2506399.htm.

[62] 国务院. 国务院印发《关于促进健康服务业发展的若干意见》:国发〔2013〕40 号[EB/OL]. (2013-10-14)[2017-05-24]. http://politics.people.com.cn/n/2013/1014/c1001-23196616-2.html.

[63] 国务院. 国务院关于印发"十二五"国家战略性新兴产业发展规划的通知:国发〔2012〕28 号[EB/OL]. (2012-07-09) [2017-11-16]. http://www.gov.cn/zwgk/2012-07/20/content_2187770.htm.

[64] 国务院. 国务院关于印发"十二五"期间深化医药卫生体制改革规划暨实

施方案的通知:国发〔2012〕11 号[EB/OL]. (2012-03-14)[2017-11-16]. http://www.gov.cn/zwgk/2012-03/21/content_2096671.htm.

[65] 国务院.国务院关于印发服务业发展“十二五”规划的通知:国发〔2012〕62号[EB/OL]. (2012-11-01)[2017-11-16]. http://www.gov.cn/zwgk/2012-12/12/content_2288778.htm.

[66] 国务院.关于印发“十三五”卫生与健康规划的通知:国发〔2016〕77 号[EB/OL]. (2016-12-27)[2017-12-16]. http://www.gov.cn/zhengce/content/2017-01/10/content_5158488.htm.

[67] 国务院办公厅.关于印发全国医疗卫生服务体系规划纲要(2015—2020年)的通知(国办发〔2015〕14 号)[EB/OL]. (2015-03-06)[2017-06-30]. http://www.gov.cn/zhengce/content/2015-03/30/content_9560.htm.

[68] 国务院医改办,国家卫生计生委,国家发展改革委,民政部,财政部,人力资源社会保障部,国家中医院管理局.关于印发推进家庭医生签约服务指导意见的通知:国医改办发〔2016〕1 号[EB/OL]. (2016-06-06)[2017-11-16]. http://www.nhfpc.gov.cn/tigs/s3577/201606/e3e7d2670a8b4163b1fe8e409c7887af.shtml.

[69] 韩璐.宁波:“小医生”撬动大变革[N]. 健康报,2016-08-05(1).

[70] 韩振,施忆.南京提高社保水平 2013 年新增养老床位 5000 张[EB/OL]. (2013-12-20)[2018-05-11]. http://js.people.com.cn/html/2013/12/19/276344.html.

[71] 杭州市发展和改革委员会,杭州市建设健康城市工作领导小组办公室.关于印发健康杭州“十二五”规划的通知:杭发改规划〔2011〕534 号[EB/OL]. (2011-07-27)[2018-03-16]. http://www.hangzhou.gov.cn/art/2017/1/17/art_1256297_5249358.html.

[72] 杭州市健康城市建设工作领导小组.关于印发《杭州市建设健康城市“十三五”规划》的通知:杭健康〔2016〕3 号[EB/OL]. (2016-12-30)[2017-12-16]. http://www.hzawb.gov.cn/zhengfugongka/16/78/20170310/12131.html.

[73] 何伟.宁波发展蓝皮书(2016)[M].杭州:浙江大学出版社,2016.

[74] 何小芳.国民健康社会心态的培育路径思考[J].中共四川省委党校学报,2013(2):64-67.

[75] 何雪华,粤康信.全省启动全民健康生活方式行动[N].广州日报,2016-09-23(A2).

[76] 侯剑平.中国居民区域健康公平性影响因素实证研究[J].特区经济,2006(10):26-28.

[77] 胡红濮,代涛,刘硕,等.英国卫生信息化建设经验及启示[J].中国数字医学,2015(7):10-14.

[78] 胡辉,徐晓林,现代城市环境保护[M]. 北京:科学出版社,2004.

[79] 胡琳琳,刘远立,李蔚东. 积极发展健康产业:中国的机遇与选择[J]. 中国药物经济学,2008(3):19-26.

[80] 黄敬亨,邢育健,乔磊,等. 健康城市运行机制的评估: SPIRIT 框架[J]. 中国健康教育, 2011, 27(1) : 66-75.

[81] 黄敬亨. 苏州市建设健康城市的场所评估策略与方法[D]. 上海:复旦大学,2000.

[82] 基层医疗机构慢性病门诊常用药品范围重新公布,5 月起增至 153 种[EB/OL] . (2017-01-12)[2018-11-18]. http://wjw. ningbo. gov. cn/art/2017/1/12/art_1852_892261. html.

[83] 季蕴辛, 励丽, 刘雅辉,等. 宁波市分级诊疗工作实施现状及推进举措[J]. 医院管理论坛, 2017(8):12-13.

[84] 贾让成. "健康+":让城市生活更美好[N]. 宁波日报,2016-09-01(10).

[85] 贾云. 城市生态与环境保护[M]. 北京:中国石化出版社,2009.

[86] 建设智慧社区,享受智慧生活[J]. 信息系统工程,2014(11):10-11.

[87] "健康中国 2020"战略研究报告编委会. "健康中国 2020"战略研究报告[M]. 北京:人民卫生出版社,2012.

[88] 江捍平. 健康与城市:城市现代化的新思维[M]. 北京:中国社会科学出版社,2010.

[89] 姜碧莹,王悦. 宁波健康管理服务需求分析与应用研究[J]. 管理观察,2014(29): 189-190.

[90] 姜建蓉,张英. 宁波城市文化发展比较研究[J]. 三江论坛,2012(1):16-20,35.

[91] 蒋炜宁,章杰. 16 类 52 项基本公共卫生服务请你免费享用[N]. 宁波日报. 2017-02-08(5).

[92] 蒋炜宁. 宁波教育均衡化走在全国前列[N]. 宁波日报,2016-08-12(A7).

[93] 廖晶蓉. 云南构建医疗健康云框架:规范医疗大数据建设[N]. 昆明日报,2016-11-15. 昆明日报. 云南构建医疗健康云框架:规范医疗大数据建设[EB/OL]. [2016-11-15]. http://ylxf. yn. gov. cn/html/news/2016/11/15/190536. html

[94] 李春梅. 健康城:医养结合的新加坡模式[J]. 中国勘察设计, 2016(6): 52-55.

[95] 李辉,张涛,王永,等. 宁波市居民二手烟暴露情况分析[J]. 中国健康教育. 2014(30):583-584

[96] 李慧. 国内 36 城市养老床位排行榜[N]. 瞭望东方周刊, 2014-01-05.

[97] 李丽萍,彭实铖. 发达国家的健康城市模式[J]. 城乡建设,2007(5):

70-72.

[98] 李林林.关于高校信息标准建设的若干思考[J].黑龙江教育(高教研究与评估),2007(5):79-80.

[99] 李鲁.社会医学[M]4版.北京:人民卫生出版社,2012.

[100] 李一中.宁波发展新型健康产业集群研究[J].宁波经济:三江论坛,2015(9):20-22.

[101] 李英华,毛群安,石琦,等.2012年中国居民健康素养监测结果[J].中国健康教育,2015(2):99-103.

[102] 李政大,袁晓玲,杨万平.环境质量评价研究现状、困惑和展望[J].资源科学,2014,36(1):175-181.

[103] 李忠阳,傅华.健康城市理论与实践[M].北京:人民卫生出版社,2007.

[104] 梁鸿,曲大维,许非.健康城市及其发展:社会宏观解析[J].社会科学,2003(11):70-76.

[105] 梁小马.阳东区城乡接合部环境卫生综合治理研究[D].广州:华南理工大学,2016.

[106] 廖晓诚,杨宜勇.新加坡与中国医疗卫生事业发展比较[J].中国经贸导刊,2014(31):50-53.

[107] 林雄斌,杨家文.健康城市构建的公交与慢行交通要素及其对交通规划的启示[J].城市观察,2016(4):112-121.

[108] 刘晨宇,罗萌.新加坡城市综合治理与环境保护的启示[J].郑州航空工业管理学院学报,2013(4):118-122.

[109] 刘培忠.治理宁波城市交通拥堵问题之探讨[J].宁波经济:三江论坛,2015(7):39-42.

[110] 刘妍.智慧养老将成为养老新模式[N].西安日报,2016-02-15(A03).

[111] 刘艳飞.健康管理服务业发展模式研究[D].上海:上海社会科学院,2016.

[112] 刘艺.新疆健康城市评价指标体系的研究[D].乌鲁木齐:新疆大学,2012.

[113] 刘玉莲,章国平,王涌,等.宁波市中医药发展现状分析与思考[J].中国农村卫生事业管理,2016,36(3):347-349.

[114] 卢丹梅.城市健康住区环境构成及评价指标研究[D].武汉:华中科技大学,2004.

[115] 陆谷孙.英汉大词典[M].上海:上海译文出版社,2004.

[116] 陆建玉,周莺.基于BSC的高职院校图书馆绩效评价指标体系构建[J].中华医学图书情报杂志,2012,21(4):21-25.

[117] 陆杰华,江捍平. 深圳人口与健康发展报告[M]. 北京:社会科学文献出版社,2011.

[118] 骆湘香. 浙江省三地健康城市建设现状及对策研究[D]. 杭州:杭州师范大学,2016.

[119] 马同宇. 天津市固体废弃物管理现状分析与对策研究[D]. 杨凌:西北农林科技大学,2006.

[220] 毛宗福,姜潮. 管理流行病学[M]. 北京:人民卫生出版社,2014.

[221] 孟旭，张树青. 关于服务定义研究视角的探讨[J]. 商业时代，2009(15):17-18.

[222] 民革宁波市委会. 关于进一步深化我市医药卫生体制改革的建议[R]. 宁波市政协十四届五次会议大会发言材料之一,2016-02-21.

[223] 倪荣,居斌,江涛,等. 从数字卫生迈向智慧健康[J]. 中国卫生信息管理杂志. 2013(2):105-108.

[224] 宁波生物产业园动作连发聚焦四大关键产业[EB/OL]. (2016-01-07)[2017-11-20]. http://www. zyzhan. com/news/detail/51662. html.

[225] 宁波市残疾人联合会. 宁波市残联 2015 年主要工作总结[EB/OL]. (2016-08-24)[2018-11-18]. http://gtog. ningbo. gov. cn/art/2016/8/24/art_16_422354. html.

[226]宁波市出台《关于加强儿童医疗卫生服务改革与发展的实施方案》[EB/OL]. (2017-02-13)[2018-11-20]. http://wjw. ningbo. gov. cn/art/2017/2/13/art_1852_903056. html.

[227] 宁波市发改委. 宁波市生命健康产业"十二五"发展规划[EB/OL]. (2011-09)[2017-11-20]. http://www. nbdpc. gov. cn/cat/cat172/con_172_16002. html.

[228] 宁波市环境保护局. 宁波市环境保护"十三五"规划:甬政办发〔2016〕177号[EB/OL]. (2017-01-09)[2017-03-18]. http://www. nbepb. gov. cn/Info_Show. aspx? ClassID = 43f0f8db-97c3-4276-be3f-af68a339de21 &InfoID = fa2c9509-b37d-4cb3-875a-c70e5ece2505&SearchKey=.

[229] 宁波市环境保护局. 2006 宁波市环境状况公报[EB/OL]. [2007-06-07]. http://www. nbepb. gov. cn/Info _ Show. aspx? ClassID = 20cf3dee-c1f4-4740-8781-2e1708cc0140&InfoID=0cc47262-02fd-4c1e-a7e8-633a9d988920&SearchKey=.

[230] 宁波市环境保护局总量处. 2007 宁波市环境状况公报[EB/OL]. [2008-06-07]. http://www. nbepb. gov. cn/Info_Show. aspx? ClassID=20cf3dee-c1f4-4740-8781-2e1708cc0140&InfoID=8b302ad0-ca65-4429-894e-4af162788a68&SearchKey=.

[231] 宁波市环境保护局总量处. 2008 宁波市环境状况公报[EB/OL]. [2009-06-

07]. http://www. nbepb. gov. cn/Info_Show. aspx? ClassID=20cf3dee-c1f4-4740-8781-2e1708cc0140&InfoID=968a29b6-064b-4ba9-9639-18bebc464310&SearchKey=.

[232] 宁波市环境保护局总量处. 2009 宁波市环境状况公报[EB/OL]. [2010-06-04]. http://www. nbepb. gov. cn/Info_Show. aspx? ClassID=20cf3dee-c1f4-4740-8781-2e1708cc0140&InfoID=dc207f32-8f0a-4220-ad79-e8f4dc2677c6&SearchKey=.

[233] 宁波市环境保护局总量处. 2010 宁波市环境状况公报[EB/OL]. [2011-06-01]. http://www. nbepb. gov. cn/Info_Show. aspx? ClassID=20cf3dee-c1f4-4740-8781-2e1708cc0140&InfoID=3ac0fac1-131f-4420-a018-f26f5cd623aa&SearchKey=.

[234] 宁波市环境保护局总量处. 2011 宁波市环境状况公报[EB/OL]. [2012-06-04]. http://www. nbepb. gov. cn/Info_Show. aspx? ClassID=20cf3dee-c1f4-4740-8781-2e1708cc0140&InfoID=a84b16e2-684a-4392-9ee2-2330ea3ce75c&SearchKey=.

[235] 宁波市环境保护局总量处. 2012 宁波市环境状况公报[EB/OL]. [2013-06-05]. http://www. nbepb. gov. cn/Info_Show. aspx? ClassID=20cf3dee-c1f4-4740-8781-2e1708cc0140&InfoID=58b471a4-305a-49d5-8778-824d665305a5&SearchKey=.

[236] 宁波市环境保护局总量处. 2013 宁波市环境状况公报[EB/OL]. [2014-06-04]. http://www. nbepb. gov. cn/Info_Show. aspx? ClassID=20cf3dee-c1f4-4740-8781-2e1708cc0140&InfoID=9f3db913-5e35-40a0-852c-5eef10396be6&SearchKey=.

[237] 宁波市环境保护局总量处. 2014 宁波市环境状况公报[EB/OL]. [2015-06-04]. http://www. nbepb. gov. cn/Info_Show. aspx? ClassID=20cf3dee-c1f4-4740-8781-2e1708cc0140&InfoID=682ce9fd-8d80-4306-9faf-58d50796f2bf&SearchKey=.

[238] 宁波市环境保护局总量处. 2015 宁波市环境状况公报[EB/OL]. [2016-06-07]. http://www. nbepb. gov. cn/Info_Show. aspx? ClassID=20cf3dee-c1f4-4740-8781-2e1708cc0140&InfoID=35098e41-e9d6-4f52-bd69-8ee8f1f89c09&SearchKey=.

[239] 宁波市环境保护局总量处. 2016 宁波市环境状况公报[EB/OL]. [2017-06-05]. http://www. nbepb. gov. cn/Info_Show. aspx? ClassID=b1555276-ab22-441a-a55f-9466949e9eef&InfoID=a2efde60-4b83-4b4f-a2a7-c394bc7d95f2&SearchKey=.

[240]宁波市获评 2016 年全国公立医院综合改革成效较为明显试点城市[EB/OL]. (2017-05-05)[2018-11-18]. http://wjw. ningbo. gov. cn/art/2017/5/5/art_1852_997116. html.

[241] 宁波市疾病预防控制中心. 宁波慢性病综合防控示范区创建实现“满堂红”[EB/OL]. (2017-01-23)[2018-11-18]. http://www. nbwjw. gov. cn/art/2017/1/23/art_142_900598. html.

[242]宁波市民政局 2016 年工作总结[EB/OL]. (2017-02-20)[2018-11-20]. http://www. nbmz. gov. cn/cat/cat195/con_195_39926. html.

[243] 宁波市人民政府. 关于扶持和促进中医药事业发展的意见:甬政发

〔2010〕23 号[J]. 宁波市人民政府公报，2010(5)：10-13.

[244] 宁波市人民政府办公厅. 关于促进生命健康产业创新发展的指导意见(2016-2020)：甬政办发〔2015〕201 号[EB/OL]. (2015-10-30)[2018-11-18]. http://gtog. ningbo. gov. cn/art/2015/10/30/art_693_297897. html.

[245] 宁波市统计局. 2015 年度宁波概览[EB/OL]. [2016-03-02]. http://gtoc. ningbo. gov. cn/art/2016/3/2/art_154_108866. html.

[246] 宁波市卫生和计划生育委员会. 宁波市卫计委 2016 年工作总结和 2017 年工作计划[EB/OL]. (2017-03-09)[2018-11-18]. http://wjw. ningbo. gov. cn/art/2017/3/9/art_111_1040211. html.

[247] 宁波市卫生计生委. 多措力推“双下沉、两提升”机制[J]. 宁波通讯，2016(15)：38-38.

[248] 宁波市卫生计生委. 2015 年宁波市卫生计生工作总结[EB/OL]. (2015-12-15)[2018-11-18]. http://www. nbwjw. gov. cn/art/2015/12/25/art_111_59125. html.

[249] 宁波市卫生计生委. 家庭医生来了，居民健康“私人订制”不是梦[EB/OL]. (2016-12-05)[2018-11-18]. http://www. nbwjw. gov. cn/art/2016/12/5/art_180_724679. html.

[250] 宁波市卫生计生委. 我市慢性病示范区建设工作位居全省前列[EB/OL]. [2016-01-04]. http://www. nbwjw. gov. cn/art/2016/1/4/art_142_55507. html.

[251] 宁波市卫生计生委. 宁波云医院建设周年新闻发布会举行[EB/OL]. (2015-09-09)[2018-11-18]. http://gzjk. nbws. gov. cn/f/title/info? id = 1991&typeId=184.

[252] 宁波市委政研室. 宁波补短板创优势对策研究[J]. 宁波通讯，2016(9)：22-26.

[253] 宁波市卫生和计划生育委员会课题组. 补短板激活力助推宁波健康城市建设[J]. 宁波通讯，2016(19)：60-61.

[254] 宁波市人民政府. 2018 年政府工作报告[EB/OL]. (2018-01-23)[2018-11-20]. http://gtog. ningbo. gov. cn/art/2018/1/23/art_21_877805. html.

[255] 宁德强.“健康城市”发展模式视角下的健康重庆建设[J]. 重庆邮电大学学报(社会科学版)，2010(4)：111-116.

[256] 破解儿童看病难，宁波放大招！儿科医生护士待遇、儿科医疗服务价格都将调整[EB/OL]. (2017-04-28)[2018-11-18]. http://www. nbwjw. gov. cn/art/2017/4/28/art_140_979042. html.

[257] 祁义霞. 宁波健康服务业专业化发展的路径研究[J]. 中国农村卫生事业管理，2015(10)：1233-1235.

[258] 钱学陶，张效通. 台湾山水城市理念与建设[J]工程研究：跨学科视野中

的工程,2010,2(4):350-356.

[259] 钱贞兵.省域生态环境质量评价方法研究及案例分析[D].合肥:合肥工业大学,2010.

[260] 曲凌雁."合作伙伴组织"政策的发展与创新:英国城市治理经验[J].国际城市规划,2013,28(6):73-81.

[261] 全国爱卫办.全国爱卫办关于开展健康城市评价试点工作的通知:全爱卫办发〔2016〕4号[EB/OL].(2016-11-07)[2017-12-16]. http://www.nhfpc.gov.cn/jkj/s5898/201611/f1cb9ed675274c0fab49a87410ce9e20.shtml.

[262] 全国爱国卫生运动委员会.全国爱卫会关于印发《关于开展健康城市健康村镇建设的指导意见》的通知:全爱卫发〔2016〕5号[EB/OL].(2016-07-18)[2017-12-16]. http://www.nhfpc.gov.cn/jkj/s5898/201608/3a61d95elf8d49ffbb12202eb4833647.shtml.

[263] 全国爱卫会.关于印发国家卫生城市标准(2014版)的通知(全爱卫发〔2014〕3号)[EB/OL].(2014-05-15)[2017-12-16] http://www.nhfpc.gov.cn/jkj/s5898/201405/a8ce63259ee6407296719178654 67a88.shtml.

[264] 全国爱卫会.关于印发全国健康城市评价指标体系(2018版)的通知:全爱卫发〔2018〕3号[EB/OL].(2018-04-08)[2018-11-16]. http://www.nhfpc.gov.cn/jkj/s5899/201804/fd8c6a7ef3bd41aa9c24e978f5c12db4.shtml.

[265] 任永成,郭俠,庄润森,等.健康城市的哲学思考[J].医学与哲学,2014(7):58-60.

[266] 单新东.杭州市环境卫生管理模式探讨[D].杭州:浙江大学,2005.

[267] 商务部.美容美发业管理暂行办法[EB/OL].(2004-11-12)[2017-11-20]. http://www.mofcom.gov.cn/aarticle/b/d/200411/20041100304493.html.

[268] 上海市人民政府.印发上海市卫生计生改革和发展"十三五"规划的通知:沪府发〔2016〕57号[EB/OL].[2016-09-29]. http://www.shanghai.gov.cn/nw2/nw2314/nw2319/nw2404/nw40988/nw40989/u26aw49785.html

[269] 上海市人民政府办公厅.上海市人民政府办公厅关于印发上海市建设健康城市2006年—2008年行动计划的通知:沪府办发〔2006〕26号[EB/OL].(2006-08-10)[2017-12-26]. http://www.shanghai.gov.cn/nw2/nw2314/nw2319/nw10800/nw11408/nw15791/u26aw7986.html.

[270] 上海市人民政府办公厅.关于印发上海市建设健康城市2012年—2014年行动计划的通知:沪府办发〔2011〕67号[EB/OL].[2011-12-31]. http://www.wsjsw.gov.cn/wsj/n2006/n2007/n2008/u1ai87512.html.

[271] 上海市人民政府办公厅.关于印发上海市建设健康城市2015—2017年行动计划的通知:沪府办发〔2014〕62号[EB/OL].(2014-11-16)[2017-12-16]. http://www.shanghai.gov.cn/nw2/nw2314/nw2319/nw10800/nw11408/nw31831/

u26aw40887. html.

[272] 上海市卫生和计划生育委员会. 关于印发上海市卫生信息化三年行动计划(2013 年-2015 年)的通知:沪卫计〔2013〕11 号[EB/OL]. (2013-10-15)[2017-09-26]. http://www. wsjsw. gov. cn/zhgl2/20180815/57927. html.

[273] 邵建明. 宁波年鉴 2015[M]. 北京:中华书局,2015.

[274] 深圳市人民政府. 深圳市生命健康产业发展规划(2013—2020 年):深府〔2013〕121 号[EB/OL]. (2014-01-08)[2017-12-21]. http://www. sz. gov. cn/zfgb/2014/gb865/201401/t20140108_2301119. htm.

[275] 宋炳林. 加快健全宁波基本公共服务均等化的长效机制[J]. 宁波经济:三江论坛,2013(9):27-29.

[276] 宋言奇. 世界健康城市建设的新趋势[J]. 国外社会科学,2008(4):118-121.

[277] 宋元,贲慧,哈维超. 香港地区医疗体制对内地的借鉴意义[J]. 中国卫生资源,2011,14(3):196-198.

[278] 孙德斌. 宁波市健康服务产业发展研究[D]. 宁波:宁波大学,2011.

[279] 孙统达,陈健尔,张秀娟,等. 公立医院绩效评价指标体系的构建[J]. 中国农村卫生事业管理,2009,29(12):896-898.

[280] 孙统达,王仁元. 社区卫生管理实践技术[M]. 北京:高等教育出版社,2011.

[281] 孙统达. 健康城市建设:扬起风帆正当时[N]. 宁波日报,2017-03-09(10).

[282] 孙文德,沈风桂,张伟忠. 杭州智慧医疗建设现状及对策建议[J]. 现代城市. 2013 (4):34-37.

[283] 孙振球. 社区医学[M]. 北京:人民卫生出版社,2001.

[284] 唐一军. 勇立潮头 勇争一流 为建设国际港口名城打造东方文明之都而奋斗:在中国共产党宁波市第十三次代表大会上的报告[N]. 宁波日报,2017-03-02(A1,A3-4).

[285] 唐元恺. “富贵病”开始“平民化”[J]. 对外大传播,2001(5):41.

[286] 汪科. 新型城镇化视野下宁波外来人口市民化问题研究[J]. 宁波经济:三江论坛,2014(7):34-37.

[287] 王波,甄峰,沈丽珍,等. 健康产业发展与健康城规划探析:以秦皇岛市南戴河国际健康城为例[J]. 规划师,2012,28(7):36-40.

[288] 王朝君. 掘金健康大数据[J]. 中国卫生,2016(9):78-79.

[289] 王鸿春,盛继洪,曹义恒. 北京健康城市发展现状分析及“十三五”时期发展对策建议. 北京健康城市建设研究报告(2016)[M]. 北京:社会科学文献出版社,2016.

[290] 王鸿春. 北京健康城市建设研究报告[M]. 北京：社会科学文献出版社，2015.

[291] 王龙，叶昌东，张媛媛. 香港低碳城市空间检核及其对高密度城市建设的启示[J]. 广东园林，2014(12)：15.

[292] 王陇德. 健康管理师基础知识[M]北京：人民卫生出版社，2013.

[293] 王仁元，高巍，朱波，等. 区域卫生科技创新绩效评价指标体系的构建[J]. 中国农村卫生事业管理，2016，36(1)：8-11.

[294] 王仁元，谢亚莉，许国章，等. 宁波市城区居民慢性病流行病学调查[J]. 中国公共卫生，2002，18(2)：169-170.

[295] 王书梅，Leeuw de Leeun. 发展健康城市项目的 20 个步骤[J]. 中国健康教育，2002，18(1)：14-16.

[296] 王双彪. 新一轮医改背景下加快推进医院信息化建设探讨[J]. 中国医学教育术，2016，26(5)：563-566.

[297] 王廷，徐平澜，戴明权. 宁波市健康产业发展现状及思考[J]. 中国食物与营养，2012，18(1)：76-79.

[298] 王晓迪，郭清. 对我国健康产业发展的思考[J]. 卫生经济研究，2012(10)：10-13.

[299] 王彦峰. 中国健康城市建设研究[M]. 北京：人民出版社，2012.

[300] 温家鹏. 宁波城镇化发展中的人口情况分析[J]. 宁波经济：三江论坛，2014(4)：19-22.

[301] 翁媛媛，高汝熹，车春鹂. 美国健康医疗服务产业研究及对上海市的启示[J]. 华东经济管理，2010(10)：10-14.

[302]我市“互联网＋”医疗健康服务获第四届浙江省公共管理十佳创新奖[EB/OL]. (2017-08-25)[2018-11-18]. http://wjw. ningbo. gov. cn/art/2017/8/25/art_1852_1548461. html.

[303] 吴淑仪，孔宪法. 荷兰鹿特丹健康城市介绍[J]. 台湾健康城市学刊，2005，4(2) ：75- 83.

[304] 吴忠民. 健康社会论纲[J]. 天津社会科学，1989(6)：54-68.

[305] 物联中国. 浅析智慧医疗(一)：三大系统组成[EB/OL]. (2013-09-15). [2017-11-10]. http://www. 50cnnet. com/content-34-56762-1. html.

[306] 肖家立，黄泉源，梁家乐. 全面推进新一代数据中心发展[J]. 价值工程，2012(3)：61-161.

[307] 肖月，赵琨，薛明，等. “健康中国 2030”综合目标及指标体系研究[J]. 卫生经济研究，2017(4)：3-7.

[308] 习近平在全国卫生与健康大会上强调：把人民健康放在优先发展战略地

位 努力全方位全周期保障人民健康[N]. 人民日报,2016-08-21(1).

[309] 邢育健. 健康城市——21 世纪城市化发展的一项新目标[J]. 江苏卫生保健,2001(4):40-41.

[310] 徐斌. 宁波市人口、经济和环境的现状分析[J]. 山东纺织经济,2016(4):58-59.

[311] 徐倩倩,陈国崇,王潇怀,等. 宁波市 2013 年居民健康素养调查结果. [J]. 浙江预防医学,2015(27):1064-1066.

[312] 徐倩倩,谷少华,梅秋红,等. 2015 年宁波市 15～69 岁城乡居民健康素养监测结果[J]. 现代预防医学,2016(20):3722-3725.

[313] 徐晓莉,汤伟民. 坚持政府主导促进全民健康——解析《健康北京"十二五"发展建设规划》[J]. 慢性病学杂志,2015(1):6-8.

[314] 许书军. 三峡库区农业非点源污染源调查分析及过程评价[D]. 重庆:西南农业大学,2004.

[315] 许艳. 健全我国"健康城市"体育评价指标体系学理性研究[D]. 厦门:集美大学,2014.

[316] 玄泽亮,傅华. 城市化与健康城市[J]. 中国公共卫生,2003,19(2):236-238.

[317] 闫立军,胡琳泊,金小松,等. 迁安启动健康城市细胞工程[N]河北经济日报,2011-04-09(1).

[318] 阎勤,赵全军,童明荣,等. 智慧城市建设保障体系:理论、框架与要素[J]. 三江论坛,2013(7):8-11.

[319] 杨红桃. "三步评审法"规范医用耗材集中采购[EB/OL]. (2017-08-30)[2017-11-18]. http://wjw. ningbo. gov. cn/art/2017/8/30/art_612_1429976. html.

[320] 杨静雅. 我市老年人较上年增长 4.9%[N]. 宁波日报,2016-02-05(A5).

[321] 杨劼,卢祖洵. 健康的文化视角与健康文化的基本内涵[J]. 医学与社会,2005,18(1):19-20,23.

[322] Yangtao. 全美就业报告公布 健康产业表现抢眼[N/OL]. (2015-09-06)[2017-11-20]. http://www. bioon. com/industry/enterprisenews/614504. shtml.

[323] 杨鑫,李丽洁,邓砚. 我国社会管理式健康服务的研究[J]. 中国医药科学, 2016(6):209-212.

[324] 杨益波. 从"十三五"规划看宁波未来五年发展思路[N]. 中国经济时报,2016-01-01(1).

[325] 叶文虎. 坚持"三生"共赢建设健康社会是生态文明建设的关键[J]. 武汉科技大学学报(社会科学版),2010,12(2):1-4.

[326] 医药卫生界.关于积极创建宁波健康城市建设的建议[R].宁波市政协十四届五次会议大会发言材料之四十三,2016-02-21.

[327] 易鹤,陈敏.宁波云医院斩获全球信息化最高奖[N].宁波日报,2017-06-16(7).

[328] 易静,周燕荣,康军,等.全国全面建设小康社会的健康素质指标体系及标准研究[J].现代预防医学,2005,32(10):1289-1290.

[329] 尹聪颖.国家卫生、计生资源整合顶层设计规划——“4631-2 工程”[EB/OL].(2014-07-24)[2017-11-06].http://www.cn-healthcare.com/article/20140724/content-458908.html.

[330] 余红剑,郭清,罗毅,等.健康城市创建至健康产业发展研究[J].健康研究,2014,34(5):490-492.

[331] 余剑伟.浅议加快宁波市医疗器械产业发展的对策[J].决策与信息旬刊,2015(7):19-20.

[332] 余晓辰,黄程,吴晨菲.大健康产业宁波咋追风[N]宁波日报,2015-08-10(6).

[333] 俞可平.治理和善治:一种新的政治分析框架[J].南京社会科学,2001(9):40-44.

[334] 俞永均,余晓辰.做好“人”这篇核心文章[N].宁波日报,2014-08-07(A8).

[335] 袁爽秋,李立明.健康城市建设的理论与实践[J].环境与职业医学,2008,25(2):109-112.

[336]“云联盟”中的智慧医疗健康[EB/OL].(2014-07-14).[2017-10-21].http://zj.rmlt.com.cn/2014/0714/291160.shtml.

[337] 翟羽佳,郭倓,尤海菲,等.国际健康城市计划的理论与实践[J].医学与哲学,2014(7):50-53.

[338] 张宝杰.城市生态与环境保护[M].哈尔滨:哈尔滨工业大学出版社,2002.

[239] 张博文,金新政.智慧健康服务模式研究[J].智慧健康,2016(6):27-31.

[240] 张建永,朱党生,曾肇京,等.我国城市饮用水水源地分区安全评价与措施[J].水资源保护,2011,27(1):1-5.

[241] 张菁华.基于 WCF 面向社区医疗服务的连续健康管理系统设计[D].北京:中国科学院大学,2014.

[242] 张明华.大力推进区域医疗联合体建设[J].宁波经济:财经观点,2015(1):6-7.

[243] 张晓丽.当代爱国卫生运动的发展战略研究[D].南京:南京师范大学,2004.

［244］张月林.现代健康城市发展研究:苏州健康城市建设范例［M］.北京:光明日报出版社,2013.

［245］张芝子,李伟,吴洋,等."互联网＋健康医疗"服务新模式分析［J］.价值工程,2017,36(8):57-58.

［246］张智渊.高平市噪声污染控制研究［D］.太原:太原理工大学,2013.

［247］赵芳.上海市健康城市建设及其健康促进能力研究［D］.上海:复旦大学,2010.

［248］赵江滨.宁波城市文化发展的宏观思考［J］.宁波经济:三江论坛,2006(2):7-10.

［249］赵倩,王德,朱玮.基于叙述性偏好法的城市居住环境质量评价方法研究［J］.地理科学,2013,33(1):8-13.

［250］赵全军,夏以群.加快创建智慧城市需要深入研究解决的若干问题［J］.宁波经济:三江论坛,2012(1):9-12.

［251］赵秀萍:基于合作治理的苏州健康城市建设研究［D］.上海:同济大学,2008.

［252］浙江省发改委课题组.从文献研究看健康产业的概念与分类［J］.浙江经济,2013(16):32-34.

［253］浙江省发展和改革委员会.浙江省健康产业发展规划(2015—2020年):浙发改规划〔2015〕882号［EB/OL］.(2015-12-24)［2017-11-16］. http://www.zjdpc.gov.cn/art/2016/1/6/art_90_1618514.html.

［254］浙江省教育厅办公室.关于公布2015年全省高校学生体质健康状况抽测结果的通报［EB/OL］.(2015-09-25)［2017-02-08］. http://www.zjedu.gov.cn/news/144314955659911305.html.

［255］浙江省人民政府.浙江省卫生现代化建设纲要(2001—2020年):浙政发〔2001〕79号［EB/OL］.［2017-11-16］. http://www.zjda.gov.cn/jgzw/cydt/wjcx/200705/t20070518_4983.html.

［256］浙江省人民政府办公厅.浙江省人民政府关于促进健康服务业发展的实施意见:浙政发〔2014〕22号［EB/OL］.(2014-05-30)［2017-11-16］. http://www.zj.gov.cn/art/2014/5/30/art_32431_161703.html.

［257］浙江省卫生厅,发改委,财政厅,妇儿工委办,残联.关于印发浙江省全民健康推进工程实施方案的通知:浙卫发［2012］91号［EB/OL］.［2012-04-26］. http://www.doc88.com/p-6611187225694.html.

［258］郑继伟.区域视野下的健康发展战略选择:以浙江为例的实证研究［M］.北京:科学出版社,2013.

［259］郑文文.城市机构养老比较研究［D］.福州:福建师范大学,2011.

[260]智慧的城市在中国[EB/OL].(2014-03-26)[2018-11-18]. http://www.ibm.com/smarterplanet/cn/zh/smarter_cities/overview/.

[261]智慧社区医疗和养老[EB/OL].(2012-02-15)[2017-06-30]. https://wenku.baidu.com/view/2a3c3c7827284b73f242501f.html.

[262]智慧养老并非空谈逐渐成为趋势[EB/OL].(2012-02-23)[2017-11-06]. http://www.ck365.cn/anli/12/58633.htm.

[263] 中共北京市委,北京市人民政府.关于印发《"健康北京 2030"规划纲要》的通知.[EB/OL].(2017-09-07)[2018-03-16]. http://beijing.qianlong.com/2017/0915/2032273.shtml.

[264] 中共杭州市委,市政府.关于建设健康城市的决定:市委〔2008〕13 号[EB/OL].[2008-05-29]. http://govinfo.nlc.cn/zjshzfz/zfgb/20086/201104/t20110414_697963.shtml?classid=416.

[265] 中共宁波市委,宁波市人民政府.关于印发《健康宁波 2030 行动纲要》的通知:甬党发〔2018〕10 号[EB/OL].(2018-01-22)[2018-04-16]. http://gtog.ningbo.gov.cn/art/2018/3/6/art_1773_892665.html.

[266] 中共威海市委,威海市人民政府.关于建设健康城市的意见:威发〔2016〕1 号[EB/OL].(2016-01-30)[2017-12-16]. http://www.whws.gov.cn/ckfinder/userfiles/files/20160218155533843.pdf.

[267] 中共浙江省委,浙江省人民政府.关于印发《健康浙江 2030 行动纲要》的通知:浙委发〔2016〕36 号[EB/OL].(2016-12-17)[2017-12-16]. http://www.zjph.gov.cn/20170316/2017031600005.htm.

[268] 中共中央,国务院.印发《"健康中国 2030"规划纲要》[EB/OL].(2016-10-25)[2017-12-16]. http://www.nhfpc.gov.cn/guihuaxxs/s3586s/201610/21d120c917284007ad9c7aa8e9634bb4.shtml.

[269]中国健康城市 2015 年度测评结果[EB/OL].(2015-11-03)[2018-09-13]. http://www.chinacity.org.cn/cstj/zxgg/268321.html.

[270] 中国科学技术信息研究所.苏州、上海健康城市建设走在全国前列[J].领导决策信息,2006(41):20-21.

[271]中国大力推进网上预约分诊和检验结果查询等应用[EB/OL].(2016-06-24)[2017-07-06]. http://www.chinanews.com/gn/2016/06-24/7916619.shtml.

[272] 中国医院协会信息管理专业委员会.中国医院信息化发展研究报告(白皮书)[EB/OL].(2016-09-20)[2017-10-16]. https://wenku.baidu.com/view/3d443d8b01f69e314232943b.html.

[273] 中华人民共和国国家卫生和计划生育委员会.关于开展健康城市健康村镇建设的指导意见[J].中国实用乡村医生杂志,2016,23(9):4-7.

［274］中华医学会健康管理学分会．健康管理概念与学科体系的中国专家初步共识[J]．中华健康管理学杂志，2009，3(3)：141-147．

［275］周潮，刘科伟，陈宗兴．低碳城市空间结构发展模式研究[J]．科技进步与对策，2010，27(22)：56-59．

［276］周骥，徐炳炳．宁波生命健康产业新增产学研合作平台[N]．宁波日报，2011-04-30(2)．

［277］周桔．大气环境污染的健康效应研究回顾[J]．中国科学院院刊，2013(3)：371-377．

［278］周良荣，陈礼平，文红敏，等．国内外健康公平研究现状分析[J]．卫生经济研究，2011(2)：16-19．

［279］周守君．台湾医疗服务与全民健康保险体制分析[J]．中国医院，2011，15(2)：79．

［280］周娓，元国平，岑焕新．宁波市江北区居民慢性病患病现状及其影响因素[J]．中国公共卫生，2014，30(1)：20-21．

［281］周向红，诸大建．健康城市项目的发展脉络与基本规则[J]．中国公共卫生，2005，21(3)：377-379．

［282］周向红．加拿大健康城市经验与教训研究[J]．城市规划，2007，31(9)：64-70．

［283］周向红．加拿大健康城市实践及其启示[J]．公共管理学报，2016(3)：68-73．

［284］周向红．健康城市：国际经验与中国方略[M]．北京：中国建筑工业出版社，2008．

［285］周向红．欧洲健康城市项目的发展脉络与基本规则论略[J]．国际城市规划，2007，22(4)：65-70．

［286］朱小丽．论现代城市治理的政府职能转变[D]．武汉：武汉科技大学，2012．

［287］朱轶佳，魏新来．长三角地区“城市健康指数”比较研究[M]//中国城市规划年会．新常态：建设与变革(2015年中国城市规划年会论文集)．北京：中国建筑工业出版社，2015．

［288］朱银潮，许国章，张涛．浙江省宁波市市民健康相关行为现状[J]．中国健康教育，2010(8)：622-623．

索　引

后 记

本书为宁波市社会科学研究基地“宁波市健康城市研究基地”的最终研究成果之一。宁波市健康城市研究基地立足区域卫生和健康事业的发展状况，加强政产学研用协同创新，以区域卫生健康服务体系及其实现路径为研究主线，开展区域现代健康服务产业发展政策、健康养老模式、社区康复与保健、健康管理与促进、健康文化等系列研究。研究制定基于“健康中国”的浙江风格、宁波特色的卫生健康发展政策及其实现路径，致力于服务地方经济社会发展，着力打造建设一个党和政府信得过、用得上的新型健康发展研究特色智库，促进各项“健康中国”建设政策措施生根落地。

周国明、王仁元、贾让成负责本书的总体设计，多次组织现场社会调研，召开研讨会，确定编写大纲和章节编写内容，负责书稿的修改完善与全书的统稿审定。各章执笔人分别是：第一章为周国明、王仁元，第二章为王仁元、孙统达，第三章为陈聪诚，第四章为马少华、李来酉、秦志伟，第五章为祁义霞，第六章为赵凌波、王幸波，第七章为张秀娟、孙峰，第八章为贾让成、董晓欣，第九章为沈萍、阮焕立、童亚琴。

本书稿在撰写过程中，得到了宁波市哲学社会科学发展规划领导小组办公室、宁波市社会科学院、宁波市卫生健康委员会、宁波市爱卫办、宁波卫生职业技术学院等部门领导的大力支持和帮助，得到了浙江大学出版社领导的大力支持和帮助，他们都提出了许多宝贵建议！在此，一并致以衷心的感谢！

周国明　王仁元　等

2019 年 5 月于宁波